코스몰로지의 근세

저자

시마조노 스스무島薗進 | 도쿄대학대학원 명예교수

미즈바야시 다케시水林彪 | 도쿄도립대학 교수

구로즈미 마코토黒住眞 | 도쿄대학대학원 명예교수

다카하시 사토시高橋敏 | 국립역사민속박물관·종합연구대학원대학 명예교수

오쿠와 히토시大桑斉 | 오타니대학 명예교수

이다 유코飯田祐子 | 나고야대학대학원 문학연구과 교수

가쓰라지마 노부히로桂島宣弘 | 리쓰메이칸대학 교수

다카기 히로시高木博志 | 교토대학 교수

역자

남효진南孝臻, Nam Hyojin | 일본학 전공

이현희李炫熹, Lee Hyunhee | 일본 근대문학 전공

김주현金宙賢, Kim Joohyun | 일본 근대문학 전공

김연숙金淵淑, Kim Yeonsook | 한국문학 전공

허보윤許寶允, Her Boyoon | 현대공예이론 전공

전미경全美慶, Jun Mikyung | 가족학 전공

강현정姜現正, Kang Hyunjung | 동아시아영화·영상이론 전공

김하나金하나, Kim Hana | 근대 건축·도시사 전공

한국과 일본의 근대 형성기에 관심을 가진 우리들은 '연구공간 수유＋너머'의 '일본 근대와 젠더 세미나'에서 만나 함께 공부해 왔다. 이 책은 '근대 일본의 문화사' 시리즈 중 2권에 해당하며, 이 책의 번역 이전에 같은 시리즈의 1권 『근대세계의 형성』(2019), 3권 『근대 지의 성립』(2010), 4권 『감성의 근대』(2011), 5권 『내셔널리즘의 편성』(2012), 6권 『확장하는 모더니티』(2007), 9권 『냉전체제와 자본의 문화』(2013), 10권 『역사와 주체를 묻다』(2014)를 번역, 출간했다.

근대 일본의 문화사 2 : 19세기 세계 2

코스몰로지의 근세

초판인쇄 2020년 6월 20일 **초판발행** 2020년 7월 6일
지은이 시마조노 스스무 외
옮긴이 남효진 이현희 김주현 김연숙 허보윤 전미경 강현정 김하나
펴낸이 박성모 **펴낸곳** 소명출판 **출판등록** 제13-522호
주소 서울시 서초구 서초중앙로6길 15, 1층
전화 02-585-7840 **팩스** 02-585-7848 **전자우편** somyungbooks@daum.net

값 26,000원
ⓒ 2020, 소명출판

ISBN 979-11-5905-456-3 94910
ISBN 978-89-5626-540-7 (세트)

근대 일본의 문화사 2 : 19세기 세계 2

코스몰로지의 근세

Cosmology of Modernity : 19th c, II

시마조노 스스무 외 지음
남효진·이현희·김주현·김연숙·허보윤·전미경·강현정·김하나 옮김

소명출판

COSMOLOGY NO "KINSEI" 19 SEIKISEKAI 2
Iwanamikouza Kindainihon No Bunkashi Vol.2
edited by Susumu Shimazono
Copyright ⓒ 2001 by Iwanami Shoten, Publishers
Originally published 2001 by Iwanami Shoten, Publishers, Tokyo.
This Korean edition published 2020
by Somyong Publishing Corp., Seoul
by arrangement with Iwanami Shoten, Publishers, Tokyo

◆ **일러두기** ─────────────────────────────

1. 번역을 위한 텍스트는 岩波講座에서 2001년에 발행한 『岩波講座, 近代日本の文化史 2 コ 스모로지―の「近世」19世紀世界2』이며, 이 책의 편집위원은 고모리 요이치小森陽一, 사카 이 나오키酒井直樹, 시마조노 스스무島薗進, 지노 카오리千野香織, 나리타 류이치成田龍一, 요시 미 순야吉見俊哉이다.
2. 저자의 원주는 미주를 사용하였고, 역자의 주는 각주를 사용하였다.
   예 각주 : 1, 미주 : 1)
3. 단행본과 신문, 잡지는 『　』, 논문은 「　」, 영화·연극·시·노래 등은〈　〉를 사용하였다. 다만 본 글의 특성상 사진제목이나 그림제목이 많은 경우, 이해하기 쉽도록 따로《　》로 표시하였다. 또 원문을 인용한 경우는 "　"를, 강조의 경우는 '　'를 사용하였다.
4. 표기법
   • 일본어 인명 및 지명의 한글표기는 원칙적으로 「외래어 표기법」에 따랐다. 따라서 어두에 격 음을 쓰지 않았으며, 장음표기도 하지 않았다.
   • 일본의 인명 및 지명 등의 고유명사는 각 장마다 처음 나오는 경우에 한하여 한글 다음에 한 자어나 일본어를 넣어 병기하고 그 다음부터는 한글만을 표기하였다.
   • 역자의 판단에 따라 이미 익숙해진 명사와 고유명사나 일본어 발음 그대로 살리는 것이 좋 다고 여겨진 경우에는 일본어 발음대로 쓰는 것을 원칙으로 하였다. 예를 들면, 『東京日日新 聞』의 경우 『도쿄니치니치신문』이라고 표기했다.

20세기 마지막 사반세기 동안, 근대 역사와 문화를 재검토하는 일이 세계적으로 이루어졌으며, 그에 관한 서사 방식 또한 새롭게 모색되어왔다. 일본에서도 1980년대 이후 그와 같은 과정이 눈부시게 전개되었다.

'역사'의 개념 자체를 다양한 개인과 사회 집단의 역학관계 안에서 구성된 담론으로 새로이 파악하고, '역사'에 관한 지식들이 근대의 권력관계를 둘러싼 투쟁의 장 속에 배치되어 있음을 깨달았다. 또한 '문화'의 개념도 제각기 처한 역사적·사회적·정치적 맥락 속에서 만들어지며 강요당하고, 강요당하면서 만들어지는 투쟁의 장으로 재인식되었고, 실체적인 가치로서가 아니라 오히려 새로운 물음을 던지는 장으로서 재발견되었다. 그런 까닭에 우리가 '역사'와 '문화' 속에서 어떠한 주체로 구성되었는가를 문제 삼지 않을 수 없다.

이러한 비판적 실천은 근대 학문 분야나 지식을 둘러싼 모든 영역에서 전개되고 있다. 비판적 실천이야말로 근대적으로 제도화된 학문 분야를 근본적으로 비판하면서 자유로운 재편성을 모색하는 일이다.

우리가 지향하는 것은 종래 의미의 '근대사'도 '문화사'도 아니다.

3

각각의 학문 분야에서 탈영역적인 질문을 던지고 경계를 초월하여 공유할 수 있는 새로운 서사의 지평을 창출하는 일이다. 이를 위해 우리는 '문화'라는 창을 통하여 근대 일본을 재검토할 것이다. 근대 일본의 문화를, 끝없는 항쟁과 조정調整, 전략과 전술의 충돌과 교차 속에서 경계가 계속 변화하는 영역, 불안정하고 유동적인 그래서 동적인 매력을 가진 영역으로 보고자 한다. 근대 일본의 역사는 과거 사건들의 집적이나 현재의 시점에서 재구성된 서사가 아니다. 그것은 현재를 살아가는 것과 과거를 재정의하는 것 사이를 계속 왕복하고 횡단하는 운동이다.

근대의 학문 분야들이 은폐해온 역사와 문화의 정치성을 밝히기 위해 이 책에서는 '일본'의 근대를 문제 삼고 있다. 하지만 여러 나라의 연구자들에게 특별히 집필을 부탁했다. 그들의 글을 통해 세계 여러 지역에서 진행되고 있는 비판적인 지식의 새로운 흐름을 두루 살필 것이다. 동시에 이제까지 제각기 속해있던 학문 분야에서 빠져나와, 근대 일본의 역사와 문화에 관한 지적 담론의 경계를 돌파하고자 한다.

고모리 요이치　小森陽一
사카이 나오키　酒井直樹
시마조노 스스무　島薗進
지노 카오리　千野香織
나리타 류이치　成田龍一
요시미 슌야　吉見俊哉

　동아시아 '근대'의 역사는 서구 열강의 침탈로 시작된다. 19세기 중엽 맞닥뜨린 서구 세력 앞에서 동아시아 국가들은 민족적 위기의식을 발동시켰으며, 일본도 마찬가지였다. 1853년 7월 8일, 에도 막부의 쇄국정책으로 220여 년간이나 닫혀 있었던 우라가浦賀 해안에 매튜 페리Matthew C. Perry 제독이 이끄는 미국 군함, 소위 '흑선黑船' 4척이 들어오면서 일본은 엄청난 변화에 직면한다. 쇄국을 유지하려는 막부와 개방을 요구하는 미국이 충돌하게 된 것이다. 결국 1854년 미일화친조약을 통해 개국을 맞이하게 된 일본은, 이후 서구에 대한 위기의식과 약육강식이라는 상황 논리를 적극적으로 수용하면서 내재적 긴장 상태로 대응방식을 깊이 고민하기 시작한다.

　19세기 이러한 국내외 현실 속에서 일본이 어떻게 변화하고, 또 어떻게 근대성을 획득해 나갔는지에 관한 이야기가 '이와나미 강좌 근대 일본의 문화사' 시리즈의 1권『근대세계의 형성』과 2권『코스몰로지의 근세』의 배경이다. 1권인『근대세계의 형성』이 '근대' 그 자체를 묻는 담론을 다양하게 전개한다면, 본 책인 2권『코스몰로지의 근세』는 일본이 근대의 국민국가로 나아가기 위한 구체적인 이행 과정을 논하고 있다. 그것은 일본이 근세에서 근대로 넘어가는 과정

5

이자, 기존의 동양사상과 함께 새로이 받아들인 서양사상이 뒤섞이며 벌어진 단절과 연속의 거듭이었으며, 종교·법·윤리·공간정치 등을 통한 다양한 체제로의 이행이었다. 더불어 이러한 변화로 말미암은 생활세계의 변혁이 점진적으로 일어나는 과정이기도 했다. 이 시기의 변동을 분야 혹은 주제별로 상세하게 고찰하는 것이 이 책의 목적이라 할 수 있다.

각 장의 내용을 간략하게 소개하면 다음과 같다. 총설에 해당하는 시마조노 스스무島薗進의 「19세기 일본 종교구조의 변화」는 일본이 '근세'로부터 '근대'로 이행하는 과정에서 나타난 종교구조의 변용을 묻고 있다. 시마조노 스스무는 근세와 근대의 연속성과 단절을 종교구조라는 측면에서 살펴보는데, 코스몰로지로 규정된 일상적 실천이나 심성을 정치적 실천·담론체계인 이데올로기와 결부시켜 논하고 있다. 그는 '넓은 의미의 국가신도'의 정치적 틀이 구축되는 과정을 제도론과 정책론 측면에서 고찰하는 한편, 민중의 종교생활에서 일어난 변화를 산악신앙과 민중 습합종교인 곤코교金光敎, 덴리교天理敎를 중심으로 살펴본다. 그리고 이를 통해 19세기 전반에 걸쳐 진행된 코스몰로지=이데올로기 복합의 종교구조 변용 속에서 제·정·교 일치 체제, 즉 국가신도 체제라는 종교제도가 어떻게 형성되었는지 밝히고 있다.

제1부 체제이행론에서는 법과 윤리 관념에 관해 논하고 있다. 먼저 미즈바야시 타케시水林彪의 「19세기의 법질서」에서는 근세 법질서의 변용과 성숙, 그리고 붕괴 과정을 통해 근대 천황제 법질서가 어떻게 성립되었는지를 논하고 있다. 막번제 성립기의 천天과 리理를 중심으로 한 법 관념은 막번제 후기로 넘어오며 변화를 보인다. 이전까지 '도리'가 법을 파괴할 수 있었다면 이제는 법이 '도리'를 파

괴할 수 있게 되었다. 그리고 유교심학에서 말하던 '천'의 관념은 '아마테라스오미카미와 천황'을 의미하는 '천'의 관념으로 변질되었다. 이러한 변화는 근대로 넘어오면서 서구 자연권·자연법 사상의 수용을 통해 천황제적 법관념으로 성립된다. 미즈바야시는 특히 교육칙어에 주목하여, 이를 통해 근세부터 근대로 넘어오는 법관념에서 근대 천황제 사상이 어떻게 형성되었는지를 밝혔다.

「윤리화의 과정」에서는 근세 일본의 종교와 사상의 변화과정을 다루었다. 구로즈미 마코토黑住眞는 근대를 근세와 이어지는 연속선상에서 파악하여, 근대의 산물처럼 보이는 윤리관마저도 이미 그 뿌리가 근세 혹은 그 이전인 중세에 준비되어 있었다고 주장한다. 그리고 시대의 흐름에 따라 종교와 윤리가 때로는 길항하고 때로는 흡수되며 상호작용하는 모습을, 당시 일반 대중이 손쉽게 구해 읽을 수 있던 가나조시의 사례를 들어 구체적으로 논증한다. 도리와 같은 유교 개념이 불교에 차용되고, 불교적인 응보와 깨달음이 신도神道와 합쳐지며, 이러한 길항 속에서 18세기 국학사상이 대두되는 등, 언뜻 이질적으로 보이는 여러 종교와 사상이 시대와 사회의 요청에 따라 하나의 윤리관념으로 성립되는 과정을 꼼꼼히 따라간다. 이렇게 성립된 윤리관념은 전국시대에는 사회 통합을 위한 인륜적 질서로 제시되었고, 도쿠가와 막부 통일 이후에는 사회적 신분질서를 공고히 하기 위해 부자父子, 군신君臣, 남녀男女를 구분하는 위계의 근거로 변용되기도 하였다. 문명과 헌법을 내세워 일견 중립적인 공간이 구축된 것처럼 보이는 메이지유신 이후 근대 국가의 윤리 속에서도, 이러한 윤리관은 사라지지 않고 또 다른 거대한 사상적 배경으로 실재하였다.

제2부 생활세계의 변모에서는 근세 후기 촌락의 변화, 도시의 형

7

성 그리고 여성 담론에 관해 이야기하고 있다. 먼저 다카하시 사토시 高橋敏의 「근세 후기 촌락사회의 조직과 가족·아이·젊은이」에서는 19세기 나가베 마을長部村에서 촌락개혁에 힘썼던 오하라 유가쿠大原 幽學의 삶과 활동을 살펴보고 있다. 다카하시 사토시는 이를 통해 근세 후기 촌락사회의 생활문화와 습속이 근대적으로 변화하는 과정을 드러내고자 했다. 그에 따르면 오하라 유가쿠는 1835년 나가베 마을에 세가쿠性學 강연을 위해 첫발을 디딘 이래 마을에서 머물며 큰 스승의 역할을 한다. 유가쿠는 특히 아이들과 젊은이들에게 큰 관심을 기울여, 마을 공동체가 사람을 육성하고 교육하는 기능을 하도록 하는 데 힘썼다. 구미아이組合와 같은 조직을 결성하고, 각종 의정서 합의를 도출하는 등의 실질적인 변화를 이끌고, 마을의 연중행사와 의례·교육체제를 비롯해 전반적인 생활습속에 이르기까지 다방면으로 개혁을 추진했다. 다카하시는 근세 후기 도소東總의 촌락사회가 떠돌이 종교인 오하라 유가쿠를 통해 어떻게 새로운 촌락사회로 구축되었는지를 구체적인 생활상과 기록들을 통해 밝히고 있다.

「도시문화 안의 성聖과 성性」에서 오쿠와 히토시大桑齋는 근세 도시에서 불교적 세계가 어떻게 도시문화로 자리하게 되었는지를 밝힌다. 그는 "근세를 근대의 요람기로 간주하면서 잘려나간 무수히 많은 사실을 재구성"하여 '근세'라는 세계를 새롭게 구축하고자 한다. 이 글에서는 『소네자키 숲의 정사情死』이야기, 즉 사랑과 정사라는 '성性'이 불교적 구제라는 '성聖'으로 승화하는 이야기를 통해 근세의 불교적 도시 문화를 추적한다.

2부의 마지막으로 이다 유코飯田祐子의 글인 「'여성'을 구성하는 요소들의 삐걱거림」은 근대 여성을 규정하는 세 가지 범주로 '어머니', '주부', '여학생'을 언급하고, 주로 『여학잡지』를 통해 각 범주의 탄

8

생 배경과 형성 과정을 추적한다. 아내와 며느리에 한정되었던 여성의 역할은 메이지 20년대 새로운 가족 이념에 근거한 가정 안에서, 지식을 갖추어 남편을 내조하고 가정을 책임지는 주부이자 국가의 미래를 떠맡을 아이를 잘 키워내는 어머니 즉 '양처현모'로의 변화를 요구받았다. 이런 맥락 속에서 '여성교육'이 강조되었으며 교육의 당사자로서 '여학생'의 범주가 새롭게 대두되었다. 이다 유코는 여성을 둘러싼 새로운 범주들이 여성의 생애주기 내에서 하나로 통합되지 못하고, 각 범주 사이에 큰 간극이 발생했으며 이것이 근대 여성의 삶에 혼란을 가중시키고 여성들이 새로운 어려움에 직면했음에 주목한다.

제3부 내셔널리즘의 형성에는 일본의 자타 인식의 변화와 근대적 공간 형성에 대한 담론이 담겨있다. 먼저 가쓰라지마 노부히로桂島信弘의 「화이華夷사상의 해체와 자타自他인식의 변화」에서는 18세기 말부터 19세기까지 에조치蝦夷地를 둘러싼 담론과 후기 미토학水戸學 막부 말기 국학 형성을 관련지어 일본의 자타 인식에 대해 논하고 있다. 18세기 말 이후 에조치에 대한 서양의 접근은 지식인 담론을 통해 에조치론을 만들어냈고, 이러한 과정 속에서 이전의 화이사상이 해체되었다. 이 글에서는 막부 말기 중화 문명권에서 해방된 자타인식이 서양과의 접촉을 통해 어떠한 방향으로 나아가는지를 밝히고 있다.

이 책의 마지막 글인 「근세의 다이리內裏 공간·근대의 교토교엔京都御苑」에서 다카기 히로시高木博志는 근세 교토 황궁의 다이리 공간이 근대 교토교엔으로 바뀌는 과정에서 공간의 속성이 변화하는 양상을 자세히 살핀다. 담과 문의 변화, 천황의 거처에 대한 접근성 등을 근거로 다카기 히로시는 근세 다이리가 열린 공간이었으나 근대기 천도 후에 오히려 닫힌 공간이 되었다는 사실을 잘 보여준다.

　이 책은 10여 년 넘게 '일본 근대와 젠더 세미나'와 함께 해온 '근대 일본의 문화사' 시리즈의 마지막 번역서이다. 이와나미 출판사의 '근대 일본의 문화사' 시리즈 전10권이 모두 한국어로 번역, 소개되었다고 생각하니 감회가 새롭다. '근대 일본의 문화사'는 우리의 세미나를 10년간 지탱해주는 힘이 되었으며, 이를 통해 일본의 다양한 문화 담론을 공부할 수 있는 계기가 되었다. 마지막 권의 역자 서문을 담당하게 된, 이 기회를 빌어 세미나 안팎의 여러 선생님들께 감사 인사를 드리고 싶다. 일본문학 전공 석사과정부터 박사학위를 받기까지, 오랫동안 개인적으로 크고 작은 일이 많았지만, 한 달에 두세 번씩 만났던 시간과 인연의 힘으로 무사히 여기까지 올 수 있었다. 세미나를 통해 얻은 지식은 물론이고, 함께 나누었던 많은 이야기와 간식 그리고 웃음들은 나에게 무엇과도 바꿀 수 없는 소중한 자산으로 남을 것이다. 바쁜 와중에도 기꺼이 번역에 참여해 주신 김주현 님과 김하나 님을 비롯, '일본 근대와 젠더 세미나'를 둘러싼 모든 사람에게 진심 어린 감사를 전한다.

2020년 여름, 역자를 대표하여

이현희

──────{ 제2부 **생활세계의 변모** }──────

| 총 설 |

19세기 일본 종교구조의 변화

19세기 일본 종교구조의 변화[*]

시마조노 스스무 島薗進[**]

1. 종교구조를 묻다

비토 마사히데尾藤正英[1]가 일본사에 관한 전망을 야심차게 펼친 『에도 시대란 무엇인가江戶時代とはなにか』에는 '일본사의 근세와 근대'라는 부제가 달려있다. 이 책은 '일본 국민종교의 성립'에 관해 다음과 같이 논하고 있다.[1] 일본에서는 고대 이래 고유한 민족종교와 불

---

[*] 이 글은 남효진이 번역하였다.

[**] 1948년생. 현재 도쿄대학대학원 명예교수. 주된 연구 영역은 비교종교운동론, 근대일본종교사. 저서로는 『현대 일본 종교문화의 이해』(박규태 역, 청년사, 1997), 『포스트모던의 신종교』(이향란 역, 한국가족복지연구소, 2010), 『사생학死生學이란 무엇인가』(공저, 정효운 역, 한울, 2010), 『생명 기원의 생명윤리いのちの始まりの生命倫理』 등이 있다.

[1] 1923~2013. 일본의 역사학자. 주로 일본근세사 특히 에도 시대 유학자의 사상을 연구했다. 한국에 소개된 책으로는 『사상으로 본 일본문화사』(엄석인 역, 예문서원, 2003)이 있다.

교를 비롯한 외래 종교들이 상호 교섭하면서 전체적으로는 '여러 종교'가 공존하는 양상을 보였다. 그러다 결국엔 그것들이 통합되어 '하나의 종교'를 형성하게 된다. 불교와 신도(신신앙神信仰)와 민속종교가 하나가 되어 '국민종교'를 형성한 것이다. 전국에서 신분을 초월해서 단카檀家제도[2]를 바탕으로 하는 불교식 사자死者공양을 행함과 동시에 지역 사회를 지키는 신사를 우지가미氏神[3]로 받드는, 일본 '국민'의 종교생활이 널리 퍼지게 되었다. 이런 변화는 15세기에서 17세기에 걸쳐 일어났다.

근대가 되자 국가의 역할이 현격하게 커졌고 그런 점에서 큰 변화가 있긴 했으나, '이에家'를 지탱하고 '역할'을 다하는 사람들이라는 공통된 의식 아래에서 국민종교의 토대는 계승되었다. 따라서 종교라는 점에서는 근세에서 근대로 이어지는 연속성이 크다고 할 수 있다. 비토 마사히데는 16세기 일본 근세사회의 성립을 일본사의 커다란 전환으로 간주하고 근세사회에서 근대사회로 이어지는 연속성에 주목했다. 그리고 앞에서 말한 '국민종교'의 시각에 맞춰 종교사에서도 이런 역사관이 타당하다고 주장했다.

이것은 그야말로 대담한 가설로, 여러 시각에서 비판이 가능하다. 우선 여기서 '국민'이라는 말은 어떤 균질성을 가진 사회 질서가 당시 '일본' 국토의 상당 부분에서 성립되어 있었고 그와 동시에 '이

2 17세기 에도 막부가 기독교를 단속하기 위해 실시한 제도 모든 인민을 단카檀家로 절에 등록하게 했는데, 이 등록증이 없으면 취직, 여행, 결혼 등이 허용되지 않았다. 이후 모든 집에 불단을 놓고, 법요에는 소속된 절의 승려를 부르는 것이 관습이 되었다. 이것은 절에게 인민을 파악하도록 하는 것으로, 절이 막부 통치체제의 일익을 담당했음을 보여준다. 단카제도는 절의 경제적 기반이며, 기독교 금지령이 풀린 후에도 계속해서 일본 사회제도의 일부를 이루었다. 지금도 대부분의 일본 사람은 절에 등록되어있고, 죽으면 소속된 절에서 장례를 치르는 것을 당연하게 여기고 있다.
3 일본에서 같은 지역에 사는 사람들이 공동으로 제사지내는 신도의 신을 말한다. 같은 지역에 살며 같은 우지가미를 모시는 사람들을 우지코氏子라고 한다.

에'를 기반으로 한 '종교' 생활에서도 공통된 형식이 확립되었다는 의미에서 사용되었음을 밝혀둔다. 그러나 '국민'이라는 의식이 널리 공유되었고 그 의식이 종교와 결부되었다고 말하는 것은 아니다. 그가 말하는 '이에'에 기반을 둔 '종교'가 당시 여러 신분과 계층의 사람들이 가진 '종교' 전부를 포함하고 있는지 아닌지에 대해서는 의문의 여지가 있다. 가령 유교는 17세기 이후 무사의 정신적 축으로서 그 중요성이 점점 커지고 있었다. 권문權門사원을 중심으로 하는 지샤寺社 체계가 관장하는 신불습합의 기층을 포함한 현밀불교가 세계관의 기조를 이루던 중세로부터, 유교가 세계관 복합의 중요한 한 축을 담당하는 근세로 이행한 것은 대단히 중요한 변화이다.[2] 그렇다면 유교는 '국민종교' 안에서 어느 시기에 어떤 사람들 사이에서 어떤 위치를 차지하고 있었던 것일까.

비토 마사히데의 말처럼 근세 일본에서 '하나의 종교'가 성립했다고 간주할 수 있을까. 오히려 중세에는 일본 대부분 지역에 퍼져있던 '현밀체제顯密体制'[4]의 종교가 교토 주변 지샤寺社세력[5](신불습합)을

---

4 일본의 역사학자 구로다 토시오黒田俊雄가『일본 중세의 국가와 종교日本中世の国家と宗教』(1975)에서 주장한 일본 중세의 종교체제. 일본 전후 중세불교사에서는 구불교였던 난도6종南都六宗과 헤이안 2종平安二宗(천태종天台宗, 진언종真言宗)이 대등하게 대립 또는 배타적인 관계였다고 보았다. 이에 반대해 구로다 토시오는 문헌에 나타난 현밀(중세엔 모든 불교를 의미)이라는 용어를 사용하여 현밀체제론을 제창했다. 그는 실제 일본 중세에서 정통으로 여겨진 것은 헤이안 시대 이래 밀교를 주축으로 통합된 현밀불교이고, 구불교 8종旧仏教八宗은 밀교로 볼 수 있는 진혼鎮魂 주술적 신앙이라는 공통된 기반 위에서 밀교의 절대적·보편적 진실성을 전제로 한 경쟁적 질서를 형성했으며, 엔레키사延暦寺등 구불교계 사원이 이와 같은 질서를 유지하면서 국가권력과 밀착하여 정통 종교로서의 입지를 굳혔다고 주장했다. 이 이론 이후 가마쿠라불교를 중세 불교의 대표로 보던 기존 견해에 반대해 구불교를 중세 불교의 본류로 보는 인식이 생겨났다. 여기서 현밀이란 현교와 밀교를 뜻한다. 밀교란 부처의 본신인 대일여래가 자신의 언어로 직접 말씀하셨기 때문에 일반 중생은 쉽게 알 수 없는 비밀스런 가르침이다. 이에 반해 현교란 석가가 중생을 구제하기 위해 인간의 능력과 수준에 맞춰 분명하게 말씀하신 가르침이다.

5 일본 중세에서 무가정권·조정과 함께 권력을 삼분했던 대사원·신사(당시 이 둘은 신불

주요한 조직적 담당자로 하는 통일성을 가지고 있었던 반면, 근세에는 신불분리가 진행되어 신유불神儒佛의 '3교', 또 불교의 여러 종파들을 포함한 여러 '종문宗門'이라는 다원성 의식이 널리 퍼져있었던 것은 아닐까. 오히려 여러 종교들이 통일성 없이 복합된 '종교구조'가 에도 시대를 거치면서 분화되고 변용되었으며 메이지유신에 이르러서는 기독교까지 더해져 더욱 다양해졌다고 보는 편이 타당하지 않을까 등등의 의문이 든다.

그런데 비토 마사히데의 문제의식에는 주목할 만한 점이 있다. 그것은 바로 '근세로부터 근대로의 전개'에 대해 세계관·코스몰로지·이데올로기, 혹은 그와 대응하는 의례 생활의 차원에서 큰 그림을 그려내려는 문제의식이다. '근대 일본의 종교'에 관해 논하려면 그처럼 높은 곳에서 전체를 내려다보는 시각이 필요하다. 19세기 이후 일본이라는 지역에 사는 사람들의 생활에 일어난 변화를 이해하기 위해서는 '종교'·'사상'·삶과 죽음을 규정짓는 실천 체제에 관한 개별적인 현상을 세세하게 살핌과 동시에 그것들의 전체적인 구도를 그리는 것이 큰 도움이 된다. 내부의 다양성을 깊이 이해하면서 전체의 큰 구조에 관한 모델을 가져야 한다. 모델을 다듬어가면서 개별 종교의 관념과 실천, 종교 집단이나 종교적 개인의 특징을 확인함으로써 깊이있는 '세계관·생사관生死觀·종교'의 역사를 그릴 수 있게 된다.

그런데 현재 일본의 학계·사상계에서는 이와 같은 '종교구조의 변용'에 관한 서술을 거의 보기 힘들다. 이런 점에서 비토 마사히데

___

습합으로 일체였음)에 의한 군사·행정·경제·문화 세력. 무가정권이나 조정처럼 권력 중추가 있었던 것이 아니라 각 지샤寺社가 독립되어 있었고 한 지샤 안에서도 다양한 집단이 경합했기 때문에 세력이라고 한다.

의 시도는 매우 귀중하다고 할 수 있다. 이런 '종교구조의 변용'이 그다지 논의되지 않았던 이유 중 하나는 '종교'와 '사상', '코스몰로지'와 '이데올로기'가 별개로 논의되는 경향이 많기 때문이다. '종교사'는 주로 불교 사원이나 민속종교에 관해 서술하고 '사상사'는 유학이나 국학의 저술을 이해하는 데 힘을 쏟았다. 에도 시대의 지식층이 불교·유교·신도의 지知의 담당자로 분화한 것에 기반한 지知의 분업 체제가 근대 이후에도 계속 이어져 현재에 이르렀다. 따라서 불교·유교·신도·민속종교를 아우르는 코스몰로지와 이데올로기가 복합된 전체 구조를 보는 시각은 부족했다.[3] 이 글에서 나는 이와 같은 코스몰로지=이데올로기의 복합, 단적으로 말해 '종교구조' 전체를 보는 시각의 필요성과 유효성을 보여주고자 한다.[4]

물론 비토 마사히데만 이런 시도를 한 것은 아니다. 이렇게 전체를 조망하는 시도는 근세에 관한 해외 연구만 훑어봐도 최소한 두 가지 사례가 눈에 띈다. 하나는 로버트 벨라Robert N.Bellah의 『도쿠가와 시대의 종교Tokugawa Religion』(1957)이고, 또 하나는 이 제목을 의식한 게 분명한 헤르만 움스Herman Ooms의 『도쿠가와 이데올로기Tokugawa Ideology』(1985)이다.[5] 로버트 벨라의 시도는 비토 마사히데와 공통점이 많은데(비토는 벨라의 작업을 크게 참조했다), 다양하고 복잡한 요소로 이루어진 '종교구조'를 단일한 성격을 가진 '종교'로 단순화시킨 경향이 있다. 게다가 '근대화'의 성공 요인을 찾는 시각에서 출발하여 '종교'의 역할 특히 혁신성을 과대평가하였다. 헤르만 움스는 그처럼 단순화된 '도쿠가와 종교'상을 사람들의 생활세계나 정치적 실천과 유리된 관념적·도식적인 '종교'관에 기반을 둔 것으로 보았다. 도쿠가와 신분사회의 지배구조 리얼리티에 입각한 관념·담론·실천의 복합체는 오히려 먼저 이데올로기로 이해되어야 한다. 그런데 헤르만 움스는 불교나 민속종교를 염두에 두지 않았으며 지역 주민의 구제나 생사와 관련된 문화요소에 대한 고찰이 부족했다. 즉 『도쿠가와 코스몰로지』를 고찰할 때 '도쿠가와 코스몰로지'를 도외시하지는 않았지만 깊이 있게 이해하지도 않았다. 로버트 벨라와 헤르만 옴스, 둘 다 코스몰로지와 이데올로기의 복합을 폭넓게 살피지 못했다.

이 글은 '근세로부터 근대로의 이행'을 주제로 삼고 있다. 따라서 19세기 전체를 살펴보면서 메이지유신 무렵 '종교구조의 변용', 즉 코스몰로지와 이데올로기 복합의 변용을 묻고자 한다. 이러한 문제의식에 대해 야스마루 요시오安丸良夫의 저서 『신들의 메이지유신神々の明治維新』과 『근대 천화상의 형성近代天皇像の形成』, '민중종교'사 전체를 다룬 논문 「민중종교와 근대라는 경험民衆宗敎と近代という經驗」, 그 방법론적 기초에 관해 말한 「예외 상황의 코스몰로지─국가와 종교例外狀況のコスモロジ─國家と宗敎」는 나와 가장 비슷한 시각을 갖고 있다.[6] 앞의 두 저서는 도쿠가와막부 말기부터 메이지 초기에 걸친 민중생활의 통제와 신불분리 정책이 그때까지 사람들이 유지하고 있던 공동생활의 기반을 크게 무너뜨렸다고 분석했다. 또 그와 같은 위기 속에서 이단적인 종교의 대항운동이 전개되고 억압되었다고 보았다. 야스마루 요시오는 그처럼 억압되고 배제되어간 민중종교로부터 "세계 전체는 어떤 의미인가라는 코스몰로지적인 물음"을 읽어낸다.[7] 그는 이런 민중종교의 코스몰로지적인 시도와 마주해야만 근대 천황제 및 '근대 천황상 형성'의 감춰진 동기와 그 특징을 이해할 수 있다고 주장한다.

'코스몰로지'에 주목하여 역사를 보는 것과 넓은 의미의 '종교'에 주목해서 역사를 보는 것은 거의 같은 의미이다. 다만 '코스몰로지'라고 하면 관념 쪽에 역점을 두고, '종교'라고 하면 실천이나 집단

쪽에 관심이 쏠린다. 또한 종교라고 하면 정리된 교의나 조직을 갖춘 체계적인 무언가를 생각하기 쉬운 데 반해 코스몰로지라고 하면 유동적이고 유연한 관념의 여러 양상을 생각하기 쉽다. 그러나 이 글에서는 이런 구별 없이 '종교'와 '코스몰로지'를 호환 가능한 개념으로 쓰고자 한다. 맥락에 따라 쓰기 편한 용어를 사용하는데 엄밀하게 구별하지 않았다. 그리고 어느 쪽을 쓰든 그것이 정치적 기능체나 담론으로서의 이데올로기, 그리고 체계성을 가진 구축체인 '이데올로기'와 분리되기는 어렵다고 생각한다.

이 시기의 역사를 되돌아볼 때 '근대 천황제'를 논하려고 하면 그야말로 엄청난 양의 연구문헌과 직면하게 된다. 흔히 천황제는 사회조직이나 정치질서와 직결되며, 그 유래와 특징을 묻는 것은 곧바로 일본사의 핵심 문제와 관련된 중요한 주제라고 여겨진다. 이에 반해 넓은 의미의 '국가신도'나 '민중종교'에 관해 물을 때 도움이 되는 논고는 그다지 많지 않다. '종교'나 '코스몰로지'에 주목해서 역사를 묻는 방식은 이제까지 선호되지 않았기 때문이다. 물론 '정치'나 '사회집단'에 주목해서 역사를 묻는 방식의 중요성을 의심하는 것은 아니다. 이 글에서는 그 점을 최소한으로 다루고 있지만 그것은 이 글의 주제로 인한 제한일 뿐이며 정치나 사회집단의 고찰은 항상 염두에 두지 않으면 안 된다.

이 글에서는 '종교'나 '코스몰로지'로부터 역사를 묻는 것의 의의를 강조하고자 한다. 그것은 문화인류학을 원용하는 역사 서술이나 '사회사'(아날파)가 일상적 실천이나 심성으로부터 역사를 묻는 것과 같은 시도이다. '코스몰로지'는 일상적 실천이나 심성의 큰 틀이라 할 수 있다. 코스몰로지로 규정된 일상적 실천이나 심성을 고도의 지적 구조물('사상'), 정치적 기능을 농후하게 담은 실천관념이나 담론체

23

계('이데올로기')와 결부시켜 논하고자 하는 것이다. 그것은 '종교'나 '코스몰로지'를 생활형식으로부터, 요컨대 '문화'로 채색된 사회생활이라는 기반적인 리얼리티로부터 포괄적으로 고찰한다는 의미이다.

2. 제祭 · 정政 · 교敎 일치의 이념과 국가신도

'국가신도'라는 개념은 근세에서 근대로 종교구조가 변용되는 과정을 이해하는 데 결코 빼놓을 수 없는 중요한 의미를 지니고 있다.[8] 메이지유신 이후 위협의 '교敎'로 인지된 '외국종교'('오랑캐 종교', '요사스런 종교', 즉 기독교) 유입에 대한 위기감에 국가신도를 중심으로 하는 일본의 독자적인, 강력한 코스몰로지와 이데올로기를 복합시킨 구상이 추진되었고, 결국에는 국가신도체제라는 것이 성립되었다.[9] 1945년까지 일본 근대의 종교구조는 국가신도를 공적인 종교 질서의 축으로 삼고 그것에 어느 정도 종속하는 형태로 여러 종교가 제한적인 '신앙의 자유'를 부여받는 이중구조였다. 천황을 중심으로 하는 '제'(제사)와 '교'(치교治敎 · 황도皇道)의 영역은 '종교'보다 위에 위치한 신성한 것으로 자리매김 되었는데, 이것이 바로 국가신도이다. 반면 '신도 · 불교 · 기독교' 같은 종교들은 사적인 가족의 삶과 죽음 · 구제 · 심신의 고뇌 · 평안과 관련된 것으로 자리매김 되었다. '종교' 쪽에서 보자면 종교는 개개인의 자유로운 사고와 결단에 따라 실존을 지탱하고 삶과 죽음을 의지할 곳을 제공해야 하지만, 국가신도체제 측면에서 종교란 신민臣民의 마음을 안정시킴으로써 정

24

치질서의 안정에 공헌해야 하는 것으로 간주되었다.

막번幕藩체제 아래에서 엄중한 기독교 탄압과 단카제도가 시행되고 쇼군將軍·다이묘大名의 권위 질서가 신성시된 근세적인 종교구조가 크게 변용됨에 따라 이런 이중구조가 성립되었다. 근세의 종교구조 역시 무사가 유학과 의례를 몸에 익혀 막번 권력의 '사제＝관료'가 되고, 불교 '종문宗門'과 신사·절은 그 질서에 따라 장례의식 또는 현세 이익을 비는 것으로 역할이 축소되는 이중구조였다. 하지만 근대 종교의 이중구조는 천황 중심의 신도 제사, 치교(황도·국체론)의 고양과 그것이 국민생활에 깊이 침투했다는 점에서 근세와는 완전히 달랐다. 일본의 근대 종교구조의 성립을 묻는 것은 국가신도를 축으로 하는 종교의 이중구조라는 코스몰로지·이데올로기 복합이 근세사회 안에서 어떻게 준비되어 메이지유신기의 종교정책(사상정책)과 종교변동(사상변동)으로 이어졌는지를 묻는 것과 같다. 이것은 바로 '코스몰로지·이데올로기의 근세'에서 '코스몰로지·이데올로기의 근대'로의 이행을 묻는 것이며, 이 글은 그 전체적인 윤곽을 그려보고자 한다.

이에 대해 이미 기초 연구는 많이 있으나, '근세에서 근대로 종교구조의 변용'을 주제로 논한 연구는 별로 많지 않다. 왜냐면 근대의 종교구조를 이해하기 위한 기초 개념이 부재하기 때문이다. 바꿔 말해 '국가신도'라는 개념이 분명치 않기 때문이다. '근세에서 근대로 종교구조의 변용'을 논하는 것은 '국가신도체제의 형성 과정'을 논하는 것이기도 하다. 그런데 그 물음에 답할 때 '국가신도'란 무엇인가가 모호하기 때문에 무엇에 관해 어떤 과정을 밝혀야할지가 불분명해진다.[10]

최근 국가신도 개념에 대한 연구가 진전되면서 그 모호한 과정이

조금씩 밝혀지고 있다.[11] 제2차 세계대전 후에 국가신도라는 말을 사용하는 경우, '국가신도의 해체'를 꾀했던 GHQ의 '신도지령'(1945.10)이 그 기초가 된다. 거기에서 '국가신도'는, 전쟁이 끝나기 이전 종교제도에서 교파신도(종파신도, 종교신도)[6]와 구별하여 '종교'가 아니라 '제사祭祀' 영역에 속한 것으로 해석되었다. 즉 국가와 밀접하게 연계되어 있던 신사신도를 가리켰다. 그러나 실제 신도지령이 '해체'하려고 한 것은 신사신도와 국가의 연대만이 아니었다. 넓게는 종교적인 국가제사(천황이 관여하는 신도 의례의 공적 기능)와 천황숭경에 기초한 배외적 공격적 행동을 촉구하는 사상 '선전宣傳'(실제 교육에서 큰 위치를 차지하고 있었다) 등이 포함되어 있었다. 신도지령으로부터 넓은 의미의 '국가신도' 개념을 끌어내는 데는 그다지 무리가 없다.

사실 제2차 세계대전 후 가장 영향력 있는 '국가신도론' 저서인 무라카미 시게요시村上重良의 『국가신도國家神道』(1970)는 이 말을 앞에서 말한 넓은 의미에서 사용하고 있다. 무라카미 시게요시는 신사신도뿐만 아니라 메이지유신 이후 신도의 색채 아래 대대적으로 확충되면서 국민생활과 밀접한 관계를 맺도록 전환된 '천황의 제사', 교육칙어教育勅語를 매개로 국민에게 친숙해지고 이론체계에 의해 웅장하고 엄숙해져 간 '국체의 교의教義' 등도 국가신도의 중요한 구성요소라고 말한다(하지만 그는 국가신도의 침투 과정에서 학교가 한 역할의 중요성에 대해서는 충분하게 고찰하지 않았다). 그 후 무라카미의 국가신도론은 많은 비판을 받았고 국가신도라는 말을 좁은 의미에서, 즉 신사신도와 같은 말로 사용하는 용법이 우세해졌다. 나카지마 미치오中島三千男, 야

---

6 패전 전 일본 정부로부터 공인받은 신도계 교단 13파를 가리킨다. 1882년 정부포고령에 따라 국가신도와 분리·차별 정책이 시행되었고, 1908년 13개 교파로 정리되었다. 그 가운데 덴리교天理教와 곤코교金光教의 영향력이 가장 컸다.

스마루 요시오, 미야치 마사토宮地正人 같은 역사학자도, 아시즈 우즈히코葦津珍彦, 사카모토 코레마루阪本是丸 같은 신도학자도 국가신도를 논할 때는 좁은 의미의 국가신도에 한정해서 쓰는 경향이 강하다.

그러나 나는 넓은 의미의 국가신도 개념을 보강해서 써야 한다고 생각한다. 그것은 근대에서 신도의 전개를 고찰할 때, 교파신도나 신사신도와는 별개로 천황제사·천황숭경·국가신사로 이어지는 실천·담론이 엄청나게 많았고 국민생활에 막대한 영향을 주었음을 부정할 수 없기 때문이다. 또 근대 일본의 종교구조에 대한 전체상을 넓은 의미의 국가신도 개념을 빼놓고는 파악하기 어렵다. 이런 주장에 대해, 천황숭경·천황제사·국가신사로 이어지긴 하지만 그 존재형태가 매우 다양하고 그것들을 '국가신도'라는 하나의 말로 묶는 것은 무리라는 비판이 있다. 복잡한 역사적 현실에 대해, 해석자가 만들어낸 틀을 억지로 위에서 덮어씌우게 된다는 것이다.

무라카미 시게요시가 말한 넓은 의미의 '국가신도' 개념에 대해 야스마루 요시오는 "다양한 현상을 하나의 틀 안에 몰아넣는 성급함이 느껴진다"고 의문을 나타냈다.[12] 이런 의문에 대해 나는 천황숭경·천황제사·국가신사로 이어지는 실천·담론이 커다랗게 하나로 통합되어 있다고 말하고 싶다. 그 입장을 뒷받침하기 위해서는 막부 말기(19세기 초)부터 1945년에 걸친 국가와 신도와 이데올로기의 연관에 대한 많은 논증이 필요하다. 그러나 여기서는 국가신도의 형성 과정에 한정하여, 시기적으로는 19세기 특히 메이지유신 무렵을 중심으로 논하고자 한다.

넓은 의미의 국가신도는 몇몇 학자들이 멋대로 만들어낸 관념 틀이 아니다. 메이지유신 시기에 국가신도체제라는 코스몰로지·이데올로기 복합의 주축이 되는, 즉 '국가신도'에 합당한 것을 구축하려는 구상이 분명히 있었다. 또 그 후 그와 같은 구상은 확실하게 구체화되고 실질적인 체제를 갖추어 갔다. 실제 에도막부 말기부터 이런 구상이 형성되었고 빠른 속도로 영향력을 늘려갔으며 메이지 초기 새로운 정권의 이념으로 정착되었고, 종교·교육·사회 정책을 통해 구체화했다. 새로운 정권이 코스몰로지·이데올로기 구상의 주축으로 삼은 것은 '진무창업神武創業',[7] '제·정·교 일치'의 이념이었다. 나아가 그것은 '제정일치'와 '대교선포大教宣布'[8]의 이념으로 나타났다.

메이지헌법에 앞서 근대 일본 정신질서의 큰 틀을 잡았으며 메이지유신 정치의 출발점이라고 할 수 있는 다음 세 가지 문서를 살펴보자.[13]

> 왕정복고의 대호령王政復古の大号令[9](1867년 12월 9일)
> (…전략…) 무릇 계축년[10] 이후 미증유의 국난, (…중략…) 이에 마음을 정하여 왕정복고, 국위만회國威挽回의 기초를 세우고자 하므로 (…중략…) 이제 섭정·관백·막부 등을 폐절廢絶하고, (…중략…) 모든 일에서 진무창업을 근본으로 하여, (…중략…) 기존의 교만하고 게으른 나쁜 관습을 다 씻고, 충성을 다해 나라를 지키는 데 정성을 다하고 이를 받들라.

28

---

7 메이지유신 정부가 왕정복고와 함께 내건 구호로, 메이지정부의 이념을 첫 번째 천황인 진무천황에서 찾았음을 뜻한다.
8 일본에서 1870년(메이지 3) 선포된 조서. 천황에게 신격을 부여하고 신도를 국교로 삼고 일본을 제정일치 국가로 함으로써 국민사상의 통일과 국가의식의 고양을 꾀했다.
9 대정봉환大政奉還 후 조슈번과 사쓰마번이 중심이 되어 일으킨 정변에 호응하여 당시 조정에서 낸 문서를 말한다. 그 주요 내용은 왕정복고, 에도막부·섭정·관백의 폐지, 3직 설치이다.
10 미국의 페리 제독이 이끄는 함대가 우라가 앞바다에 나타나 통상과 개항을 요구한 1853년을 말함.

제정일치의 포고祭政一致の布告(1868년 3월 13일)

이번 왕정복고·진무창업을 바탕으로 모든 일을 일신하고 제정일치 제도로 돌아가기 위해 제일 먼저 신기관神祇官[11]을 다시 세우고 뒤이어 모든 제례를 되살릴 것이다. (…중략…) 널리 천하의 신사·간누시神主·네기神襧·호리祝·간베神部[12]에 이르기까지 모두 앞으로 신기관에 속하게 될 것이다.

대교선포의 조서大敎宣布の詔(1870년 1월 3일)

짐(메이지천황─역자)이 곰곰이 생각해보니 천신천조天神天祖가 황위를 세워 왕통을 물려주니 진무천황 이래 대대로 천황들이 그것을 받아 계승하고 이를 말해왔다. 제정일치, 억조동심億兆同心, 위로는 치교治敎가 분명하고 아래로는 풍속이 아름다웠다. 그런데 중세 이후 때때로 영고성쇠가 있었고 도道에 명암이 있었다. 이제 천운이 다시 돌아와, 메이지유신을 맞아 모든 제도가 새롭게 되었다. 치교를 분명히 하고 이로써 신도 그대로를 선양해야 한다. 새롭게 선교사宣敎使를 두어 천하에 포교하도록 한다. 너희 백성들은 이를 명심하고 지키도록 하라.

29

이 '대교선포의 조서'를 이해하기 위해 이보다 앞서 나온 '천황의 하문' 하나를 살펴보자.

황도 흥륭에 관한 천황의 하문皇道興隆の御下問(1869년 5월 21일)

우리 황국은 천조天祖가 황위를 세우고 나라의 기본을 연 이후 열성조께서 이어

---

11 일본 율령 시대 국가기관의 하나인데, 메이지 시대 초기에 다시 설치되었다. 신은 '천신'을, 기는 '토착신'을 의미하는데 메이지 시대의 신기관에는 그 제사를 지내는 것 외에 천황릉 관리와 선교 업무가 추가되었다.
12 간누시는 신사의 신관 또는 그 우두머리이이다. 네기는 간누시 다음에 해당하는 신직 또는 일반 신직이며, 호리는 네기 다음가는 직책으로 주로 축문을 외던 사람 또는 신을 섬기는 일을 하는 사람의 총칭이다. 그리고 간베는 신기관에서 잡일하던 사람을 가리킨다.

받아 하늘을 대신해 다스리니 제정일치, 상하동심, 위로는 치교를 분명히 하고 아래로는 풍속을 아름답게 하고 황도를 밝혀 만국 가운데 뛰어났다. 그런데 중세 이후 인심이 박하고 성실치 않더니 외교外敎(기독교－역자)가 이를 틈타 황도皇道를 업신여기고 근래에는 그 정도가 심해졌다. 천운이 돌고 돌아 오늘날 유신의 시기에 다다랐다. 그런데 기강도 아직 회복되지 않았고 치교도 널리 미치지 못하고 있다. 그래서 황도를 밝히기 위해 심사숙고하였다. 이제 제정일치, 즉 천조 이래 고유한 황도를 부흥시키고 억조창생의 보본반시報本反始[13]의 뜻을 중히 여겨서 외부 유혹에 현혹되지 말고 방향을 정해 치교를 널리 퍼지도록 하고자 한다. 그 시행을 위한 의견을 거리낌 없이 말하도록 하라.

왕정복고란 진무천황이 건국한 옛날, 즉 아마테라스오미카미天照大神의 명에 따라 천황이 국토 통치를 시작한 시점으로 되돌아가는 것이다. 그것은 천황친정天皇親政·천황친제天皇親祭의 실현, 즉 '제정일치'의 치세를 의미한다. 또 '황도'라는 '치교'가 국민(억조)에게 침투하여 '상하동심'의 치세, 즉 '정교일치'의 치세를 실현하는 것이기도 하다. 이 문서들은 천황제사·천황숭경·국가신사를 둘러싼 실천·담론의 복합체, 즉 국가신도가 실현되는 바탕인 장대한 구상grand design을 보여준다. 그리고 그 장대한 구상을 대표하는 것이 바로 '제·정·교 일치' 이념이다.

이와 같은 장대한 구상이 메이지·다이쇼·쇼와 시대에 그대로 실현되었다고 말하는 것은 아니다. 그것은 정책 과정에서 여러 우여곡절을 거치게 된다. 특히 문명개화의 추구로 방향을 수정하면서 '신앙의 자유'를 인정하지 않을 수 없게 되었다. '대교선포의 조서'

---

13 자신이 태어난 근본인 선조의 은혜에 보답한다는 뜻.

를 실행하기 위한 기관으로 처음에는 신기성神祇省 아래 '선교사宣教使'를 두었는데 곧 아무런 효과가 없음이 밝혀졌다. 이어 교부성教部省[14]의 주도 아래 신도와 불교의 여러 종파에서 국가 공인의 교도직教導職이 동원되었고, '삼조의 교칙三條の教則'에 기반을 둔 '치교'의 침투가 꾀해졌다.

'삼조의 교칙'의 내용은 "제1조 경신애국의 뜻을 명심하고 지킬 것, 제2조 천리天理와 인도人道를 밝힐 것, 제3조 황상을 받들고 조정의 뜻을 준수할 것"이다. 이것을 가르칠 교도직이 결집하는 각 지방의 '중교원中教院'과 '소교원小教院'을 총괄하는 '대교원大教院'(도쿄 시바즈의 조조지增上寺 안에 위치)에는 조화삼신造化三神(아메노미나카누시노카미天御中主神, 다카미무스비노카미高皇産靈神, 간미무스비노카미神皇産靈神)과 아마테라스오미카미天照大神를 모셨다. 이와 같은 신도의 우위가 불교계의 불만을 불러일으켜 교부성의 대교선포 운동, 즉 '치교' 교화의 체제 역시 붕괴되고 말았다. 대신 모든 종교집단의 자율성을 인정하고 종교집단들을 '치교' 교화의 프로그램에서 당분간 제외시켰다. 야스마루 요시오는 이 과정을 '일본형 정교분리'라고 이름 붙였는데 이 말이 그대로 받아들여져 이후 통용되었다.[14)]

이 말은 제·정·교일치 구상의 파탄을 의미하는 것일까. 그렇지 않다. 정교분리의 '교'를 좁은 의미의 '종교'로 이해하지 않는다면, '일본형'이라고 제한하더라도 '신사'와 '종교'의 분리나 메이지헌법에 나오는 '종교의 자유'를 정교분리라고 하긴 힘들다. 기독교 공인과 동시에 국가원수인 천황을 중심으로 하는 궁정 제사와 천황숭경의 경축 체계도 차례차례 정비되어갔다. 더구나 신사신도가 종교가

---

14 메이지 초기 태정관제도 아래서 종교 통제에 의한 국민 교화를 목적으로 설치한 중앙 관청조직. 1872년 설치되어 1877년 폐지되었다.

아닌 제사의 영역으로 자리매김 되면서 제정일치의 구상은 더욱 더 기반을 굳혀갔다. 천황은 신도 의례를 행하는 데 많은 시간을 보냈으며 경축일은 신도의 제일祭日이나 신성한 천황의 생사를 기리는 날로 정착되었다. 근대 일본의 시간·공간 질서(코스모스=노모스)는 황조황종을 제사지내는 실천에 의해 점점 더 엄숙해지고 웅장해졌다.

반면 정교일치 쪽은 종교정책보다는 학교 교육이나 국민 교육에서 돌파구를 발견했다. 교육칙어는 최소한 어느 정도는 '제·정·교 일치'의 이념에 따라 성립되었다. 이 점을 확인하기 위해 메이지천황과 함께 '교육칙어' 제정의 기본 틀을 제시한 모토다 나가자네元田永孚[15]의 말을 살펴보자.[15]

> 기안서에서 말한 대로, 고금을 절충하고 경전을 참작하여 하나의 국교國教를 세우고 그것을 세상에 행하는 데 반드시 어질고 밝은 사람을 기다려야 한다면, 어질고 밝은 사람이란 어떤 사람을 가리키는가. 바로 지금의 성상폐하, 곧 군주이자 스승으로 하늘이 내려주신 천황폐하께서 그러하시며, 내각 역시 그러하다. 지금이 바로 그때이다. 국교 역시 새롭게 세우는 것이 아니라 조훈祖訓을 이어 받들어 그것을 천명하는 데 있을 뿐(…중략…) 신臣이 유럽의 일을 세세하게 알지는 못하지만 제왕 재상에서 인민에 이르기까지 모두 종교에 기반을 두지 않은 자가 없다. 우리 조정도 니니기노미코토瓊杵尊[16]부터 긴메이欽命천황[17] 이전에 이르기까지 성심을 다하여 천조天祖를 받들었고, 유교를 받아들이면서 제·정·교·학 일치, 인의충효가 위아래 모두 같았던 것은 역사가 분명하게 보여준다. 그렇다면 오늘

---

15 1818~1891. 일본 에도 시대 구마모토번의 무사, 유학자. 메이지유신 후 메이지천황의 개인 고문이 되었으며 유교에 의한 천황제 국가사상 형성에 기여했다.

16 일본 건국신화에 나오는 아마테라스오미카미의 손자. 아마테라스오미카미의 명으로 삼종신기(거울, 칼, 곡옥)를 갖고 지상으로 내려와 일본을 세웠다고 전해진다.

17 509~571. 일본 제29대 천황.

날에는 국교가 없으니 옛날로 돌아가자는 것뿐이다.

— 「교육의부의敎育議附議」, 1879

一, 천황은 신성으로 감히 범접할 수 없으며 어떠한 변고가 있어도 그 신성한 몸을 건드리지 못한다.

一, 천황은 전국의 **치교**를 통솔한다.

— 「국헌대강國憲大綱」, 1880 즈음

국체國体가 있음으로써 도道가 있고, 도가 있음으로써 **교교**가 있다. 교육은 우리 국민을 양성하는 것이다. 우리 국민을 양성하고자 한다면서 우리 국체에 근본을 두지 않고 우리 황도를 따르지 않으며 우리 **조종祖宗**의 **교교敎敎**의 통솔을 받지 않고 오로지 이국의 문물과 이학理學만을 채택하는 것은 마치 혼백없는 사람을 꾸미는 것과 같으며, 국가 전체를 앞으로 혼백이 없게 하려 한다면, 국가에 이보다 더 큰 해가 없다. (…중략…) 우리 국민을 양성하는 데 우선시해야 할 것은 일본국의 정신이며 기백이며 덕성이며 풍속이다. 우리 국체를 분명히 하고 충군애국을 장려하는 것은 정신을 키우는 것이고, 의를 중시하고 자신의 이익을 가볍게 여기고 무를 장려하고 용勇을 치켜세우는 것은 기백을 키우는 것이며, 예의를 앞세우고 염치를 지키며 인정을 두텁게 하고 절약검소하는 것은 덕성을 키우는 것이며, 노인을 공경하고 아이를 사랑하고 제사를 모시고 신기를 받들고 부부의 예를 바르게 하고 이웃과의 교제를 두텁게 하는 것은 풍속을 키우는 것이다.

— 「교육대지敎育大旨」, 1890

모토다 나가자네의 이런 생각이 '교육칙어'에 그대로 실현되어 이후 근대 일본의 종교구조를 결정지었다고 할 수는 없다. 「교육의부의敎育議附議」는 이토 히로부미의 '기안서'(「교육의敎育議」)에 대한 반론

33

인데, 이후 '교육칙어' 제정 단계에서 서양 선진국의 기준을 중시했던 이노우에 코와시井上毅는 이에 대해 강하게 반대했다. '교육칙어'는, 정체政体에 종교적 일체성을 가지고 들어오는 것을 막으려고 했던 이토 히로부미나 이노우에 코와시 같은 현실주의 정치가들과 타협하는 가운데 성립되었다. 따라서 제·정·교(학) 일치 노선이 전면적으로 실현된 것은 아니었다.

그럼에도 불구하고 이 노선은 어느 정도 실효를 거두었다. '교육칙어'가 천황이 내린 신성한 '치교'라는 이념은 초등교육 현장에서 그 힘을 점차 키워 나갔던 것이다. 넓은 의미의 국가신도는 특히 그 '교敎'의 측면에서 학교를 가장 중요한 포교의 장으로 삼아 영향력을 넓혀갔다.[16] 애당초 이 제·정·교 일치 노선은 위로부터 '교화'해야 할 정신 질서를 필요로 하는 입장에서 구상된 것이지, 국민이 그것에 전면적으로 복종하리라고 예상했던 것은 아니었다. 사적인 '신앙(종교)'은 여러 가지일 수 있다. 그러나 '치교'의 차원에서는 통일되어야만 한다. 이런 이중구조를 전제로 하면서 위로부터의 교화를 어느 정도 실현하는 것이 목표였다. 원래 '치교'는 개개인의 생사나 실존을 둘러싼 신념체계로 구상되지 않았기 때문이다.

이 글에서는 교육칙어 제정 이후 과정에 대해서 다루지 않는다. 「19세기 일본의 종교구조」를 주제로 논하는 이 글은 1890년 '교육칙어' 발포까지 다루면 족하다고 생각한다. 앞에서 말했듯이 이 글의 초점은 이와 같은 제·정·교 일치의 국가신도 구상이 메이지 국가의 코스몰로지=이데올로기 질서 구상으로 떠올라 채용되기에 이르는 과정이다. 이와 같은 구상을 제시하고 막부 말기 메이지유신 시기의 정치과정에 끌고 들어간 것은 어떤 '사상' 세력 혹은 '종교' 세력이었을까. 넓은 의미의 국가신도는 근세사회(도쿠가와막부 시대 일본)

의 어떤 위치에 있었던 어떤 사람들에 의해 구상되어 구체화되어 갔던 것일까.

3. 후기 미토학水戸學[18]부터 쓰와노파津和野派 국학까지

오리쿠치 시노부折口信夫는 야노 하루미치矢野玄道[19]가 "가시하라橿原궁[20]으로 되돌아가려는 생각은 이룰 수 없는 꿈이었던 것을"이라고 읊은 와카를 인용하면서 메이지유신 이후 '초야에 묻혀버린 국학자'의 좌절을 씁쓸하게 회고했다.[17] 오리구치 시노부는 일본 국학이 "국민생활을 도덕생활로 환산시키는 학문"이 되어버린 것은 히라타파平田派 국학의 책임이라고 말한다. 반면 핫토리 시소服部之總는 시마자키 도손島崎藤村의 소설 『동트기 전夜明け前』[21]에 나오는 기소木曽현 마고메

35

---

18 미토학은 에도 시대 히타치노쿠니常陸国 미토번(현재 이바라기 현)에서 형성된 학문으로, 유교사상을 중심으로 국학·역사학·신도를 통합시켰다. 특히 '애민愛民', '경천애인敬天愛人' 등의 사상은 요시다 쇼인吉田松陰이나 사이고 다카모리西郷隆盛 등에게 큰 영향을 미쳤으며 메이지유신의 원동력이 되었다. 미토학은 크게 "전기"와 "후기"로 나뉘는데 2대 미토번주 도쿠가와 미쓰쿠니가 학자들을 모아 『대일본사』를 편찬하면서 형성한 학풍을 "전기 미토학", 9대 미토번주 도쿠가와 나리아키가 설치한 고도칸弘道館을 중심으로 발달한 학풍을 "후기 미토학"라 부른다. 전기 미토학은 주자학을 바탕으로 역사를 연구하는 데 중점을 둔 반면, 후기 미토학은 존왕양이 사상을 주장했다. 후기 미토학은 에도 막부를 반대하던 토막파의 존왕양이 사상과는 달리 천황의 권위를 바탕으로 막부 중심의 정치개혁을 시행해야 한다고 주장했다.
19 1823~1887. 신도학자, 히라타파 국학자.
20 진무천황이 즉위했다고 전해지는 궁. 메이지 2년 나라현 우네비야마畝傍山 남동쪽 기슭에 가시하라신궁이 건립되었다. 가시하라궁으로 돌아간다는 것은 진무천황 시대로 돌아간다는 것을 뜻한다.
21 시마자키 도손島崎藤村의 역사소설. 히라타파 국학자였던 자신의 아버지를 모델로 썼다고

馬龍의 국학자인 주인공 아오야마 한조靑山半藏의 좌절이 메이지유신 이후 국학의 실정과 얼마나 맞지 않는지를 논했다.[18] 핫토리 시소는 메이지유신 종교행정사 자료를 제시하면서, 쓰와노번의 국학자 오쿠니 타카마사大國隆正와 같은 번의 오쿠니파 국학자들이 자신들의 불우한 처지를 탓하기는커녕 메이지정부의 종교정책 담당자가 되어 새로운 코스몰로지=이데올로기 체제의 실현을 위해 그야말로 바쁘게 움직였다는 사실을 역설했다. 실제로 호농이나 도시 상인 출신의 국학자들 가운데 문명개화에 뒤쳐진 사람도 있었을 것이다. 그렇지만 그 사실과 복고신도의 이념이 국민국가의 핵심 원리가 된 것이 모순되지는 않는다. 시마자키 도손의 소설은 '국학자의 좌절' 일색으로 그것을 덮어버렸다고 핫토리 시소는 말한다.

막부 말기 농촌 지역에서는 국학이 크게 발전했는데 히라타파 주류에 속하는 국학자들은 바로 그런 농촌 지역의 이상가理想家였다. 새로운 국가 건립으로 촉발된 그들의 종교적 열정이, 구미 열강의 실력을 잘 알고 그에 대항해 어떻게든 독립을 달성하고자 했던 실제 정책 담당자들에게는 가소로우면서도 경계해야 할 고집덩어리로 여겨졌을 수도 있다. 실제로 일부 국학자들은 이미 메이지유신 초기에 영향력을 잃어버렸다. 종교와 국민국가의 관계를 분석할 때 '개화에 배신당한 종교적 열정'이라는 시각은 우선 이해하기 쉽다. '개화'에 쏟을 에너지가 생겨나기 위해서는 먼저 '복고'에 대한 열정에 확실하게 불이 붙어야 한다. 근대 이행기의 민중 반란이나 천년왕국운동(민중종교)을 둘러싼 세계사적 전망에 입각한 논의와 막부 말기 국학의 좌절이 밀접하게 관련되어있음은 말할 것도 없다. 신정부에게 복

한다.

고의 열정은 분명 양날의 칼이었다. 이용해야 하지만 혼란과 혼돈을 초래할 우려가 있는, 극히 위험한 마그마 같은 것이기도 했다. 종교적인 열정과 현실의 정치 목적이 맞물리는 지점을 정해야 하는 국가전략이 요구되었다.

최근 신도사神道史를 연구하는 사카모토 코레마루, 다케다 히데아키武田秀章, 사상사를 연구하는 다마켄 히로유키玉縣博之, 게이도 요시히로桂渡宣弘 등이 밝힌 바와 같이, 오쿠니 타카마사를 스승으로 받드는 쓰와노번의 국학자들이 바로 그와 같은 코스몰로지=이데올로기 전략·종교전략을 찾아낸 지식인 집단이다.[19] 다가올 근대국가 일본을 구상하는 과정에 실질적으로 관여하고 국가신도체제의 형성에 적극적으로 기여한 국학자들이 존재했던 것이다. 국학의 도덕주의화를 한탄한 오리구치 시노부에게 비난받아야 할 사람들은 바로 이 국학자 무리이다.

조슈번과 인접한 쓰와노번은 일찍이 조슈번의 맹우로 왕정복고를 위한 준비 작업에 참여했다. 쓰와노번은 정권의 중추인 조슈번에 다가가기에 지리적으로 유리했다. 쓰와노번의 번교藩敎[22]인 요로칸養老館에서는 국학 연구가 활발하였는데 오카 쿠마오미岡熊臣(1783~1851), 오쿠니 타카마사(노노구치 타카마사野之口隆正, 1792~1871) 등 뛰어난 국학자들이 그곳에 모여 있었다. 번주藩主인 가메이 코레미龜井玆監는 메이지 유신 이전부터 오카 쿠마오미와 오쿠니 타카마사, 특히 오쿠니 타카마사의 사상을 바탕으로 신불분리, 신장제神葬制 도입, 사원 정리, 승려의 환속 장려, 신사의 제식祭式 통일 등의 정책을 행했으며, 요로칸養老館에 구스노키 마사시게楠木正成와 가문의 시조인 겐부元武 신령을

---

22 한코 에도 시대에 각 번이 무사 자제들을 교육하기 위해 설립한 교육기관.

합사시키고 성대하게 제사지냈다.

　오쿠니 타카마사의 사상에는 신유습합神儒習合의 색채가 농후하다. 그가 말하는 신도는 아마테라스오미카미로 상징되는 '정치적·도덕적 가르침으로서의 신도'(다마켄 히로유키)로, 상하관계의 규범을 말하는 '교敎'를 중시하였다. 그는 역사의 흐름에 유연하고 적극적인 자세로 임하며, 외부에서 들어오는 기독교에 대응하고 세계 속에서 일본의 정신적 우위를 확보하기 위해 현실 정책을 통한 진정한 도道의 실현에 기대를 걸었다. 그리고 이와 같은 현실적 전망 안에서 실현되어야 할 '정치적·도덕적 가르침'의 모범으로 진무천황의 황조천신에 대한 제사를 들었다. 「진무천황기神武天皇紀」 4년 2월 23일 조條에 "우리 황조皇祖의 영이 하늘로부터 강림하여 이 몸에 빛을 밝혀 구해주셨다. 이제 많은 적들을 평정하였고 천하도 평안하다. 이에 황조천신에게 제사지냄으로써 대효大孝를 말해야 할 것이다"라고 나와있는데, 오쿠니 타카마사는 이에 근거하여 진무천황이 황조천신에게 제사지내고 '대효'를 말한 바를 재현하는 것을 새로운 국가 윤리규범의 근본으로 삼아야 한다고 생각했다(오쿠니 타카마사, 『신기관본의神祇官本義』, 1867).[20] 그는 유토피아적인 '진무창업'으로의 복고가 '천황의 제사'와 그에 근거한 충효의 '교'화를 통해 실현될 수 있다고 믿었다.

　메이지유신 이후 신도 행정은 쓰와노번의 번주였던 가메이 코레미와 가신이었던 후쿠바 요시시즈福羽美靜가 주로 맡았다. 그들이 만든 정책들의 대부분은 이미 막부 말기에 쓰와노번에서 실행된 것들이었다. 물론 메이지유신 초기에는 쓰와노파의 주장만으로 신도 행정이 이루어지지는 않았다. 그러나 쓰와노파의 영향력은 얼마 지나지 않아 히라타파를 압도하였고, 1868년 무렵에는 이미 쓰와노파가 신도사무국을 장악하여 행정의 주도권을 잡았다. 그들은 '진무창업'

38

의 이념을 조정의 구폐일신舊弊一新·개혁으로 구체화시키고자 했던 오쿠보 토시미치大久保利通, 기도 타카요시木戶孝允 같은 정치 세력에게 달라붙어 '천황친제天皇親祭' 정책을 강력하게 추진해갔다. 그리고 중앙집권적 정권의 핵심에 천황의 인격적 권위를 두려고 했던(천황친정) 번벌藩閥 지도자들과 호응하여, 천황이 친히 신도 제사를 지내야(천황친제) 한다고 주장하였다. 또 '5개조의 서문五カ條の誓文'을 발표할 때에도 '서제식誓祭式'의 형식으로 그 뜻을 반영하려고 했다. 천황의 정치 군주화와 최고제주화最高祭主化를 함께 진행시킴으로써 제정일치의 구현을 꾀한 것이다.

쓰와노파는 '5개조의 서문'이 나온 얼마 후 발생한 우라카미浦上의 기독교도 처벌 문제에 관해 강제 탄압에 반대하며 신도神道 중심의 국민교화로 대처해야 한다고 주장했다. 기독교에 대항하기 위해서는 그보다 뛰어난 신도의 '교'로 타이를 필요가 있다. 그것을 가메이 코레미는 "황국 고유의 대도大道", 후쿠바 요시시즈는 "기독교를 압도하는 대도교", 오쿠니 타카마사는 "메이지유신의 신도"라고 불렀다. 이런 국민교화에서 '교'가 갖는 의의와 '천황친제'에서 '제'가 갖는 의의가 결합하여 '제·정·교일치'라는 말로 정리되었다. 다케다 히데아키는 이 시기에 쓰와노파가 이와쿠라 토모미岩倉具視에게 보낸 것으로 여겨지는 의견서 「공적 업무 지시서勤齊公奉務要書殘篇」를 인용하였다. 그 가운데 "첫째 국체에 기반한 제·정·교일치 천황을 세우는 것"이라고 한 부분에 다음과 같은 내용이 들어있다.[21]

○ (…전략…)

천황

천제天祭란 천의天意를 여쭙는 것이므로 국민이 직접 하늘에 제사지내는 것을

엄금하도록(…중략…) 제사는 반드시

하늘의 명령天勅을 요하고(…중략…)

정政에는 반드시 제祭가 있고 제에는 반드시 교教가 있다.

천황이 정령政令을 내리거나 공의를 재결하실

수도에서

천의를 살피는 제祭는 반드시 있어야 한다. 그럼으로써 백성이 존경하고 믿는 교를 보여줄 수 있다. 관청의 관리라 하더라도 모두 그 뜻을 본받는다.

○ 신교관神教官을 설치하여 그것을 태정관에 속하게 하고(…중략…) 제·정·교 일치의 뜻을 중심으로 하고

천황께서 친히 총괄하시어 (…중략…) 정부와 한 몸이 되어 제·교의 권權을 하나로 하고……

'제·정·교 일치'라는 말은 이처럼 쓰와노파가 천황제사·신도 교화 정책을 이끄는 핵심어가 되었다. 사카모토 코레마루와 다케다 히데아키武田秀章는 이런 쓰와노파의 방침이 개별 정책에 반영되는 과정을 검증하였다. 1868년 도쿄 천도 역시 '진무창업'으로 되돌아간다는 데 의의가 있으며, 1869년 천황의 이세신궁 친배도 역사상 전례가 없는 '새로운 의례'였다. 이는 '천황친제' 이념의 큰 영향력을 말해준다. 또 마찬가지로 1869년에는 신기관에 신전을 설립하여 중앙의 팔신전八神殿,[23] 동쪽의 천신지기天神地祇[24]와 함께 서쪽 자리에

---

23 일본 고대부터 중세까지 신기관에 있던, 천황을 지키는 여덟 신을 모시는 신전. 메이지 시대 신기관의 팔신전은 1872년 궁정으로 옮겨지면서 8신은 천지신기와 합사되었고 이름도 '신전神殿'으로 개칭되었다. 이 신전은 궁중삼전宮中三殿의 하나로 지금까지 이어지고 있다.

24 일본 신화에서 신은 아마쓰카미天津神와 구니쓰카미國津神으로 분류된다. 아마쓰카미는 아마테라스오미카미 등이 있는 다카아마하라高天原의 신을, 구니쓰카미는 천손天孫이 강림하기 이전에 이 땅을 다스리던 토착신(지신)을 뜻한다. 아마쓰카미를 천신天神, 구니쓰카미를 지기地祇라고 하며, 이 둘을 붙여 천신지기라고 하고 줄여서 신기라고도 한다. 중국

역대 천황의 영을 모셨다. 이것은 진무천황이 황조천신에게 '대효大 孝'를 말한 '진무창업'의 시기로 돌아간다고 하는, 오쿠니 타카마사 가 쓴 「신기관본의神祇官本義」의 이념을 따르고 있다. 요컨대 이는 천 황의 조상 제사를 제사의 근본으로 삼고 국민 제사의 모범으로 함과 동시에 효의 '교敎' 확립을 꾀한 것이다. 그리고 마침내 1871년에 이 조상 제사를 신기관에서 궁정으로 옮겨 새로 세운 황령전皇靈殿에서 지내게 된 것도 천황친제를 중시하는 쓰와노파의 방침에 따른 것이 라고 한다.

이런 것들은 천황의 신성한 권위를 높이면서 중앙집권 정부를 세 우려고 했던 이와쿠라 토모미, 오쿠보 토시미치, 기도 타카요시 등 이 이끄는 메이지유신 정부의 정책들과 맞아떨어졌다. 또 당시 천황 제사·신도교화 정책으로서도 효과가 있었으며 국가신도 형성의 장 기적 과정을 돌이켜보아도 타당한 방책이었음을 알 수 있다. 천황을 신도의 최고 제주祭主로 하는 정책은 국가신도에서 '제' 영역의 핵심 이 되었으며, '신교관神敎官'에 의한 국민교화 방침은 선교사·교도직 제도를 거쳐 학교에서 행하는 국민교화라는 유효한 정책으로 정착 된다. 쓰와노파의 '제·정·교 일치' 노선은 그대로 '넓은 의미의 국 가신도'의 기본 노선으로 이어진다. 쓰와노파의 제·정·교 일치 노 선은 그야말로 후에 서서히 구체화된 국가신도의 대략적인 청사진 이었다.

이런 쓰와노파의 천황제사·신도교화 정책을 뒷받침하는 사고방 식의 특징은 어디에서 찾아볼 수 있을까. 쓰와노파는 무엇보다 정치 적인 실효성을 중시하여 바르고 유효한 '치治(정政)'를 행하고자하는

41

___
고전에 나오는 '천신지기'나 '신기'와는 다른 개념이다.

관점에서 천황제사·신도교화를 파악하고, 근원적인 '제', '교'의 기능을 찾으려 했다. 신도사상의 관점에서는 천황 통치에 역점을 두고 아마테라스오미카미로부터 현 천황에 이르는 황조황종의 계보에서 성스러운 권위의 근원을 찾으려고 한 점이 특징이다. 한편 일본 국학의 흐름에서 말한다면 아마테라스오미카미를 받드는 모토오리 노리나가本居宣長[25] 사상의 정치적 측면과는 가까우나, 개인 영혼의 향방·유명계幽冥界의 주재신(오쿠니누시노카미大國主神)·우주의 주재신(아메노미나카누시노카미天御中主神)에 관심이 많았던 히라타 아쓰타네平田篤胤[26]와는 거리가 좀 멀다. 히라타 아쓰타네의 국학이 호농층을 중심으로 '초야'에 있는 사람들의 연대를 염두에 둔 데 반해, 쓰와노파의 정치 이념은 집권 정권의 중추에서 고위관료로서 실행해야할 정책을 염두에 두었다.

여기서 흥미로운 점은 오쿠니 타카마사가 민중의 신도神道적인 종교성을 민심 안정의 수단으로 자리매김하고 국가가 직접 책임을 지게 되어있는 본래의 신도보다 한 단계 낮은 것으로 구별하고 있는 것이다. 또 그는 기독교를 비롯한 세계 종교들('교법')의 존재를 강하게 의식하고 신도神道 안에 기독교에 필적하는 차원 높은 체계성을 구축하여 나라밖에서도 발전하고 교화할 수 있어야 한다고 생각했다. 나가사키에서 공부하면서 서양 문헌을 어느 정도 접했던 오쿠니 타카마사다운 사고방식이 아닐 수 없다.

> 앞서 신도에 두 길을 세워 포고하시니 그 하나는 성행신도聖行神道이고 또 하나는 이행신도易行神道로서 (…중략…) 성행신도는 『고사기』, 『일본서기』의 신대권

---

25 1730~1801. 에도 중기의 국학자, 의사.
26 1776~1843. 에도 시대 유학자, 사상가, 의사.

神代巻을 구명하고, 중국의 유학·인도의 바라문 불가에까지 미치며, 서양 교법(종교)도 판별하고, 천문지리 격지지학恪知之學도 일으킬 것이다. 이런 일본 본국의 교법教法을 이역에 교화시킬만한 사람에게 분부를 내려 받들도록 한다. 이행신도 역시 성행신도 안에서 평소 독실한 자에게 어리석은 백성을 말로 잘 타일러 깨우치게 하도록 분부를 내려 받들게 한다.

— 「극의존념서極意存念書」[22]

히라타 아쓰타네는 민중 신도神道에 대해 친근감을 가지고 있어서 그것을 자신의 신도 신학 체계 안으로 포용하려고 하는 경향이 있다. 이에 반해 오쿠니 타카마사의 신도 신학은 천황을 중심으로 하면서 고전을 모범으로 삼는 '성행신도'의 확립이 목적이었기 때문에 민중 신도를 포용하려하지 않았다.

그렇다면 이와 같은 일본 국학의 새로운 흐름은 정말 새롭게 등장한 것이었을까. 사실 이런 오쿠니파(쓰와노파)의 신학과 사상은 후기 미토학과 많은 공통점을 가지고 있다. 가쓰라지마 노부히로桂島宣弘에 따르면, 오쿠니 타카마사는 후지타 유코쿠藤田幽谷[27] 무리와 친교가 있었으며 오쿠니 타카마사의 정치적 현실주의와 천황숭경을 결부시킨 천황론은 미토학의 그것과 유사하다.[23] 젊은 시절에는 주로 유학을 공부했고 나이가 들면서 신유일치神儒一致를 주장한 오쿠니 타카마사의 사상이 유학의 전통 안에서 신유습합의 성격이 강한 동시대 후기 미토학과 공통점을 가지는 것은 쉽게 이해된다. 여기서 교육칙어의 성립에 깊이 관여한 모토다 나가자네가 구마모토번에서 요코이 쇼난橫井小楠 등과 함께 주자학을 공부하면서 후기 미토학의

---

27 1774~1826. 에도 시대 후기의 유학자, 미토학자, 민정가.

영향을 받았음을 상기해도 좋을 것이다.[24] 이는 아편전쟁을 전후한 상황 속에서 유교와 신도 양쪽이 신유습합의 사고로 서로 다가가며 현실적인 '국체' 구현의 길을 찾아내려고 했던 결과로 봐도 전혀 이상하지 않다.

나는 국가신도의 사상 계보에 주목한 이 글에서 쓰와노파와 후기 미토학 안에 '제·정·교 일치'론이 있었고 '제사'와 '치교'에 의한 국가통합을 꾀하는 이론이 있었음을 확인하고자 한다.[25] 그리고 존왕양이 운동에 사상적으로 큰 영향을 미친 아이자와 세이시사이會澤正志齋[28]가 쓴 『신론新論』(1825)에서 제·정·교 일치의 이념과 '치교'라는 말이 중요한 위치를 차지하고 있었다는 것에 주목한다. 『신론』의 본론은 '국체'로 시작한다. 그 머리 부분에서 아이자와 세이시사이는 인민이 "억조심億兆心을 하나로 하여" 한 제왕을 모시고 복종하는 것은 '천조'로부터 '황손'에게 전해진 충효의 교敎와 그것을 체현한 천황의 제사가 있기 때문이라고 말한다. '교'가 기능하는 것은, 다이조사이大嘗祭[29]를 정점으로 '천손'이 '천조'의 '대효'를 말하게 되어있는 제사의 체계가 있고 "제와 정이 하나"로 성립되기 때문이다. "제는 이로써 정이 되며 정은 이로써 교가 되고 교와 정은 일찍이 나뉘어졌지만 하나다."[26] 제사의 원형은, 아마테라스오미카미가 천손인 니니기노미코토에게 보물 거울을 하사하면서 "이것 보기를 나 보듯이 하라"고 가르치고 니니기노미코토가 그것에서 천조 그 자체를 본 '대효'에 있다고 한다. 쓰와노파가 진무천황에게서 찾은 '대효'의 원형을 아이자와 세이시사이는 니니기노미코토에게서 보았다.

---

28 1781~1863. 에도 시대 미토학 후지타파의 학자, 사상가.
29 천황이 즉위한 후 햇곡식을 아마테라스오미카미天照大神를 비롯한 천신지기에게 바치는 의식.

여기서 '정'과 '교'의 일치가 주창되고 있는데 이것은 '치'와 '교'로 표현되는 경우가 많고 '치교'라는 말까지 사용되었다. 일반적으로 '교'는 위정자의 통치 행위에 그 근간을 둔다. "교법의 근원은 군주의 실천과 정치의 득실에 있으므로, 군주가 도를 굳게 믿고 치와 교를 일치시킨다면 행하지 못할 일이 없다"(「학제략설學制略說」). 미토水戶의 도쿠가와 미쓰쿠니德川光圀야말로 "일국의 치교에 힘쓴" 위대한 인물이다(「소엔와겐草偃和言」).[27] 무엇보다 지존의 존재인 천황의 제사를 통해 천하에 충효의 마음에 바탕을 둔 이상적인 '치교'가 행해지지 않으면 안 된다. "이로써 제와 정은 일치하고 치와 교는 하나로 귀결되니, 백성이 희망을 둘 곳이 있다. 천하의 신기神祇는 모두 천황의 성스러운 뜻이 미치는 바, 이 뜻意이 있다면 반드시 이 예禮가 있다. 백성이 이에 따라 위의 뜻이 향하는 바를 알고 기쁘게 받든다면 충효의 마음이 이어지고 하나로 모이게 된다."(『신론新論』장계長計)[28]

이처럼 후기 미토학과 쓰와노파 국학은 '제·정·교 일치' 노선을 공유했다. 그렇다면 이 사상의 특징은 어디에 있는가. 주목해야 할 점은 여기서 '정(치)'은 무엇보다 천황의 권위에 중심을 둔 국가 제도의 문제로 논해졌다는 것이다. 천황의 '제·정·교 일치'가 실현됨으로써 '제사'와 '치교'로 뒷받침되는 강력하게 통합된 국가가 실현될 수 있다고 생각했다. '제'와 '교'를 중시한다고 하지만 종교나 도덕에 독자적인 차원을 부여하려 했던 것은 아니다. 어디까지나 정치 구상에 따라 종교나 도덕에 의의를 두었다. 이런 형태에서 '치'의 중시는, 그와 같은 정치 통합이 광범위한 사람들을 복종시킬 수 있는 '교'에 의해 뒷받침된다는 담론을 중시한 사고방식과 결부되어 있다. '사해만국四海万國'의 위협과 '요교妖敎(기독교—역자)'의 침투에 대항하기 위해서 그리고 상품 경제의 침투와 민란의 확대에 대처하기 위해서, 공동의식을 가지기 시작한 국민에게 강력한 정치적·도덕적 담론을 널리 퍼트리는 것이 긴급한 과제로 간주되었다.

『신론』의 영향력이 커지던 1830년대 말 이후 미토번에서는 번교, 교코鄕校[30](메이지 시대 학교 교육의 전신)의 기능을 급속하게 확충시키고, 국체중시·대외대결(존왕양이)을 주장하는 급진파의 저변을 넓히는 작업을 하였다. 신유습합의 '도쿠가와 이데올로기'를 막번체제의 지탱이 아니라 '미토 이데올로기'로 전환, 요컨대 다가올 천황제(국가신도)를 선취하는 국민단결의 코스몰로지=이데올로기 복합으로 전환하고자 했던 것이다.[29] 도쿠가와막부 시대 유교의 핵심이었던 조직에 대한 충성의 '교'가 존왕양이의 원리에 대한 충성, 즉 아래에서 에너지를 위로 밀어붙이는 반역의 '교'로 바뀌어 갔다. 이것은 결국 '황도'를 따르는, 국민교화가 말하는 충효의 '교'(재건된 조직, 즉 국민국가에 대한 충성)로 옮겨가게 된다.[30] 이렇게 중요성을 인정받게 된 '교'가 지향하는 궁극의 목표인, 중앙집권적 의례를 중심으로 하는 국가질서(제정일치)의 정체政体가 구상되었을 때 비로소 이후에 나타나는 국가신도의 윤곽을 어렴풋이나마 그리는 것이 가능해진다

메이지 이후의 종교·도덕질서에 영향을 주는 제도에 대한 구상을 보여준 후기 미토학의 이런 역할에 대해서는 비토 마사히데尾藤正英가 이미 지적한 바 있다.[31] 비토 마사히데는 아이자와 세이시사이의 『신론』과 후지타 토코藤田東湖의 『홍도관기술의弘道館記述義』를 '미토학의 완성 형태'로 파악하고, "전자에서는 메이지 이후 국가주의적 정책, 특히 국민교화 정책의 원형을 (…중략…) 후자에서는 소위 국민도덕의 원형을" 발견할 수 있다고 논했다. 물론 이것은 후기 미

---

30 에도 시대 번이나 다이칸代官에 의해 설립된 교육기관으로 메이지 시대 학교 교육의 전신이다. 번교의 분교 성격을 띠며, 서민 교육을 목적으로 했다.

46

토학 사상이 '국체'론을 축으로 전개되었다는 사실에 의거한다. 그러나 마찬가지로 국체론을 받들었던 히라타파 국학과 크게 달랐던 점은 천황을 중심으로 하는 정치제도를 구체적으로 어떻게 만들 것인지에 논점이 집약되어 있었다는 것이다. 반면 전기 미토학이나 정통 주자학과는, '존왕尊王'을 강조함으로써 도덕보다 실제적인 정치효과를 중시했다는 점에서 달랐다. 이것은 에도 시대 유학사상의 흐름 안에서 보자면 도덕주의보다 실학사상에 역점을 두고 그중에서도 상하관계의 '명분'이 확립된 정치제도를 중시한 결과였다. 이와 같은 유학사상의 실학적 전환은 오규 소라이荻生徂来[31]가 강력하게 추진했던 것인데 후기 미토학은 그 점에서 소라이학徂来學의 영향을 많이 받았다.

이상 '넓은 의미의 국가신도'의 바탕이 된 사고 틀을 '제·정·교 일치'의 이념에서 찾아보고 사상사적 시각에서 미토학으로부터 쓰와노파 국학(오쿠니학大國學)으로 이어지는 계보를 더듬어보았다. 그런데 이처럼 '사상'의 계보를 더듬는 것만으로 국가신도나 국가신도 체제 형성의 깊은 동인을 알기는 힘들다. 당연히 중앙집권적 국가 구상이 생겨난 국내외의 정치·경제적 배경을 이해해야만 한다. 그러나 이 글에서 다루기에는 너무 큰 주제이고 이미 방대한 업적이 나와 있는 사상사의 배경인 정치적 사회적 현실 전체를 논하지는 않을 것이다. 제1장에서 말했듯이 이 글의 관심은 코스몰로지＝이데올로기 복합의 변용 그 자체를 살피는 데 한정되어있기 때문이다.

이제까지 '넓은 의미의 국가신도'의 정치적 틀이 구축된 과정을 제도론과 정책론 측면 중심으로 살펴보았다. 이제부터는 '종교정책'

---

31 1666～1728. 에도 시대 중기의 유학자·사상가·문헌학자.

의 형성과 함께 전개된 지역사회의 종교와 종교집단의 동향으로 눈을 돌리고자 한다. 지면 사정도 있어서 한정된 범위의 현상을 다룰 수밖에 없지만 지배층이 아닌 대다수 주민(민중)의 종교생활에 어떤 변화가 일어났는지 살펴보자. 나아가 국가신도의 형성과 민중의 종교생활 변동이 어떤 관련이 있었는지 그 실마리를 찾아본다. 훗날 국가신도로 결실을 맺는 그것의 형성이 어째서 필요하다고 느꼈을까, 그리고 후에 그것이 당초 구상과 형태를 바꿔가면서도 결국 실현된 것은 어째서인가라는 물음을 19세기 초부터 중엽에 걸친 민중 코스몰로지의 변용이라는 관점에서 고찰하고자 한다.

4. '근세적 코스몰로지'와 그 초극

제1장에서도 언급했듯이 야스마루 요시오는 『근대 천황상의 형성』이나 「민중종교와 근대라는 경험」(둘 다 미주 6 참조)이라는 논고에서 '근세적 코스몰로지'와 '이단의 코스몰로지'라는 개념에 큰 의미를 부여했다. 근세 막번체제와 신분질서를 지탱하는 이데올로기(노모스)의 배경에는 "종교적 우주론적 질서"(『근대천황상의 형성』, 40면)(코스모스)가 있다. 그러나 변혁기에는 그런 체제유지를 위한 코스몰로지를 대신해 '이단의 코스몰로지'가 대두된다. 동시에 그런 대항 세력에게서 "정신사적 카오스"(앞의 책, 96면)를 엿보고 위기감을 느끼며 새로운 지배체제를 지탱할 코스몰로지=이데올로기 체계 또한 구상된다. 나는 19세기 종교 변동과 코스몰로지=이데올로기 동향을 이와

같은 전망 속에서 이해하고자 한다(미주 4 참조).

그렇다면 야스마루 요시오가 말하는 '근세적 코스몰로지'란 무엇인가. 그것은 '마음心'에 큰 의미를 부여한 것으로 1960~1970년대 야스마루가 '마음의 철학'이라고 부른 것과 관련이 있다. 인간의 마음은 원래 하늘에서 나누어진 것이라며 "원래는 하늘과 일체"(『심학오륜서心學五倫書』),[32] 신과 사람의 마음은 "본래 같은 이치"(신도전수神道傳授), "유심唯心의 아미타·기심己心의 정토"(정토진종淨土眞宗)[33] 등으로 표현하였다.[32)] 야스마루는 이처럼 신도·유교·불교는 공통의 틀을 가지고 있으므로 "삼교가 일치한다"고 보았다. 또 이 세상과 하늘을 같다고 보고 이 세상에서의 실천에 무게를 두었으므로 "차안적此岸적"이라고 특징짓기도 했다.

이 코스몰로지는 천天·천리天理·천지天地에서 궁극적인 존재를 찾으며 그것이 또 인간에게 내재하여 심心·영靈·불성佛性이 된다. 이 궁극적인 존재는 차안此岸의 질서 원리이기 때문에 이런 코스몰로지는 원칙적으로는 현존하는 사회질서를 긍정하지만, 개개인에게 같은 궁극적인 원리가 내재하고 있다는 의미에서는 개인의 자립성·자율성을 주장하고 있다. 이 점에서는 비판성·이단성을 내포하고 있다고도 할 수 있다. 가령 하늘과 사람 마음의 일체성을 강조하는 『심학오륜서』에는 강도 높은 권력 비판이 적지 않다. 후지와라 세이카藤原惺窩[34] 같은 사상가는 아첨을 싫어하고 소탈한 정신의 자유를 추구했다. 또 유심의 아미타 사상은 혼간지本願寺 교단의 권위적 질서에 대항하는 태도를 취했다. 그런 까닭에 렌뇨蓮如[35]는 유심의 아미타 사상을

---

32 에도 시대 초기에 나타난 교훈적인 가나조시假名草子의 하나.
33 자신의 마음만이 곧 아미타불이고 정토라는 뜻. 유심은 일체의 사물은 마음의 표현이므로 그 본체인 마음이 소중하다는 대승불교의 사고방식으로 화엄경의 주요 사상이다.
34 일본 전국시대~에도 시대 초기의 유학자.

이단으로 배척했다. '무귀명안심無歸命安心'[36] 같은 이단설은 이런 계보에서 나타났다.[33)]

근세적 코스몰로지는 현존 질서를 긍정하는 경향이 강하다. 하지만 그 안에는 틈이 존재하고 있었고 그 틈이 벌어지면서 이단적인 종교성이나 코스몰로지가 흘러나왔다. 19세기 전반은 그런 시기였으며 여러 종교운동과 민중운동이 '예외 상황의 코스몰로지'를 만들어 냈다. 지배층에게는 그것이 위협이 되었으며 그에 대한 대응으로 메이지유신 변혁으로 이어지는 미토학이나 국학의 천황제 이데올로기가 형성된 것이다.

사회체제의 전체성과 관련된 위기가 종교적으로 표상되었다는 것은 사회의 위기가 코스몰로지의 차원에서 표상되었다는 것을 의미한다. 주변적인 것, 심층적인 것이 기분 나쁜 활력을 감춘 채 보편적으로 존재했고 그 발전 선상에서 예상되는 카오스가 불안과 공포의 눈으로 응시되었다. 근대 천황제를 이런 시각에서, 위기의식 아래 그에 대응하는 합리화 즉 질서화를 추진하고 혼돈을 누름으로써 성립한 억압적 합리성으로 보는 것도 가능하다.[34)]

야스마루 요시오는 농민 잇키나 우치코와시[37] 혹은 교조의 접신接神 같은 '예외상황'의 의미를 의도적으로 강조하였다. 그리고 또 한편으로는 종교운동과 불가분의 관계에 있는 통속도덕[38]의 담론과

---

35 일본 무로마치 시대 정토진종 승려.

36 아미타불은 중생이 구제되지 않는다면 자신도 부처가 되지 않겠다고 했는데 아미타불은 이미 오래 전에 부처가 되었기 때문에 우리도 이미 구제되었다, 그런데 그것을 모르기 때문에 아직도 미망에 빠져있으므로 그것을 깨달아야 한다는 것이다. '귀명'은 마음으로부터 부처와 부처의 가르침을 따르는 것이며, '안심'은 아미타의 구제를 믿고 왕생을 바라는 마음을 뜻한다.

37 에도 시대 민중운동의 형태로, 부정부패를 저지른 사람의 집을 부수는 행위를 말한다. 도시지역에서 매점매석으로 물가폭등을 야기한 사람에 대해 일어난 경우가 많은데 농민 잇키와 함께 영주의 악정과 결탁한 특권상인이나 관리가 대상인 경우도 많았다.

실천의 중요성을 일찍부터 지적했다.[35] 17세기 이후 근세사회에서 '근면, 검약, 겸양, 효행' 덧붙여 '인종忍從, 정직, 헌신, 경건' 같은 덕목을 실천하고 그것을 통해 '주체 형성'을 촉구하는 민중의 담론과 실천이 도시에서 농촌으로 점차 파급되어 갔다. 그것은 자기 '마음'의 힘을 굳게 믿고 주위 압력에 항거할 수 있는 강한 자신감을 가진 주체성을 구축했다. 그러나 거기에는 자기 '마음'의 힘과 통속도덕 실천을 만능으로 여기는 이데올로기성(정치적 은폐성)을 동반한 경우가 많았다. 보통 자율에 대한 의지가 사회 모순을 감추는 방향으로 기능하고 도리어 강압적인 질서와 그 아래 과잉 적응하는 규율 훈련을 강화하는 결과를 초래하는 경우가 많다. 야스마루는 '이단의 코스몰로지'에 주목하면서 이와 같은 통속도덕의 한 측면을 항상 염두에 두었다. 민중의 일상 세계에서는 어디까지나 지배 질서와 융합한 코스몰로지=이데올로기 복합이 우세했다.

그런데 이러한 일상 세계 속에서 그것을 깨려는 종교성이 분출하는 경우가 있다. 잇손 뇨라이키노一尊如來きの,[39] 나카야마 미키中山みき,[40] 데구치 나오出口なお[41] 같이 철저한 통속도덕의 실천을 통해 사회 체제의 억압성에 정면으로 맞서려는 코스몰로지가 정교하게 만들어진 경우도 있었다.[36] 야스마루 요시오는 이런 일상적인 코스몰로지=이데올로기 복합과 '예외상황의 코스몰로지'를 대치시키고 후자에서 더 큰 의미를 찾아냈다. 그리고 이단이나 주변부의 움직임에서 근대 천황제의 형성을 촉구한 주요 요인을 찾아내고자 했다. 이것이

---

38 일본에서 검약, 정직, 효행, 근면 등 일상생활에 밀착된 도덕을 일컫는 말.
39 1756~1826. 일본 아이치 현 나고야 농부의 딸로 1802년 신을 접하고 뇨라이슈如來宗를 열었다.
40 1798~1887. 일본 덴리교天理敎의 교조.
41 1836~1918. 일본 오모토교大本敎의 교조.

야스마루가 코스몰로지=이데올로기 복합의 변용을 보는 방식의 특징이다.

그러나 이처럼 한쪽에는 지배적인 정통파의 코스몰로지=이데올로기 복합을 두고 다른 쪽에는 이단의 코스몰로지나 민속세계를 첨예하게 대치시킨 다음, 이 대립을 축으로 하여 역사 전개를 보는 것이 적절한지는 다시 생각해볼 여지가 있다. 실제로는 아래로부터의 운동이나 질서의식이 국민국가로 향하는 변혁(질서화)의 이데올로기와 융합하거나 편입되는 경우가 적지 않았기 때문이다. '정통'과 '이단'의 대항관계는 그다지 선명하지 않았다. 나는 일상생활 속에서 양자의 계기가 얽히는 국면에 주목하고 싶다. 코스몰로지의 차원에서 파악한다면 민중의 종교세계가 국가신도의 형성을 촉구하고 그것을 밑에서 지탱하는 기능을 한 측면을 세세하게 검토할 필요가 있다. 이와 같은 '국가신도와 민중종교'[37]의 다면적 관계에 관해서는 밝혀지지 않은 부분이 아직 많다.

야스마루 요시오의 '근세적 코스몰로지→근대 천황제' vs '이단의 코스몰로지'라는 구도에 대해 덧붙이고 싶은 것이 있다. '근세적 코스몰로지'의 역사적 변화 문제이다. 그것은 '삼교일치'의 코스몰로지라는 특징이 애당초 타당한 것이었는가 하는 물음과도 이어진다.[38] '신·유·불'을 병치시켜 생각할 경우, 나는 에도 시대를 거치면서 불교세력(현밀지샤와 여러 종문, 특히 현밀지샤)의 영향력이 약화되었다고 생각한다. 대신 무사들 사이에서는 유교가, 농공상인들 사이에서는 유교나 신도의 영향력이 커졌다. 특히 민속종교 차원의 변동이 컸으며 그와 연결된 현밀체제의 불교 세력이 상대적으로 크게 후퇴하였다. 그런 의미에서 에도 시대 초기와 말기 사이에 종교구조가 크게 달라진 것이다. 19세기에 들어 '이단의 코스몰로지'의 흥륭을 포함해 민중의 종교세계에 눈에 띄는 변화가 무수하게 나타났다. 국가신도의 전제가 되는 코스몰로지＝이데올로기 복합이 급속히 영향력을 늘려간 과정을 이와 같은 종교구조의 커다란 변동이라는 측면에서도 이해할 필요가 있다.

이제 이 같은 문제의식에 기반하여 19세기 초 민중 차원에서 현저하게 나타난 종교구조의 변용을 그려보고, 그런 변화에 관해 야스마루 요시오가 말한 '예외상황의 코스몰로지'를 재고할 실마리를 찾고자 한다. 아울러 국가신도의 형성이 아래로부터의 종교구조 변용이라는 관점에서도 이해될 수 있는 측면이 있음을 살펴본다. 19세기 초엽 일본에서는 종교구조의 변동이 격렬하게 진행되었다. 특히 민중의 종교생활에서 더욱 현저했다. 그 변동은 그 후에도 계속되어 메이지유신 이후 종교구조의 기초를 형성하게 된다. 그 과정에서 국민국가 형성의 기반이 되는 신도적 요소가 짙은 코스몰로지와 자발적으로 국가 발전에 적극적으로 협력해가는 현세주의적 통속도덕이 널리 퍼졌다. 그 주변에는 분명 국가신도와 대립하게 될 가능성을 가진 것도 포함되어 있었다. 그러나 그와 동시에 국가신도를 아래에서 지탱하려는 방향성을 가진 종교의식이나 종교집단도 성장 발전하고 있었다. 신도적, 불교적, 유교적이라고 구별될 수 있는데, 이 글에서는 신도적인 종교운동만 살펴본다.

이때 중요한 것은 불교 교단과는 상대적으로 독립해서 발전한 '민속종교' 영역이다. 당시 정통 불교 종파들은 단카제도나 혼마쓰제도 本末制度[42] 같은 사원 통제로 인해 자유로운 포교와 발전을 억압당했다. 이와 달리 영험 있는 신불의 힘을 빌리는 것을 지향하면서 지역

---

42 에도 시대 막부가 불교 교단을 통제하기 위해 만든 제도로, 각 종파의 사원을 본산本山・말사末寺의 관계에 둠으로써 종파에 대한 통제를 꾀하였다.

의 여러 집단의 에너지를 끌어올리는 카리스마 있는 민간신앙가에게 활약의 장을 제공하는 종교 영역이 있었다. '근세적 코스몰로지'를 구조적으로 이해하려고 할 때 신불습합을 주조로 하는 이 종교 영역은 매우 중요한 의미를 갖는다. 근대에 교파신도나 신흥종교로 발전하는 많은 종교집단이 가진 종교성의 원류를 여기에서 찾을 수 있다. '민속종교'라고 불리는 것들 가운데 지역사회의 '민간신앙'이나 불교 사원의 단카로서 영위되는 신앙세계와는 달리 지역을 뛰어넘어 널리 퍼짐과 동시에 사원의 위계에서 일정한 자율성을 가지고자 하는 종교영역을 나는 '습합종교'라고 부른다.[39)]

그 예로 산악신앙을 살펴보자. 산악신앙은 7세기 후반 엔노 오즈누役の小角[43]에서 시작되었는데 다들 알다시피 그 중심은 슈겐도修験道[44]이다. 슈겐도는 쇼고인聖護院을 본산으로 하는 본산파本山派와 다이고지醍醐寺 삼보인三宝院을 본산으로 하는 당산파当山派로 나누어진다. 슈겐도의 수행자를 야마부시山伏라고 부르는데, 그들은 천태종과 진언종으로 계열화된 사원조직에 속해 있었다. 그들은 주로 곤고자오곤겐金剛藏王権現[45] 같은 불교의 수호존守護尊과 산악의 신으로 신격화된 신들(가령 후타라곤겐二荒権現(닛코日光), 고산곤겐彦山権現(히코산英彦山))을

---

43 634~701(이라고 전해지나 확실치 않다). 일본 아스카 시대~나라 시대 주술자로 슈겐도의 개조開祖이다. 실존 인물이긴 하나 전해지는 인물상은 전설처럼 후세에 만들어진 부분이 많다.

44 옛날부터 전해 내려오는, 산에 들어가 힘든 수행을 통해 깨달음을 얻는 것을 목적으로 하는 산악신앙이 불교에 흡수되어 형성된 일본 고유의 종교 슈겐슈라고도 하는데, 그 수행자를 야마부시山伏라고 한다.

45 곤겐은 일본에서 신을 부르는 호칭 중 하나. 불교의 부처가 일본 신의 모습으로 나타났다고 하는 본지수적사상本地垂迹思想에 따른 것이다. 곤権은 '임시의' '가짜의'라는 의미로, 부처가 '임시로' 신의 모습을 취해 '나타났다現れた'는 뜻이다. 인도의 신들은 '天'을 붙임으로써 대승불교의 천부天部로 편입시키고, 일본의 신들은 본지수적에 기초해 '곤겐権現'을 붙임으로써 불교에 편입시키는 경우가 많다.

함께 숭배했다. 그러면서 그들은 성스러운 토지의 신(신사연기神社緣起의 주인공)을 자신의 몸과 마음을 다해 받드는 수행자였다. 야마부시는 사원 조직의 관리와 통제에 복종하는 한편, 현세 이익에 대한 사람들의 욕구를 맞춰주면서 지역사회에 완전히 스며들었다. 슈겐도는 현밀체제의 사원 조직 아래에 있으면서 전통적인 습합종교의 주축이 되어 에도막부의 종교 통제 틀 안에서 활동을 유지하던 집단이었다.

그런데 에도 시대의 산악신앙은 점차 슈겐도 집단의 틀을 벗어나게 된다. 여기서는 온타케코御嶽講[46]의 예를 살펴보자.[40] 일찍이 슈겐도의 수행장이었던 기소온타케木曾御嶽는 무로마치 시대 이후 슈겐도의 산으로서는 쇠퇴해버렸다. 대신 산기슭의 마을 주민 가운데 '도샤道者'라고 불리는 사람들이 무리지어 산에 올라 참배하면서 새로운 민속종교의 숭배 대상으로 떠올랐다. 당시 숭배 대상인 온타케곤겐(정확히는 온타케자오곤겐御嶽藏王權現)에 대한 제사권은 사토미야里宮[47]인 구로사와쿠치黑澤口의 본사本社(하치만대보살八幡大菩薩)와 와카미야若宮(안키대보살安氣大菩薩)를 모시는 신직神職인 다케이武居 집안과, 오타키쿠치王瀧口의 오타키사토미야(이와토곤겐岩戶權現)을 모시는 다키瀧 집안이 갖고 있었다. 이 지역에도 슈겐도 사원이 많이 있었지만 온타케의 참배나 일상적 신앙의 주체는 그들이 아니라 도샤나 신직 쪽이었다. 도샤들은 75일 내지 100일간 심신을 깨끗이 하고 금기를 멀리 한 후 산에 올라 참배했다.

---

46 기소온타케 신앙에 기초한 코講로, 보통 가쿠메이覚明를 계승하는 코를 '가쿠메이코覚明講'라고 부르고 후칸普寛을 계승하는 코를 '후칸코普寛講'라고 부른다.

47 한 신사에 신전이 두 곳인 경우 산위에 있는 야마미야山宮에 대해 마을에 있는 것을 일컫는다. 참배의 편의를 위해 설립한 경우가 많지만 사토미야가 먼저 세워지고 후에 야마미야가 설치된 경우도 있다.

이처럼 일부 지역의 주민이 받들던, 신도색 짙은 산악신앙의 대상 인 온타케가 간토關東 · 주부中部지방에 널리 퍼져 많은 사람들에게 신앙의 대상이 된 것은 18세기 이후의 일이다. 그 돌파구를 연 것은 오와리尾張의 행자行者 가쿠메이覺明(1718~1786)와 에도의 행자 후칸普寬 (1731~1801)이었다. 가쿠메이는 1782년(덴메이天明 2)에, 후칸은 1785년 에 온타케를 방문하여 백일 간 정진한 후 제자들을 이끌고 산에 올 라 참배했다. 그들에 의해 길이 닦이고 많은 사람들이 산에 오르면 서 1792년(간세이寬政 4)부터는 1~3일 정도의 정진만으로도 산에 올 라 참배할 수 있게 되었다. 이후 에도를 비롯해 간토 · 주부 지방에 서 많은 일반 서민들이 참배하였다. 특히 후칸은 에도에서 많은 제 자들을 이끌고 왔는데 그 제자들이 제각각 코講[48]를 조직하여 참배 수행자의 범위를 넓혀갔다. 이어서 가쿠메이 계통의 코講도 번창했 다. 이렇게 온타케코는 후지코富士講와 나란히 대중적인 산악신앙 집 단으로 퍼져나갔다. 그리고 1834년(덴포天保 5)에는 산 정상에 구니토 코타치노미코토國常立命(太元神)[49]의 존상을 모시는 등 신도색이 점차 강해졌다. 습합종교의 신도화 흐름에 편승해간 것이다.

에도막부 말기까지 온타케코는 슈겐도와 인연을 끊지 않았다. 따 라서 불교적인 코스몰로지를 뒷받침하는 상징체계와도 계속 연결되 어 있었다. 가쿠메이나 후칸 또한 슈겐샤修驗者로서 수행을 쌓은 사람 들이었다. 1849년(가에이嘉永 2) 구로사와 촌과 오타키 촌 사이에 분쟁

---

48 본래는 헤이안 시대에 불경을 강독 · 연구하는 집단명으로 사용되었는데, 후에 종래의 다 양한 신앙집단에 코의 이름을 붙이는 풍습이 일반화되었다. 지금은 코사講社라고 하면 동 일한 신앙을 가진 사람들의 집단을 뜻한다.

49 일본 신화에서 천지개벽할 때 있었던 최초의 신이다. 『고사기古事記』에는 구니노토코타치 노카미国之常立神, 『일본서기日本書紀』에는 구니토코타치노미코토国常立尊라고 표기되어 있 다. 그 의미에 대해서는 일본 국토의 토대(대지)의 출현을 나타낸다는 설, 일본국의 영구 한 존속을 의미한다는 설 등이 있다.

이 일어났을 때 호마소護摩所(후에 호마당護摩堂)[50]를 설치해 두 마을과 양쪽 등산로를 이용하는 코를 화해시키고자 했다. 1844~1847년 당시 이미 후지富士코를 금지시키라는 말이 막부에서 나오고 있었기 때문에 온타케코에도 그 영향이 미칠까봐 두려워하고 있을 때였다. 그래서 온타케코가 속해있는 오와리 번이 주선하여 오와리 번의 에도 기원소祈願所[51]인 지쇼인自証院의 관리를 받게 되었다. 그 후 호마당을 도에이잔東叡山 간에이지寛永寺[52] 직할로 하고 매년 지쇼인의 승려가 호마당에 와서 기원祈願 수법修法[53]를 행하게 되었다. 1855년(안세이 2)에는 본산파 슈겐도의 본거지인 쇼고인聖護院 이나바도因幡堂[54]의 야나기보柳坊들이 다이센다쓰大先達[55]가 되어 조정의 명령을 받든 참배 기도를 행하였다.

그런데 이런 불교 사원조직이나 불교적 상징은 대중적인 코 차원의 신앙생활과는 별로 연관이 없었다. 온타케코의 신앙생활에서는 승려가 아닌 신도 지도자 스스로 '센다쓰先達'가 되어 조직을 꾸렸다. 주요 의례에서는 센다쓰 밑의 신도가 '마에자前座'(마에자 센다쓰)나 '나카자中座'라는 주요 역할을 맡아 '오자御座'를 세우고 샤마니즘적인 신

---

50 사찰에서 호마를 행하는 장소 호마란 불교에서 불을 피우며 불속에 물건을 던져 넣어 공양하고 기원하는 것으로 밀교密教의 수행 방법 중 하나이다.
51 신불에게 비는 것을 목적으로 하는 신사나 절을 말한다.
52 천태종의 간토지방 총본산.
53 밀교의 교리를 실현하기 위한 실천방법의 총칭으로 가지기도법加持祈禱法이라고도 한다. 밀교에서 정한대로 단을 설치하고 목적에 맞는 부처를 본존으로 하여 공물을 바치고 수인을 맺은 다음 입으로 진언을 외며 마음으로 본존을 떠올린다. 수행자와 본존이 일체가 됨으로써 원하는 바를 이루고자 하는 것이다. 기원의 목적에 따라 본존도 다르고 수행 형식도 다르다. 우리나라에서는 고려 시대에 성행하였으며 조선 시대 이후에는 부분적으로 행해지고 있다.
54 교토에 있는 진언종 사원인 효도지平等寺를 가리킨다. 본존은 약사여래이다. 효도지는 쇼고인의 말사末寺이다.
55 센다쓰는 야마부시나 신도들이 수행을 위해 산에 들어갈 때 이끄는 지도자를 말하며, 다이센다쓰는 많은 수행을 쌓은 슈겐사修験者를 존중하는 의미로 부르는 말이다.

57

과 직접 교류하려고 한 점이 두드러진 특징이다.[41] 센다쓰 혹은 마에자나 나카자는 승려의 지도를 통해서가 아니라, 그 지역에 있는 코의 신앙생활 안에서 속인俗人 신도들의 친밀한 사제관계를 통해 길러졌다. 그 과정에서 코 조직의 지도자나 신앙의 스승에 대해 강한 숭경심을 가지게 된다. 특히 온타케코의 시조인 가쿠메이나 후칸을 숭경하는 마음이 강해 그들을 현장顯彰하는 비가 세워졌다. 이것이 막부 말기 이후 신도神道의 성격을 가진 영신靈神[56]신앙의 형태로 발전하면서 수많은 행자를 기리는, 온타케코 특유의 영신비靈神碑가 세워지게 되었다. 그 가운데 1843년에 세운 '가쿠메이신령覺明神靈'이라고 새겨진 비가 가장 오래된 것으로 여겨지고 있다.[42]

에도 시대에 이미 신도의 성격을 농후하게 가진 코講가 있었다는 것을 보여주는 증거도 있다. 그 예로 '행자', '센다쓰'의 호칭으로 세워진 비들 중에 가장 먼저 '영신'을 지칭한 비의 주인공인 '귀옹영신龜翁靈神', 즉 나카자토 사쿠에몬中里作右衛門(1791~1847)이 이끄는 코를 들 수 있다. 호쿠소北總 유키結城의 쇼야庄屋 집안 출신인 나카자토 사쿠에몬은 국학을 공부하면서 신도 신앙을 키웠다. 그는 천심술天心術을 교의로 삼고 제자를 모아 도모에코巴講라는 코를 조직하였다. 그러다 오와리 번 저택에 나와있던 온타케 신사의 신관 다케이 와카사武居若狹와 알게 되어 1839년(덴포 10) 도모에코의 제자 280여 명을 이끌고 온타케에 참배하였다. 그가 죽은 후에도 도모에코는 발전을 거듭하여 메이지기에는 강력한 코로 번창했다. 막부 말기 온타케코는 불교의 본산과 이어지는 슈겐도의 유력한 사원과 제휴하여 막부의 압박을 피하는 한편, 이렇게 신도색이 짙은 코 집단을 끌어당겨 포

56 영험 있는 신.

용하였다.

메이지 시기의 교파신도 13파에는 온타케교御嶽敎뿐만 아니라 신도수성파神道修成派, 신리교神理敎, 다이세이교大成敎, 신도본국神道本局(훗날 신도대교神道大敎) 등 온타케 신앙 집단이 다수 포함되어 있다. 메이지유신 이후 신불분리령, 슈겐도의 폐지(1868), 주로 1870~1880년대에 진행된 교파신도의 공인 과정에서 이런 코 집단은 분명 어려움을 겪었다. 하지만 장기적으로 본다면 쇠퇴해간 슈겐도를 대신해 코 집단은 존속의 기반을 얻었고 그 결과는 환영할 만한 것이었다. 교파신도는 신도화한 습합종교를 공인하기 위한 시스템이라는 측면도 갖고 있었다.

온타케 참배자 수는 다이쇼기 이후 연간 3만 명을 웃돌았으며 1939년(쇼와 14)에는 63,000명을 넘었다.[43] 대중운동의 성립 이후 백수십 년이 지난 그 시기 온타케코는 절정을 맞았다. 이를 통해 19세기 초·중기 산악신앙 가운데 급속한 신도화·대중화·현세주의화의 길을 걸으면서 국가신도의 형성에 발맞춰 발전한 큰 세력이 있었음을 알 수 있다. 내셔널한 코스몰로지의 형성과 발전을 뒷받침한 집단 가운데는 이런 아래로부터의 풀뿌리 종교운동도 있었다.

5. 습합習合종교의 신도화神道化와 국가신도의 형성

온타케코와 후지코는 교파신도敎派神道 가운데 산악신앙 집단 즉 습합종교 세력을 대표한다. 교파신도 가운데 산악신앙 집단이상으로 커다란 위치를 차지하고 있는 것은 구로즈미교黑住教, 곤코교金光教, 덴리교天理教, 미소기교禊教 같은 창창종교創唱宗教[57] 집단이다. 이 가운데 곤코교와 덴리교는 불교의 영향을 받은 전통적인 민속종교(습합종교)의 세계에서 탈피하여, 교조들이 자신의 신앙체험을 통해 새로운 신도적 숭배 대상을 지고신으로 떠받듦으로써 독자적인 종교세계를 구축했다는 공통점을 갖고 있다. 이런 교조들이나 당시 신도神道 지도자들의 경력을 보면, 에도 시대 후기에 민중들 속으로 점차 침투해 들어간 새로운 민속종교(습합종교)로부터 큰 영향을 받았음을 알 수 있다.[44]

곤코교의 교조, 아카자와 분지赤澤文治(곤코다이진金光大神, 1814~1883)는 젊었을 때 이세참배, 시코쿠四國 순례를 한 바 있으며 인생의 고비에 이시즈치코石鎚講와 유행신流行神[58]인 곤진金神[59] 기도자 집단으로부터 큰 영향을 받았다. 그리고 결국에는 덴치카네노카미天地金乃神를 숭배하는 지고신至高神 신앙에 이르렀다. 그는 이런 새로운 형태의 습합종교들에서 뜻깊은 신앙체험을 했던 것이다. 구로즈미교의 숭배 대상이 아마테라스오미카미이고, 덴리교의 신앙생활의 핵심인 '근행'이 1830년의 오카게참배御蔭參り[60] 이후 교토 주변에 퍼진 오카게도리御

---

57 창창종교란 명확한 창시자가 존재하며, 그 창시자의 가르침을 토대로 전개된 종교를 말한다.

58 일본에서 일시적 돌발적으로 신앙의 대상이 되었다가 빠르게 잊혀진 신이나 부처를 뜻한다. 이러한 유행신 현상은 민간신앙에서 종종 나타나는데 사회 불안이나 급격한 사회 변동을 배경으로 하는 경우가 많다.

59 도교나 음양도陰陽道에서 모시는 신. 이 신이 있는 방위로 집을 짓거나 이사하거나 여행 하는 것을 금한다.

60 일본 에도 시대에 있었던 오카게도시(お蔭年, 20년마다 이세신궁을 새로 지어 옮긴 다음 해)에 무리지어 이세신궁을 참배하는 관습. 풍년이 든 것도 장사가 잘 되는 것도 모두 이세신궁의 신 '덕분(일본어로 오카게)'이라는 데서 유래하였다. 이세신궁에 대한 신앙이 점점 강해지면서 서민들 사이에 남녀노소, 빈부귀천을 가리지 않고 '일생에 한 번은 이세참배'라는 관습이 생겼다.

蔭踊り)와 관련있는 것도 우연은 아니다. 또 덴리교와 곤코교의 신자 집단이 형성되는 과정에서 교조가 야마부시의 지도를 받거나 야마부시의 집요한 방해를 받았다는 것도 염두에 둘 필요가 있다.

에도 후기, 특히 19세기 초·중기에 급속히 발전한 새로운 대중적인 민속종교(습합종교)의 몇가지 유형을 살펴보면 다음과 같다. ①이세참배·시코쿠순례·곤비라金比羅[61]참배 등 대중적인 집단참배 및 그와 결부된 코講, ②이시즈치코·후지코·온타케코 등 대중적인 산악 코, ③곤진기도자 같은 독자적인 샤먼적 직능자나 유행신 신앙이다.[45] 이들 대다수는 불교가 주도하는 신불습합의 세계에서 존속해 온 전통적인 습합종교가 신도적인 색채가 더 강한 신앙세계로 옮겨 가는 과정에서 발전했다. 이 신도색이 농후한 새로운 습합신앙세계는 불교적인 보편주의와 달리 토지신과 연관된 신격들을 떠받들었다. 그럼으로써 일상생활과 밀착되었음을 보여주는 동시에 일본의 국토·국민과 연관된 신격에서 보편성을 찾으려고 하는 경우가 많았다.

이자나기와 이자나미가 낳은, 한정된 일본 국토가 여러 신들이 사는 장소라는 관념은 신도神道 코스몰로지의 중요한 일부이다. 이런 의미에서 에도막부 말기에 발전한 대중적인 민속종교(습합종교)는 내셔널한 공동성과 결부된 코스몰로지의 고양이라는 성격을 띤다. 그리고 그것은 종교집단이 동아시아 지적 세계의 공통언어lingua franca인 한문漢文 전통과 결부된 불교사원·승려의 지배에서 벗어나서, 민중이 종교 활동의 주체로서 대두되었다는 사실과 불가분의 관계에 있다.

그렇다고 해서 이 시기에 발전한 민중 종교집단들 전부가 신도神道

61

---

61 일본에서 가가와 현 조즈산象頭山에 있는 곤비라 신사는 해상 교통의 수호신으로 여겨지고 있다. 이세참배에 이어 곤비라참배가 유행했다.

의 성격을 띠었던 것은 아니다. 탈문서전통의 국민언어 즉 일본어를 중시하는 민중참여의 신앙집단은 불교 종파 안에도 있었다. 예를 들면 니치렌 계열의 코講 역시 이 시기에 활성화되었다. 이 경우엔 신도神道 쪽이 아니라 니치렌 내부의 불교적 내셔널리즘과 결부되었다.[46] 또 이 시기에 융성했던 정토진종의 신도信徒집단 역시 국민국가 형성에 커다란 역할을 했다.[47] 그런데 이 경우에는 코스몰로지 차원의 내셔널한 상징성이 결핍되어 있었다.

산악신앙이나 창창종교 같은 습합신도 계열의 민중참여 종교운동과, 니치렌 계열의 코·정토진종 계열의 신도信徒집단 같은 전통불교 종파 내부의 민중참여 종교운동은 국가신도의 형성과 각각 다른 상관관계를 갖는다. 원래 이것들은 제각각 세밀하게 검토되어야만 한다. 이 시기의 종교구조 변동이나 코스몰로지=이데올로기 복합의 추이에 대한 전체상을 보기위해서는 여러 움직임을 폭넓게 검토하는 작업이 반드시 필요하다. 그러나 여기서는 한정된 지면으로 인해 습합종교 계열의 종교운동으로 한정하고, 덴리교[62]를 예로 들어 국가신도의 형성과 대안적인 코스몰로지 운동의 상관관계에 대해 말하고자 한다.

덴리교는 당시 형성되고 있던 국가신도와 민중 종교운동·종교집단 사이 상관관계의 한 전형을 보여준다. 나카야마 미키가 1838년

---

62 일본에서 1838년에 창시된 신흥종교 교조인 나카야마 미키는 41세 때 남편과 아들의 병을 고치기 위하여 기도드리던 중 신내림을 받았다고 한다. 그 후 그녀는 자신의 몸에는 신神이 있어 삼천세계 전 인류를 구제할 능력이 있다고 주장하였다. 그녀를 덴리오노미코토天理王命로 받들며 따르는 사람들이 늘어나면서 일본 나라奈良에 교단이 형성되었다. 그녀는 생전에 18차례의 구류와 감옥 생활을 반복하며 포교하다가 1887년 90세로 죽었다. 그 후에도 교단은 꾸준히 발전하여 지금의 덴리天理시라는 종교도시를 형성하기에 이르렀다. 덴리교가 우리나라에 들어온 것은 1900년 초이며, 현재 한국의 덴리교는 대한천리교와 천리교한국교단으로 양분된 상태이다.

에 신의 말씀을 받은 것에서 출발한 덴리교는 1850년대에 신자집단이 형성되기 시작하였으며 메이지유신 후 급격히 성장하였다.[48] 메이지국가의 안정을 담당한 세력이 이런 덴리교를 질서를 위협하는 위험한 집단으로 간주하고 심하게 경계했던 것은 분명하다. 덴리교에 대한 무라카미 시게요시의 지적은 '반反권력'을 지나치게 강조한 면이 있긴 하지만 핵심을 완전히 빗나간 것은 아니다.

> 덴리교 교의에는 민중의 구제, 현세중심주의, 평등관, 휴머니즘, 평화사상, 부부 중심의 가족관, 반권력성, 독자적인 창조신화 등 민중의 요구를 반영한 진보성이 있다. 특히 교조가 메이지 초기 정부에 대해 일관되게 엄격한 비판을 가한 사실은 금지와 억압에 대해 단순히 수동적 반항에 그치지 않고 천황을 정점으로 하는 절대주의적 권력의 본질적 반동성을 직관적으로 간파했음을 보여준다. 권력은 이 민중종교의 발전에서 국민교화의 방향과 어긋나는 위험성을 감지하고 여러 차례에 걸쳐 탄압했다.[49]

그러나 덴리교가 근대적인 민주주의, 인권의 가치, 그런 가치를 추구하는 정치적 변혁을 적극적으로 지향했다고 말하기는 어렵다. 신자들이 '근행勤行'[63]할 때 부르는 속요俗謠인 경전 『미카구라우타神樂歌』(1866~1867년에 성립)는 덴리교의 코스몰로지적 동기를 가장 잘 보여준다. 거기에는 자연의 무한한 혜택을 받으며 생명의 순환·생성·발전의 리듬 안에 살면서 신앙을 함께 하는 사람들과 나누는 기쁨·믿음의 결의가 친근한 농촌생활의 풍경과 함께 그려져 있으며, 이상세계를 향한 밝은 희망이 주조를 이루고 있다. 『미카구라우타神

63

---

63 아침저녁으로 '악한 것을 제거하고 도와주소서, 덴리오노미코토여!'라고 노래를 부르며 신에게 비는, 덴리교에서 가장 중요한 의식이다.

樂歌』에는 이런 개인의 자각과 새로운 공동성에 대한 기대가 풍부하게 나타나있다.

둥 둥 둥실 정월에 춤추기 시작하면
아, 즐겁구나
둘에, 신기로운 역사役事를 일으키면
아, 번창할 것이다.
셋에, 몸에 붙어
넷에, 세상을 바로잡으니
다섯에, 어느 것이든 다한다면
여섯에, 모반의 뿌리를 끊으리
일곱에, 어려움에서 구해주면
여덟에, 질병의 뿌리를 끊으리
아홉에, 마음을 정하면
열에, 있는 곳이 평안해질 것이다

—『미카구라우타神樂歌』제2장

이처럼 대지와 밀착해 자연의 리듬과 융합하고, 순환되는 유구한 시간을 사는 평화로운 생활에 대한 전망은 분명 신도神道나 촌락공동체 민간신앙의 코스몰로지(의 맹아)[50]와 가깝다. 이것은 불교나 기독교의 성직자가 내거는 현세부정적·내세지향적 종교성과 다르다. 여기에는 국민국가 형성기에 어울리는, 현세의 진보·개선에 대한 기대감에 공명하는 듯한 현세지향성이 두드러진다. 신과 사람이 섞여 살았다고 여겨지는 신화 시대로의 회귀를 보여주지만 현세에 대한 낙관과 생산 활동의 긍정이라는 점에서는 국민국가의 가치와도 일치한다. "마음을 정하"는 개인의 자각에 의해 "있는 곳이 평안"을 얻을 수 있다면 개인의 집합체인 사회라는 근대 이념과도 조화를 이룰 수 있을 것이다. 후에 『미카구라우타神樂歌』가 "신과 사람이 함께 조화를 이루는" 세계를 보여주는 경전으로 이해된 것은 이런 토착적이면서도 국민국가적인 특징을 취했기 때문일 것이다.[51]

여기에서는 절박한 위기 예언이나 종교적 변혁사상을 찾아보기 힘들다. 미야타 노보루宮田登는 일본 민속종교가 보여주는 시간의식의 원형을 민속적·순환론적인 시간 속에 있는 '미륵신앙'(풍작豊作의 '미륵세상'을 바라며 '미륵춤'을 추는 등)이나 '세상을 바로잡는(=풍작)' 신앙에서 찾았다.[52] 이는 예수 재림이나 미륵신앙처럼 메시아를 기다리는 직선적인 시간과는 다르다. 덴리교는 분명 '일본'의 신들이 "모반의 뿌리를 끊어 낸" 세계의 도래를 바란다. 만물의 창조에서 이상세계에 이르는 역사신화를 정리한 『고후키こふき』(古記. 1881~1887)에도 악과의 대결이라는 동기보다는 낙관적인 미래를 향한 희망이 훨씬 우세하다. 이런 경전의 부드럽고 따뜻한 기대감을 감안한다면, 덴리교에 제·정·교 일치의 국가신도 구상이 가진 유토피아적 지향과 통하는 부분이 있음을 부정할 수 없다.

반면 『오후데사키親筆録』[64](1869~1882)에는 이런 낙관적인 조화와 완전히 반대되는, 엄격한 대결 분위기가 강하게 나타난다. '세상 바로잡기'의 구현이라 할 만한 상황과, 여러 위기들을 포함해 현재 어려운 상황의 괴리를 민감하게 느낄 수 있다. 그리고 격분을 불러일으키는 극히 부정적인 현재 상황이 앞으로 즐겁고 긍정적인 세계로 크게 바뀔 것이라는 예언도 많이 등장한다. 긴장감이 느껴지는 '세

64 나카야마 미키가 1869~1882년에 걸쳐 어버이 신의 계시를 받아 직접 기록했다고 하는 덴리교 경전. 한국 천리교에서는 '친필', 일본 덴리교에서는 '오후데사키御筆先'라고 한다.

상 바로잡기' 사상, 종교사회학과 종교인류학에서 말하는 천년왕국주의의[53] 위기예언 담론이 오히려 주조를 이루는 부분도 있다.

> 지금까지는 중국이 일본을 마음대로 했다
> 신의 섭섭함을 어찌해야 할지 3-86
> 앞으로는 일본이 중국을 마음대로 한다
> 모두 이것 하나는 명심하라 3-87
> 같은 나무의 뿌리와 가지라면
> 가지가 꺾여도 뿌리는 뻗어나간다 3-88
> 지금까지는 중국을 위대하다 했지만
> 이제 앞으로는 꺾일 뿐이다 3-89
>
> 지금까지는 높은 산이 시끄럽게
> 자기 멋대로 하고 있었지만 15-56
> 이제부터는 아무리 높은 산이라 해도
> 골짜기를 더 이상 멋대로 할 수 없다 15-57
> 앞으로 골짜기에 층층이
> 많은 양기陽氣가 나타나게 될 것이다 15-58
>
> ─『오후데사키』

여기에 표현된 적대세력은 직접적으로는 신앙 활동을 방해하거나 교조인 나카야마 미키를 구속한 사람들을 가리킨다. 하지만 그 배후에 있는, 국가신도적인 질서에 기초해 종교를 통제하고 있는 정부를 가리킨다고 봐도 좋을 것이다. 무라카미 시게요시의 말처럼, 덴리교는 메이지유신이 지향하는 새로운 코스몰로지＝이데올로기 체제에 대해 분명하게 이의를 제기했다. 1870년대 일본의 농촌 전체에 국가신도의 '제사'·'치교'가 파급되었다고 할 수는 없지만, 행정권의 확충과 함께 이런 종교구조의 틀을 확립하여 사람들에게 퍼뜨리려고 했던 중앙정부의 의지는 분명하게 존재했다. 나카야마 미키에게 그것은 민중 주체의 코스몰로지 구상이 지배자 측('높은 산', '중국')의 질서 구상에 의해 억압당하고 종속되는 것을 의미하였으며, 강한 위기감과 함께 받아들여졌다. 따라서 지고신至高神인 '덴리오노미코토天理王命'가 국가의 의지에 종속되는 것에 대해 강하게 거부하고 있다.

그러나 여기서는 특히 전통불교적·봉건영주적인 '중국', '높은 산'에 대립하는 '일본', '골짜기'의 의식이나 정념을 이해하는 신들의 세계에 대한 기대가 분명하게 남아있는 것에 주목하고자 한다. 이것은 기본적으로는 외국 사상의 영향을 받은 정치 지배층에 대해 신앙을 가진 민중의 우위를 주장하는 것으로 볼 수 있다. 그런데 이것을 토착신들을 내세운 '일본', '골짜기'의 새로운 신도적 코스몰로지가 '중국', '높은 산'이 연대하고 있는 불교적 코스몰로지 체제를 뛰어넘는 것에 대한 기대로 볼 수도 있다. 여기서 오카게참배에 참가한 사람들이 느꼈던 것과 같은 내셔널한 범위의 새로운 공동성을 예감할 수 있다. 신불분리·폐불훼석이 노린 전통세력 배제에 대한 기대가 덴리교의 코스몰로지=이데올로기 안에 없었다고는 할 수 없다.[54] 이런 내셔널한 공동성의 주체로 국가 측이 천황을 내세웠을 때 그에 동조하면서도 별로 이상해하지 않았던 심리적 틀을 이해할 수 있다.

한편 국가신도적 질서를 구상한 사람들, 즉 제·정·교 일치의 이념을 기획한 사람들이 이런 민중 종교집단을 새로운 코스몰로지=이데올로기 체제를 뒷받침하는 세력으로 적극적으로 활용했음은 이미

67

제3장에서 말한 바 있다. 예를 들어 오쿠니 타카마사는 '메이지유신 신도神道'를 만들어야 한다고 말했다. 이 '메이지유신 신도'는 천황을 중심으로 한 중앙집권적 국가의 중추에 확립해야 하는 '성행신도'뿐만 아니라 "어리석은 백성을 말로 잘 타일러 깨우치도록" 하기 위한 '이행신도易行神道'까지 포함한다. 그리고 오쿠니 타카마사 자신은 '성행신도'를 대표하는 자이며, '구로즈미교黑住敎의 구로즈미 무네타다黑住宗忠(1780~1850)는 이행신도'를 대표하는 자라고 말했다.[55] 오쿠니 타카마사는 말년에 오카야마로 옮겨, 구로즈미교의 교조인 구로즈미 무네타다의 〈훈계 7개조訓戒7カ條〉를 강의하기도 했다. 구로즈미교는 아마테라스오미카미를 주신主神으로 하며 신학적으로 오쿠니 타카마사와 가깝다. 이 사실은 구로즈미교 같은 '이행신도'를 끌어들여 천황친제天皇親祭의 제·정·교 일치 체제, 즉 국가신도 체제를 만드는 구상이 오쿠니 타카마사에게는 자연스러운 것이었음을 보여준다.

1870년대부터 1880년대에 걸쳐 국가신도의 기초를 다지던 종교행정 당국은 신도적 색채가 짙은 민속종교 집단들을 교파신도로 공인하는 방침을 세웠다. 이 방침은 일찍이 교부성의 대교선포운동을 구체화하는 과정에서 1870년대 초기에 나타났다. 1873년 〈교회대의敎會大義〉를 제정하면서 전통적인 종교집단·승직·신관 외에 많은 종교인들을 대교원에 결집시키려는 정책이 추진되었고 이때 많은 코講와 신사가 공인을 받았다. 이 '코·신사 공인'의 의의에 주목한 도요타 타케시豊田武는 "코·신사의 설립을 공인함으로써 각지에서 코와 신사가 우후죽순처럼 생겨났으며, 민간 신앙이 보기 힘든 활기를 띠기에 이르렀다"고 말했다.[56] 신불분리에 따른 민속종교의 억압은 이런 형태의 민속종교 장려와 동시에 일어났다. 1876년에 신도수성파神道修成派와 구로즈미교가 교파敎派신도로 공인받았으며, 결국

교파신도 13파로 발전되어간 포석은 이때 이미 깔려 있었다. 국가신도의 형성 과정에서 중앙집권적인 제·정·교 일치 체제를 아래에서 받치는 큰 역할이 신도神道 색채가 짙은 습합종교와 민속종교(신흥종교) 집단에게 주어졌던 것이다.

덴리교처럼 국가신도와 심각한 긴장관계에 있던 종교집단이 성장할 가능성이 전혀 없었던 것은 아니다. 메이지정부나 종교행정 당국자가 민중을 주체로 하는 종교집단을 단순히 경계해야 할 위험한 집단으로만 취급했다고는 할 수 없다. 또 신불분리·폐불훼석을 문명개화나 신도국교화를 노린 강권적인 종교탄압으로만 보는 것도 적절하지 않다. 미토번이나 쓰와노번이 메이지유신 이전에 사원정리 정책을 단행하고 종교생활의 신도화를 꾀한 배경에는 이미 민중의 종교생활 안에 어느 정도 신도화 경향이 있었다고 생각된다. 민중의 신앙생활을 무시한 강권적인 행정조치가 무수히 행해진 것 또한 사실이다.[57] 하지만 신불분리에는 민속종교의 신도화라는 오랜 시간에 걸친 종교 변동에 편승하여 민중이 가진 일종의 기대에 부응한 측면도 있었다.

이 글의 중요 논제는 19세기 일본 종교구조의 변용, 즉 근세에서 근대로 넘어가는 코스몰로지와 이데올로기 복합의 추이이다. 여기서 나는 국가신도의 형성을 축으로 하는 시각이 필요하다는 것을 말하고자 했다. 이런 시각은 종교구조라는 측면에서 근세와 근대의 연속성과 단절을 보기 위한 것이다. 큰 틀에서 보면 통치의 이념에 관한 정치종교와 주민 개개인의 생사·실존에 관련된 구제救濟종교가 이중구조를 이루고 있다는 점에서 근세와 근대 사이에는 연속성이 있다. 정치종교는 '도쿠가와 이데올로기'에서 넓은 의미의 '국가신도'로 바뀌었다. 그런데 둘 다 신유습합의 코스몰로지를 기반으로 했다는 점에서 연속성을 가지고 있다. 그러나 신유습합의 종교성이 모든 주민의 생활의식까지 침투되도록 제도화한 것은 메이지유신 이후이다. 그리고 이런 코스몰로지=이데올로기 복합의 양상은 19세기에 들어서 미토학이나 오쿠니학에 의해 지知의 차원에서 구상되었고 메이지유신 정부의 정책에 따라 제도적으로 구현되었다.

중세사 연구의 시야를 넓힌 구로타 토시오黑田俊雄는 '신도神道'라는 말이 근대 이전에는 드물게 사용되었으므로, 이것을 오랜 전통으로 간주하는 것은 타당하지 않다고 말한다.[58] 이는 '신도'가 독립된 '종교' 실체로 존재하지 않았다는 것에 중점을 두고 '신도'의 전통을 새로운 것(창조된 전통)으로 보는 입장이다. 분명 중세의 현밀불교체제 아래에서 신기神祇신앙은 불교 권문에게 거의 포섭되었고 독자적인 교의를 가진 교단의 실체를 가지지 못했다. 에도 시대에도 자립한 신도神道 교단이 독자적인 교의체계와 교단조직을 갖추거나 불교 종파에 필적하는 세력을 가진 것은 아니었다. 기껏해야 스이카신도垂加神道[65]나 복고신도를 주장하는 소규모 학문집단이 있었고 요시다 가문吉田家과 시로카와 가문白河家이 신직神職 허가장을 내주는 시스템이 있었을 뿐이다.

그러나 그것이 에도 시대에 신도神道가 중요한 기능을 하지 못했음을 의미하지는 않는다. 그것은 '도쿠가와 이데올로기'에서 신유습합 사상이 가진 중요성이나 신도神道 색채가 점차 강해지는 민속종교(특히 습합종교)의 변용을 보면 쉽게 알 수 있다. 특히 19세기 들어 내셔널한 공동성의 자각이 지배층과 민중 양쪽에서 높아졌다. 그리고 새

---

65 에도 시대 전기에 야마자키 안사이山崎闇斎가 유가신도를 집대성하여 주창한 신도설. 유교를 중심으로 음양오행설陰陽五行説, 이기설理気説 등을 받아들였으며, 신인합일관神人合一観이 특징이다. 천황숭배를 열렬하게 주장하였는데 이는 많은 신도가에게 영향을 미쳤다.

로운 코스몰로지=이데올로기 복합체계를 전망하는 다양한 사상운동과 종교운동이 왕성하게 일어났다. 그리고 신유습합 흐름으로부터 국가신도가, 신불습합의 종교영역으로부터 신도적神道的 종교집단이 발전했다. 신불분리·폐불훼석은 이렇게 아래로부터 종교구조를 바꾸는 움직임을 배경으로 해서 보아야 비로소 이해할 수 있다. 국가신도는 민중 종교세계의 구조적 변용을 반영하면서 형성되었다.

'종교구조'라는 시각으로 봐야 일본의 19세기 '종교'의 요소들과 그 전체 구조(코스몰로지=이데올로기 체계)의 변용, 특히 신도적神道的 요소의 확충이라는 상황을 파악할 수 있다. 내셔널한 공동성의 성립이 민중의 의식·정서 안에 이미 어느 정도 진행되고 있었으며, 그것을 이어받으면서 종교집단이 융성했고, 국가신도의 형성도 도모되었다. 이런 의미에서 메이지유신 이전과 이후의 종교사는 어느 정도 연속성이 있다. 그렇지만 거기에는 분명 큰 단절이 있다. 19세기 오랜 시간에 걸쳐 진행된 종교구조의 변용 속에서 제·정·교 일치 체제, 즉 국가신도 체제라는 종교제도의 형성은 그 방향을 결정하는 중요한 장치가 되었다. 현대 일본의 종교구조와 사상·신앙의 존재 양상도 그 영향으로부터 자유롭지 못하다.

제1부 **체제이행론**

19세기의 법질서
윤리화의 과정

19세기의 법질서[*]

'천天'과 '리理'의 행방

미즈바야시 타케시 水林彪[**]

들어가며

일본에서 19세기로 들어서는 첫 해는 막부정치의 대대적인 개혁으로 유명한 간세이寬政시기의 마지막 해이기도 했다. 17세기 말에 확립된 막번幕藩체제는 18세기 말부터 19세기 초 다양한 문제를 드러냈다. 이에 대응하기 위해 막부 및 여러 번은 체제 정비를 도모했다. 이와 같은 과정 속에서 막번제도의 법질서는 변용과 성숙을 경험하게 된다.

---

[*] 이 글은 이현희가 번역하였다.

[**] 1947년생. 도쿄도립대학 교수로『천황제역사론의 본질·기원·전개天皇制史論 本質·起源·展開』(岩波書店, 2006),『국가제도와 법의 역사이론 비교문명사의 역사상国制と法の歴史理論 比較文明史の歴史像』(創文社, 2010) 등이 있다.

이러한 법질서는 19세기 중엽 페리 내항(1853, 가에이嘉永 6)을 전환점으로 붕괴의 길을 걷기 시작해서 1867년(게이오慶応 3)의 대정봉환大政奉還[1]과 왕정복고로 그 끝을 맞이한다. 그러나 그 후로도 한동안 안정된 국가제도가 구축되지 않은 채, 다양한 가능성을 품은 혼돈의 시기가 계속되었다.

19세기 마지막 10년간 과도기의 혼돈 속에서 통일된 국가와 법에 대한 상像이 선택되고, 일본의 근대 법체계가 성립되었다. 그 기본이 되는 육법전서 가운데 형법전서와 치죄治罪법전서(형사수속법)는 1880년(메이지明治 13)에 성립되었다. 나머지 헌법, 민법, 민사소송법, 상법의 네 개 법전은 1889년(메이지 22)부터 그 다음해에 걸쳐 성립되었다(아울러 치죄법전이 폐지되고 새로운 형사소송법이 성립된다). 이렇게 해서 1890년(메이지 23)에 기본 육법전서가 모두 완성된다. 이 가운데 1893년(메이지 26)부터 시행 예정이었던 민법전서 및 상법전서는 의회 안팎에서 시행 연기를 요구하는 목소리가 강해졌고 결국 폐지되었다. 그 대신 새로운 민상이법民商二法전서가 1896년(메이지 29)부터 1899년(메이지 32)에 걸쳐 성립되었다.

요컨대, '19세기의 법질서'는 근세 막번제 법질서의 변용 내지 성숙으로부터 그 붕괴를 거쳐 근대 천황제의 법질서가 성립되는 과정이라고 할 수 있다. 그렇다면 그 내부 사정은 어떠했을까. 이 글에서는 막번체제의 법과 국가 제도에 대해 논한 나의 글 「근세의 법과 국가제도연구서설近世の法と國制研究序說」[1]을 바탕으로 법관념에 한정하여 문제의 한 단면을 고찰해보겠다.

이 글의 전제가 되는 「근세의 법과 국가제도연구서설近世の法と國制研

---

1 1867년 11월 9일 도쿠가와 막부 15대 쇼군 도쿠가와 요시노부가 메이지 천황에게 통치권을 반납하는 것을 선언한 정치적 사건을 말한다.

究序說)」에서 나는 막번제 성립기의 법관념에 대해 크게 다음과 같이 기술하였다.

①막번제 성립기 법관념의 중요한 특징 중 하나는 '비리법권천非理法權天'이라는, 법과 관련된 격언에 나타나 있다. 이 격언의 핵심적 의미는 "도리는 법도에 의해 무너지고, 그 법도는 권력에 의해 저절로 다시 무너진다"라는 '이법권理法權'의 관념과 "이러한 권력도 천도인 초월자의 지배 아래 있다"는 '천도天道' 개념으로 요약된다.

②'이법권' 관념은 중세 융성기의 '도리의 지배'라는 관념이 부정되면서 성립되었다. 중세 무사들은 고세이바이시키모쿠御成敗式目(1232, 데이지貞治 원년)[2]는 '도리'를 기록한 것이고, 재판은 '도리'를 탐구하는 행위라고 생각했다. 그러나 겐나元和의 무가제법도武家諸法度(1615, 겐나 원년)는 이 관념을 부정하고, "법은 도리를 깨트리나, 도리는 법을 깨트리지 못한다"라고 선언했다.

③중세에는 초월적 '천도' 관념 또한 널리 퍼져있었다. 특히 전국시대에 천황을 포함한 모든 세속적 존재의 흥망성쇠를 운명 짓는 최고의 존재로서 '천도'의 관념이 발달하였다. '천도'는 때마침 전래된 기독교의 '데우스deus'의 번역어중 하나로도 유통되었다. 그러나 막번제 시대에 들어서자 세속 질서를 상대화한 '천도'의 초월성 관념은 점차 부정되어 갔다. 주자학은 '천도'를 주자학의 '천리天理' 개념으로 치환함으로써 막번제 질서를 정당화하고 고정화하는 관념으로 변질시켰다. 고학파유학古學派儒學[3]은 '천도'를 자연계만 관계되는 범주로 한정함으로써 '천도'의 사회적 초월적 성격을 부정했다.

77

2　가마구라鎌倉시대에 무사정권을 위해 제정된 법령을 말한다.
3　송과 명의 유학적인 입장에서 벗어나 공자와 맹자의 원전으로 돌아가서 유학에 대한 입장을 변화시킬 것을 주장한 학파이다.

④정리하자면 막번제 성립기에는 '천도'나 '도리'라는 세속의 권력질서를 상대화하는 초월적 존재의 관념이 후퇴하였고, 이를 대신해 세속의 권력질서 그 자체인 '권력'이나 '법도'의 관념이 전면으로 등장하게 된 것이다.

이러한 막번제 성립기의 법 관념은 그 후 역사에서 어떠한 운명을 맞이했던 것일까.

1. 막번제적 법 관념의 성숙

1) '도리'의 변용

막번제 후기 '도리를 깨트리는 법' 관념에 변용이 일어난다. '법'과 '도리'와의 관계를 역전시켜서 '법을 깨트리는 도리' 관념, 이것만을 끄집어낸다면 중세로 복귀한 것 같은 관념이 나타나게 되었기 때문이다. 예를 들어 1712년(쇼도쿠正德 2)의 '평정소의 면면강피어도후어 문서評定所之面々江被御渡候御書付'에는 '만일 매번 그 대법에 맡기고 도리를 다하지 않고 재단해버린다면 그것이야말로 해서는 안 되는 일이라고 생각한다'(공사만어정서公事方御定書 상권 3, 강조 미즈바야시水林, 이하 동일)[2]고 쓰여 있으며, 18세기 중엽이후 막부의 실무에 사용되던 『율령요략律令要略』(1741, 간보寬保 원년)에서는 '대법으로 판결을 내리기는 하지만 도리에 따라 대법을 사용하기 어려울 수도 있다'(80조)[3]고 규정하고 있다. 이러한 관념은 '이법권'의 개념을 180도 전환시켜서 중세적 법관념을 부활시킨 것처럼 보인다.

그러나 그것은 외견에 불과하며 오히려 전국시대 막번제 전기의 '이법권'의 개념은 더욱 철저해졌다. 왜냐하면 '대법大法'을 파괴하는 '도리'에서 '대법'이란 권력자의 입법이라기보다 오히려 그 반대인 권력에도 움직이지 않는 강고한 관습법적 규범이기 때문이다.[4] 이를 깨트리는 '도리'란 '대법'의 구속으로부터 해방됨과 동시에 사실 그 자체로부터도 자유로운, 그때그때 재판관의 재량에 따른 논리를 표명한 것이다. 사실에 의한 구속에서도 벗어난 자유재량에 따른 분쟁해결이라는 이념은 '증거 서류에 무리하게 얽매이지 말고 본 도리를 구하고자', '단지 사악한 것을 누르고 바른 도리로 화목하며, 밖으로 드러내지 않게 해결하는 것에 집중하지 못하는가'라는 앞서 기술한 『율령요략』 중에 '재판 조사에 있어서의 마음가짐'이라는 말에서 단적으로 드러나 있다.

되돌아보면 중세의 '도리'는 이런 재판관의 자유재량과는 정반대의 것이었다. 예를 들어 가마쿠라막부 추가법追加法[5]에는 '사람 간 소송의 경우, 증거 문서証文가 확실할 때는 사정을 봐줘서는 안 된다. 만약 증거 문서가 분명하지 않다면 증인의 주장을 채용하는 것이 마땅하다. 증거 문서가 분명할 때 증인의 주장이 필요치 않다. 또한 증거 문서와 증인 모두 분명하지 않다면 기청문起請文[4]을 따른다'(93조)고 했듯이 소송에 대한 판결이 있을 때 사실인정을 위한 증거를 '증거 문서', '증인'의 순으로 채용할 것으로 정해져 있다. 여기서 주목할 것은 어느 것도 분명하지 않을 때 '기청문' 즉 신에게 판결을 맡겨버리는 것이다. '기청문'에 의한 판결이란, 소송 당사자가 자신의

4　신불神佛에게 서약하고, 어기면 벌을 받겠다는 서약문을 말한다.

주장을 문서로 만들기 위해 일정 기간 신사를 참배해서 그 사이 '코피가 나는 일', '병에 걸리는 일', '솔개·새똥을 맞는 일' 등 신의 노여움을 보여주는 특별한 일이 생기지 않으면 그 자의 주장은 진실이고, 만약 위의 일들이 생긴다면 허위라고 하는 '총도惣道의 도리'에 따라 판결한다는 것이다(가마쿠라막부 추가법 73조). 최종적으로 인간이 자의적으로 개입할 여지가 없는 신의 심판이라는 판정 수단이 존재한다는 의미는, 증거가 확실할 경우에는 재판관이 증거에 대한 태도가 엄격해야 한다는 것을 상정한다. 이는 신의 심판이라는 제도가 증거에 대한 자의적인 태도를 허용하는 자세로부터 나온 것이 아니기 때문이다.

요컨대 막번제 후기의 '도리' 관념은 중세와 표면적으로는 같아 보이지만 그 본질은 정반대였다. 중세에서 '도리'는 권력을 구속했지만 막번제 후기의 '도리'는 권력을 법의 구속으로부터 자유롭게 했다. 이러한 의미에서 막번제 중후기의 '법'을 파괴하는 '도리' 관념은 전국시대부터 막번제 초기에 걸쳐 지배적이었던 '도리'를 파괴하는 '법' 관념의 발전 형태였다.[6]

2) '천天'의 변용

초월적인 '천도' 관념의 해체는 18세기 말부터 19세기 초에 걸쳐 두 가지 방식으로, 이전보다 더욱 철저한 형태로 진행되었다. 그 하나는 세키몬신가쿠石門心學[5]이고, 또 하나는 일본 국학國學이다.[7]

---

5 이시다 바이칸石田梅岩이 상인정신을 체계화한 사상이다. 도비문답都鄙問答과 제가론齊家論을 합친 것으로 일본 상인들의 필독 도서로 오늘날 일본이 상인국가로 발전하게 된 바탕

(1) 세키몬신가쿠의 '천도'

교토京都 상인가문商家의 고용인이었던 이시다 바이칸石田梅岩은 세키몬신가쿠의 창시자이다. 18세기 전기에 성립된 심학(세키몬신가쿠)은 처음에는 상인층을 중심으로 보급되었다. 그러다가 점차 하급무사를 포함한 다양한 계층으로 침투했다. 18세기 말부터 19세기 초에 걸쳐 여러 지역에서 활동한 나카자와 도니中澤道二는 세키몬신가쿠를 전파시킨 대표적 인물이다. 세키몬신가쿠는 애초부터 주자학을 기본으로 신도나 불교와 유착하여 통속도덕화하는 경향을 띠었다. 나카자와 도니가 활동한 시기에는 그와 같은 경향이 점점 더 심해지면서 극히 보수적인 성격을 띠게 되었다. 예를 들어 나카자와 도니는 다음과 같이 말한다. "천天의 마음이라는 것은 모든 만물, 인간·금수·초목에 이르기까지 모두 천의 마음이 되는 까닭으로, 날이 밝으면 짹짹 까악까악 우는 것도, 매화나무에 매화꽃이 피고, 감나무에 감이 열리는 것도 모두 천의 효용이다. (…중략…) 도란 무엇인가. 참새가 짹짹, 까마귀가 까악까악, 솔개는 솔개의 도, 비둘기는 비둘기의 도, 군자는 자기의 위치에 맞게 행동하는 길 외의 길은 없다. 이렇게 해 나가는 것을 천지화합의 도라고 한다. (…중략…) 구설을 말하지 않고, 그저 그대로 화합하는 도만 있을 뿐, 그 외의 도는 없다. (…중략…) 도라는 것은 순응할 뿐."(도니옹도화道二翁道話)[8]

이처럼 나카자와 도니는 부여된 질서를 그대로 '천도'로서 무비판적으로 수용해야 마땅하다고 주장한다. 이때 특히 서민에게 '천의 마음'을 교유敎諭하는 것은 조정의 권력이라고 타일렀다. "모든 만물은 조정의 돌봄이 필요치 않다. 봄에는 꽃이 피고, 가을에는 열매를

이 되었다.

맺는다. 참새는 쩍쩍, 까마귀는 까악까악, 포고문을 읽지 못하지만 조금도 어긋남이 없다. 다만 사람은 조정의 돌봄이 필요하다."(도니선생고사쓰도화道二先生御高札道話)[9] 그러므로 앞으로는 "천하통일의 포고문 (…중략…) 천하통일을 위해 위에서 내려보냈으므로 반드시 지켜야만 할 터이다. 또한 포고문에 쓰인대로 행한다면 따로 가르칠 필요는 없다. 신유불이 그 포고문 안에 모두 담겨 있다"(도니선생고사쓰도화)[10]고 말한 것처럼 '법도'에 대한 절대적 복종을 이야기하고 있다.

(2) 일본 국학의 '아마테라스오미카미天照大御神와 천황'의 '도道'

에도에서 활약한 나카자와 도니의 심학은 18세기 말경 모토오리 노리나가本居宣長에 의해 전성기를 맞이한다. 모토오리 노리나가는 이세伊勢의 마쓰사카松阪에서 자신의 국학을 완성해 가고 있었다. 그의 국학에는 '천도'를 부인하는 주제가 바탕에 깔려있다. 그는 '천도' 관념은 중국 주자학의 망상에 불과하다고 말한다. "한漢나라에서는 일반적으로 사람의 화복禍福과 나라의 치세와 어지러움 등 세상의 모든 일은 하늘이 정하는 것이라며 천도, 천명, 천리 등으로 칭하고, 그것을 귀하게 받들어야 한다"고 했다. 하지만 일본의 고전에 따르면 "원래 천은 그저 하늘에 있는 신들이 계시는 나라일 뿐이다. 마음이 없는 것에는 천명이 있을 리가 없다. 신을 고귀하게 받들지 아니하고 천을 존귀하게 받드는 것은 예를 들면 헛되이 궁전만 받들고, 임금을 받들지 않는 것과 마찬가지이다"(『다마가쓰마玉勝間』, 35면).[11] 존경해야 마땅한 '하늘에 있는 신'이란 『고지키古事記』의 첫머리에 등장하는 아메노미나카누시노카미天之御中主神 이하 다섯 신(「고토아마쓰카미別天神」)[6]이며, 나아가 아마테라스오미카미天照大御神 이하, '천'(「다카마가하라高天原」)에 앉아 있는 8백만 신들을 일컫는다.

그렇다면 '천도' 개념을 구성하는 요소 중 하나인 '도'는 어떤 것일까. "도는 어떠한 도이냐고 물으니, 천지天地의 스스로의 도도 아니고, 사람이 만든 도 또한 아니다. 황송하게도 다카비무스비노카미高御産巣日神[7]의 혼령에 의해 가무로기이자나기노오카미神祖伊邪那岐大神, 이자나미오카미伊邪那美大神가 시작하고 아마테라스오카미天照大神가 계승하여 전해주신 도道이다. 따라서 이것을 신도神道라고 한다."(나오비노미타마直毘靈)[12] 여기서 부정한 "천지의 스스로의 도"란 주자학이나 심학이 말하는 '도'이며, '사람이 만드는 도'란 고학파古學派유학(특히 소라이학徂徠學)[8]이 주장한 '도'를 말한다.

모토오리 노리나가는 그것들을 부정하고 이를 가무로기이자나기노오카미·이자나미오카미가 시작하고 아마테라스오카미가 받아서 전한 도로 대치시켰다.

'천' 그리고 '도'에 대해서 이상과 같이 기술하면서 '천도'의 관념을 부정할 때, 모토오리 노리나가가 내세운 전제는 다음과 같다. 그는 일본에는 『고지키古事記』를 비롯한 고대의 문헌들을 통해 외국에는 알려지지 않은 "진정한 도"가 전해지고 있으며 사람들이 배워 따라야 할 '도'란 이 '도'라고 확신했다. "아마테라스오미카미의 도로 천황이 천하를 다스리는 도, 사해만국에 널리 퍼져야 마땅한 진정한 도이다. 하지만 단지 황국에만 전해지는 이 도는 어떠한 도인가 하면, 이 도는 『고지키』, 『니혼시키日本書記』 두 서적에 기록되어 있다. 신대

83

---

6 고지키古事記에서 천지개벽 처음에 출현했다고 되어 있는 신을 말한다.
7 고대 일본 신화에서 에메노미나카누시 신 및 가미무스비 신과 더불어 조화의 삼신三神으로 천지를 만들었다고 알려져 있다.
8 오규 소라이荻生徂徠가 주장한 것으로, 도학 이론에 대한 전면적인 비판에서 시작되었다. 주자학이 관념적 사변思辨에 빠지는 논리적인 요인은 '대극大極'을 '이치理'로 보고 이에 궁극적인 가치를 두는 유교적 자연법사상에 있다는 주장이다.

神代와 상대上代의 여러 사적事蹟에 이 도가 담겨있으니, 두 책의 상대上代 부분을 반복해서 제대로 읽어야 할 것이다."(우이야마부미字比山踏)13)

위의 인용문에서 "아마테라스오미카미의 도로 천황이 천하를 다스리는 도"라고 표현한 부분에 대해 모토오리 노리나가는 조금 더 구체적으로 설명한다. "황대어국皇大御國은 송구하게도 아마테라스오미카미께서 자리잡으신 나라이다. 아마테라스오미카미께서 손수 그 증표를 받으시고, 만천추의 긴 세월, 그 자손이 다스리는 나라가 되니, 그 뜻에 따라 하늘에 구름이 드리운 저 끝 온 나라 곳곳에 스메미마노미코토皇御孫命의 미케쓰쿠니御食國9로까지 이어지고, 천하에는 반대하는 신도 없고 따르지 않는 사람도 없는 천만 세상의 끝의 시대까지 천황은 아마테라스오미카미의 자손으로 신대에도 지금도 변하지 않는 신으로서 다스리는 편안하고 온화한 나라"(나오비노미타마直毘靈).14) 이는 바로『고지키』,『니혼시키』의 신화에서 천손강림 이야기를 요약한 것이다.

이처럼 모토오리 노리나가는 유교나 심학의 '천도' 관념을 부정하고, 이를 대신해 '아마테라스오미카미와 천황'의 '도' 관념을 확립하였다.

---

9   천황가와 조정이 소비하는 해산물을 조정에 주로 공급하는 구니를 칭한다.

2. 서구자연권·자연법 사상의 수용

1) '천부天賦'인권

막번제 시대의 '천', '천도' 관념은 막부 말기·메이지 초기의 '개국' 시대를 맞이하여, 서구의 자연권 관념과 연결되면서 국가가 부여받은 질서를 상대화하고 각 개인의 측면에서 정치사회를 구성하기 위한 중심 관념으로 다시 살아났다. '천부인권'론이 바로 그것이다. 이 법사상은 여러 사람에 따라 조금씩 다른 의미가 부합되어 논해졌다. 이 글에서는 가장 빠른 시기에 발간된 가토 히로유키加藤弘之의 『진정대의眞政大意』(1870, 메이지 3)와 『국체신론國体新論』(1874, 메이지 7)[15]을 검토하고자 한다.[16]

가토 히로유키는 1836년(덴포天保 7) 다지마노쿠니但馬國[10]의 이게시번사出石藩士의 아들로 태어났다. 8세에 문무를 배우기 시작하고 10세 번 소재 고도칸弘道館[11]에 입학하여 사서오경을 배웠다. 수년간 유학과 병학兵學을 공부했는데, 에도로 가서 처음에는 사쿠마 쇼잔佐久間象山 밑에서 서양식 병학을 배웠다. 그 후 오키 주에키大木忠益(쓰보이 이슌坪井爲春으로 개명) 밑에서 난학을 배운다. 1860년(만엔万延 원년) 스승의 추천으로 반쇼시라베쇼蕃書調所[12] 조교가 되어 영국학 및 독일학을 공부하기 시작했다. 그러면서 그때까지의 병학에서 철학·사회학·정치학·법학으로 옮겨갔다. 1864년(겐지元治 원년)에는 막부관료가 되어

85

---

10 현재 효고현兵庫県 도요오카시豊岡市 이게시마치出石町이다.
11 번에서 무사계급의 자녀, 영주의 자녀가 다닌 교육기관으로 교양, 도덕, 무예를 주로 가르쳤다.
12 1861년 막부幕府가 지도자 양성을 목표로 설립한 교육기관으로 도쿄대학의 전신이다.

가이세이조開成所[13]교수직을 병행했다. 1868년(메이지 원년) 메이지 신정부로부터 부름을 받아 정체율령政體律令 조사어용이 되었고, 1869년에는 대학대승大學大丞, 1870년에는 지토우侍讀,[14] 1872년에는 궁내성 4등출사四等出仕, 1874년에는 좌원左院일등의관으로 승진한다.[17] 『진정대의』와 『국체신론』은 가토 히로유키가 메이지 신정부 내부에서 승진의 길을 걷고 있을 당시 집필한 것이다. 『진정대의』를 중심으로 가토 히로유키의 사상을 요약하자면 다음과 같다(인용은 『메이지문화전집 제2권 자유민권론편明治文化全集 第2卷 自由民權編』의 진정대의眞政大意에서 발췌).

①[국정론國政論의 전제] 좋은 국정을 행하기 위한 대전제는—의사의 치료가 병자를 진찰하고 증상을 알아내는 것을 대전제로 하는 것처럼—"사람의 천성과 국가 정부를 성립시키는 천리를 알아야 한다"(89면)는 것이다.

②[행복추구·불기不羈자립을 요구하는 천성(제1의 천성)] "사람의 천성"에서 그 첫 번째는 "일신의 행복" 추구를 가능하게 하는 것으로 "불기자립을 하고자 하는 마음"이다. "사람들은 자신이 하고자하는 것을 마음껏 할 수 있다면 상쾌하지만, 만약 다른 사람 때문에 방해를 받게 된다면 바로 불쾌한 마음을 생겨날 것이다. 어떤 사람이라도 이와 같으며 이것이 바로 정情의 천성이라는 확증"(90면)이다.

③[행복추구의 권리(제1의 천성에 기초한 법)]사람에게는 "정情을 베풀 권리"라는 것이 있다("사람의 천성"에 기초를 둔 "권리", "천부인권"). "무릇 사람은 상하귀천, 빈부, 현우賢愚를 망라하고 결코 다른 사람 때문에 속박되거나 자유를 제한받아서는 안 되며, 일신상의 일이라고 하면,

---

13 에도 막부는 국립 교육기관으로 가이세이조開成所를 세워 네덜란드, 영국, 프랑스, 독일, 러시아 등 이른바 '양학洋學'을 가르쳤다.
14 궁에서 학문 등을 가르치는 일을 하는 학자를 말한다.

자신이 욕망하는 바를 따르는 것"(90면)이다.

④[사람들이 함께 살고자 하는 천성(제2의 천성)] 그러나 불기자립의 정을 제멋대로 해도 좋다는 것은 아니다. "조화造化라고 하는 것은 실로 기기묘묘한 것으로 또한 달리 하나의 좋은 천성性을 내려주셨다."(90면) 그것은 "인의예양효제충신仁義禮讓孝悌忠信"이다(『국체신론』에서는 "서로 결합하여 함께 국가를 이루어 사람들이 함께 살고자 하는 천성"[18]이라고 표현한다). "사람에게는 반드시 이와 같은 마음이 있기에 사람들은 오늘날 서로 교류할 때, 각자 해야 할 본분이 있다. 따라서 자신에게 좋은 것이라면 무엇이든 해도 좋다는 것은 결코 없다."(90면)

⑤[타인의 권리를 존중하는 의무(제2의 천성에 기초한 법)] 위에 기술한 것은 "자신에게 권리가 있다면 타인에게도 같은 권리가 반드시 있다"는 것을 의미한다. "아래의 기술을 보면 결코 자신의 권리만 제멋대로 행사해서는 안 된다. 반드시 스스로 본분을 다하고 그럼으로써 타인의 권리도 존중하고 억지로 억누르거나 해롭게 하지 않는다면, 사람다운 도를 세울 수 있을 것이다. 여기서 이러한 도리로 자신의 본분을 다하고 타인의 권리를 존중하는 것, 이것이 바로 의무"(90면)이다.

⑥[국가 정부 발생의 근거] 국가 정부의 성립은 위의 ④, ⑤에서 기술한 '천성'과 천부의 '의무'에 구애받아 발생한다. "원래 국가 정부의 성립이라고 말하는 것도 억조를 통일 합동하는 것 없이 사람들의 마음만으로는, 아무리 권리와 의무라는 두 가지가 병행해도 사람들이 그 행복을 구할 토대가 성립하지 않는다는, 자연의 도리가 제1의 근원이 되어야 가능한 것"이다. 이것이 '사람의 천성'에서 "국가 정부의 성립 요소인 천리"(89면)이다.

⑦[국가권력이 제약을 받는 근거] "원래 불기자립, 타인의 제어를

받아야 할 도리가 없는 백성"이 "정부의 신민이 되어 그 제어"를 받는 이치는 위와 같은 것이기 때문에 사람은 "결코 정부 때문에 속박되거나 함부로 부림을 당해서는 안 되고 단지 국가통일을 위해서만 제어를 받"(91면)는다. 그런 까닭에 정부와 인민 사이에도 "권리와 의무"의 관계가 생겨난다. 이것도 "천리"와 같다

⑧[헌법의 필연성]정부와 신민의 권리·의무를 확정하기 위해서 우선 헌법이 필요하다(91면).

이상 요약한 가토 히로유키의 천부인권론에서 주목하고자 하는 점은 첫 번째 토마스 홉스Thomas Hobbes의 "자기보존의 자연권"을 상기시키는 "행복추구·불기자립의 천성"이 논의의 출발점이라는 것이다. 이는 그가 1860년(만엔 원년)부터 서구의 학문을 공부한 성과였다. 두 번째는 이러한 서구의 자연권 사상을 주자학적 사유를 매개로 하여 이해했다는 점이다. 요컨대 사람들의 행복추구·불기자립의 욕망을 "천天"이 사람에게 부여한 "천성"의 하나인 "정"으로 설명한 것이 이를 말해준다. 토마스 홉스는 이러한 자기보존의 자연권이 치열하게 경쟁하는 자연 상태를 전쟁 상태로 보았으며, 이러한 무질서를 극복하기 위해서 사람들이 계약하고 절대무제한의 국가권력을 형성했다고 주장한다. 존 로크John Locke는 생명·자유·소유에 대한 자연권의 보전을 목적으로 한 사람들의 계약을 통해 정치권력이 형성된다고 말한다. 그러나 가토 히로유키가 말하는 국가권력 형성론의 기초에는 '천'이 사람에게 부여한 지점에 "천성" 즉 "인의예양효제충신"의 "천성" 혹은 "서로 서로 연결하여 국가를 이루어 사람들이 함께 살고자 하는 천성"의 관념이 존재한다.

이처럼 서구 자연권사상은 가토 히로유키가 규정한 수용 방식에 의해 변질되었다. 자연 상태(전쟁 상태)의 극복을 위해(홉스), 혹은 자연

권 보전을 위해(로크), 사람들이 계약을 통해 정치권력을 형성한다는 서구 자연권 사상 논리가 목가적인 "인의예양효제충신"의 "천성"의 논리로 대치된 것은 그 명확한 사례이다. 그러나 사상이 전수되면서 변용된 것은 전수받는 사상만이 아니다. 그 사상을 전수받는 밑바탕이 되는 전통 사상에도 변용이 온다. 이 문맥에서는 무엇보다도 "천" 관념의 변용을 주목해야 한다. "천도"는 주자학 또는 세키몬신가쿠에서 군주·부자의 관계를 중심으로 부여된 지배 질서를 인간의 본성에 따르는 자연의 질서로 정당화시키는 역할을 했다. 그런데 여기에서 "천도"는 개인의 "행복추구·불기자립의 천성"을 기초로 하는 "권리"의 사상과 연결되어, 국가의 입헌적 편성의 필연성을 정당화하는 기본개념으로 변용되었다. 중세 및 전국시대에 하극상의 필연성을 설명하거나 기독교의 "신" 개념과 연결되었던 세속 질서를 상대화하는 초월자의 관념인 "천도"는, 막부 말 유신 시기에 서구 자연권사상을 받아들이는 밑바탕으로 되살아났다.

89

2) "성법性法"론에서 "천"과 "도리"

서구 자연법론은 천부인권론과는 별개의 형태로도 일본에 들어왔다. 정부 고용 외국인의 한 사람으로 일본의 형법전, 치죄법전, 민법전 등의 법전 편찬에 관여한 저자 가운데 구스타프 에밀 보아소나드 Gustave Émile Boissonade는 1873년(메이지 6) 일본을 방문한다. 그는 다음해인 1874년부터 사법성 법학교(1872, 메이지 5년 개교)에서 강의하며, 일본 사법계를 책임지는 많은 인재를 길러냈다. 1880년(메이지 13)에는 도쿄법학사東京法學社(후에 와후쓰和仏법률학교, 호세이法政대학)나 메이지 법률학교明治法律學校(후에 메이지明治대학) 같은 사립 법률학교가 설립되는데, 보아소나드는 이곳에서도 법률관련 강의를 했다. 열정적인 교사였으며 위대한 학자였던 보아소나드의 자연법(당시 "성법"으로 주로 번역됨)과 관련된 논의를 요약하면 다음과 같다(문헌 및 인용표시법에 대해서는 미주를 참조 바람).[19]

(1) [자연 상태] 인간은 태생적으로(자연적으로, 본성으로서 나뛰렐망 naturellement), 선善, bon하다(⑧ p.65). 또한 인간은 본성에 따라 국민 및 국제 규모로 서로 함께 생활한다. "신"(Dieu, '천', '천신', '상제上帝' 등으로 번역되었다)은 사람을 이렇게 살도록 만들었다(⑤ 54면, ⑥ 7면 이하).

(2) [성법(자연법)] "신"은 또한 위의 기술한 바와 같이 인간의 본성을 기초로 '법'을 제정했다. 그것을 droit naturel('성법', '자연법')이라고 한다(⑤ 54면). 이 법은 사람이 정한 실정법lois positives에 선행하여 존재하며, 실정법의 존재양식을 지도한다. 실정법은 '성법'을 구체화한 것이다(① p.512).

(3) [성법의 내실－양심과 도리] '성법'의 내용 첫 번째는 사람의 '양심conscience'이다. 예를 들어 A가 어떤 물건을 B에게 맡긴 사실을 알았다는 가정하에 C가 B로부터 그 물건을 구입했을 때, 그 물건이 C의 소유물이 될 수 없는 것은 C의 '양심'이 그것을 알고 있기 때문이다. '양심'이란 정의正義에 대한 '감각'이다. 그러나 만약 A가 어떤 물건을 B에게 맡긴 사실에 대하여 C가 알지 못할 경우에는 '양심'으로서의 '성법'만으로는 문제가 해결되지 않는다. 이 지점에서 '도리 raison'로서의 '성법'이 문제가 된다. 이는 사람들의 '권리droit'와 '의무devoir' 관계로도 볼 수 있다. 위의 사례로 말하자면 A와 C의 태만 등을 고려하여 '도리' 내지 '권리·의무' 관계를 확정해야 한다. '도리'는 '지혜'의 활동이다(① p.512, ⑤ 47면 이하, ⑦ 30면).

(4) [법(성법)과 도덕의 구별—규범의 내용] '성법'을 '도리', '정의'라고 한다면 '성법'은 '도덕'에 가깝다. 그러나 '법'('성법')과 '도덕'은 다른 것으로 구별이 필요하다. '성법'('도리')을 한 마디로 표현한다면 '타인을 해하지 말라'는 것이다. '성법'은 사람간의 관계의 장에서 서로 해하지 않는 관계를 유지하기 위한 '도리'로 한정된다. 이와 달리 '도덕'은 이러한 '성법'의 범위를 포함하는 동시에 타인에 대해 적극적으로 선을 베풀도록 명하는 규범이나, 자기 자신에 대한 규범(악정惡情의 타파, 사음邪淫의 욕망 부정, 식탐飮食欲을 절제 등)을 포함한다. '법'('성법')이 타인을 해하지 말라'는 것과 달리 '도덕'은 '타인에게 선을 베풀고', '성실하게 살라'는 것이다. 중심은 같으면서 반경을 달리하는 이중의 원을 그린다면 작은 원부분이 '성법'과 '도덕'이 중첩되는 부분, 작은 원 부분을 제외한 큰 원부분이 '도덕'만의 영역이다(① pp.516~517 · 523~525, ⑤ 14면, ⑥ 12면 이하, ⑨ 472면).

(5) ['성법'의 실정화 필요성 1] 사람들은 '이성raison'을 통해 '권리와 의무' 관계에서의 '도리raison'를 알 수 있다. 그러나 모든 사람이 '이성'을 갖추고 있지는 않다. 또한 '도리'로서 '권리와 의무' 관계를 성립시키는 첫 번째 사회적 제제인 '양심conscience'도 자주 '사욕cupidité'에 의해 질식된다. 이렇게 해서 '문명civilisation'의 단계에 도달하면 이익을 둘러싼 다툼이 도지고 반복되게 된다. 이때 입법자가 필요하다. 입법자는 '순수한 도리raison pure'와 '절대적 정의justice absolue'의 규칙을 탐구하여 명확하게 표현한 실정법을 만든다(① p.512).

(6) ['성법'의 실정화 필요성 2] '성법'의 실정화는 재판관·행정관의 자의적 판단을 막기 위해서도 필요하다. 이때까지 일본에서 재판관이나 행정관은 관습이나 불문율의 전통 등에 따라 문제를 해결해왔다. 그럴 때 분쟁 해결 방법으로 재판관의 자유 재량에 따른 자

의적 판단에 따르는 경우가 적지 않았다(① pp.509~510). 재판관의 판단을 구속하는, '성법'을 구체화한 실정법이 필요하다.

(7) ['성법'과 '도덕'의 사회적 제재] '양심'과 '이성'을 따르지 않고 '성법'('타인을 해하지 말라'라는 '도리')을 위배하는 자는 공권력에 의해 민사 또는 형사의 제재(물리적 강제력에 의한 제재)를 받아야 한다. 그러나 '도덕'(성실하게 살아라)에 위배되었다는 것만으로 공권력의 제재를 발동해서는 안 된다. '도덕' 위배에 대한 제재는 스스로의 '양심'에서 발현되거나 또는 타인에게 비판을 받는 한에서 이루어져야 한다(⑤ 9면, ⑥ 18면 이하, ⑨ 474면).

이와 같은 구스타프 에밀 보아소나드의 '성법'론과 관련하여 이 글에서는 몇 가지 사항에 주목하고자 한다.

첫째, 위의 '성법'론이 서구의 자연법론이라고 하지만 천부인권론의 전제가 된 홉스 또는 루소의 자연상태론과는 다른 성질의 논의라는 점이다.[20] 이러한 점은 보아소나드 스스로가 다음과 같이 명백히 말했다. "일본에 제정법이 없는 바, 저는 올해부터 법droit의 일반적, 기본적·보편적인 원리들을 여러분께 가르칠 기회를 얻었습니다. 우리나라 프랑스에서는 droit naturel이라고 부르고, 여러분들의 언어로는 자연법이라고 부르는 것입니다. 그것은 이전 시대에 알려진, 이른바 '자연상태état de nature'로 가정한 인간, 즉 대부분의 동물처럼 가족 하고만 생활하는 인간의 법이 아닙니다. 저는 이러한 상태가 인간의 자연 상태라는 것을 부인합니다. 인간은 같은 무리와 더불어 살아가도록 운명 지어진 존재입니다. (…중략…) 인간은 본질적으로 사교적이며 공동체적 존재입니다. 따라서 가족이 모여 부족이 되고 부족은 합쳐져 국민이 되고, 국민은 산이나 바다를 넘어 서로 도움을 주고받습니다. 그리고 서로 접촉하여 생산물을 교환하고 산업 및

과학을 전달해 주고, 법까지도 서로 영향을 받아 채택하게 됩니다." (①pp.514~515)

『형법개요刑法撮要』에서는 국가 형벌권의 정당성에 관한 학설 중 하나로 서구 계몽시대 자연법론의 일환인 사회계약설을 들었다. 그리고 사회계약설에 관해 "고대 역사에서도 이와 같은 약속이 있다는 것을 보면 (…중략…), 사람은 그 생각만으로는 생명을 빼앗고 자유를 구속할 수 없다"[21]라고 비평했다. 보아소나드에게 국가가 사람을 벌하는 것이 가능한 근거는 그 사람의 행위가 도덕상의 악행이면서 사회를 해하는 것이어야 한다는 것이다.

둘째, 보아소나드의 자연법론에는 주자학의 자연법론과 공통된 부분이 있었다. 이런 점에서 막부 말기 유학 교육을 받고 자란 메이지 초기의 지식인층이 받아들이기 쉬웠다. 주자학은 자연계와 인간계를 지배하는 '천리'('천도', '도리')의 초월자를 상정하고, '천리'는 만물을 초월하여 존재하면서 만물에 내재한다고 생각했다. 그리고 '천리'는 인간에 내재하여 '천성'('성리性理', '상생양相生養의 천성', '인의예지신')이 되었다. 이러한 '천성'은 선善이다. 한편 인간(을 포함한 만물)에게는 '기'가 있고, 그 '기'의 작용 때문에 인간이 선한 '천성'('본연의 천성', '천리의 공公')을 충분하게 발현하지 못하고('기질의 천성', '인욕人慾의 나') '인의예지신'도 완전하게 행할 수 없다. 따라서 사람은 '천리의 공', '본연의 성'의 회복과 완전한 '인의예지신'을 실현하기 위해 '인욕의 나', '기질의 천성'을 극복하기 위한 수양을 쌓아야 한다. 그리고 주체 형성을 위한 이러한 노력을 통해 객관적 사물을 인식할 수 있게('궁리窮理', '격물이치格物理治') 된다. Dieu를 '천리', droit naturel를 '상생양의 천성', '인의예지신', raison을 '성리', cupidité를 '인욕의 나', '기질의 성' 등으로 치환한다면 보아소나드의 자연법론은 쉽게 이해될 수 있었을 것이다.

93

실제로 droit naturel에 '성법'이라는 번역어가 쓰인 것은 주자학적 교양을 기반으로 보아소나드 자연법론을 수용했음을 보여준다.

셋째, 보아소나드의 자연법론은 주자학이 유력한 학문 가운데 하나였던 막번제의 현실을 급진적으로 비판했다. 그 요점은 법과 도덕의 엄격한 구별이다. 막번제에서 신분제적 질서는 '천도'의 질서로서 정당화되면서 그와 동시에 '예법'같은 형태로 실정화 되었고 권력의 강제력에 의해 타당성을 얻었다. 그러나 보아소나드는 '권력의 제재=법='타인을 해하지 말라''와 '개인의 양심에 의한 제재=도덕='성실하게 살아라''을 엄격하게 구별하고 권력이 발동되는 영역을 크게 한정짓고자 했다. '성법'의 핵심이 '타인을 해하지 말라'라고 한다면 '타인을 해하지 않는' 한 사람은 자유로울 수 있으며, 권력은 사람들의 자유 영역에 개입할 수 없게 된다.

보아소나드의 자연법 강의는 이상과 같이 새로운 내용을 집어넣으면서 전통적인 '천'('천도')과 '이치'('도리')의 관념을 활성화시켰다.

3. 천황제적 법 관념의 성립

1) 진화론에서 '천'과 '도리'의 해석

(1) 호즈미 노부시게穗積陳重

일본의 법학계·사법계에서 보아소나드의 '성법'론이 영향력을 발휘한 기간은 지극히 짧았다. 그것은 그의 '성법' 사상을 바탕으로 편찬된 이른바 구민법전舊民法典(1890년(메이지 23) 공포)이 제국의회 안팎에서 격렬한 비판을 받았고(민법전 논쟁), 결국 시행에 이르지 못했다는 점, 이를 대체하여 자연법론에 대한 철저한 비판자였던 호즈미 노부시게 등이 초안한 메이지민법전이 새롭게 편찬되어 시행되었다는 점(재산법은 1896년(메이지 29), 친족법과 상속법은 1898년(메이지 31) 공포) 등에서 단적으로 드러난다.

그럼 호즈미 노부시게의 법론을 검토해보자.

보아소나드가 사법성 법학교에서 '성법' 강의를 시작한 1874년(메이지 7) 도쿄대학의 전신인 가이세이開成학교에 영국법학과가 마련되었는데 18세의 호즈미 노부시게는 여기서 법학을 배웠다. 메이지정부는 가이세이학교 학생 가운데 인재를 엄선하여 구미로 유학을 보냈다. 호즈미 노부시게는 1876년(메이지 9)부터 5년간 영국 및 독일 법학 등을 공부하고 1881년(메이지 14) 일본으로 귀국한다. 그해 도쿄대학22) 법학부 강사가 되었고 다음 해에는 약관 26세에 법학부 교수 겸 학과장이 된다. 보아소나드가 기초한 구민법 시행의 시비를 둘러싼 법논쟁(1889~1892(메이지 22~25))에서는 연기론의 입장에 섰으며, 구민법을 대체하는 메이지민법전의 편찬에서는 초안자의 한 사람으로 중심 역할을 담당하게 된다. 그의 경력에서도 알 수 있듯이, 호즈미 노부시게는 보아소나드와 그 제자들의 자리를 대신하여 메이지 20년대 이후 일본법학계를 대표하는 법학자가 되었다.23)

호즈미 노부시게의 법사상은 영국 유학을 통해 형성되었다. 전공인 법해석학과는 별도로 당시 일세를 풍미했던 진화론의 여러 저작 가운데 특히 다윈의 진화론에 관심이 많았다.24) 그 영향은 귀국 후에 발표된 여러 논문으로 알 수 있다.

호즈미 노부시게가 수용한 다윈 학설은 생존경쟁 · 자연선택 · 진

95

화 이론이다. 다윈은 『종의 기원』 6판(1872년. 초판은 1858년)에서 ① 동종의 개체 사이에는 항상 자원을 다투는 경쟁이 일어나고, 유리한 변이를 가진 개체만이 생존하여 자손을 남기고(생존경쟁과 자연선택 이론), ② 그 결과로 생물은 항상 조금씩 우등한 방향으로 변화한다(신에 의한 종의 창조설 부정과 진화론)고 주장한다.[25] 호즈미 노부시게는 이러한 생물학적 진화론을 인간사회 및 그 역사에도 적용하여 자신의 법사상을 형성했다. 귀국한 후 몇년간 작성한 호즈미의 논문 몇 편을 참조로 하여[26] 그의 법사상을 요약하면 다음과 같다.

(1) [자연계 및 인간계를 지배하는 법칙의 존재] "무릇 천지간 사물, 모든 움직임에 법칙이 있다. 일월성신의 운행, 금수의 날고 달리기, 초목의 무성함과 마름, 개인의 사상과 행동부터 사회의 성쇠, 국가의 흥망에 이르기까지 모든 인간사 그 안에는 정연한 법칙이 존재한다."(⑦88~89면)

(2) [인간 사회를 지배하는 법칙의 모델로서 생물학적 진화론] 인류를 '특별한 창조물'로 보는 기독교의 사고방식은 틀렸다. "인류는 자연물의 하나"에 다름 아니다(⑤449면). 그렇기 때문에 인간에 관한 학문은 자연에 관한 학문을 바탕으로 해야 한다. 자연에 관한 최신 학문으로는 "생물진화론의 단초를 제공한" 장바티스트 라마르크Jean-Baptiste la Marck, "자연도태의 대원리를 발견한" 다윈의 학설이 중요하며, 나아가 '진화론을 대성하고 진화 철학을 발전시키며, 학계에 신기원을 연' 허버트 스펜서Herbert Spencer의 학문에 주목해야 한다(⑦84면).

(3) [생존경쟁·자연도태·적자생존론] 생물학적 진화론을 인간 사회에 적용하면 다음과 같다. "적어도 인류 사회는 공존하지만 사람 사이에는 반드시 생존경쟁이 있다. 생존경쟁이 있어서 자연도태가 행해지고, 자연도태가 행해져 적자는 생존하고 부적자는 사라진

다. 이것이 생물진화의 대법칙이다."(④359면)

(4) [진화론을 기초로 하는 법 본연의 방식 탐구] 법은 진화론이 말하는 적자생존의 진리에 입각하여야 한다. "인류평등론은 실로 자연의 흐름을 거스르는 것이다. (…중략…) 인간의 영고성쇠盛衰榮枯는 개인과 그 천성이 평등하지 않기 때문이다. 최적자 생존의 진리는 결코 바꿀 수 없다. (…중략…) 만세를 영위하는 법률을 추구하는 자는 곧 최적자 생존의 법칙에 따라 최적자를 보호해야 한다." 이러한 최적자 보호 방법으로는 적극 보호와 소극 보호 두 가지가 있다. "무엇을 적극 보호라고 하는가하면 최적자가 노력함으로써 얻을 수 있는 결과를 보호하는 것이다. 예를 들면 재산권이 그것이다. 무엇을 소극 보호라고 하는가 하면 부적자를 잡아 배제함으로써 최적자를 보호하는 것이다. 예를 들면 형법이 그것이다. 그리고 또 하나 보호해야 할 것이 있다. 즉 자연도태를 보호하는 것을 말한다. 예를 들면 혼인법이 그것이다."(①138~141면)

(5) [자연법론 비판] 자연법론은 진화론과 맞지 않는다. "사람은 특별한 창조물로 선천적으로 정리正理를 식별하는 본능을 지니고 있다는 막연한 정리 관념을 근거로 하여 추리 연역함으로써 법의 원리로 논하고자 하"는 자연법론은, "사실의 관찰로부터 귀납하여 얻은 진정한 학문이 아니라, 선천적인 궁리에 기초한 것", 망상과 비슷하다. 자연법론에 의해 지배되어온 법학의 현 상황에서 '법률학의 혁명'이 필요하다. '선천적인 관념'에 기초한 자연법론을 타파하고, 진화론에 기초한 법률학을 수립하고 법 본연의 방식을 탐구해야만 한다(⑦83~84면).

97

(2) 가토 히로유키

호즈미 노부시게와 함께 진화설을 근거로 자연법사상 비판의 최선봉에 선 사람은 이전부터 천부인권론자로 유명했던 가토 히로유키였다. 앞서 기술했듯이 가토 히로유키는 『진정대의』(1870) 및 『국체신론』(1874)에서 천부인권론을 주장했으나, 결국엔 그 사상을 버리고 1881년(메이지 14) 11월 24일 『유빙호치郵便報知신문』에 두 저서의 절판 광고를 게재한다. 그 이유는 위의 두 저서에서 논한 자연법론이 근간의 실증적 진화론에 의해 공리공론이 되어 버렸기 때문이다. 옛날의 코페르니쿠스나 새롭게는 다윈 등이 오로지 실험에 의해 '만물의 도리'를 연구함에 따라 '물리학'(형이하학)은 결국 망상의 잘못된 견해에서 벗어났다. 그러므로 철학, 정치학 등 '형이상학'도 빠르게 '물리학'의 도움으로 실증적인 연구를 행하여, 지금까지의 자연법사상을 대신해 '정확眞確주의'를 확립해야만 한다는 것이다.[27]

이러한 과제를 스스로 해결하고자 가토 히로유키는 1882년 진화론 입장에서 법론을 전면적으로 전개하고 '천부인권의 망상'을 깨트리고자 『인권신설人權新說』(1882)을 간행한다. 같은 시기에 발표된 호즈미 노부시게의 논문과 골자는 같으나, 논의가 더 상세하고 호즈미와는 다른 논점도 존재했다. 이 글의 문제 제기에 맞추어 호즈미와 중복되지 않는 선에서 논의의 요점을 정리하면 다음과 같다(『메이지 문화전집 제2권 자유민권편明治文化全集 第2卷 自由民權編』에서 인용함).

첫 번째로 인류의 '우승열패優勝劣敗'에서 '천연의 우승열패'와 '세상이 개명하는 과정에서 생겨나는 우승열패'를 구별한 것이다. '천연의 우승열패'는 '대부분 동물세계의 우승열패와 다르지 않으며' '자양을 얻고자하는 욕망에서 생겨나는' 생존경쟁·우승열패이다. 이에 반해 '야만미개'의 단계를 지나 '문명'의 단계에 있는 인류의 경우에는 '부귀·공명·이득·권력' 등의 '유형무형의 이익'을 구하고자 경쟁('사정私情으로 생겨난 경쟁')이 특히 치열해진다. 가토 히로유키는 이러한 종류의 경쟁을 '권력경쟁'이라고 불렀다. "권력경쟁 즉 권력에 따른 우승열패는 크게는 만국 전인류 사이 및 열국 사이, 작게는 나라 전 인민 한 민족, 한 종족, 한 군현, 한 읍, 한 시, 한 회사, 한 붕당, 한 친족, 한 가족에 이르기까지 실로 많고 적은 민중에게 공존관계가 생겨난 이상은 반드시 일어난다."(364~365면)

두 번째로 '천연의 우승열패'는 '사악'하고, '세상이 개명하는 과정에서 생겨나는 우승열패'는 '좋고 바른良正' 것이라는 가치판단을 내렸다. '천연의 우승열패'에 대한 사례로 가토 히로유키는 '장자·남자·강자 등이 종속된 어린이·여자·약자 등을 압도하는' 점에서 '속박압제'의 우승열패를 들며, 이를 '사악'이라고 함과 동시에 '개화 진보에 맞춰 사악한 우승열패는 저절로 사라지고, 좋고 바른 우승열패는 저절로 늘어난다'는 인식을 보여주었다. 그리고 "정신력에서 우열의 차등이 생긴"다는 점에서 "오늘날 구미 각국 내에서 행하는 우승열패"는 '좋고 바르다'는 가치판단을 내렸던 것이다. '좋고 바르다'고 여겨진 우승열패는 "지식·재능·도의·품행·학예·재산·농공상업 등이 모여드는 곳이라 할 수 있는 상등 평민이 사회 전 인민의 뛰어난 자가 지위를 가지고 사회 개명의 솔선자"가 되는 것이며, 당시의 자유방임적 자본주의 경제에서 우승열패를 칭찬하는 논의였다(364·369면).

세 번째로 '야만미개'로부터 '문명'에 이르기까지 일관되게 '우승열패'라는 사실이 엄연히 존재하는 것을 가지고 "자유 자치 평등 균일한 천부인권의 실존"을 설명하는 천부인권론의 허망이라고 단정함과 동시에(363면) 인간의 권리라는 것은 '권력'에 의해 부여되며,

99

"우리나와와 존망을 함께하는" '획득得有권리'에 지나지 않는다고 주장한다. '천연의 당연한 이치'는 '천부인권'이 아니라, 오히려 '강자가 약자를 누르고 우수한 자가 열등자를 제압'하는 것, 즉 '권력'이 생겨나는 것이다. 사람들에게 '권리'가 있다고 한다면 그 '권력'이 사람들에게 후천적으로 주어지는 것에 지나지 않는다(372면). 그렇다면 '권력'은 어째서 사람들에게 '권리'를 부여하는 것일까. 국가권력을 장악한 '가장 우수한 자'가 '민중人衆'을 통일하고 공고한 사회를 건설하기 위해서는 '민중'를 단결하고 공존시킬 필요가 있다. 그리고 그를 위해 '민중 간 여러 우수한 자들의 자유 방종을 금하는 술책'으로서 '민중'에게 '권리'를 부여한 것이다. '권력'이 사람들에게 '권리'를 부여하는 것은 "커다란 우승열패의 작용으로 작은 우승열패의 작용을 막기 위해서"이다. 이러한 의미에서 그것은 '영세불역한 만물법'인 '우승열패의 작용'의 일환에 지나지 않는다(376면). 이러한 논의는 당시 형성되고 있던 근대 천황제국가 아래 신민들의 '권리'의 존재 근거를 설명하고자 한 것이다.

마지막으로 『진정대의』, 『국체신론』 단계의 가토 히로유키의 천부인권론이 주자학적 개념을 이용하여 설명된 것과 마찬가지로 『인권신설』에서 생존경쟁·우승열패론 또한 주자학적 설명이 아로새겨져 있다. 이러한 것을 단적으로 보여주는 것이 『인권신설』의 권두에 실린 '우승열패 그 천리이다'라는 제목이다.[28] 가토 히로유키는 '생존경쟁·자연도태의 이치'(362면), '우승열패의 이치'(367면), '강자가 약자를 누르고 우등한 자가 열등한 자를 제압한다면, 고금을 통틀어 거스를 수 없는 천연의 당연한 이치'(372면)라는 표현을 빈번하게 쓰고 있다. 주자학에서 '천리'('천도')란 자연계와 인간계 모두 지배하는 초월자를 말한다.

그 '천리'가 여기에서는 자연계와 인류사회에 관한 '실험'에 의한 '연구'를 바탕으로 생존경쟁·우승열패의 '실리實理'(356면)로서 재검토되었다.

2) '아마테라스오미카미天照大御神'와 '천황'의 '천'

자연법인 '천' 및 '도리'의 관념은 막번제 후기에 등장한 '아마테라스오미카미와 천황'의 '도' 관념을 국가 공인 사상으로 추켜올리는 형태로도 진행되었다. 대일본제국헌법(1889, 메이지 22) 및 교육칙어(1890, 메이지 23)의 천황제 사상이 바로 그것이다. 역사 순서로는 제국헌법이 먼저이지만 문제를 고찰하는 논리적 순서 관점에서 먼저 교육칙어[29]를 살펴보도록 하겠다.

(1) 교육칙어 초안(나카무라 마사나오中村正直 초안)에서의 '천' 관념

교육칙어의 발포 기점이 된 것은 제1차 야마가타 아리토모山縣有朋 내각이 성립(1889, 메이지 22년 12월 24일)된 다음날 총리대신 겸 내무대신인 야마가타 아리토모가 지방관에게 내린 훈령이었다. 그 취지는 제국헌법시행을 앞에 두고 '민심이 격양하여 정론을 경쟁'하는 상황이었기 때문에, 사태를 개선하기 위해 지방관은 '바로 인민을 위해 적당한 표준을 정하고 한쪽으로 치우치지 않는 방향으로 나아가도록' 노력해야한다는 것이다. 야마가타는 다음해 2월 도쿄부현 지사에 대한 연설에서도 이과 같이 말했다. 이러한 야마가타의 훈령과 연설이 커다란 계기가 되어 직후 개최된 지방관회의(1890, 메이지 23)에서 덕육德育의 문제가 심각하게 토의되었다.[30] 이 문제에 대하여 지방관

101

들이 이구동성으로 말한 것은 다음과 같은 정황 인식이었다. "관할 내 학교의 모습을 보면 실로 비참한 상황이다. 고등학교 학생에게 수신修身이 무엇이냐 물으니 (…중략…) 오륜의 도, 무엇하나 알지 못하였다. 지금까지 개명開明, 개명으로만 달려와 오늘날에 이르러 그 기운을 멈출 수 없지만, 이제는 반드시 개량해야 할 것이다."(다카사키 고로쿠高崎五六 도쿄부 지사) "메이지 5년 이래 교육 방침을 달리하여 재능 예술에 전념하였는데, 이에 모든 것이 감염되었고, 알게 모르게 도덕을 되돌아보지 않게 되었다. 이러한 기운에 눌리면 국가주의라는 것은 결국 쇠퇴하게 될 것이다. 어떤 사람의 말에 의하면 우리나라의 국체를 공화정치로 하고자 하는 것을 원로원元老院에 건의했다고 한다. 광인의 짓이 아닐 수 없다. 여하튼 이와 같은 인물이 나타난 것은 문명이라는 것에 취해 국가존재를 잊어버리는 폐해에서 비롯된 것이다. 따라서 단연코 조치를 취해 국가주의 덕육을 기초로 (…중략…) 삼지 않으면 결국에는 돌이킬 수 없을 것이다."(고테다 야스사다龍手田安定 시마네島根현 지사)[31] 그리고 이러한 상황 인식을 바탕으로 '덕육함양의 뜻義에 붙여'라는 '건의서'가 채택되어 문부대신 앞으로 제출되었다. 내용은 윤리 퇴폐의 슬픈 상황을 누구이 진술한 뒤에 이러한 상태를 극복하고자 먼저 일본에 '고유의 윤리에 기초한 교육을 세워야 한다'[32]는 것 등을 제언한 것이었다. 이 건의서가 단초가 되어서 여러 경위를 거쳐 1890년(메이지 23) 5월 17일 야마가타(내무대신) 밑에서 오랜 기간 차관을 지냈던 요시가와 아키마사芳川顯正가 문부대신으로 발탁되어 덕육의 기초가 되는 칙어의 초안을 만들기 시작했다.[33]

요시가와 아키마사 문부대신은 당시 일류 학자이며 명문장가로 유명한 제국帝國대학 문과대학 교수 나카무라 마사나오中村正直에게 칙어의 초안을 의뢰했다.[34] 나카무라 마사나오는 6월경 초안[35]을 탈고했다. 이 초안의 특징은 주자학적 '천'('천도')의 관념을 전면에 내세우고, 이를 기초로 충효의 윤리를 설명한 점이다. 이를 요약하면 다음과 같다(아래는 초안을 단락별로 요약했다).

① [시원始原으로서의 천] 충효는 인류의 가장 큰 근본으로 '그 근원은 실로 천에서 나온다'. 사람마다 충효의 마음을 가지고 각각의 직분을 다하여 '하늘의 뜻天意'을 이루고자 노력해야 한다.

② [천의 질서 내재화] "아버지는 아들의 천이며, 군주는 신민의 천이니라." "군주와 아버지에 대하여 불충불효한다면 천에게 죄를 얻어 벗어나지 못할 것이다. 또한 충효를 다하면 저절로 천의를 이룰 것이다."

③ [인간의 본성으로서 하늘을 두려워하고 신을 공경하는 마음] "충효의 마음은 하늘을 두려워하는 마음에서 나온다. 하늘을 두려워하는 그 마음은 사람들 고유의 천성(개성)에서 생겨난다. 그렇다면 천을 두려워하는 그 마음은 곧 신을 공경하는 마음"이다. 사람인 이상 "하늘을 두려워하고 신을 공경하는 마음"을 잃으면 안 된다. 이 마음은 "모든 선의 근원", "도덕의 근본"이다.

④ [사람의 속마음을 비추는 천] 사람은 속마음은 스스로밖에 알지 못하는 것처럼 생각되지만 '천'은 이를 비추어, 사람들 앞에 드러낸다. 이를 '천인일치天人一致'라고 하며, 따라서 '홀로 삼가며 하늘을 두려워하고 신을 공경'해야만 한다.

⑤ [내면으로부터 천을 두려워하고 신을 공경할 필요성] '천을 두려워하고 신을 공경'하기 위해서는 먼저 '나의 마음'을 '깨끗하게' 하고 '성실'하게 해야 한다.

103

외면을 아무리 꾸며도 '천의를 이루지 못한다'.

⑥ [애국] 입헌정체 아래에서는 군주와 아버지에 대한 충효와 함께 '애국의 의義'가 필요하다. 이로 인해 '천의를 이루'고, '품행이 완전한 국민이 되어야, 우리 나라의 품위를 더욱더 높일 수' 있다.

⑦ [자치독립의 양민良民] '자치독립의 양민'이 되어 가족・향토・나라의 번영을 이루어야 한다.

⑧ [선善을 좋아하고 악을 미워하는 천도와 인성] '천도는 선에 복을 주고 음탕함에 재앙을 주'기 때문에 천과 일치하는 사람은 그 '인성의 자연'으로 선을 좋아하고 악을 미워하게 된다. 제국을 애호하고 황실에 충의를 다하라.

⑨ [수신의 의무] 나라가 강하고 약한 것은 국민의 품행에 따른다. 강한 나라가 되기 위해서는 사람들은 '하늘을 두려워하고 신을 공경'하는 것을 비롯해, 다양한 도덕을 실천해야 한다. '스스로를 수양함으로써 천의를 이루고자 노력해야 한다.'

이상 요약한 바에 따르면 나카무라 마사나오의 초안 전체를 관통하고 있는 사상은 주자학적인 '천' 관념이다. '천'이라는 초월자에 의해 사람들은 충효, 애국의 마음을 본성으로 가지고 있으며, 그 본성에 따라 내면으로부터 도덕을 실천한 것을 요구받는다. 따라서 여기서 '천' 관념은 막번제 시대의 주자학이나 심학과 마찬가지로 결코 부여받은 국가질서를 위협하는 성질의 것이 아니었다.

(2) 교육칙어 · 제국헌법의 '황조황종皇祖皇宗의 도'

그러나 나카무라 마사나오의 초안은 이노우에 코와시井上毅로부터 심한 비판을 받았다. 요시가와 아키마사 문무대신이 나카무라 초안을 야마가타 아리토모 총리에게 제출하고, 야마가타는 이를 제국헌법의 초안 등 근대 천황제국가 건설을 위해 각종 대소사를 담당해온 이노우에 코와시(당시 법제국 장관)에게 보여주고 의견을 구했다. 그런데 이노우에 코와시는 나카무라 초안에 대해 실로 엄격하게 비평했다. 그의 비판은 야마가타 앞으로 보낸 두 통의 서한(6월 20일 및 25일)에 기술되어 있다. 이 글에서는 서한 관련 분석은 뒤로 미루고, 이노우에 스스로가 집필한 초안을 바탕으로 완성된 교육칙어 자체에 관해 고찰하겠다. 이 작업은 칙어 그 자체에 담겨진 사상 뿐만 아니라, 나카무라 초안에 대한 이노우에의 비판의 근본 취지가 어디에 있는지를 밝힐 수 있을 것이다. 칙어는, 대략 다음과 같다(칙어는 두 단락으로 구성되어 있으며 (1), (2)는 이 두 단락을 지칭한다).

(1)

① 황조(아마테라스오미카미 또는 진무천황神武天皇)[15] · 황종(역대 천황)이 이 나라를 세운 것은 태고의 일이며, 당시 황조황종이 쌓은 덕은 깊고 두터웠다.

② 대대로 신민이 이에 응해 충효의 덕을 실천하고 모든 백성의 마음을 하나로 모은 것은 우리 국체의 정화이며, 교육의 근원이 여기에 있다.

③ 신민은 앞으로도 부모에 대한 효, 형제의 우애, 부부의 화합, 친구의 신의, 공손과 검소, 박애, 수학修學 등에 의한 지능 계발과 덕의 성취, 공익 증진, 국헌

---

15 일본의 초대 천왕으로 전해지는 인물이다. 니혼쇼키와 고지키에 따르면 진무천황은 기원전 711년 아마쓰히타카히코나기사타케 우가야 후키아에즈노미코토의 4남으로 태어나 기원전 585년에 127세로 죽은 것으로 전해지고 있다.

국법의 준수, 국가위기 시 나라를 위한 충의와 용기, 등을 통해 천지에 더할 나위 없는 황운을 보필해야 한다.

④ 신민이 이와 같다는 것은 천황에 대해 충성스럽고 바른 신민이라는 것뿐만 아니라, 각각의 선조가 남긴 가르침을 널리 세상에 알리고 칭송하는 것이기도 하다.

(2)

이상의 규범('도')는 황조황종의 유훈遺訓이며 황조황종의 자손인 천황과 신민이 함께 고금을 통해 이 유훈을 영원히 준수하고, 또한 나라 안팎으로 실천해야한다. 짐(메이지천황)은 신민과 함께 황조황종의 유훈를 마음 속 깊이 새기고 군주와 백성이 다 함께 덕을 한데 모으기를 바란다.

(1)의 ③에서 열거된 규범들은 나카무라 초안에서도 언급된 것이다(나카무라 초안(6), (7)). 이는 당시 많은 사람들이 승인해왔던 통속도덕의 내용이라 생각되며 그것이 나카무라 초안 및 칙어의 중심에 있었다. 나카무라 초안과 칙어의 차이는 이러한 통속도덕을 정당화하는 논리에 있었다. 나카무라 초안의 주자학적 '천도' 관념에 반해, 칙어는 막번제 후기에 국학이 창시한 '아마테라스오미카미의 도'의 연장선상에 있는 '황조황종의 도'를 배치했다. 이노우에 코와시가 앞의 서한에서 그렇게까지 분명하게 말하진 않았지만, 나카무라 초안을 비판한 바탕에는 나카무라 초안은 칙어 초안 작업이 행해진 시기보다 바로 4개월 전에 확정된 국가의 기본법인 제국헌법이 말하는 '황조황종의 도리'(아마테라스오미카미와 '역대천황의 도')와 근본적으로 맞지 않았기 때문이다.

제국헌법(1889, 메이지 22년 2월 11일 발포)은 그 서두에서 '대일본제국은 만세일계의 천황이 통치한다'고 규정하고 있다. 이는 천황제의 정당성을 중세 유럽이나 근대 독일의 '신의 은총Gottes Gnaden'이나 1791년 프랑스헌법에서 '프랑스인(국민)의 왕Roi des Français'의 관념에서가 아니라 아마테라스오미카미와 진무천황의 후예인 천황에게서 찾고자 한 것이다. 이는 헌법 발포형식을 살펴보면 더욱 명확하다. 헌법 발포는 ① 헌법 발포의 당일 아침 먼저 아마테라스오미카미를 모시는 궁중 현소에서 친제를 거행하고, 그곳에서 천황이 황조황종의 신령에게 황실전범 및 헌법제정의 상고문을 올린다. ② 그 직후 정전正殿에서 헌법 발포식을 거행하고 그곳에서 옥좌에 앉은 천황이 군민에게 헌법발포의 칙어를 내리고 대일본제국헌법을 구로다黑田내각 총리대신에게 수여한다. ③ 헌법전과 함께 상고문 및 헌법발포칙어도 관보 호외를 통해 공포한다. 이것은 일본의 독특한 형식이었다.[36]

상고문은 ① 짐(천황)은 천양무궁天壤無窮의 굉모宏謨에 따라 황위를 계승했다. ② 세상의 모든 이치나 인문의 발달에 따르며 황조황종의 유훈를 밝히고 황실전범과 헌법을 제정한다. ③ 황실전범과 헌법은 황조황종의 남기신 통치의 모범이 되는 대법을 이어받았다. 따라서 황실전범과 헌법의 제정은 황조황종을 따르는 것이다. ④ 앞으로 황조황종의 가호를 빌고 동시에 스스로 솔선해서 헌법을 지킬 것을 맹세한다는 것 등을 천황이 "삼가 이를 따르며", "황조황종의 신령"에게 "고하는" 것이다.

또한 헌법발포 칙어는 다음과 같다(이 칙어도 두 단락으로 이루어져 있다).

(1)

짐은 국가융성, 신민의 경복慶福을 위해 선조로부터 이어받은 대권에 따라 불마不磨의 대법전(헌법전)을 선포하노라.

(2)

① 나의 선조는 신민의 협력보필에 의해 제국을 세웠다. 그것은 신성한 황조황종의 위덕이며, 신민의 충실용무忠實勇武이다.

② 짐은 우리 신민도 또한 황조황종의 충량한 신민의 자손으로 황조황종의 유업을 영구히 공고히 하는 사업을 함께 하리라는 것을 의심하지 않는다.

이렇게 보면 교육칙어와 제국헌법(및 그에 연관된 각종 자료)에 기본적으로 통하며 하나의 세계상을 제시한 것임을 알 수 있다. 특히 두 개의 칙어(헌법발포칙어와 교육칙어)가 내용에 있어서도 크게 중첩되고 관련 맺고 있다는 것은 자명하다. 이처럼 헌법발포칙어에서 나타난 사상이 교육칙어에서도 재현되었다. 재현된 자료가 다름아닌 교육칙어라는 점에서 '아마테라스오미카미와 천황의 도'는 교육현장에 직접 응용되어 마침내 그 사상이 신민 한 사람 한 사람의 마음 속 깊이 침투되어 갔다.

108

나가며

마지막으로 정리를 겸해 몇 가지 논점을 언급하면서 이 글을 마무리 짓고자 한다.

첫 번째, 일본에서 오래된 '천' 관념의 역사는 제국헌법과 교육칙어에서 '아마테라스오미카미와 천황'의 '천' 관념 확립이라는 형태로 마무리되었다. 이것은 제국헌법·교육칙어 성립과정의 최종국면(1890년)에 일어났는데, 이전 메이지 10년대까지는 '아마테라스오미카미와 천황'의 '천'으로는 수렴할 수 없는 '천' 관념이 남아있었다.

주목할 점은 자유민권가의 '천부인권'도 그렇지만 권력의 중심부에도 '아마테라스오미카미와 천황'의 '천'과는 반드시 일치하지 않는 '천' 관념이 존재했다는 사실이다. 나카무라 마사나오의 교육칙어 초안이 주자학적 '천' 관념을 중심으로 한 것도 이것을 보여준다. 나아가 나카무라 초안과 이노우에 초안과도 다른, 천황의 측근인 모토다 나가사네元田永孚가 쓴 교육칙어 초안조차 주자학적 색체가 농후하다. 모토다 초안은 "나라를 열어 백성을 보살피는 만세일군의 하늘과 땅 끝이 없다"는 '황조황종의 도'와 통하는 문장으로 시작한다. 그러나 신민이 따라야 할 규범론은 주자학의 '오륜의 도'와 지인용智仁勇의 '세 가지 덕'론을 바탕으로 한 것이었다.[37] 몇 년 전으로 거슬러 올라가면 '성지聖旨 교학대지敎學大指'(기초는 모토다 나가사네, 1879년(메이지 12) 8월)는 한층 더 명료하게 '도덕의 배움은 공자를 주'[38]로 한다는 것을 분명히 말했다.

두 번째, 그럼에도 불구하고 제국헌법과 교육칙어에서 '아마테라스오미카미와 천황'의 '천' 관념이 확립되는 본바탕은 이전부터 사회의 깊은 곳에서 준비되었다. 앞에서 제국헌법에서 천황제의 정당성은 프랑스식의 '국민의 왕'이나 독일식의 '신의 은총'이 아니라 '아마테라스오미카미 또는 진무천황을 기점으로 하는 만세일계'의 관념에 있다고 기술했다. 그런데 이 관념은 실로 천부인권론을 주창했던 자유민권파가 만든 많은 헌법 초안들에서도 확실히 볼 수 있다.[39] 민권파 주장의 기본 내용은 '만세일계의 황통'에 의해 정당화된 천황제의 테두리에 대한 것이었다(그 중심과제는 국가 이전에 인권을 주장하기보다 민선의회 설립을 중심으로 어떻게 민권을 신장시킬 것인가였다).

세 번째, '도리' 또는 '리'의 관념에 대해서도 마찬가지 지적을 할 수 있다. 즉 보아소나드 등에 의한 서구자연법적 '도리raison' 관념이

109

빈번하게 언급되던 시기에 법 실무 세계에서는 막번제 중후기의 '리' 관념이 지속되었고, 여기서 당시 사회 깊숙이 존재하던 서구적 '리^{raison}'와는 이질적인 '리' 관념의 존재를 엿볼 수 있다. 이 글에서 염두에 두고자 하는 바는 분쟁해결의 한 방식인 권해勸解[16] 사상이다. 권해제도의 대략적 개요는 다음과 같다.[40)]

① 권해는 1875년에 '재판지청가규칙裁判支廳仮規則'(1875년(메이지 8) 12월 28일 사법성 제15호달)에 따라 창설되어 1891년(메이지 24) 민사소송법(1896년(메이지 23) 4월 21일 법 29)의 시행으로 소멸된 제도이다.

② 권해는 고소장 제출방법이 지극히 간단하며(고소장, 증거서류의 제출을 필요로 하지 않는다) 또한 분쟁 해결방식도 재판과는 달리 '규정에 얽매이지 않는' 해결(재판지청가규칙 제6조), '원고, 피고의 **실정을 이해하는**' 해결(권해약칙, 제5조), '조리에 맞추고 편의를 주로 하는'[41)] 해결, '법률의 정면에서 재단하는 것이 아니라, 인정과 도리를 다해서 당사자를 납득시키는'[42)] 해결을 지향한 것이다. 권해 절차는 재판관이 당사자를 '설유(말로 타이르고)'하고 당사자 쌍방의 승낙과 화해로 사건을 마무리 짓는다. 권해란 '화해'를 '권장'한다는 뜻이다.

③ 권해가 시행되었던 15년간 민사 분쟁의 약 80%에 이르는 사건이 권해로 처리되었다. 이러한 점에서 자유민권 시대의 대표적 분쟁 해결방식이라 할 수 있다.

대략 이와 같은 권해에서 주목하고자 하는 것은 그중에서도 ②에 기술한 분쟁해결 양식상의 특징이다. 권해는 당시 사람들의 '도리'에 따라 사건이 해결되었다. 이러한 '도리'의 의미는 '정', '정실', '편의'와 통하는 것이고 '규정', '법률'과는 대립한다. 당시의 '규정', '법률'이

---

16 메이지 시대 전기에 행해진 민사재판제도

시민법의 raison에 해당하는지는 차치하고 사고방식에 착목한다면 권해에서 말하는 '정', '정실', '편의'로서의 '도리'는 raison을 실정화한 '규정', '법률'과 대립한다. raison으로서 '도리'가 아니라는 점은 확실하며 따라서 『율령요략』에서 말하는 '도리'의 연장선상에서 이해해야 한다.[43]

마지막으로 1880년대에서 1890년대에 이르는 시기에 성립한 두 종류의 체제적 사상인 진화론적 '천리' 관념과 '아마테라스오미카미와 천황'의 '천' 관념의 관계를 살펴보자. 이 두 사상은 서로 모순처럼 보인다. 실제로 진화론은 서구개화주의에서 인의충효와는 반대되는 개념이기 때문에 교육칙어 발포에 대해서 가토 히로유키 등은 찬성하지 않을 것이라고 당시의 총리 야마가타는 보았다. 그러나 사실 가토는 칙어를 찬성했다.[44] 가토 히로유키의 머릿속에서 우승열패론과 천황제론이 대립하지 않는다는 점은 다음과 같은 『인권신설』의 말미에서 볼 수 있다. "입헌 대의代議 제도를 만드는 것은 실로 몇 년을 투자해야하는 것으로 점차 구미의 상등 평민에 준하는 자가 생겨나 사회의 우등자가 되리라, 따라서 사회공존 상 커다란 권력을 점유하고 나아가 이 권력을 사용해 정권에 참여하기에 이를 것이다. 이것은 올바른 우승열패의 작용이라 할 것이다. 따라서 나는 오늘날의 민권자 무리의 조급과 과속을 피하고, 한결같이 착실하고 두터운 풍조를 키워 참된 사회의 우등자가 되고 영구한 황실의 날개가 되기를 바란다."[45] 우승열패의 '천리'론이 노리는 것 중 하나가 '영구한 천황의 날개'가 되는 '사회의 우등자' 형성의 정당화론이다. 도덕교육 측면에서도 천황제를 지지하고자하는 교육칙어의 사상과 목적이 다르지 않았다.[46]

중세 특히 후기에서 '천도'는 천황을 포함한 모든 세속의 주체를

111

초월해서 존재하고, 그들의 운명을 제어하는 최고의 것至高者이었다. '도리'는 "옳고 그름을 따질 때 친함과 소원함이 있어서는 안 된다. 좋고 나쁨도 있어서는 안 된다. 단지 도리를 따르는 것, 마음속 각오, 동료를 욕하지 않고 권문을 두려워하지 않고 말을 해야 한다"(어성패식목, 기청문)[47]고 한 것과 같은 성질의 이념이며, 증서, 증인, 신의 의사(신판神判)를 증거로 탐구해야할 정의였다.[48] 그로부터 몇 백 년 '천'과 '리'의 관념은 변환을 거듭했다. 그 긴 세월의 끝에 일본 사람들은 상당히 멀리 떨어진 지점에까지 가고 말았다.

윤리화의 과정[*]

근세의 윤리-종교 공간

구로즈미 마코토 黒住眞[**]

일본의 역사를 시대로 구분할 때 관습적으로 도쿠가와 시대는 '근세', 막부 말기와 메이지유신 이후는 '근대'라고 부른다. 그리고 태평양전쟁 이후의 시대는 종종 '현대'로 간주된다. '근세'라는 미묘한 개념은 첫째, 근대화는 메이지 시대에 서구로부터 받은 충격에서 시작되었다는 생각과 둘째, 그러나 도쿠가와 시대도 어느 정도는 근대화 되어있었다는 것을 인정해야 한다는 즉 도쿠가와 시대는 중세가 아니라는 생각, 이 두 가지 사고방식에 근거하고 있다. 그리고 첫 번째 사고방식에 중점을 두면 근세는 중세에 가까워지고, 두 번째 사고방식에 중점을 두면 근세는 근대와 연속적인 것이 된다. 이렇게

---

[*] 이 글은 김주현이 번역하였다.
[**] 1950년생. 일본사상사, 윤리학 연구자. 도쿄대학 대학원 명예교수. 저서로『근대일본사회와 유교(近世日本社会と儒教)』(ぺりかん社, 2003),「복수성의 일본사상(複数性の日本思想)』(ぺりかん社, 2006) 등이 있다.

근세의 개념은 꽤나 애매한 것일 수밖에 없는데, 이 글에서는 두 번째 사고방식에 중점을 두었다. 즉 나는 근대의 문화가 19세기에 시작되었다고 생각하지 않는다. 그것은 근대를 바라볼 때 막부 말기 메이지유신 이후에 서구로부터의 충격으로 인한 변화뿐만 아니라 근세로부터 이어진 여러 양상의 연속성을 바탕으로 근대의 모습들을 살펴보는 것도 중요하다고 생각하기 때문이다.

근세로부터의 연속성은 이 글에서 다루고자 하는 윤리 영역, 다시 말해 인간관계나 신불神仏을 대하는 방식 등의 영역에서 꽤 중요한 요소이다. 예를 들면 보통 '이에家'[1]의 측면에서 볼 때 근세 이후 신불습합神仏習合의 종교 의례에 따른 생활방식은 20세기 중반까지도 지속되었다. 타인과의 동조를 중요시하는 집단주의 윤리나, 자기의 직분, 장인정신에 집중하는 도덕 등은 근세 이후에 양성된 것이다. 교육칙어의 공인된 국가윤리적 담론 역시, 전근대의 유교와 신도국체론神道國体論에서 그 핵심 요소들을 차용하고 있다. 물론 메이지 이후 여러 종교 중에서도 신도神道가 순수화·중심화되었고 윤리에서도 개인도덕 및 국민도덕이 한층 강조되었다. 그러나 그것들도 근세 초·중기 이후 유교계몽서나 국학운동에서 이어진 것이다. 다시 말해 근대의 윤리와 종교는 도쿠가와 시대에 이미 예비되어 있었고, 그것을 바탕으로 다듬어지고 발전된 부분이 꽤 많다.

비토 마사히데尾藤正英는 "일본사에서 근대는 16세기의 근세국가 성립과 함께 시작되었다고 해도 과언이 아니다"라고 말하고 있다.[1] 역사적 현상의 총체에 대해 그렇게 단언해도 좋은지는 일단 미뤄두고, 16세기부터 17세기 전국시대戰國時代의 정치적·군사적인 변동과 통

---

1 보통 일본어에서는 집이라는 뜻이지만, 여기에서는 가문, 가계라는 뜻으로 쓰였으므로 "이에"라고 번역하였다.

일을 거쳐, 무사武士, 조닌町人에서 농・산・어촌민에 이르기까지 많은 사람들의 생활은 신분에 관계없이 하나의 '통일'된 세력으로서 '공公'에 의해 편성되었다. 종교조직에서도 신불습합의 제사・신앙이 "지역・사회계층 측면에서 국민적 규모로 공유되는" 상태가 되었다. 비토 마사히데는 그것을 '국민 종교의 성립'이라고 부른다.[2] 또한 근세 초부터 인쇄문화가 활발히 일어나 문해율文解率과 교육수준이 향상되었으며, 송명宋明 유학을 받아들이면서 '학문'이 시작되었고, 몸과 마음을 통한 다양한 '예藝'의 영역이 열리고 있었다. 다시 말해 '통일'된 장에서 일종의 공공의 '믿음信', '지식知', '기술技'의 다양한 공간들이 나타났다.[3] 여기에서는 먼저 어떤 윤리-종교성이 이런 정치 공간을 성립시켰는지 살펴보고자 한다. 근세에 가나仮名로 쓴 글들을 중심으로 그 담론을 분석함으로써 구조적인 모습과 변화를 살펴볼 것이다. 이를 통해 근대로 이어지는 연속성의 한 단면을 드러내고자 한다.

115

1. 근세의 "도리道理"

1) 중세의 응보應報에서 근세의 도덕으로

평화가 도래한 근세 초기에는 전국시대와는 또 다른 형태로 윤리설이 유포되었고 많은 사람들에게 받아들여졌다. 17세기 말 이후에는 본격적으로 유학자와 신도 국학자神道國學者들이 식자층을 대상으로 자신들의 '전문적 담론'을 고전 텍스트의 해석학설로 전개하였다. 그 이전에도 가나조시仮名草子[2]처럼 읽기 쉬운 서적의 형태를 통해 일반인들을 향한 비슷한 움직임이 있었다.

통일 초기에 여러 다이묘大名들에게 유교 경전의 윤리를 설파했던 후지와라 세이카藤原惺窩[3]는 당시 가나로 쓴 유학 해설에서 무엇보다도 "주인의 마음, 진실로 거짓 없이 도리를 밝히려고 하는 것이 중요하다", "다만 우리의 마음을 잘 다스려야 한다",[4] "내가 진정한 마음 없이 꾸밈과 거짓을 행한다면 아무리 재능이 있더라도 정치政治를 해서는 안 된다"[5]고 말했다. 후지와라 세이카는 위정자들의 '마음'의 '진실'·'진심'을 설파하면서 그것은 반드시 '도리'에 맞아야 하고 그렇게 해야만 '다스릴 수 있다'고 강조한다. 그가 말하는 '마음'의 '진심'은 같은 책의 여러 곳에서 '아심청명我心淸明', '성명誠明', '청정淸淨'[6] 등의 단어로 설명되었다. 레이젠 가문冷泉家 출신[4]으로 불문仏門(쇼코쿠지相國寺)에도 들어갔었던 그의 이력을 생각할 때 신도神道나 불교와의 관련도 짐작할 수 있다.

후지와라 세이카는 '마음'은 그 마음에 따른 행위가 위아래 할 것 없이 사람들 사이에 "빛과 소리보다도 빠르게"[7] 퍼지는 것, 즉 다른 사람에게 즉각적으로 반응하는 것이라고 한다. 다시 말하면 그에게 '마음'은, 단지 위정자들이 하는 정치의 물리적 영향에 그치는 것이 아니라 그 마음의 모습이 곧바로 세상에 드러나는 유심론적 공간이

116

---

2 중세 말기에서 에도 초기에 걸쳐 가나 혹은 가나를 섞어서 쓴 이야기, 산문의 총칭이다. 한문이 아니므로 일반 서민들이 즐겨 읽었다.
3 1561~1619. 일본 전국시대부터 에도 시대 초기의 유학자. 당시에는 교양의 일부분에 불과했던 유학을 체계화하여 독립시켰으며 주자학을 기조로 양명학을 수용하였다. 도요토미 히데요시豊臣秀吉, 도쿠가와 이에야스德川家康에게도 유학을 가르쳤으며 제자로 하야시 라잔 등이 있다.
4 헤이안 시대 섭관으로 최고권력자였던 후지와라노 미치나가藤原道長의 아들인 후지와라노 미치이에藤原道家 자손들의 가문.

다. 현재의 우리가 이해하기는 어렵지만, 일종의 결정적인 본질이자 전체인 '마음'은 세상과 공명하고 있으며 그것들을 통합적으로 파악해야 한다는 사고는, 중세 이후 신도나 불교뿐 아니라 여러 예藝와 도道의 실천에서도 언급되어 왔고 그것이 근세에까지 이어졌다. 하야시 라잔林羅山(1583~1657)은 도리와 천리는 "모두 하나의 마음"이며 "모든 것이 한마음으로 통한다", "하나의 도리로서 만사를 통찰하고, 일심一心으로 모든 것에 통한다"고 하며, 그 '일심一心'의 '성誠'·'실實'을 설파하였다.[8] 이 또한 후지와라 세이카와 같은 맥락이다. 하야시 라잔은 "사람의 마음은 끝없이 넓다. 하늘과 같고 허공과 같다"[9]고, '마음'의 전체적인 보편성을 한층 강조하였다.

중세까지 이러한 '마음'은 신불의 위력이 커지는 가운데 여러 방면에서 논의되어 왔다. 불교에서는 '마음'을 다하면 '경지'에 이르게 되고, 부정적인 마음을 '무無'로 돌린다면 '깨달음'을 얻어 부처의 세계에 닿을 수 있다고 한다. 거기에서 다양한 부정성否定性을 극복하는 부처의 강대하고 초월적인 힘과 부처의 세계가 설파되며, 또한 부처의 가호를 받은 현실의 위력·세력의 영역이 열린다. 또한 신도神道(신기신앙神祇信仰)에서, 사람은 몸과 마음의 더러움을 깨끗하고 청명한 것으로 정화함으로써 더욱 높은 신들과 연결되거나 불안정한 신들을 정화·위무慰撫함으로써 그 힘을 얻는다. 신도는 신들의 그러한 전통적인 혹은 형성形成적인 힘을 받들어 사람들이나 공동체를 생산력·통합력을 가진 것으로서 보전하고자 했다. 이러한 신불의 영향력은 다양하게 혼합되면서 초월자들이나 현실의 힘들을 한 곳에 모아 수렴하는 '현밀顯密'공간을 만들어냈다.[10]

또한 이러한 공간은 다양한 신불이 그 옳고 그름에 대한 '응보'의 힘을 경쟁하는 세계이기도 했다. 그 응보는 어떻게 생겨나는가. 그

117

것은 신불神佛 쪽에서는 '규정掟'이나 '서약誓い'이라고 하며 불교서적이나『구칸쇼愚管抄』,[5]『신황정통기神皇正統記』[6]에서 볼 수 있듯이 대부분 신불의 모호한 약속이나 예언의 발현이었다. 그리고 사람에게는 법도/서약에 대한 엄수나 위배, 혹은 구원을 말하는 신불에 대한 '기원'이나 '신심'에 따른 것이기도 했다. 이에 반해 다마카케 히로유키玉懸博之[7]가 지적한 것처럼, 중세사상사 특히 정치론에서는 점차로 '도덕적 측면'을 강조하였고 그와 관련해 '하늘의 응보작용'이 언급되었다. 그렇다고는 해도 무로마치 시대에는 일부분에서만 도덕적인 응보가 받아들여졌다. 일반적으로 볼 때 신불의 움직임은 사람의 태도와는 관계없이 초월적으로 움직이는 것, 즉 '인위적 측면을 넘어선' 것이며, 사람과 관계한다고 하더라도 '도덕적 모습과는 무관하게', '인간의 기도에 답하는 (…중략…) 가호를 받는 사례가 종종 있었던' 것이다.[11] 게다가 그 '천도天道'라는 것도 도덕성에 응보하는 한편 '하늘이 무섭지도 않나'라는 상투적인 말처럼, 완전히 자의적이고 운명적인 것으로 밖에는 받아들일 수 없는 것을 그 근본에 가지고 있었다. 신불이나 하늘같은 초월자들은 때때로 도덕적 태도에 응하지만, 결국 인간에게 믿음으로만 납득할 수 있는 코드를 제시하고 인간의 신앙이나 기도에 응보한다. 이러한 응보는 부정성否定性을 띠고 있다. 세계는 복잡하고 본질적으로 우연성을 안고 있으며, 무작위로 종횡하는 다양한 힘들이 거침없이 작동하는 곳이다.

---

5 일본의 가마쿠라 시대 초기(1220년대)에 천태종 승려였던 지엔慈円에 의해 쓰여진 역사서.

6 일본의 남북조 시대(1336~1392)에 기타바타케 치카후사北畠親房가 고무라카미텐노後村上天皇를 위해 황실의 정통성을 쓴 역사서.

7 1937~. 일본사상사 학자. 도호쿠대학 명예교수. 저서로『일본중세사상사연구日本中世思想史研究』(ぺりかん社, 1998),『근세일본의 역사사상近世日本の歷史思想』(ぺりかん社, 2007),『일본근세사상사연구日本近世思想史研究』(ぺりかん社, 2008)가 있다.

이러한 신불이나 천도天道의 움직임과 그것을 받아들이는 '마음'은 근세에도 이어졌다. 그 과정에서 마음을 받아들이는 것에 있어 응보의 자의성이 감소하고 도덕적인 것으로 정식화된 '천도天道'가 부상한 것을 볼 수 있다.[12] 이러한 '도덕의 정식화'는 전국戰國시대에 경험한 자의성과 무상함을 근본으로 하며, '먹거나 먹히거나'의 힘겨루기가 지배하는 세계가 아니라 그와는 다른 긍정적인 내용이 가득한 안정된 세계나 관계를 구축하고 싶어했다. 즉 도덕의 정식화는 평화를 원하는 사람들의 기운과 욕구에 잘 대응하고 있었다. 후지와라 세이카와 하야시 라잔의 담론이 많은 사람들에게 받아들여진 것은 이들이 유교경전에서 다양한 도덕의 정식을 원용하였고, 그것이 사람들의 동의를 얻을 수 있었기 때문이다. 따라서 후지와라 세이카나 하야시 라잔이 말하는 '마음', '일심一心', '진심'은 부처를 향한 신심이나 신을 모시는 제사에서 나타나는 청정심이 아니다. 물론 그러한 마음이 신불에게 향할 수도 있지만, 그러나 그 근거는 신불에 있지 않았다. 그것은 본질로서의 '하늘天', '천심天心', '도심道心' 등이라고 여겨지며 규범화의 코드로서는 '천리天理', '도리道理', '리理'에 기초하고 있다.[13] 이때의 '도덕'은 화자나 청자에 따라 다르겠지만, 결국 '내세'가 아닌 '현세'에 충실할 것을 강조한다. 그리고 기도나 믿음으로 내세와 현세의 행복을 구하기 위해서가 아니라, 사람들의 삶의 관계와 질서(인륜)의 발전을 위해서 자신이나 인간관계를 영위하는 바람직한 방법을 제시한다. 구체적으로 살펴보면 혼란과 파괴를 피하고, 사리사욕을 억제하며, 타인을 배려하면서 자신의 소명을 다하는 것 등의 내용을 포함한 도덕을 제시하고 있다. 여기에는 전국시대라는 약육강식의 무력투쟁 세계를 생활에 도움이 되는 인륜적 질서로 통합하려는 의도가 있었다.

119

2) 도리에 관여하는 보편성과 개별성

근세적인 도덕으로의 전환은 간에이寬永(1624~1643) 시기에 널리 읽힌 『기요미즈 모노가타리淸水物語』[8]의 주요 주제이기도 하다. 『기요미즈 모노가타리』 상권은 "기요미즈데라淸水寺의 관세음은 모든 소원을 이루어 준다고 하는데 어째서 '영험'하지 않는가"라는 순례자의 의문으로 시작한다. 일종의 신정론神正論으로도 볼 수 있는 이 의문에 대해 한 노인이, "마음의 '성誠'이 중요하며, '성'을 가지고 향한다면 그것을 주실 것이며, 거짓을 가지고 향한다면 거짓으로 보여주실 것이다"라고 대답한다. 이에 순례자가 "그렇다면 무엇이 '성'인가, 기원하는 마음은 어느 것이나 '성'인가"라고 묻자, 노인은 그렇지 않다며 '도리에 맞는 것이 성'이라고 대답한다. 그리고 "도리에 맞는다면 기도하지 않아도 신께서 지켜주신다는 깨달음을 얻을 수 있다"고 한다.[14] 다시 말해 『기요미즈 모노가타리』는 신불에 대한 기도를 전면적으로 부정하는 것은 아니지만, 그것은 일단 접어두고 삶의 질서에 있어 '도리'가 우선임을 설파한다. 이 책에서 등장인물인 순례자를 납득시키는 것은 곧 독자를 납득시키는 것이다.

같은 논리가 『기요미즈 모노가타리』 하권에서도 이어진다. 하권에서 '내세'나 '후세'에 대해 권위적으로 말하는 스님에게 화자는 "삼강오륜의 도를 깨뜨리지 않는다면 내세에 좋은 일이 있을 것이나 내세에 도달하기 전에 죄에 빠져서는 안 된다. 언제 내세에 가든 삼강오륜만 제대로 다스린다면 위험할 리가 없다. 그러므로 기도할 일

---

8 에도 시대 전기의 유학자인 아사야마 이리안朝山意林庵이 1638년(간에이 15)에 출간한 가나조시. 교토의 기요미즈데라淸水寺를 참배하는 순례자와 늙은이, 승려와 청중의 문답을 통해 불교를 배격하고 유교사상을 설파한 책. 유교뿐 아니라 정치론이나 도덕론에 대해서도 기술하고 있다. 당시 2,000부 이상 판매되었다고 한다.

도 없다"[15]라고 반박하는데, 스님은 결국 화자에게 논파 당하고 만다. 그리고 책의 마지막에서 천도天道란 "공양물을 바치면서 기도하는 것"도 아니고, "나만 잘되려고" 비는 것도 결코 아니라고 말하고 있다. 그렇기 때문에 "오직 도리를 가리켜 천도"라고 한다.[16] 이전부터 있었던 신불에 기도하는 것과 응보는 서로 관련이 없고 오직 사람의 마음과 태도가 '도리'에 맞는지의 여부만이 중요한 것이다. 이 『기요미즈 모노가타리』가 말하는 "천지의 도리"란 "사람의 사람됨", "사람의 도리"이며,[17] 이것이 바로 '삼강오륜'이다.[18]

흥미로운 것은 첫째 이러한 '사람의 도리'는 누구라도 이해할 수 있는 것이며, 누구에게나 적용되어야 한다는 생각을 보여주고 있다는 점이다. 사람의 도리를 배우는 학문은 학자나 지식인들의 전유물이 아니다. "다만 이理를 알며 몸을 바로 하는 것을 학문學文이라고 한다"는 것이다.[19] 도道라는 것은 그야말로 틀에 얽매이지 않는 "천지의 도리"로 제시되고 있으며, 누구도 거스를 수 없다. "천지의 도리, 그 누가 눈앞의 일에 사욕을 가지지 않는 이理를 거스를 수 있겠는가."[20] 그렇다고 하더라도 도리는 구체적인 역사성·사회성 속에서 다양하게 분절되어 있다. 바로 여기에 두 번째 흥미로운 점이 있는데, 『기요미즈 모노가타리』는 그 분절된 도리를 구체적으로 분별할 필요가 있기 때문에 '본말전후本末前後'와 '상응相応'을 알아야 한다고 말한다. '본말전후'란 부모와 자식, 왕과 신하, 인간과 인간이 구별되는 선후先後이며, '상응'이란 개개인의 나이, 직위, 신분, 시간과 같은, 말하자면 개별적인 상황이다.[21] 여기에서 도리가 공개성, 보편성을 가지면서도 특수성, 개별성도 함께 가지고 있다는 생각을 엿볼 수 있다. 이러한 사고방식은 이후 근세 도리에 관한 논의에서 널리 공유되었다.[22]

그렇다면 그 도리를 뜻하는 '천도天道'란 도대체 무엇인가. 응보를 말하는 것인가. 『기요미즈 모노가타리』에서는 "천도라는 것은 한 사람이 정하는 것이 아니며(즉 누군가 혼자 갖고 있는 것이 아니며), 세상에 가득 있어 누구나 각자의 천도를 가진다"고 한다.[23] '각자의 천도'라는 것은 "자식이라면 누구나 부모를 천도라고 정한다. (…중략…) 봉공奉公할 때에는 주군을 천도라고 하고, 여자는 남편을 천도라 하는데 이것이 바로 천도가 머무는 곳이다"라고 한다. 말하자면 각자의 사회관계 모든 곳에 천도가 있다는 것이다. 그러나 그것은 각 개인이 그 자체로 천도라는 것이 아니라, "다만 도리를 가리켜 천도라고 말하는 것"이다.[24] 그러므로 현대식으로 말하자면, 천도는 개개의 사람들이 관계적 상황에 따라 내면에 가지고 있는 윤리적인 초자아 같은 것이다. 그때 실제로 인식할 수 있는 것은, 그 내면에 비인격적인 것, 열린 이理가 존재한다는 것이다. 그것은 "사람이라고 해서 누구나 갖는 마음"도 아니고,[25] "나만 잘되려고" 비는 것도 아니며, "사람의 마음이나 믿음에 대한 응답" 같은 것도 아니다. 그것은 사람들이 가진 소위 '이성'이다.

그렇다면 그것은 응보応報가 없는 것은 아닌가.

> 털끝만큼의 선악善惡에도 상과 벌이 따른다. (…중략…) 하늘이 사람 마음 같지 않다고 하지만 악에는 벌을 내려 멋대로 하지 못하게 하는 것이 천도의 마음이다. (…중략…) 선善은 하늘이 관여하지 않으면 이루어지지 않는 도리다.[26]

『기요미즈 모노가타리』는 이렇듯 선과 악에는 명확한 응보가 있다고 말하고 있다. 하늘은 기도나 신앙, 혹은 재물에 응해 응보하는 것이 아니라 오직 도리에 따라 응보한다. 그리고 그 상벌은 엄연한 것이다.

　이로써 알 수 있듯이 『기요미즈 모노가타리』는 위정자들만을 위한 책이 아니며, 이 책에서 말하는 도리란 사람들의 인간관계나 일과 관련되어 있다. 그러나 지금 말한 것처럼 그 도리는 틀에 박힌 것이 아니다. 그리고 정치나 인륜과 관련한 부분은 위정자들에 대한 후지와라 세이카 등의 논의에 기대고 있다. 즉 '유민遊民'[27]을 긍정하지는 않지만 그들을 동정하고 공공의 복지를 말하고 있으며, 위정자들이 '제멋대로 하는 것'[28]을 부정한다. 여기에는 근세 중기 이후까지 이어지는 '인정仁政'론으로 연결되는 내용이 이미 포함되어 있다. 등장인물은 이 위정론을 "우리 주군에게 들려드리고 싶다"[29]고 하며, 최종적으로는 "천하의 군주"[30]까지 이르는 상위자에 대한 요청도 암시하고 있다. 물론 이 이야기는 결국 이러한 기대감을 우회적으로 보여주는 것에 그친다. 그것은 단지 '이야기'로 소비되는 것이며, 정치로 바로 이어지는 회로는 전혀 가지고 있지 않았다. 하지만 직접적이지는 않더라도 미묘한 형태로나마 윗사람의 '바람직한 모습, 혹은 이랬으면 좋겠다고 바라는 자세'를 아주 분명하게 말하고 있다. 아마 당시 사람들은 이러한 도리를 제시한 것에 만족했을 것이다. 즉 '도덕적이라는 것'은, 그에 '상응'하는 형태는 다르더라도 누구나 논할 수 있으며 자신들은 물론 누구에게라도 요구할 수 있고 관여할 수 있다는 것이다. 그리고 그 응보는 실제로 영향력을 발휘하며, 적어도 그들의 이성 속에서는 명확하게 존재한다고 여겼다.

3) 서민과 위정자의 도덕

『기요미즈 모노가타리』의 논의는 다음과 같은 조닌町人 사상과도 연결된다. 즉 『장자교長者教』31)를 살펴보면, 어느 장자長者가 말하기를 인간은 "본래 무일無一한 것"이며, "미륵보살이나 석가모니조차도 처음부터 미륵보살이나 석가모니였던 것은 아니다. 가르침이나 배움을 통해 그렇게 된 것이다"32)라고 인위적인 노력의 중요성을 말한다. "사람은 자신의 재주를 깨달아 생업에 전념해야 한다. 예를 들어, 가난하게 태어났더라도 분별만 할 수 있다면 은자 백 냥 정도는 벌 수 있다. 그 이상을 버는 것은 응보에 따른 것이라는 사실을 마음에 새겨야 한다." 사람의 이룸은 자기 자신의 '분별'과 '자신의 재주를 깨닫는 것'에 좌우된다는 것이다. 그리고 다음과 같은 "교훈의 노래"를 들려준다.

124

> 아무리 빌어도 더 이상 행운은 없는 것을, 나의 분별을 항상 나무라네.

신불의 응보를 부정하는 『기요미즈 모노가타리』가 이 노래와 통하는 부분이 있다는 것은 명확하다. 상인 정신에서는 『기요미즈 모노가타리』에 나오는 '마음'을 '분별'이라 부른다. 앞서 "사람은 다만 분별이 있어야 하며, 그 이상을 버는 것은 응보에 따른 것이라는 사실을 마음에 새겨야 한다"라고 말했듯이 신불의 '응보'가 전혀 없다는 것은 아니다. 단지 그것은 사람의 노력에만 따른 것이 아니라 우선 사람의 '분별'이 있고, 그 다음에 '혹시라도 있을지 모르는' 것이다. 즉 『장자교長者教』의 장자는 세계의 우연성을 인정하고는 있으나 그것은 신불의 범주에 속하는 것으로 생각했고, 그 이전에 사람이 갖춰야 하는 영역이 근본적으로 존재한다고 말한다. "사람은 자신의 재주를 깨달아 생업에 전념해야 한다"라고 말하는 것이야 말로 바로 그가 추구하는 커다란 세계이다. 거기에서 '응보'는 신불과 관련된 것이 아니라 기본적으로 그의 마음 혹은 행위와 관련된 것이다. 장자長者에게 그의 세계란 상업이며 응보란 그의 '분별'에 따른 이윤과 번영, 혹은 손해와 몰락이다.

이러한 사고방식은 18세기 미쓰이三井 가문의 3대손 미쓰이 다카후사三井高房가 정리한 『조닌고견록町人考見錄』[9]에서 말하는 "어릴 때부터 가업에 종사하며 몸가짐을 바르게 하고, 또한 효행의 은덕으로 부를 이루는 것, 이것이 바로 천도의 도리이다. 곱씹어 생각하여 마음에 담아 둘 일이다"[33]라는 사상과 명확하게 결부되어 있다. 미쓰이 다카후사에게 있어 상업의 부침浮沈은 지략과 힘을 다한 무장들의 전쟁에 따른 '흥망성쇠'와 마찬가지이다.[34] 번영도 몰락도 "모든 것이 마음 두는 것에 따라 다양하게 변화한다"는 것이다.[35]

125

인간은 말할 것도 없고, 금수를 비롯한 천지 간 살아있는 것 모두는 각기 할 일을 열심히 하여 끼니를 얻는다. 그것이 자연의 도리이다. 그러므로 노쇠하기도 전에 은거하거나 나태한 것은 천명을 알지 못하는 것이다. 다만 가문을 풍요롭게 하고 식솔들을 잘 거느리면서 오래 살다가 원망 없이 죽음에 이른다면 이것이 바로 즉신성불卽身成仏이다.[36]

미쓰이 다카후사의 '일심一心'이란 신불을 부정하는 것이 아니다.

9   1728년 완성. 에도 시대 중기의 거상인 미쓰이 가문의 3대손 미쓰이 다카후사가 정리한 조닌 교훈서이다. 아버지 미쓰이 다카히라가 구술한 내용을 바탕으로, 교토 40개 거상들의 번영과 몰락 과정을 기록하여 자손들에게 미쓰이 가문을 경영할 때 마음에 새겨야할 것들을 전하고 있다. 미쓰이계의 존속과 번영을 목적으로 썼다.

그러나 여기에는 상대할 수도 없는 신불을 상대로 힘을 쏟는다는 의미에서의 '주술'은 확실히 존재하지 않는다. 탈주술화된 그들은 '분별'과 '자신의 재주를 깨닫는 것'만이 실제 현상에 직접 관련되어 있음을 확신하였다. 그들은 다양한 경험과 노력을 쌓아가며 생업을 이어가고 가업을 꾸려가면서, 또한 문서 작업이나 계산(당시 표현은 '산용算用')의 경험을 밟아가면서 지적 판단력을 길렀다. 그런 의미에서 그들의 세계는 분명 충분한 우연성을 안고 있었지만 그럼에도 그 태도는 자신들의 생업을 통해 대단히 '합리화'되었다.[37]

이러한 사고방식은 그들의 생업에 직접 적용되었을 뿐만 아니라 자기 주변 사람들의 일에 대해서도 어떻게 대처해야 하는가 하는 윤리적 판단에도 적용되었다. 앞서 말한 장자長者도 그리고 미쓰이 다카후사도 소위 인생의 지혜라고 할 수 있는 윤리적 목록을 만들었다. 상인뿐 아니라 무사, 장인, 농민 등과 같은 근세인들은 직업상의 상세한 부분부터 사람이나 물건을 다루는 방법에 이르기까지, 살아가는데 필요한 기술과 처세술을 담긴 교훈서들을 많이 남겼다. 그리고 그 중요한 핵심은 윤리적인 덕목이나 명제를 기본으로 하고 있다.

이에 비해 위정자들의 경우 도리가 개별화·특수화되는 정도는 상대적으로 적으며, 오히려 전체화되는 만큼 '천도'와의 관계가 한층 더 직접적이다. 그들은 "천하의 주인을 천자天子라고 한다. 천하를 다스릴 마음의 기량을 가진 사람을 찾아 천도에 따라 일본의 '주인'으로 삼는다"라고 하는 등,[38] 자신이 '주인'으로서의 책임을 천도로부터 위임받았다는 것을 분명하게 말하고 있다. 또한 천도의 윤리가 자신들의 성취나 부침浮沈과 관련되지만, 그것이 원래 전체로서 무엇을 목적으로 하고 있는지를 분명하게 말하고 있다. 『본사록本佐錄』에는 다음과 같이 쓰여 있다.[39]

천도라는 것은 신도 아니고 부처도 아니며, 천지간의 주인으로 그 형체가 없다. 천심은 만물에 충만해 있으며 이르지 않는 곳이 없다. (…중략…) 천도의 본심은 하늘과 땅 사이의 태평, 만인의 안위, 만물의 생장에 있다.[40]

이렇듯 『본사록』에서는 천도와 신불의 차이에 대해 말하며, 천도가 '천지간의 주인'이며 '태평, 안위, 생장'에 뜻을 두고 있음을 명확하게 밝히고 있다. 하늘・천도가 만물을 '생명生'으로 키운다는 점은 근세 사람들의 근본적인 감각이었다. 바꾸어 말하면 만인의 '생명'을 번성하게 하는 것이야말로 보편자의 의지라는 것에 그들은 동의하고 있다. 그리고 보편자는 "천하를 다스릴 때 천도를 알면서도 그것을 거스르거나, 천도를 알지 못하고 백성을 힘들게 하는 것은 망할 징조이다"[41]라며 천의天意에 상응하는 응보를 내린다. 당연히 천도는 기도의 대상이 아니다. "유학자는 오륜五倫을 행할 뿐, 천도를 기도하지 않는다."[42] 다만 "군자의 일념"과 "군자의 본심"[43]이 천도의 도리에 합당한지의 여부가 중요하다. "군자의 본심에 사리사욕이 깊어 유희를 즐기며 만민을 곤궁하게 하면 사람들의 원망이 하늘이 닿아 자손이 망할 것이다. 군자가 사사로운 욕망에서 벗어나 천리의 공公에 마음을 다하고 천하 만민을 안위로 다스릴 때 덕이 하늘에 닿아 자손이 오랫동안 번성한다"[44]라고 하였다. 이러한 하늘・천도는 도쿠가와 이에야스의 뜻을 담은 『도쇼구 유훈東照宮御遺訓』(1680년경 완성. 원본은 1620년경으로 추정)[45]을 비롯한 여러 무사 집안의 가훈집家訓集에서도 엿볼 수 있다.[46]

천도는 가장 큰 '주인'이다. 그러나 그것은 특정한 곳에 있는 것이 아니라 만물・만인의 '마음'에 편재한다. 그리고 각 사람들의 책임에 '상응'하여 그 마음과 행동의 모습이 도리에 맞는지의 여부에 따라 응보한다. 이러한 관념은 능동성과 함께 책임이 따르는 주체적인 담론으로서 긍정이든 부정이든 사람에게 의미를 부여하며 의식적 긴장감을 준다. 다만 그것이 어떤 상황 아래에서 어느 정도로 작동했는지에 대한 언급은 쉽지 않다. 왜냐하면 천도가 현실에서 작동하는 방식은 사회적 제도적 상황과 관련되어 있기 때문이다. 거칠게 말하면 근세 중기에 가까울수록 위정자들의 지위는 안정되는 반면 서민의 지위는 불안정해진다(물론 상인인지 농민인지에 따라 혹은 시기와 상황에 따라 다르다). 또한 근세 후기가 되면 위정자들의 위기감이 높아진다. 비교적 안정적인 상황에서는 천도의 응보 관념이 현실이라기보다는 심리적인 것으로 작동했을 것이다. 달리 말해 천도는 서민에게는 구속력을 더욱 강화시킨 반면 위정자에게는 그들의 자유를 더욱 정당화하였다. 그러나 서민이든 위정자든 천도를 자신의 것으로 받아들인다는 것은 응보와 한 쌍을 이룬다. 따라서 논리적으로는, 위정자도 천도를 직접적으로 받아들여야 하는 만큼 응보에 구속되었고, 서민도 또한 천도에 따라 권리를 주장하고 자유를 행사할 수 있었다. 그런 뜻에서 이 천도의 실천적인 이성, 즉 도리는 열린 담론 속에서 서민을 포섭했을 뿐만 아니라 위정자들의 저 깊숙한 내면에까지 영향을 미쳤다.

128

2. 신불의 근세적 변용

1) 도리의 지배와 '용인 받은 신'

그렇다면 신불의 영역은 어떤 것이었을까. 우선 '하늘天(도道)', '도리' 같은 논의의 대부분이 처음에는 불교를 배척하는 배불론排仏論을 동반하여 등장했다는 점을 지적할 수 있다. 그 논의의 대부분은 불교의 설법 자체를 부정하지는 않지만, 승려와 그들의 언행에 대한 강한 비판을 담고 있다. 앞서 언급한 『기요미즈 모노가타리』는 "삼강오륜만 제대로 지키면 내세를 위해 (…중략…) 더 이상 빌 것도 없다"고 말하고 있다. 『본사록』은 "극락이나 지옥은 진짜 존재하는 것이 아니다. 다만 현세를 다스리기 위해 만든 것이다"라고 더욱 분명하게 말한다. 극락과 지옥은 "나라를 다스리기 위한 방편으로 (…중략…) 가짜로 만든" '권도權道'[10]이며, 본래 부처가 말한 속뜻은 '치국'과 '만민안위'였다고 한다. 또한, 적선멸악積善滅惡을 위해 신사와 절을 세우거나 신불에 기도하는 것도 '성'이 아닌 '도리에 맞지 않는 일'이며 오히려 백성을 괴롭히는 것이라고 한다. "자비롭고 정직하다면 설사 기도를 하지 않더라도 신불의 진정한 뜻이 이루어질 것"이기 때문이다.[47] 즉, 다른 세상이란 실제로 존재하지 않을 뿐만 아니라 선악 역시 신불과의 외적인 관련에 의해 좌우되지 않는다는 것이다. 그것은 오로지 자신의 마음과 행위의 "자비와 정직"에 의해서만 좌우되는 것이다. 이러한 윤리가 적용되는 대상은 오로지 실재하

---

10 특수하고 예외적인 상황에서 임시적인 정당성을 가지는 행위규범. 일정하고 불변적인 행위규범이 아니므로 상황에 따라 다른 행위양식으로 나타난다.

는 '나라' 그리고 '만민'일 뿐이다. 다른 세상이나 초월자가 존재한다고 설파하며, 백성과 초월자 사이를 중개하는 일을 생업으로 삼아 크게 번성하고 있는 불교 승려들에 대하여 "불법을 믿고, 호마護摩[11]를 행하고, 불경을 읽고, 기도한다. 그러나 이들은 모두 승려의 신분을 돈으로 사고파는 자에 지나지 않는다"라고 하거나, "일본의 도적은 모두 출가한 승려다"[48]라고까지 말한다.

에시마 다메노부江島爲信는 『몸의 거울身の鏡』(1659)에서 "(승려들은─역자) 어리석은 사람들에게 '사령死靈의 벌, 생령生靈의 벌'을 운운한다. (…중략…) 그러나 이는 사령이나 생령이 내린 벌이 아니라 모두 자신이 내린 마음의 벌이다"라고 한다.[49] 에시마 다메노부가 영혼의 실재까지 부정하고 있는 것은 아니지만, 그는 영혼을 사심邪心의 산물로 본다. 그렇다고 초월자의 힘이나 그에 대한 신앙을 인정하지 않았던 것은 아니다. "천도에 어긋나는 일을 했다면, 죽을 때 천벌을 피하기 어렵다"[50]고 한다. 또한 신불에 대해서는 "설사 기도를 드리고 향과 꽃을 바치지 않더라도, 마음을 정직하게 가지고 나쁜 마음을 없앤다면 기도하지 않아도 괜찮다"고 한다. 즉 '정심正心'을 설파하면서 "먼저 마음의 사욕을 없애고, 그 후에 신불을 믿는 것은 괜찮다"고 한다.[51] 에시마 다메노부도 '마음'의 윤리성을 근본으로 삼고, 이를 둘러싼 선악과 희생을 천도로 인정한다. 다시 말해 신불이 존재하기는 하지만, 그보다 윤리가 우선하는 것으로 인식한 것이다("기도하지 않더라도 신이 지켜준다"). 신불이 실체성을 가지고 스스로의 권능으로 응보를 행하는 존재는 아닌 것이다.

---

11 산스크리트어 Homa의 음차. 불을 피우며 그 불 속에 공양물을 던져 넣어 태우는 불교의 식. 태우는 공양물(나무 등)은 번뇌를 상징하고 타오르는 불은 지혜를 나타내므로 지혜로써 번뇌를 불사른다는 의미를 지닌다.

『본사록』과 에시마 다메노부가 승려를 비난하는 이유는 생활공간 밖에 실체를 만들어 그것을 따르도록 사람의 삶을 조직하고 재물을 쓰게 만들기 때문이다. 이러한 실체는 사실 허상이므로, 그러한 허상을 만들어 사람과 재물을 착취하는 승려는 바로 도적인 것이다. 이러한 불교 배척 논리는 신불이 말하는 다른 세상의 실체성과 권능을 부정하며, 이를 삶의 윤리로 수렴시킨다는 점을 유념해야 한다. 그러나 이것은 신불 이외에 별도의 초월자를 내세우고, 그와 맞지 않기 때문에 불교를 배척한다는 의미는 아니다. 그러므로 신불의 특정한 양상은 중요하게 받아들여졌다. 신불의 진정한 의미가 '치국治國'과 '자비·정직'이라는 설명이 바로 그것이다. 즉, ① 신불이 독립된 세계와 권능을 가지고 있지는 않지만 ② 설령 가지고 있다 하더라도 그 영험함이 오직 '윤리−정치적 공간'에서만 발휘된다면 초월자로서 인정받을 수 있다. 그리고 ③ 이런 의미에서라면 신불은 실재적이든 비실재적이든 '더욱 더 용인 받은 초월자'로 등장하게 된다.

　특히 근세 전기의 계몽적인 유교 '도리' 담론에서는 '용인 받은 신神'에 대하여 말할 때, '아마테라스오미카미天照大神'나 그와 관련된 존재를 긍정적으로 언급하고 있는 것이 특징이다. 『본사록』은 불교의 기도를 불심과 어긋난다고 배척하고, 나아가 "이세신궁伊勢神宮의 아마테라스오미카미를 믿어야 하며, 이것이 곧 천리天理이다. 길을 이끌어주는 신이다"라고 한다.[52] 『가나성리仮名性理』에 따르면 "아마테라스오미카미는 일본의 주인임에도 신궁조차 억새로 지붕을 잇는다. 신이 드시는 공양은 거친 쌀이다. 신이 거하시는 곳임에도 꾸미지 않으며 음식 역시 진귀한 것을 준비하지 않고, 다만 천하의 만민을 가엽게 여긴다"[53]라고 한다. 이것이 바로 '아마테라스오미카미의 규정'이다.[54] '도'와 '규정'은 교만하지 않고 욕심을 부리지 않으며 백성의 평안을 바라는 것을 내용으로 하고 있다. "신도神道는 정직만을 내세우며, 만민을 가엽게 여기는 것을 가장 높이 둔다. (…중략…) 마음을 올바른 길로 이끈다면 신에게 기도하지 않아도 신이 지켜줄 것이다."55) 이러한 말들은 『본사록』, 『심학오륜서』, 『가나성리』에 공통적으로 등장한다.56) 이는 근세 전기의 여러 가나조시에서도 '삼사탁선三社託宣'12의 인용과 함께 상투적으로 많이 언급된다.

그렇다면 왜 아마테라스오미카미는 믿어야 하는 존재이며, 그것이 곧 천리이고, '신도神道'에 등장하는 정직과 자비를 '규칙'이라고까지 말하는 것일까. 분명한 한 가지 이유는 무욕, 정직, 자비(=안민安民) 등이 바로 도리에 맞는 일이라고 여겨졌기 때문이다. 그렇기 때문에 이를 위정자를 포함한 만민의 윤리적 규범으로 내세웠다. 또 하나의 이유는 아마테라스오미카미와 신도가 일본(일본의 주인)과 관련되어 있으며, 사회 질서의 정통성, 사회 전체의 의지와 연관되어 있다고 여겼기 때문이다. 이세伊勢 신앙은 16세기 말 이미 "일본의 주인인 아마테라스오미카미에게 참배하기 위해 전국에서 순례자가 모이는데, 그 수가 많아 믿을 수 없을 정도이다. (…중략…) 거기에 가지 않는 자는 사람 축에도 끼지 못한다"고 할 정도로 유행했다.57) 또한 아마테라스오미카미가 말한 정직, 자비가 종래 신사의 영역을 넘어 일반인에게까지 퍼져있었다. 그러므로 자신이 만드는 이야기 속에 유교의 도리를 끼워 넣던 가나조시의 작자와 독자들은, 당시 신도의 이러한 담론을 끌어들여 신유일치神儒一致 담론을 자연스럽게

---

12 중세에서 근세에 걸쳐 널리 퍼진 아마테라스오미카미天照大神, 하치만대보살八幡大菩薩, 가스가다이진묘春日大神明의 세 신의 탁선(신의 뜻이나 알림)을 말하며, 넓은 의미로는 이 세 신의 말씀이나 뜻을 기록한 책이나 족자 등을 가리킨다. 이 삼사탁선의 신이 각각 미에현 이세시에 있는 이세신궁伊勢神宮, 교토에 있는 이와시미즈하치만구石清水八幡宮, 가스가다이샤春日大社에 모셔져 있으므로 이 세 곳의 신사를 삼사三社라고 부른다.

전개했을 것이다. 이렇듯 유교의 도리는 논리적으로 또 실질적으로 신도(아마테라스오미카미)를 받아들였다.

한편, 신도에서도 마찬가지로 일부분 유교의 도리를 받아들였다. 예를 들어, 이세 신궁의 신관이었던 와타라이 노부요시度會延佳[13]는 『양복기陽復記』[58]에서 "신도와 유도儒道의 뜻은 하나다", "공자의 도道는 우리나라의 신도와 같은 도道"라고 말한다.[59] 그는 "신도라고 하는 것은 사람들의 일상 속에 있으며, 그 어떤 것도 신도가 아닌 것이 없다. 군주도 신도로 아랫사람을 대하면 어진 군주가 된다. 신하 역시 신도로 군주를 모시면 충신이 된다. 아비는 신도로 자식을 키울 때 자애로운 아버지가 되며, 자식도 신도로 부모를 공양할 때 효자가 된다. (…중략…) 그 외에 먹고 마실 때도 신도가 있다. 손이나 발을 움직이는 데에도 신도의 가르침이 있다"[60]고 한다. 또한 "신도는 위의 한 사람부터 아래의 만인에 이르기까지 누구나 아침부터 밤까지 행해야 하는 도리"[61]라고 신도를 설명한다. 여기에서 신도란 특별한 시공간이나 실재를 향한 신앙이 아니라, 일상의 윤리 안에 있으며 윤리를 주요한 매개로 하여 존재하는 것이다.

2) 불교의 대응과 차용

윤리를 강조하기 위해 오히려 불교를 허용하는 주장도 눈에 띈다. 마쓰나가 샤쿠고松永尺五[14]는 『이린쇼彝倫抄』[62]에서 "불법仏法 안에도

---

13 1615~1690. 에도 전기의 신도가. 집안 대대로 이세신궁伊勢神宮 외궁外宮의 제례와 행사를 주관하는 사관祠官을 맡았다. 학문을 좋아하고 와카和歌에 깊은 관심을 가지고 있었으며 신전神典에 정통하여 이세신도伊勢神道를 부흥시켰다.

14 1592~1657. 에도 시대의 유학자. 막부나 번의 정치에는 참여하지 않고 교토에서 춘추관

실천하기 쉬운 유교의 가르침이 있기 때문에 지금 이 나라에 불교가 성행할 수 있는 것"[63]이라고 하며 유불儒仏의 접점을 찾는다. 마쓰나가 샤쿠고는 "인의예지의 도리를 행한다면 이번 생은 물론 다음 생에도 어찌 하늘이 돕지 않겠는가",[64] "인의의 도리를 행하는 것은 불교의 법도를 따르는 것과 같은 일이다",[65] "인의의 도리를 매일의 인륜 속에서 찾아야 한다"[66]며 일상 윤리 자체로도 충분하다고 보았다. 또한 "마음을 하나로 하여 도리에 따라 오륜오상의 길을 행한다면 좋은 일이 차례로 찾아올 것이며 원하는 복을 받을 수 있다", "선악의 응보는 이르든 늦든 반드시 찾아온다"[67]라며 윤리적 응보를 설명한다. 그리고 이는 '하늘에서 내려오는 것도 아니고 귀신이 주는 것도 아니다'라며, 초월적 실체에 의한 것이 아니라 오직 '일심의 도리'에 의한 응보라고 설명했다.

게다가 더욱 흥미로운 것은 마쓰나가 샤쿠고가 "일본은 신의 나라이며 옛날에는 신도에 따라 다스려졌다. 그러나 신도가 쇠하면서 수많은 관례도 사라졌다"[68]라고 신도를 예전부터 있었던 것으로 생각했다는 것이다. 유학자인 마쓰나가 샤쿠고는 불교의 설법을 활용할 때조차도 '일본', '신도'만큼은 결코 놓아버릴 수 없었던 것이다. 그에게 신도의 '정직'과 '자비'는 유학의 가르침이나 불법仏法이 행해질 수 있는 기본 바탕이다. 또한 샤쿠고는 불법을 언급할 때 "오륜오상의 길을 버리고 불충불효하는 자는 현세에 금수禽獣의 마음을 얻어 인과의 고통을 당하게 될 것이다",[69] "금수의 마음이 현생에서 바로 드러나지 않더라도 내세에 반드시 금수로 태어날 것이다. 두려워할 일이다"[70]라고도 말했다. 이것은 불교적 인과론이나 내세론을 전제

春秋館, 강습당講習堂, 샤쿠고당尺五堂 등의 사숙을 운영해 많은 제자를 길러냈다.

로 윤리를 끌어낸 것이다. 그렇다고 해서 이러한 주장이 윤리를 부정하거나 혼란시키려는 것은 아니었으며, 그 반대로 윤리를 위해 불법을 적극적으로 이용한 것이므로 오히려 한 발 더 나아간 유불일치론이라고도 말할 수 있다.

그가 불교의 설법까지 인용한 것은 "백성들이 이교異敎에 미혹되고 어리석은 자들이 요망한 술수에 빠져있으므로, 하늘이 내린 질서의 전례典礼와 성명도덕性命道德을 가르치는 유교를 알리기"[71]위해서 이 책을 썼기 때문이다. 또한 민중 속으로 한 발 더 깊이 들어가는 것, 나아가 기독교에 대한 대항까지도 염두에 두었다. 이렇듯 위기 속에서 민중 계층의 통합이 요구될 때 초월자의 실체성이나 내세론이 다시 등장한다는 것을 알 수 있다. 그리고 그것은 당연히 아마테라스오미카미(신도)와 도리(유교)의 융합이라는 '윤리−정치적 공간'에 도움이 되어야만 한다. 다시 말하자면 마쓰나가 샤쿠고에게 윤리−정치적 공간이란, 실체적 초월자가 없는 현재적이고 세속적인 차원과, 실체적 초월자가 존재하는 신앙적이고 기복적인 차원이 중층적으로 포함되어 있다.

이러한 마쓰나가 샤쿠고의 주장에 대해 불교 측에서도 움직임이 있었다. 『기온 모노가타리祇園物語』[72]의 논의는 약간 미묘하다. 이야기 중에 등장하는 승려는 "모든 부처는 권선징악을 그 근본으로 한다"[73]라며, 권선징악의 실효성이 유학보다 불교에서 더 크다고 말한다.

외전外典(유학을 가리킴)의 권선징악은 불법보다 약하다. 유학에서는 "인의를 행하는 자도, 악을 행하는 자도 죽어서는 똑같이 천리로 돌아간다"라고 하니, "이번 생에 죄를 짓지만 않는다면 술을 마시거나 낮잠을 자거나 하며 힘들게 인의를 행하고 고생할 필요가 없다"고 하는 사람도 있을 것이다. 그러나 불법에서는 "현생의 선악에 따라 내세에 응보를 받는다"고 하므로, 아주 작은 악행도 두려워하고 선을 행하려는 마음을 더 강하게 만든다. 그러므로 같은 권선징악이라도 깊고 얕음에 차이가 있다.[74]

즉 현세뿐 아니라 내세의 인과응보를 생각하기 때문에 불교의 윤리성이 심리적으로 훨씬 더 강력하다. 이러한 생각은 근세의 불교가 배불론排仏論에 대항하여 사회적 윤리성을 강조할 때 기본논리가 된다. 예를 들면 다이가大我[15]의 『삼이훈三彝訓』[75]에서는 "불도仏道는 부처, 천하를 평안하게 하는 길이다"[76]라며 다음과 같이 말한다.

유교에 이르기를 "사람으로서 사람의 도리를 아니하는 자는 사람이 아니다"고 하였다. 보통 "사람이 아니다"라는 말을 듣는다고 해서 수치로 여기는 자는 거의 없다. 그러므로 불인不仁, 불의不義, 불충不忠, 불효不孝 하는 자가 생긴다. 불교에서는 "사람으로서 사람의 도리를 아니하는 자는 사람이 아닐 뿐만 아니라, 죽어서 지옥에 떨어져 영원히 그 환난을 받는다"라고 말한다. (…중략…) 이러한 불법仏法을 한 번 듣고 나면 인과를 믿는 자는 깊은 연못 위의 얇은 얼음장을 걷듯이 전전긍긍하며 마음을 놓지 못한다.[77]

불교의 인과는 유교의 인과보다 훨씬 더 사람의 마음을 윤리적인 방향으로 채찍질한다는 것이다. 이는 유교에서 말하는 '도리'의 응보 범위는 한정적이고 얕은 데 비해, 불교는 한층 더 넓고 깊으며, 그렇기 때문에 불법에 의의가 있다는 논리이다. 그러나 응보가 성립하지 않는 경우에 대한 신의론神義論적인 문제가 여전히 남아 있다.

---

15 1709~1782. 에도 시대 후기 정토종의 승려.

『기온 모노가타리』에 나오는 승려는 "지금의 유학자들은 눈앞에 나타나는 천지의 원리만을 말하지만 과연 그것으로 충분한지"[78]를 묻는다.

> 깊은 도리는 좀처럼 범인凡人의 마음에 가닿지 않는다. 천지의 원리를 눈앞에 있는 것, 즉 모든 사람의 눈앞에 보이는 것만으로 가르치는 것은 옳지 않은 것이 아닐까. 눈에 보이는 선과 악에는 여러 가지가 있다.[79]

"눈에 보이는 선과 악에는 여러 가지가 있다"는 것은 실제로는 악이 위세를 떨치거나 선이 몰락하기도 한다는 것이다. 그렇다면 도리가 눈에 보인다고 직접적으로 말하는 것은 오히려 그 도리 자체를 불신하게 만들 수 있다. 실제로 눈앞에 있는 것은 복잡한 혼돈이다. 그뿐만이 아니다.

> 상고 시대 눈앞에 보이는 도리는 오류가 없었다. (…중략…) 말세劫末에는 아비를 남편으로 삼고, 어미를 처로 삼으며, 부모와 형제를 죽이는 일이 눈앞에서 벌어졌다. 지금도 아비가 죽으면 어미를 처로 삼는 나라가 있으며, 죽은 부모를 먹어치우는 것을 효로 여기는 나라도 있다. (…중략…) 또한 어리석은 자의 도리도 성인聖人의 도리도 늘 한결같은 것은 아니다. 세상의 성현이 미치지 못하는 도리도, 만사 당연한 이치도 사람에 따라 다를 수 있다. 낮은 지혜를 가지고 높은 지혜를 저울질하지 말지어다.[80]

오륜이라는 도리의 성립 여부는 역사나 장소에 따라 다르며, "사람에 따라 다를 수 있다"는 말처럼 무엇이 도리인지도 주관적이다. 그러므로 도리란 모든 사람들에게 언제 어디서나 통용되는 것이라고 간단히 말할 수 없다.

승려는 이러한 규범의 실재성을 의심하고 상황에 따라 성립하지 않는 경우도 있다는 것을 설명한다. 그러나 그렇다고 해서 그가 주장하는 것이 상대주의나 허무주의는 아니다. '깊은 도리는 좀처럼 범인凡人의 마음에 가닿지 않는다.' 도리가 드러나는 것과 그것을 파악하는 것에는 그만큼의 깊이가 있다. 윤리가 없다는 것이 아니라, 윤리는 다양하므로 그것을 파악할 수 있는 마음에 의해서만 이루어지는 것이다. 여기서 승려는 부처의 가르침에 따라 '집착'과 '삼독三毒'을 벗어나[81] '출리出離의 길'[82]을 설명한다. 즉 도리를 명백히 규정하지 않고 현재적 주관성을 해제하는 달인達人의 경지를 상정한다. 그럼으로써 윤리는 다시 수용된다. 이것은 불교에 의한, 도리의 불가지론적/달인론적 수용이라고 말할 수 있다.

『기온 모노가타리』의 승려는 나아가 이러한 '불법仏法', '출리의 길'은 원래 일본의 근본이었으며, 그것이 예전부터 "일본의 규정", "신들의 규정"이었다고 한다("우리 조정은 불법을 근본으로 해야 한다. (…중략…) 즉 출리出離의 길을 근본으로 함이 지당하다").[83] 그렇기 때문에 "불법을 비방하는 것은 신을 부정하는 것이 된다".[84] 앞서 신유습합神儒習合의 아마테라스오미카미의 규정이 언급되었듯이 여기에서는 신불습합神仏習合을 규정으로 삼고 있다. 불교의 정당화를 위해 도리에 대한 논의만이 아니라 일본 신과의 관계까지 끌어들이고 있는 것이다. 이러한 태도는 당시의 불자들에게서 흔히 볼 수 있다. 스즈키 쇼산鈴木正三[16]은 세속윤리나 직업행위를 불법과 중첩시켜 "세상의 법도가 즉 불법이다世法則仏法"라고 주장한 것으로 유명하다. 그는 "불법도 세법世法도

---

16 1579~1655. 에도 시대 초기의 조동종曹洞宗 승려.

도리를 바르게 행하고 의를 행하며 정직을 다하는 것이다"[85]라고 썼다. 그는 또한 "우리 일본은 신의 나라이다. 신국에 태어나 천지신명神明을 높이 받들지 않으면 도리에 어긋난다. (…중략…) 신을 높이 존경하는 마음도 부처에게 보답하는 것"[86]이라고 한다. 그의 '세상의 법도가 즉 불법이다'라는 생각 역시 '신의 나라神國'를 바탕으로 삼고 있다.

3. 근세 후기의 새로운 신과 윤리

1) 국학의 전환

근세의 윤리 공간은 다음과 같이 전개되었다.

①실천이성의 공간—내세도 신불도 실재하지 않는다고 생각하거나 적어도 그 실재에 대해 판단을 보류했으므로 그것들을 고려할 필요조차 없었다. 오로지 도리道理만이 중요했다(예를 들자면, '예배를 드릴 때 향과 꽃을 바치며 기도하지 않아도 마음만 바르게 가지면 괜찮다'). 유교의 가르침을 통해 윤리공간이 도입된 것이다. 이는 옛 불교 세력의 주술적·정치적 지배로부터 사람들을 해방시키고 사람들이 모두 똑같이 삶에 충실하도록 만드는 윤리를 강조했다.

② 그러나 동시에 그 윤리 공간은 도리가 그저 전개 되는 것 뿐 아니라 시간, 장소, 주체의 상황에 '상응'해야 한다. 특히 '일본'의 '신'의 질서를 부각시킴으로써 도덕의 방향을 그리로 몰아가는 편향성

이 생겨났다.

③ '부처'도 '인과'나 불가지론을 앞세워 이 윤리와 신의 질서로 들어왔다. 나아가 불법은 ①에서 말한 유교적인 윤리 공간만으로는 부족함을 지적하고 부처의 영험함과 신불일체神仏一体를 언급하며 이를 무시하는 것은 신, 즉 부처에 대한 불경이라고 경고하였다.

③은 ①을 비판하면서 초월자를 재차 강조한 것이다. 이러한 관점은 '일본의 신'을 내세우는 쪽에서도 당연히 나올 수 있는 것이었다. 그것은 신도가 유교의 틀을 넘어선 18세기 후반 국학 언설에서 분명하게 드러난다.

모토오리 노리나가本居宣長(1730~1801)는 옛 시가와 모노가타리론物語論에 대해 말하면서 유교적인 도리를 비판하기 시작하였다. 『고킨슈古今集』의 가나서문仮名序에, 시가는 "천지를 움직이며, 귀신마저도 슬프게 만드는 '덕德'을 가지고 있다"는 구절이 있다. 이에 대해 혹자는 "노래를 읊어 비를 오게 하거나, 귀신까지도 감응하게 한다는 것은 너무나 이상한 일이며 있을 수 없는 이치이다"라고 말했다. 그러자 모토오리 노리나가는 "불가사의한 일을 보고 거짓이라고 하거나, 결코 있을 수 없는 일이라고 하는 것은 앞뒤가 꽉 막혀 썩어버린 유교의 견식이니 매우 답답한 일이 아닐 수 없다. 공자가 '괴력난신怪力亂神에 대해 말하지 않았다'[17]는 이야기는 공자 제자들의 사사로운 말일 뿐이다"[87]라며 비판하였다. 그는 '불가사의한 일'이나 '설명할 수 없는 신묘한 일'이란 없다는 주장은 억측이라고 한다. 즉 도리의 전환을 부정하면서 '일본 신령의 신묘함'을 말하였다. 그에게 신은 실

---

17 공자가 논어의 술이편에서 말한 것으로, "子不語怪力亂神" 군자는 도리에 어긋나는 일, 이성적으로 설명할 수 없는 일에 대해서는 말하지 않는다는 뜻. 또한 괴이한 일이나 불확실한 일에 대해서는 입에 올리지 않는다는 뜻도 있다.

재하는 것이며 일본은 신들에 의해 움직인다. 신의 효험은 세상에 따라, 혹은 사람에 따라 있다가도 없고 없다가도 있는 것이다. 그러나 시가의 효험은 감정의 깊고 얕음과 표현의 좋고 나쁨에 따라 '존재'한다("천지를 움직이고 귀신을 감동시키는 것은 감정의 깊음과 시가의 뛰어남에 달려있다",[88] "느낄 수 있다면 '존재'하는 것이다").[89] 1763년 『이소노카미노 사사메고토石上私淑言』[18]에서 노리나가는 더욱 분명히 시가에는 '큰 효용'이 있고, 시가의 "공덕은 넓고 다양하다"고 했다.[90] 그는 평생 시가를 지었는데 그에게 시가는 신에 대한, 나라에 대한, 또한 자기 자신에 대한 헌정이자 공양이었던 것이다.

역시 모토오리 노리나가의 저작인 『아시와케오부네排蘆小舟』와 『이소노카미노사사메고토』를 보면 세상의 본질적인 좋고 나쁨은 윤리적인 선악이 아니라 존재들이 정情을 주고받는 데 있다. 여기서 말하는 정은 '우리나라(일본)' 사람 외에도 생명체, 신, 천지까지 아우른다. 즉 도리의 응보가 아닌 정情의 '감응'만이 존재를 움직이게 한다. 두 책에서 모두 감정의 공유를 좀 더 확실히 불러일으키는 요소로 노래와 이야기의 '좋음'을 거론하고 있다. 이때의 '좋음'은 당연히 윤리적인 좋고 나쁨이 아니다. 그 좋음은 첫째로는 언어·표현의 다양한 양식과 정도까지를 포함한 '좋음'(노래의 좋음, '적당함')이며,[91] 거기에 있거나 거기에서 생겨난 '아름다움', '우아한 아름다움', '문文', '고상함' 등이다. 그러나 한 발 더 나아가면 '정'과 '좋음'에는 본연의 방식이 있는데 이에 관해 『아시오케오부네排蘆小舟』와 『이소노카미노사사메고토』에는 미세하지만 큰 차이가 있다.

141

---

18 모토오리 노리나가의 시가 평론집. 1763년 저술한 노리나가 초기의 저작이며 1816년 간행되었다. 노리나가의 유명한 "모노노아와레もののあわれ"설을 기반으로 와카의 본질을 논했다. 『아시오케오부네排蘆小舟』와 마찬가지로 노래는 감정을 표출하는 것이고, 윤리나 도덕관념으로 문학을 논하는 것을 비판하였다.

모토오리 노리나가는 『아시오케오부네』에서 주로 '실정實情' 즉 정의 진실함 내지 절실함을 문제 삼고 있다. 설령 다양성이나 어긋남이 드러나더라도 노래의 본질이란 "다만 마음에 떠오르는 대로 말하는 것 외에는 도리가 없다". "그저 그 뜻에 따라 읊는 것이 노래의 길이다. (…중략…) 오로지 그 뜻을 따르는 것이 바로 실정實情이다"[92]라고 말한다. 여기에서 결과적 혹은 동기적인 기만이나 거짓이 생긴다 하더라도 "생각하는 마음에 거짓은 없다"[93]는 것이다. 노리나가에게 절실한 정이란 거짓까지 포함하는 것으로, 말하자면 정서의 코기토cogito인 것이다. "떠오르는 대로 말하는 것 외에는 도리가 없다"라는 노리나가의 말을 따르자면 노래의 세계는 표출된 주관의 심정을 그 자체로 받아들여야 한다. 한편, 노래에 담긴 심정이란 "세상 사람들은 정이나 즐거움은 바라지만 고통은 싫어한다. 재미있는 것은 누구나 재미있어 하고 슬픈 일은 누구에게나 슬프다"[94]고 한다. 이러한 정의 보편성을 전제로 절실한 정 하나하나를 절절하게 표현함으로써 다소 복잡해지더라도 결국은 타자와 통한다는 논리가 『아시오케오부네』의 논조이다.

　　『이소노카미노사사메고토』에서 나타난 정은 그렇게 직접적으로 표출하는 것이 아니었다. 우선 정의 본질에 대해 이 책은 "아무리 똑똑해도 그 마음 깊은 곳은 여자아이와 마찬가지로 연약하고 덧없으며", "진실한 정은 그야말로 덧없다"고 한다.[95] 물론 『아시오케오부네』에서도 "남성스러운 올곧음은 본디 정이 아니다"[96]라는 사고방식이 있었지만, 그 정은 상당히 직접적이었다. 그러나 『이소노카미노사사메고토』에서는 정을 더 통일성 없는 것, 한층 유연하고 공감적인 것으로 파악하고 있다. 나아가 이 책에서는 '아와레あはれ'[19]를 강조한다. "만물의 아와레를 느끼고 좋은 것이든 나쁜 것이든 그 마

142

음 그대로 읽어내는 것을 노래라고 한다",[97] "단지 마음에 남는 모노노아와레를 읊는 것 외에는 모두 유치하다"[98]고 한다. 존재들은 생각을 표현하는데, 『아시오케오부네』처럼 정을 직접적으로 표출하고 받아들이는 것이 아니라, 그 각각의 정을 '아와레'로 표현하고 '아와레'를 매개로 받아들인다. 개별적인 논증은 생략하겠지만 '아와레'는 주체의 유한성을 바탕으로 드러나며 내적으로든 외적으로든 카타르시스적 위안을 준다. 사람들은 그 해결되지 않은 유한성을 품은 채 '아와레'를 매개로 공명한다.

그리고 이 글의 주제와 관련해 주목할 점은 이러한 수동적이고 공감적인 정을 가진 주체의 출현과 동시에 인간의 지혜와 능력을 넘어선 신들의 움직임이 드러났다는 것이다.

> 신은 인간 세상의 성인 같은 것도 아니고 세간의 도리를 가지고 잴 수 있는 것도 아니다. 인간의 마음으로는 신의 마음이 좋은지 나쁜지 감히 알 수 없다. 천지 간 모든 것들은 신의 마음에서 나와 신이 행한 것으로, 인간이 생각하는 것은 예로부터 책의 도리와는 매우 다르다.[99]

모든 것은 신의 뜻이라는, 유명하고도 절대적인 힘의 구도가 여기에서 등장한다. "세상의 모든 것은 신의 뜻이므로 (…중략…) 사람이 인형을 만들어 인형의 수족을 움직이는 것(현사顯事)처럼 신은 인간을 만들어 그렇게 다룬다(유사幽事)."[100] 다만 이 신은 하나의 절대적인 주체로서 신앙의 대상이라기보다는, 유한성을 넘어 누미노스Numinose[20]

---

19 모노노아와레もののあわれ라고도 한다. 모토오리 노리나가가 『시분요료紫文要領』와 『겐지모노가타리 타마노오구시源氏物語玉の小櫛』에서 제창한 것으로, 촉각 시각 청각을 통해 마음 깊이 느끼는 정취나 무상한 애수를 일컫는다. 일본 미의식의 정수로 꼽는다.
20 독일의 신학자 루돌프 오토Rudolf Otto(1869~1937)는 1917년 『성스러운 것Das Heilige』에서

적 외경으로 접해야 하는, 보이지 않는 상위의 위력을 가진 복수의 존재이다. 그들은 사람을 살리고 때때로 경사 혹은 흉사를 가져다준다. 이해하기 어려운 신들과 그와 가까운 높은 사람들에 대해, 일반 사람들에게는 "좋은 일과 나쁜 일이 뒤섞여 있어서", "단지 그 진노를 두려워하며 꺼리고 오로지 몸과 마음을 깨끗이 하여 신을 모신다"[101]는 것과 같이, 경건주의pietism을 수반한 봉사가 요청된다. 예를 들면 "가능한 한 많은 아름다운 것들을 바치고, 악기나 가무 같은 즐거운 것들로 신을 모시는" 공양도 신들을 대하는 마땅한 태도이다. 당연히 노래를 읊는 것도 물론 이에 해당한다.

이러한 관점에서 모토오리 노리나가는 『이소노카미노사사메고토』 이래, 종종 "마음만 진실하다면 반드시 신에게 빌지 않더라도 신이 돌봐 줄 것"이라는 주장, 도리와 마음만 진실하다면 괜찮다는 주장을 비판하고 있다.[102] 노리나가가 『다마카쓰마玉勝間』[21] 등에서 반복적으로 말했듯이, 의식주를 포함한 "세상의 모든 일은 신의 은총을 받지 않은 것이 없다". 그렇기 때문에 불행할 때조차도 신을 두려워해야한다. 그럼에도 불구하고 사람들은 "좋은 일은 다 잊어버리고" 신에게 마음을 쏟지 않고 받들지도 않는다. 이처럼 "신을 하찮게 여기는 세태"에 노리나가는 개탄을 금치 못했다.[103]

종교에서 합리적이고 이성적으로 이해할 수 있는 부분을 뺀 나머지의 불가해한 부분, 신 앞에 섰을 때 인간이 느끼는 감성적이고 미학적인 거룩한 체험, 전율, 매혹 등을 '누미노스'라고 불렀다.

21 모토오리 노리나가의 수필집. 1793년경부터 노리나가가 죽은 1801년까지 8년여에 걸쳐 쓴 것으로 1795~1812년 사이에 간행되었다. 본편 14권, 목록 1권으로 총 15권으로 이루어져 있다.

2) 막부 말기 도리와 주체의 재편

모토오리 노리나가가 신을 인간의 사고 범위를 넘어선 주체로 부상시킨 것은, 오로지 신들에 의한 질서만이 바람직한 것이라고 생각했기 때문이다. 일찍부터 신도가들이 고대나 명계冥界의 다양한 이야기 속에서 '규정'이나 '약속'을 말한 것과 마찬가지로, 노리나가는 근세의 비판적 이성을 통해 과거의 문헌을 소급해가며 그 기초를 만들었다. 그는 신들이 이끄는 질서, 본래 있었으나 점점 사라진 질서가 앞으로 회복되어야 한다고 주장했다.

모토오리 노리나가가 그려낸 질서는 정치적 측면으로 볼 때 전통을 언급하며 회귀하려는 보수적인 것이었다. 그러나 그의 보수주의는 정情과 '아와레'를 말함으로써 도리적 주체와는 다른 정적인 주체의 세계에 들어가도록 하고, 또한 신을 따름으로써 불경한 주체가 세운 질서를 억제하여 신이 이끄는 지배를 가져오고자 했다. 도리를 배제하고 신에 대한 외경을 강조하는 전략은, 사회적으로 무사정권이나 부유한 상인들의 불경을 제어하면서도 그들보다 제한된 위치에 있는 서민층이나 공가公家층의 감정에 근거를 부여하여 이들을 해방시키고자 했던 것이다.

그러나 18세기 말 이후 무사들의 정치사상에도 조정으로부터 정치를 위임 받는다는 논리가 널리 퍼지게 되어, 결국 이러한 '외경론'에 동의하는 사람이 늘었다. 이에 따라 모토오리 노리나가가 주장했던 불경한 것을 억제해야 할 필요성은 줄어들었다. 한편 일본 안팎의 위기와 불안정에 따라 사람들은 더욱 역동적인 신의 존재를 요구하게 되었다. 사람들의 주체 형성이라는 소망에 신은 더욱 직접적으로 호응해야만 했다. 그러자 노리나가의 경건주의에 불만을 가진 사

145

람들이 나타나기 시작하였다. 스스로 노리나가의 후계자라고 자칭하는 히라타 아쓰타네平田篤胤[22]도 그중 한 명이었다.

『신귀신론新鬼神論』(1805년. 1820년 『귀신신론鬼神新論』으로 개정 출판)에서 아쓰타네는 후세 유학자들이 귀신鬼神을 파악하는 방법을 비판하면서 자신의 신관神觀을 개진하였다. 즉 중국 고대 서적에서도 귀신, 하늘 그리고 그 외의 주재자들에 대한 서술이 있는데, 후세의 유학자들은 그것들을 "자연의 도리를 빌어 말한 것으로, 사실과 다름에도 불구하고 그런 것인 양 빙자한 것"[104]으로 치부해 버리거나, 혹은 "귀신의 유무를 규명하지 않는" 판단 중지의 태도를 취했다는 것이다.[105] 그러나 히라타 아쓰타네에 따르면 "하늘도 귀신도 실물"이며 실재하는 것이다.[106]

이러한 관점에서 히라타 아쓰타네는 신령이 실재한다는 근거를 다양한 책 속에서 샅샅이 찾아냈다. 흥미로운 점은 모토오리 노리나가에게 "'괴력난신怪力亂神을 말하지 않는다'라는 것은 공자 일가의 사언私言일 뿐이다"라는 평가를 받은 공자를 아쓰타네는 대단히 경건한 사람으로 보았다는 점이다. 예를 들면 "아직 삶을 알지 못하거늘 어찌 죽음을 알겠는가"[107]라는 말도, 공자가 경험지経験知의 유한함을 스스로 고백한 것(시도도 할 수 없는 것인데 어찌 죽은 뒤의 일을 알게 된다고 말하는가)이라고 보며, 이것은 결코 귀신의 유무에 대한 언급을 회피한 것이 아니라고 말한다. 오히려 측정할 수 없는 신을 추측하여 말하는 것을 피하기 위한 경건한 배려였다고 한다.[108] 또한 "제사를 지낼 때는 선조가 마치 그곳에 계시는 듯이"[109]해야 한다고 말한 것 역시 보이지 않지만 실제로 신령이 제사에 와서 앞에 앉아 있는 듯한

---

22 1776~1843. 에도 시대의 국학자, 신도학자, 사상가, 의사.

기분을 표명한 것이며,[110] 이는 제사에 대한 공자의 경건함이 표현된 것이라고 본다. "괴력난신怪力亂神을 말하지 않았다"라는 공자의 말도 "한漢나라 땅에는 신에 대한 참되고 올바른 전설이 없기 때문에 상세히 전할 수 없었다"고 하는데, 굳이 말하더라도 사람들이 제대로 알아듣지 못한다고 생각했기 때문이다.[111] 히라타 아쓰타네는 이렇듯 공자를 유신론자有神論者로 보았다.

히라타 아쓰타네의 신은 단순히 실재인 것만은 아니다. 그것은 "실물의 신이며 세상의 모든 일들을 주재主宰하는"[112] 존재이다. 이는 모토오리 노리나가의 주장처럼 인간사에 속속들이 존재하는 힘력일 뿐만 아니라 분명한 주재자이기도 하다.[113] 노리나가는 『나오비노타마直毘靈』[23]에서 신의론을 통해 유교적 천명은 성립될 수 없다고 비판하고, 대신 우연성을 가진 (그러나 신칙神勅[24]과 모노가타리로 뒷받침되는) 복수複數의 신들을 제시하였다. 그러나 아쓰타네는 유교 경전의 '하늘天'마저도 아마즈카미天津神[114][25]와 똑같이 취급했다. 또한 신의 작동 논리에 대해 우연이라고 말하는 모토오리 노리나가와는 달리, 하늘(신)을 포함하여 모든 신들의 인과응보는 분명한 것이라고 한다. "하늘 신과 땅 신의 행위는 분명하게 드러난다".[115] 유교에서는 하늘(도리)에 기초하여 사람들에게 윤리적 실천을 환기시키는 도리가 여기에서는 신과 결합되어 있다.

그렇다면 사람들이 취해야 할 태도 역시 단지 외경이나 순종만은

147

---

23 노리나가 42세에 쓴 책. 1771년. 『고지키古事記』의 본질에 대해 체계적이고 간결하게 정리한 책이다. 처음에는 『고지키덴古事記伝』의 제1권 총설에 포함되었으나 1825년 단행본으로 간행됨.
24 신의 명령 혹은 신의 가르침을 적은 문서.
25 일본신화에 등장하는 신의 분류이다. 오오쿠니누시大国主등 이전부터 일본을 다스리고 있었던 토착신을 쿠니즈카미国津神, '천손강림'이라는 일본의 건국신화로 널리 알려진 아마테라스오오미카미天照大神 등을 아마즈카미라고 한다.

아니게 된다. 물론 "신의 마음은 감히 알 수 없을 만큼 기이"[116]하기 때문에, 그 "위령威靈"[117]을 "공경"[118]하고 "숭상"[119]하는 것은 당연하며, "단지 두려워하고 공경하며 그 마음을 받드는 것 외에 다른 길은 없다"[120]고 한다. 그러나 그렇다고 하더라도 "신과 사람의 정情은 다를 바 없다"[121]고 여겨지며, 그리하여 "성심을 다하여 기원한다면 신이 어찌 그 소원을 들어주지 않을 것인가",[122] 혹은 "성정誠情으로 기도할 때에는 감응이 있다"[123]고도 말한다. 말하자면 사람의 절실한 심정은 신에 닿으며, 신의 손에 의해 현실은 변화한다고 생각했던 것이다. 모토오리 노리나가가 가라고코로漢意[26]라고 말한 윤리적 의지를 히라타 아쓰타네는 오히려 영묘한 신들의 움직임과 결부시키고 있다.

이러한 아쓰타네의 시도는 『다마노미하시라靈の眞柱』(1812년 완성, 다음 해 간행)[27]에 이르면 "신의 길을 따르는 무리들은 자신들의 의지가 큰 힘이라는 것에 눈을 뜰 것이다"[124]라는 실천 구호로 발전한다. 이 책에서는 사람의 혼이 다른 세상으로 이어져 신이 된다고 하며, "마음을 더욱 더 담대하고 정갈히 하여, 이루지 못한다 하더라도 행복

---

26 당심唐心이라고도 쓰며 모토오리 노리나가가 주장했던 사상개념, 비평용어의 하나이다. 노리나가는, 선과 악은 물론 어떤 것에도 가치판단을 하지 않고, 있는 그대로의 모습으로서 받아들이는 일본 고유의 사고방식에 대비하여, 중국의 문명은 모든 것에 허식과 장식을 부여하고 다양한 이유를 부과하여 잘못된 사상조차도 정당화하거나 혹은 이치에 맞지 않는 일마저 호도하여 그럴싸하게 만드는 면이 있다고 보았다. 이러한 "가라고코로漢意"는 중국이나 중국인으로부터 이입된 것뿐 아니라 불교나 유교를 통해서도 일본인이 모르는 사이에 조금씩 그 영향을 받아왔으며 그로 인하여 일본인의 본성이 본래의 것과는 달리 변화해 왔으므로 노리나가는 "일본인 본래의 심성(야마토고코로大和心)"으로 복귀하는 것이 시급하다고 생각하였다.
27 히라타 아쓰타네의 저서. 1813(분카 10)년 간행. 히라타 아쓰타네의 독자적인 생각이 명확하게 드러난 책으로, 아쓰타네 학문의 방향을 결정지은 중요한 저작이다. 진실한 도리를 알고 야마토고코로를 더욱 강하게 단련하기 위한 덕목이 전개되어 있다. 인간은 죽은 후 모토오리 노리나가가 말하는 것 같이 황천으로 가는 것이 아니라, 오오쿠니누시大国主 신이 지배하는 유명幽冥으로 간다고 말한다.

한 마음을 가진다면 공덕이 많은 신이 될 것"[125])이라고 한다. 즉 죽음의 세계까지 이어지는 '의지'를 가진 주체가 등장한 것이다.[126]

이 글에서는 언급하지 않았지만 앞서 살펴본 것 이외에도 더 민중적인 신, 혹은 자신을 공양물로 바쳐 질서를 바꾸려는 신들도 등장한다.[127] 근세 초기부터 막부 말기까지 이러한 윤리화의 양상 어느 하나가 시대를 독점적으로 점령했던 것은 아니다. 복합적인 양상으로 각각의 위치에서 근대의 윤리–종교 공간을 구성했다.

막부 말기에 히라타 아쓰타네가 말한 '의지'를 가진 사람들이 받아들인 신들은, 메이지유신 초기에 힘을 발휘하여 국가의 표층으로 드러난다. 그러나 근대 국가가 문명이나 헌법을 내세우는, 일견 중립적인 공간을 구축함에 따라 이것들은 중심이 아닌 주변부로 밀려나게 된다. 그러나 근세의 '도리'가 실천이성으로서 순수하게 일관되지 않았던 것과 마찬가지로 근대적 윤리공간도 결국 신들의 제사나 약속과 결코 무관하지 않았다. 그것은 모토오리 노리나가가 말하는 제사의 경건주의와 경험적 지성을 수용하고, 더불어 히라타 아쓰타네가 말한 신 혹은 그 외의 신들을 적극적으로 원용하거나 배제하였다. 얼핏 보면 아닌 것 같지만 근대적 윤리공간은 사실 신들에 의해 움직이는 공간이었던 것이다.

149

제2부 **생활세계의 변모**

근세 후기 촌락사회의 조직과 가족·아이·젊은이
도시문화 안의 성聖과 성性
'여성'을 구성하는 요소들의 삐걱거림

근세 후기 촌락사회의 조직과 가족 · 아이 · 젊은이[*]

오하라 유가쿠大原幽學[1]의 개혁과 생활습속

다카하시 사토시 高橋敏[**]

들어가며

근세 촌락사회의 생활은 어떠했을까. 근세 촌락사회의 구체적인 실태는 알기 힘들고, 마을의 공문서를 분석한 통계수치 정도만 파악 가능하다. 그런데 이러한 통계수치에는, 황폐의 기준을 보여주면서 그런 촌락이 붕괴되고 나서 근대가 왔다는 역사의 법칙성을 배경으

---

[*] 이 글은 김연숙과 남효진이 번역하였다.

[**] 1940~. 일본사학자, 국립역사민속박물관·종합연구대학원대학 명예교수. 에도 시대 교육사가 주 관심분야로, 종래의 역사학에서 다루지 않았던 '민간民間의 민정民情의 역사= 패사稗史'에 주목하며 교육사적인 관점의 연구를 해왔다.

[1] 1797~1858. 에도 후기 농민 교화 활동과 촌락개혁을 이끌었던 지도자.

로 한 선입관이 작동하고 있다.

근세 촌락사회의 실태는 타자와의 교류·충돌을 살펴보면 나타난다. 실태를 파악하기 어려운 촌락사회도 다른 문화와 접촉·대립·교류할 때에는 어쩔 수 없이 그 모습을 보여주기 때문이다.

이 글에서는 근세 후기 촌락사회의 생활에 가까이 다가가기 위해 19세기 시모후사노쿠니下總國 동부, 도소東總 지역의 사례, 즉 떠돌이 오하라 유가쿠大原幽學와 촌락사회가 접촉했던 일을 구체적으로 살펴보고자 한다. 떠돌이 오하라 유가쿠와 촌락의 접촉, 정착, 개혁 단행, 그 과정에서 일어난 마찰, 갈등의 여러 상황들을 파고 들어가 보면, 촌락사회의 실상에 접근할 수 있지 않을까. 여기에서는 근세 촌락사회의 총체를 파악하기보다는 생활문화, 생활습속, 그중에서도 가족, 아이, 젊은이에 초점을 두었다. 시기는 근세 후기인 19세기 오하라 유가쿠가 도소 지역에 정착한 시기, 공간은 유가쿠의 활동 거점이었던 나가베 마을長部村로 한정하였다.

오하라 유가쿠는 이미 오래 전부터 연구되어왔다. 이 글은 유가쿠라는 인물이나 개혁의 성공 여부보다는 유가쿠라는 타자가 도소 지역 촌락에 틈입하면서 발생한 사회 변동에 주목하고자 한다. 오하라 유가쿠에 대한 많은 선행 연구 가운데 대부분은 전도자 유가쿠의 개인 전기들이다. 여기에서는 1차 자료에 기초한 지역사회사 시각에서 그를 다루고자 한다.[1]

1. 오하라 유가쿠와 도소 지역

1) 오하라 유가쿠의 도소 유랑

에도 시대 후기 도소 지역의 촌락 개혁에 큰 족적을 남긴 오하라 유가쿠는 떠돌이였다.

그는 출신이 분명하진 않지만 1797년(간세이9) 무사 집안에서 태어 났다고 전해진다. 18세에 집을 나와 기나이畿內, 주고쿠中國, 시고쿠四國 각지의 호농, 호상, 승려, 신관 등 유지들의 비호와 후원을 받으며 15 년간 유랑했다. 그 후 발길을 동쪽으로 돌려 신슈信州 우에다上田, 고모 로小諸를 거쳐 1831년(덴포2) 에도로 간다. 그해 그는 순례의 땅 보소房 總에 발을 딛게 된다.[2] 보소는 유명한 하이쿠 시인인 고바야시 잇사小 林一茶가 에도에 머물 무렵 행각을 다녔던 곳으로 널리 알려져 있다.

환영받지 못하는 떠돌이 오하라 유가쿠는 이인異人이 이계異界의 마을에 들어가서 입에 풀칠할 수 있는 생존법을 잘 알고 있었다. 그 는 간사이關西 지역을 방랑한 15년간의 고생스러운 체험을 통해 마 을 사람들이 매력을 느낄만한 몇 가지 방도를 터득하였다. 아라이新 井 류의 역술, 관상, 손금, 풍수 뭐든 봐주겠다, 이것이 종교인 오하 라 유가쿠가 마을 사람들에게 접근하는 첫 단계였을 것이다. 글을 좋아하는 시골 부자에게는 하이쿠 한두 수 읊어주고, 하이쿠 모임에 끼어 대구를 맞추는 것도 마다하지 않았다.

에도 시대 후기 경제가 발전하고 소비사회가 무르익어가는 가운 데 무사든 농민이든 상민이든 모두 집안의 존속을 위해 고군분투하 고 있었다. 이 시기 떠돌이 종교인이면서 문인 기질도 있었던 오하라 유가쿠는 유랑을 거듭한 끝에 정착할 곳을 찾았고 그곳에 '문하인 무리'가 결성되었다. 그 계기는 1836년(덴포 7) 10월 시모후사 지역의 문하인 92명이 유가쿠의 세가쿠性學[2]를 따르기로 하고, 노름 따위 악습을 금하는 10개조를 지킬 것을 서약한 일이었다. 그들 대부분은 음양사陰陽師, 신관, 승려, 의사, 선주, 곡물상, 나누시名主[3] 등 마을의 유지들이었다.[3]

2) 나가베 마을長部村로 정착

오하라 유가쿠가 촌락 개혁을 시도한 무대인 나가베 마을에 첫 발을 디딘 것은 1835년(덴포 6) 8월 3일이었다. 나누시 엔도 이헤이遠藤伊兵衛의 초청을 받아 세가쿠를 강연하기 위해서였다. 8월 9일(『오하라 유가쿠전집大原幽學全集』에는 9월로 되어있음)에 다시 방문하여 세가쿠를 강연했다. 엔도 이헤이의 대를 이을 아들인 혼쿠라本藏(훗날 료자에몬良左衛門)는 그 전해인 1834년(덴포 5) 4월 유가쿠에게 서약서를 내고 세가쿠에 입문했으며, 이 강연은 나누시 가문의 힘이 강하게 작용한 것이었다. 그 이후에도 유가쿠를 모시려는 노력은 계속되었다. 다음해 1836년 세밑 12월 27일, 유가쿠는 나누시 집안의 강한 요청을

2　오하라 유가쿠에 따르면 세가쿠는 탐욕에 넘어가지 않는 인간의 본성에 따라 살아가는 길을 찾고자 하는 학문이다. 그는 도덕과 경제의 조화를 기본으로 하는 세가쿠를 설파하며 농민, 의사, 상인들을 이끌었다.

3　무라村의 행정은 나누시名主 · 구미카시라組頭 · 하쿠쇼다이百姓代라는 지방의 세 역인役人이 행하고 있었으며, 그들은 연공年貢을 부담하는 혼하쿠쇼本百姓 중에서 선택되어 고오리부교郡奉行와 다이칸代官 등의 지휘를 받았다. 나누시는 촌장이었으며, 연공의 관리와 치안유지 등을 담당하였다. 무라 내에서 유서 있는 집안에서 세습하는 것이 일반적이었으나, 선거로 선출되는 경우도 있었다. 구미카시라組頭는 나누시의 보좌역이었으며, 하쿠쇼다이는 촌민을 대표하여 나누시와 구미카시라의 행정을 감시하였다.

받았는지 엔도 부자를 방문하여 그 집에서 정월을 맞았다. 세 사람 사이에 어떤 말이 오갔을까. 서로 뭔가 끌리는 것이 있었으리라.

보소 지역을 떠돈 지 6년, 유가쿠에게는 문하인도 생기고 뭔가 살 방도도 생겼지만 상경하고 싶은 마음이 강하게 일어 한때는 서쪽 위로 올라가려 했다. 그 뜻을 바꾼 것은 떠돌이 유가쿠와 그를 받아준 도소 여러 마을 사람들과의 접촉, 그 접점에 이변이 생겼기 때문이다. 떠돌이는 밑천이 떨어지면 그 땅을 떠난다. 또 마을은 마을대로 필요한 것을 얻은 다음에는 외지인이 필요 없다. 결별의 시간은 반드시 오게 마련이다. 그런데 유가쿠와 나가베 마을 사이에는 그것을 뛰어넘는 뭔가가 생겨나고 있었다.

1837년(덴포 8) 8월에 있었던 이 운명적인 만남에 대해 유가쿠는 훗날 이렇게 회고하였다.[4]

> 때는 8월, 나가베 마을의 혼쿠라가 사람을 보내왔다. 기시치儀七, 세이키치淸吉 두 사람이 말을 끌고 찾아 왔다. 내가 한 차례 거절했는데도 듣지 않고 흐느껴 울기만 할 뿐이라, 어쩔 수 없이 함께 길을 나서 혼쿠라의 집에 이르렀다. 그랬더니 곳곳에서 사람들이 모여들어 나를 뚫어지게 바라보는데

당시 23세였던 기시치는, 훗날 다카키 마사에몬高木政右衛門으로 료자에몬의 오른팔이 되어 나가베 마을의 세가쿠를 지탱하는 도반이 된다. 나가베 마을 사람들의 열의에 감동받은 유가쿠는 1838년(덴포 9) 12월 나가베 마을의 도반 11명에게 땅으로 출자금 5량씩 걷어 센조구미아이先祖組合[4]를 결성한다. 나가베 마을의 도반들을 중심으로

---

4 일본 농업협동조합의 선구라 할 수 있으며, 지도원리는 오하라 유가쿠의 '세가쿠'에서 충과 효, 분상응론分相應論을 기반으로 일본의 무사를 이상화한 사고 방식을 사용하고 있다.

센조구미아이를 조직한 유가쿠는 떠돌이 종교인에서 나가베 마을에 머무는 세가쿠의 큰스승으로 변모하게 된다.

2. 오하라 유가쿠와 나가베 마을

1) 외지에 돈벌이 다니는 나가베 마을 사람들

나가베 마을은 어떤 상황이었기에 떠돌이 낭인 오하라 유가쿠를 받아들여야만 했을까. 또 오하라 유가쿠는 나가베 마을의 참담한 상황에서 자신의 이상이나 생의 보람을 충족시켜 줄만한 가치를 발견했던 것일까.

훗날 1852년(가에이 5) 가이신로改心樓난입사건 이후 간토토리시마리슈쓰야쿠關東取締出役[5]의 조사가 시작되었을 때, 예비 나누시 료자에 몬이 당시를 회상하면서 나가베 마을의 참상을 다음과 같이 호소하였다.[5]

삼가 서면으로 말씀올립니다.

시모후사노쿠니 가토리군香取郡 나가베 마을 무라야쿠닌[6]村役人이 올립니다. 저희 마을은 메와明和 시기엔 40가구가 있었는데 점점 백성이 줄어 덴포 원년에는 24

---

5 1805년에 설치된 에도 막부의 말단 관리로, 치안 유지, 범죄 단속뿐만 아니라 풍속 단속도 담당했다.
6 에도 시대 촌락에서 농민의 신분으로 촌락 행정을 담당하던 자들을 통틀어 가리킨다.

가구가 남게 되었습니다. 벌목으로 먹고 사는 23가구는 농사일을 소홀히 하고 갈수록 방탕해졌습니다. 앞으로 마을이 얼마나 더 무너질지 걱정되어, 친족·조합이 모여 의논해보고 밤낮으로 궁리를 해봐도, 마을 사람들의 마음을 바로 잡을 수가 없었습니다.

메와 시기(1764~1772)에는 40가구가 있었는데, 1830년(덴포 원년) 무렵에는 24가구로 격감했고, 남은 24가구도 나누시인 엔도 이헤이 집안을 뺀 23가구는 본업인 농사를 접고 벌목으로 전업했다. 마을 안에는 방탕무뢰한 자들이 많아져서 앞으로 어떻게 할지 친족·조합이 모여 의논을 해봐도 뾰족한 수가 없었다.

이와 같이 밑바닥으로 떨어진 상태였던 나가베 마을 사람들이 오하라 유가쿠를 만나 세가쿠를 공부하면서 벌목을 그만두고, 본업인 농사로 돌아오면서 집안도 화목해지고, 센조구미아이를 결성하여 본래의 나가베 마을로 다시 일어났다는 것이다.

2) 방탕무뢰한 마을 사람들

한편 방탕무뢰한 나가베 마을 사람들은 어떤 상황에서 오하라 유가쿠의 세가쿠를 받아들였던 것일까.

우선 나가베 마을 유일한 농가인 나누시 엔도 집안의 후계자 혼쿠라의 경우를 보자.[6]

저희 가솔은 6명으로 1년에 14석 정도 농사를 지어 살고 있습니다. 제가 18세 무렵에는 30석 넘게 지었습니다. 50년 전에 화재가 나서 집을 새로 짓느라 300량의 빚을 졌었는데 부모님께서 열심히 일하셔서 제가 18세가 되었을 때는 그 빚을 다 갚았습니다. 그런데 제가 조루리, 사미센, 색욕 등으로 1년 동안 30냥 넘는 빚을 지게 되었습니다. 부친에게 수차례 돈을 빌린 후에도 친구들과 어울려 흥청망청 거리다보니 갖다 쓰는 돈이 점점 많아졌고 자연스럽게 집안 전체의 씀씀이도 헤퍼졌습니다. 1년에 50냥도 넘게 쓰면서 난잡해졌습니다. 지난 덴포 6년(1835) 말 오하라 유가쿠에게 입문하여 공부하게 되면서 스스로를 바꾸는 한편 마을사람들도 구하기 위해 노력하게 되었습니다. 도카이치바무라十日市場村 이헤이에게 저당 잡혔던 땅도 개혁 후 되찾아왔으며, 농사도 14석지기가 되었습니다. (…중략…) 스스로 마음을 바로 잡은 후 마을을 돌아보니 농사를 짓는 집은 하나도 없고 다들 벌목을 생업으로 하고 있었습니다. 농사를 짓는 집은 저희 집뿐이었습니다. 벌목일을 하면서 히타치常陸, 오슈奧州, 가즈사上總 등을 돌아다니며 못된 것들을 보고 사람들이 그것을 마을 안까지 가지고 들어와 풍기가 문란해졌습니다.

오하라 유가쿠 사후 그 뒤를 잇게 되는 엔도 료자에몬도 한때는 방탕무뢰한 젊은이였던 것이다. 50년 전 화재로 300냥이 넘는 빚을 지게 되었지만 부모가 열심히 일해 갚았기 때문에 료자에몬이 18세가 될 무렵에는 한 해 30석지기 여유있는 나누시 집안이었다. 그런데 젊은 탓인지 부모의 사랑이 지나쳤는지 조루리, 사미센, 색욕의 유혹에 빠져 30냥이 넘는 빚을 지게 되었다. 소비사회의 사치에 물들고 유흥에 빠져 일 년에 50냥도 넘는 큰돈을 쓰게 되면서 집안까지 나락으로 떨어져 위태로운 지경에 이르게 되었다. 그때 오하라 유가쿠를 만나 입문하여 마음을 바로 잡은 후 저당 잡혔던 땅도 되찾게 되었고 14석지기 농사도 다시 일으키게 되었다. 유흥의 꿈에서 깨어나 마을을 돌아보니 농사인 본업을 지키고 있는 집은 자기 집안뿐이고 다른 이들은 농사를 버리고 벌목꾼이 되어 있었다. 그들이 히타치, 오슈, 가즈사, 산요山陽를 떠돌아다니며 얻게 된 나쁜 풍속을 마을에 퍼뜨리는 바람에 나가베 마을의 풍기는 최악의 상태가 되어버렸다.

나누시 집안에 태어나 언젠가는 뒤를 이어야 할 아들이 방탕에 빠진 것이다.

그런데 농사를 버리고 벌목으로 생업을 바꾼 이들은 어떠했을까. 훗날 료자에몬과 함께 나가베 마을의 개혁에 나서는 가에몬嘉右衛門의 경우를 보자.[7]

가에몬은 원래 술과 노름에 빠져 농사일은 하지 않고 수년간 방탕무뢰한 못된 짓만 일삼았다. 덴포 7년 무렵 오하라 유가쿠에게 입문은 했으나 가르침을 따라갈 수가 없어서 바로 그만두었다. 그로부터 노름과 술에 빠져 재산을 탕진했다. 노름 밑천을 마련하기 위해 벌목꾼이 되어 보소, 오우奧羽를 떠돌아다니며, 농사일은 처에게 떠맡겼다. 처는 그야말로 정숙한 성품으로, 남편인 가에몬이 못된 짓을 일삼아도 원망하지 않았다. 가에몬은 그 후 마을사람 가운데 가장 먼저 정신을 차리고 불효불의한 일은 털끝만큼도 하지 않도록 힘쓰니 모두의 부러움을 샀다. 한편 그의 처는 못난 남편이 마음을 고쳐 잡기만 바라며 남편이 없는 동안 자식들을 키우면서 농사일에 힘쓰는 한편 틈날 때마다 날품팔이를 하거나 베를 짜서 팔았다. 그렇게 열심히 일해서 조금 모아둔 곡식과 돈도 남편인 가에몬이 갑자기 집에 돌아와서는 다 써버렸다.

가에몬은 한때 유가쿠에게 입문은 했으나 원래 술과 노름을 좋아하고 농사일은 싫어했다. 말 그대로 방탕무뢰 그 자체였다. 돈벌이를 위해 벌목꾼이 되어 가까이는 보소, 멀리는 오우의 벌목 현장을 돌아다녔다. 집을 지키던 처 아사는 그야말로 바른 아내로, 자식들을 돌보는 한편 농사일, 날품팔이, 베짜기 등을 하며 남편이 마음을

161

고쳐 잡기만 바랄 뿐이었다. 그러나 가에몬은 느닷없이 돌아와서는 처가 모아둔 얼마 안 되는 돈을 술과 노름으로 탕진했다. 그야말로 몹쓸 남편에 어진 아내의 전형이었다.

엔도 료자에몬의 오른팔이었던 료조良藏의 경우는 경제 활성화로 인한 촌락의 소비 풍조의 영향을 크게 받았다.[8]

료조의 아버지 마사에몬은 농사를 싫어하고 욕심이 많아 쌀장사를 하면서 조시銚子·이타코潮來 등지를 돌아다녔는데 품행이 좋지 않았다. 그런데 료조는 태어나기를 어리석고 고집불통이라 아버지 마사에몬도 골치를 썩었다. 장사하러 조시 쪽에 갔을 때 사미센을 구해 료조에게 주었는데 이 어리석고 고집 센 자가 조금씩 사미센에 관심을 가지면서 품행이 더욱 유약해지고 사미센에 점점 더 빠지게 되었다.

료조 집안은 아버지 마사에몬부터 농사를 버리고 쌀장사에 손을 댔으며 물산이 모이는 곳인 동시에 번화한 항구이기도 한 조시, 이타코에 드나들었다. 그는 에도 후기 촌락의 소비사회를 잘 아는 농민이었다. 1827년(분세이 10) 간토토리시마리슈쓰야쿠關東取締出役가 노칸토세이農間渡世[7]를 조사한 바에 따르면 마사에몬은 마을에서 단 하나였던 선술집을 하고 있었다. 아들인 료조가 "태어나기를 어리석고 고집불통이라" 거래처가 있는 조시에서 사미센을 사서 주었다고 한다. 조금은 세상 물정을 알기를 바라는 아비의 마음이었지만 료조는 사미센에 빠져 품행이 더욱 유약해져 버렸다는 것이다.

이처럼 나누시 집안은 물론 모든 집이 황폐해졌음은 저절로 탄식

7　에도 시대 농민이 농사를 지으면서 한가한 틈을 타 행한 각종 날품팔이나 장사.

할 정도였다. 그러나 나가베 마을의 황폐를, 일찍이 한때를 풍미했던 간토 지방 농촌의 황폐론으로 속단할 수는 없다. 촌락의 전체가 빈곤, 궁핍해진 절망적 황폐는 아니었다.

혼쿠라 즉 료자에몬의 황폐는 18세에 흥청망청 먹고 마시는 데 빠져 30냥이 넘는 빚을 지고, 1년에 유흥으로 50냥씩 낭비하는 타락의 결과이다. 또 가에몬의 가난은 농사일을 싫어하고 돈을 만질 수 있는 벌목꾼으로 전업하여 번 돈을 오로지 술과 노름으로 탕진하는, 실로 사치스러운 가난인 것이다.[9]

에도 후기 도소東總의 촌락사회에 퍼진 소비 풍조는 조루리나 사미센의 음색을 타고 술과 노름을 유행시켰다. 산을 하나 넘어 도네가와利根川 강변에 가면 도박꾼이나 떠돌이가 모여드는 도박장이 있는, 바로 '덴포스이코덴天保水滸傳'[8]의 세계가 열려 있었다. 그중에는 가산을 탕진하고 마을을 떠난 자도 적지 않았을 터이지만, 반대로 유흥의 유혹을 뿌리치고 유흥의 마력을 극복하고 논밭을 일구기 위해 기술을 익힌다면 재능과 노력으로 큰 부자가 되는 것도 가능했다.

간장 등 양조업의 융성, 말린 가자미 등 연안 어업의 발전, 이것들을 에도를 비롯해 전국 시장으로 파급시킨 도네가와 운송의 확대 등, 경제 발전의 바람을 타고 살아난 도소 촌락사회는 역설적으로 그만큼 힘든 국면도 맞았던 것이다.

163

---

8   에도 시대 도네가와 주변을 무대로 협객들의 다툼을 그린 야담.

3) 아이 · 젊은이의 위기

오하라 유가쿠는 물론 료자에몬, 가에몬, 료조 등 세가쿠에 뜻을 둔 자들이 촌락사회에 대해 가진 위기의식 가운데에는 장래에 촌락을 떠맡을 아이 · 젊은이들에 대한 걱정도 있었다.

앞서 말했듯이 나누시가 될 료자에몬은 마을의 황폐에 덧붙여 장래 마을을 이어받을 아이 · 젊은이들의 참담한 상황을 다음과 같이 개탄하고 있다.[10]

> 젊은이 · 아이들이 어른들의 방탕을 보고 흉내 내어 행실이 점점 나빠져서, 부모를 비롯해 친척, 구미아이組合,[9] 무라야쿠닌이 몇 번을 타일러도 소용이 없었습니다. 몰래 돈을 빌려 쓰거나 부자를 미워해서 그 자식을 나쁜 일에 끌어들이는 등, 앞서 말했듯이 만사가 이러하니 실로 마을 전체가 어지러워지고 곤경에 빠졌습니다.

젊은이나 아이들이 어른들의 술, 노름, 색욕 같은 나쁜 행실을 보고 흉내 내면서 유흥에 빠지고 부모, 친척, 구미아이, 무라야쿠닌이 온갖 방법으로 타일러도 보고 꾸짖어도 보았지만 듣지를 않고 몰래 빚을 진다든지 또는 부자를 미워해서 그 자식을 나쁜 일에 끌어들이는 등 만사가 이런 지경이니 실로 마을 전체가 썩고 어지러워졌다.

촌락이 자립하기 위한 필수 조건, 즉 자기 역할을 제대로 하는 사람을 육성하고 교육하는 기능이 마비된 것이다.

---

9   에도 시대에 치안 유지를 위해 5가구씩 묶어 연대 책임을 물었던 고닌구미五人組 제도의 구성원을 뜻한다.

4) 개혁이 시작된 나가베 마을

1837년(덴포8) 8월의 "흐느껴 울던" 만남 이후 오하라 유가쿠와 나가베 마을의 관계는 빠르게 진전었다.

다음 해 2월 9일 나가베 마을은 문중대회를 개최해 밤낮으로 세가쿠를 논의했다. 나가베 마을 사람들은 유가쿠의 세가쿠 강연에 대해 격렬하게 논쟁했다. 밑바닥까지 떨어진 막다른 골목의 처지에서 마을 사람들이 진심을 토해낸 것이리라. 이렇게 되니 산전수전 다 겪은 떠돌이 종교인 유가쿠의 독무대가 되었다.

유가쿠는 8월 23일에는 자손영속의 약정과 센조구미아이 결성을 설득하기 위한 강연를 이어갔다. 그는 9월 23일, 10월 12일에도 나가베 마을을 방문하여 자손영속의 약정을 되풀이했다. 29일에는 문하인들의 아내에게 남편을 도와 서로 협력하고 원만하게 지낼 것을 결의하도록 했다. 이틀 후인 11월 1일에는 센조구미아이의 역할 분담과 모은 돈을 조사해서 조정했다. 같은 시기에 센조구미아이 결성을 위해 근처 쇼토쿠지무라諸德寺村와 호쿠소北總 나리타成田의 하타야무라幡谷村, 아라카이무라荒海村도 방문했다. 마침내 1838년(덴포 9) 나가베 마을에서는 도반이 5냥씩 갹출하여 11가구(마을의 약 절반에 해당)가 센조구미아이를 결성했다.[11]

물론 거기에는 엔도 료자에몬의 아버지인 이헤이, 술과 노름을 좋아하는 벌목꾼이었던 가에몬, 유약한 마사에몬 3인이 유력한 조원이었고, 마사에몬이 유일한 실무자였다.

호쿠소에 하타야무라, 아라카이무라, 도소에 나가베 마을, 쇼토쿠지무라라는 두 지역에 네 군데 거점이 생긴 그때 오하라 유가쿠의 방랑벽이 멈추고 18세부터 살길을 찾아 헤맨 방랑의 생애가 드디어

165

안주의 땅을 발견한 것처럼 보였다.

굶주린 방랑의 무리가 아닌 도반이라는 문하인들에게 추앙받는 지도자, 큰 스승이 된 유가쿠에게는 그때부터가 진검승부였다. 그가 바라는 세가쿠는 하이쿠나 관상, 풍수 따위를 보는 떠돌이가 할 수 있는 일이 아니었다. 마을의 생업, 생활을 밑바닥부터 바꾸는, 말하자면 연공 부담이나 쇼몬아라타메宗門改10 등의 지배체제까지 이르는 난제를 안고 있었다.

1840년(덴포 11) 유가쿠와 나가베 마을은 끊을래야 끊을 수 없는 관계가 되었다. 나가베 마을에서는 떠돌이 낭인 오하라 유가쿠를 세가쿠에 의한 마을 개혁의 지도자로 받아들여 정주할 집을 제공하기로 했다. 그리고 나누시인 엔도 이헤이 집 헛간을 수리하여 세가쿠 강연장으로 삼았다.

166

5) 1840년의「도반의정서약道伴議定誓約」

오하라 유가쿠는 나가베 마을의 나누시 집에 모인 도반들과 함께 센조구미아이의 결성, 마을 영속을 위해 힘썼다. 그리하여 1840년(덴포 11) 4월 10개조를 의논하고 결정한 후 모두 함께 서약했다.

도반이 지켜야 할 것道伴中誓約之事

一. 노름

一. 불의밀통不義密通

---

10 에도 시대에 기독교 탄압·적발을 위해 매년 개개인별로 실시한 신앙조사.

一. 내기

一. 이중직업職行二重

一. 매음女良買

一. 탐욕

一. 사기

一. 폭음

一. 소송남발

一. 교겐, 데오도리手踊,[11] 조루리, 조카長歌[12] 등 사미센을 이용하여 사람의 마음을 흔드는 행위

그 밖에 괴력난신이나 분수에 맞지 않는 행실, 사치, 위험한 거래, 위험한 행실 등을 하는 것은 자손을 멸망하게 하는 것이므로 일절 해서는 안 된다.

노름으로 시작하는 10개 조항은 나가베 마을 사람들이 깊이 젖어 있던 참상 자체로, 몸을 해치고 결국은 자손을 멸망시키는 원인으로 지목되었다. 이는 구체적인 생활규범(통속도덕)을 예시하는 에도 시대 후기에 발흥한 촌락 부흥의 움직임과 맥을 같이 하는 것이다. 유가쿠의 독창적인 부분은 '괴력난신'이 결국 자손의 멸망을 이끈다는 강한 인식이다.

도반들에게 엄격한 의정서 엄수를 서약하도록 하고, 한 집당 5냥을 센조구미아이의 출자금으로 갹출한 다음, 사사로이 손을 대지 않고 그것을 기금으로 모아서 마을 개혁을 꾀하기로 결의했다.

1840년 나가베 마을 의정서약은, 1년 2회의 대회 1회 100푼씩 돈을 모으고 자손영속을 제창했던 1836년(덴포7)의 도소 도반 92명 '문

---

11 앉은 채 손짓만으로 추는 춤.
12 와카和歌의 한 형식으로 5·7의 구를 반복하다가 맨 뒤는 7·7의 구로 맺는 시가.

하인 서약'을 발전시킨 것이다. 이는 1837년(덴포9)에 결성한 나가베 마을 센조구미아이의 활동과 존재를 공식적으로 드러내려는 의도였다. 한 마을을 감싸 안은 유가쿠의 방식은 지배 영주와의 관계를 무시하고는 이루어지기 힘들다. 무엇보다 떠돌이 낭인 출신인 유가쿠는 신분에 근본적인 약점이 있었으므로 어떻게든 영주의 보증이 필요했다. 그것을 얻기 위해서는 센조구미아이에 가입한 11가구 가족 전원이 서명하고 손도장을 찍은 의정서약과 센조구미아이의 패 위에 나누시 이헤이, 구미가시라組頭 겐베이源兵衛, 하쿠쇼다이百姓代[13] 니에몬仁右衛門, 무라야쿠닌 3인을 대표로 적어 그 지역을 다스리는 시미즈 가문 관청清水家御領知方御役所에 "잘 살펴보고 허가"해달라고 청원서를 제출해야했다.

시미즈 가에서는 영지에 속한 촌락들의 조합을 감독하는 만리키 무라万力村의 가부라키기자에몬鏑木儀左衛門과 견습 가부라키기자에몬에게 허가 여부에 대해 자문을 구했다. 그 두 사람은 의정서 실행과 더불어 저당 잡힌 땅을 돌려주는 것이 불안하기는 하였으나, 앞으로 분명하게 하겠다는 조건을 달아 승낙했다. 복잡한 서류 수속을 거쳐 시미즈 가문 관청에서는 「앞서 낸 서류를 검토하였다前書見置もの也」라는 애매모호한 증명서를 내주었다. 이것이 바로 훗날 유가쿠와 관계된 에도 소송에서 문제가 된 문건이다. "잘 살펴보고 허가"한 것이 아니기 때문이다. 그러나 인정하지 않은 것도 아니었다. 되어가는 형편을 지켜보겠다는 것이다. 위정자의 책임을 회피하는, 실로 융통성이 넘쳐흐르는 문건이다.

그러나 나가베 마을의 도반들은 이것을 영주님께서 인정하신 것

---

13 구미카시라와 하쿠쇼다이는 나누시를 도와 마을 일을 보던 무라야쿠닌.

으로 받아들였다.

1848년(가에이 원년) 2월 16일 나가베 마을 나누시 이헤이, 예비 나누시 료자에몬은 1840년(덴포 11)의 의정서 출원 이후의 경과를 시미즈 관청에 제출하였는데, 그 가운데 도반이 정진하는 모습을 다음과 같이 보고하였다.[12]

덴포 11년 8월 17일 세가쿠 도반 센조구미아이 청원서를 올렸는데 살펴보시고 허가하는 증명서를 내려주셨으니 감사드립니다. 그때 한 사람도 눈물을 흘리지 않은 이가 없었습니다. 그 후 매달 17일에 도반 가족 모두 이헤이 집에 모여 증명서에 절했습니다. 9년간 매일 아픈 사람 외에는 모두 참배했습니다.

나가베 마을의 도반들은 영지를 다스리는 관청이 「앞서 낸 서류를 검토하였다前書見置もの也」를 '허가완료聞済'라고 잘못 이해하고 1840년(덴포 11) 8월 17일을 기념하여 매달 17일에 도반 가족들이 모두 나누시 이헤이 집에 모여 증명서에 절했다는 것이다. 영주를 회유하려는 의도일 수도 있지만 증명서를 받은 기념일을 정해 참배했다는 새로운 습속은 유가쿠의 세가쿠 실천을 상징하는 것 중 하나다.

여기서 기억해두어야 할 것은 나가베 마을의 개혁에 대한 움직임과 영주의 관계에서 오하라 유가쿠가 전혀 나서지 않았다는 것이다. 영주나 영지 지배와 연결되어있는 촌락 구미아이의 감독자들도 유가쿠의 존재를 알면서도 모르는 척, 어디까지나 나가베 마을 자체의 문제라고 보았다.

169

3. 오하라 유가쿠의 개혁과 촌락의 생활습속

1) 1841년 개혁 단행

이렇게 증명서를 받은 다음 해인 1841년(덴포 12)은 나가베 마을과 오하라 유가쿠의 앞날에 서광이 비치는 기념할 만한 해였다. 1841년 정월 초하루 유가쿠는 새해를 온몸으로 축하하며 이렇게 한 수 읊는다.[13]

> 꾸밈없이 마음 그대로 꾀꼬리의
> 첫소리에 날이 밝는구나

그리고 2월 16일부터 3월 중순까지 도카이치바 마을의 도반인 호상 하야시 이헤이林伊兵衛가 출자함으로써 자손영속의 약정이 현실화되었다. 전답의 개정까지 가능해지면서 개혁에 대한 유가쿠의 포부는 절정에 달한다. 유가쿠는 자신이 마을에 가면 도반들이 앞 다투어 모여드는 강연장의 열기를 이렇게 시로 지었다.[14]

> 남자 모두 기쁨이 넘치고 처녀들도
> 마음껏 향기를 품어내는구나

개혁은 때를 만난 듯이 빠르게 진행되었다. 그 중심인 센조구미아이와 전답개혁에 대해서는 선행 연구를 따르고 이 글에서는 촌락의 생활관행, 넓게는 습속과의 관계를 다루고자 한다.

개혁의 주체가 된 나가베 마을의 도반들은 어떤 사람들이었을까. 또 개혁을 단행하면서 생활 습속을 어떻게 바꾸려고 했던 것일까. 유가쿠가 세가쿠를 강행한 과정은 기존 촌락사회의 생활 실상을 그대로 보여준다. 바꾸어 말해 유가쿠가 개혁의 성공을 위해 어떤 주체 세력을 형성하고자 했는가를 알 수 있다.

2) 개혁의 주체 – 도반 가족

나가베 마을 개혁의 주체 세력은 1840년(덴포 11) 4월에 출원한 도반의정서에 이름을 올린 11가족, 55명이었다. 호주를 비롯한 가족 구성원과 호주의 관계, 연령은 〈표 1〉과 같다.

〈표 1〉 1840년 나가베 마을 센조구미아이 도반의 가족 구성

	0~14세		15~60세		61세~		합계	세대(수)	전답면적(단보)	하야시 이헤이 저당금
	남	여	남	여	남	여				
1. 이헤이	1	1	2	2	0	0	6	2	25.7108	금 190냥 3푼
2. 지헤이	2	0	2	2	1	0	7	2	11.726	15냥
3. 마사에몬	1	0	2	3	0	0	6	1	6.525	40냥
4. 소에몬	0	0	3	2	1	1	7	2	9.324	16냥
5. 니에몬	0	0	2	2	0	0	4	1	10.72	39냥
6. 겐베이	2	0	2	3	0	0	7	2	10.215	20냥
7. 신우에몬	0	1	1	1	0	1	4	2	10.106	50냥
8. 쓰에몬	0	0	1	1	0	0	2	1	8.82	0냥
9. 가에몬	0	2	1	1	0	0	4	1	2.8295	0냥
10. 고헤이	1	0	1	1	1	0	4	1	4.6185	62냥
11. 요시베이	0	1	1	2	0	0	4	2	8.402	12냥
합계	7	5	18	20	3	2	55		108.9968	444냥 3푼
비중	22%		69%		9%		100%			

저당금은 나카이 노부히코 『오하라 유가쿠』, 전답면적은 오가사와라 나가요지(小笠原長和) 외, 「도소 농촌과 오하라 유가쿠」, 참조.

우선 남녀와 0~14세(아이), 15세~60세(어른), 61세 이상(노인)을 구별해서 정리해보았다. 남자 28명, 여자 27명인 남녀구성비는 이상적이다. 아이가 12명(22%), 어른 38명(69%), 노인 5명(9%)도 균형이 맞는 구성이다. 2세대로 구성된 가구가 6, 1세대인 가구가 5, 생계를 책임지고 있는 부부 한 쪽이 없는 가족은 하나도 없다. 한 가족당 평균 아이 1.1명, 어른 3.45명, 노인 0.45명이다. 그야말로 완벽한 가족 구성이다.

동시에 숙부·숙모 가족이 동거하는 복합가족도 전무하고, 하인이나 하녀도 전혀 없다. 도반 11가족은 그 구성상 생산성이 높은 작업팀이라 할 수 있다.

11가구가 경작하고 있는 전답 면적도 함께 보자. 가장 많은 집이 이헤이로 25단보[14](23.5%), 가장 적은 집이 가에몬으로 2.82단보였다.

1841년 12월 새로 추가되는 6명을 포함해 17명이 도카이치바 마을의 하야시 이헤이에게 66.512 단보를 저당 잡히고 650냥이라는 거금을 빌리는데, 이들은 이 돈을 갚는 한편으로 센조구미아이의 기금을 지킬 수 있는 가족이라고 여겨진 것 같다. 이를 위해서는 세가쿠 방식의 엄격한 수련이 반드시 필요하다. 이헤이의 190냥 3푼이 29%를 차지하고 있는데, 쓰에몬忠右衛門과 가에몬은 저당 잡힐 땅이 충분하지 않았던 것 같다.

3) 마을의 정서 합의 – 「마을관례서鄉例控」

당시 나가베는 나누시인 이헤이 집안만이 14석지기의 농가이고 나머지 23가구는 벌목꾼인 가장이 외지로 돈벌이하러 나가는 황폐

---

14 토지 면적의 단위. 1단보는 약 300평.

한 마을이었다. 이러한 마을을 다시 일으켜 세우기 위해서는 소비경제의 사치에 물든 생활관행·습속을 뉘우치고, 분수에 맞게 생활을 바꾸지 않으면 안 된다.

1841년(덴포 12) 4월 10일, 나가베 마을에서는, 무라야쿠닌 ─ 나누시 이헤이, 구미가시라 겐베이·소에몬惣右衛門, 하쿠쇼다이 니에몬 ─ 에게 쓰에몬 이하 21명의 농민, 즉 25명 전원이 논의 끝에 마을의 정서라 할 수 있는 15개조의 「마을관례서」를 결의했다. '마을관례서'는 마을의 생활(생산과 소비)과 밀접한 연중행사를 치르는 방식에 대한 약정이었다〈표 2〉 참조).

대충 써내려간 것으로 보이는 행사를 표로 정리했다. 비고에는 참고를 위해 도소 지역의 관련 행사를 덧붙였다. 빈 곳도 있고 정정한 부분도 많은 것을 보아 일상적이고 친숙한 행사를 축소하고 간소화하는 것이 마을 사람들에게는 그만큼 골치 아팠음을 알 수 있다.

또한 표에서는 연중행사의 폐지 또는 간소화, 축소화가 일관되게 나타난다. 우마고시라에(칠석날 말 인형을 만들어 바치는 것), 호소疱瘡바야시(천연두를 잘 넘기고 액을 막기 위한 임시 액막이 행사), 네가히아소비願ひ遊·네가히해맞이(젊은이들이 앞장서서 임시 휴일을 만듦), 마을기도는 "금지"(폐지)되었다. 허용된 행사라도 신에게 바치는 술, 요리, 접대를 간소하게 하도록 엄하게 지시하고 있다. 내놓는 요리가 무국에 밥을 말은 야식, 국 한 가지에 밥 한 가지라니 경사스러운 날의 식사치고는 소박하고 빈약하다. 또 접대도 모심기를 마치고 하는 경우에는 어쩔 수 없지만 이쪽에서 내가는 것은 금지하고 있다. 마을 사람의 성장의례 중 빼놓을 수 없는 출산 축하, 7세 축하, 15세 축하에 대해서도

173

〈표 2〉 1841년 4월 마을의 관례와 연중행사

행사명	월일	개혁 내용	비고 (히가시후사 지역의 민속)
코야시(コヤシ初)	정월 2일	신에게 술을 올림. 두부・파를 넣은 장국. 새로운 상호・담당자를 정함.	이치쿠와・하치쿠와15 새해 첫 일 시작
교히마치(鄕日待)16	정월 11일 7월 15일	가구당 쌀 1컵 무국에 말은 야식	구라비라키17 마을의 아마테라스오미카미 제사
비샤(お奉社)18	정월 15일	신에게 술을 올림 두부와 무를 넣은 국	오비샤 지역 토지신 제사
고야스코(子安講)19	정월 24일 7월 24일	쌀3홉과 돈 12푼, 신에게 술은 올리지 않음. 1년에 2번만	매월 22일(사와라(佐原)・가토리(香取))
고신(庚申)20	-	그때그때 알맞은 국1, 나물1. 사는 건 일절 쓰지 않음	고신코(庚申講) 고신마치(庚申待)
이세코(伊勢講)	3월 15일 10월 10일	손으로 만든 물건에 국1, 나물1, 신에게 술은 올리지 않음, 사는 건 일절 쓰지 않음.	
우마코시라에(馬拵)	-	해맞이는 폐지.	칠석인 7월 7일 아이들은 짚으로 말을 만들어 매어놓았다가, 아침 일찍 일어나 이 말을 끌고 풀 베러 나감.
시부오토시(澁落)21	-	이웃은 부르지 않음. 찾아온 사람을 대접하는 것은 별개. 이쪽에서 찾아가지는 않음	6월 30일 시부오토시, 휴식. 떡을 해 근처에서 기온마쓰리
호소(疱瘡)바야시	-	외부인 출입 금지. 나으면 가족끼리 축하	
네가히아소비(願ひ遊)・네가히해맞이	-	해맞이 등 일절 금지	임시 휴일
니봉(新盆)	-	공양은 정성껏 음식은 가볍게	
가미고토(神事)22	9월 5일	앞의 예와 마찬가지로 특별한 안주는 일절 사지 않음	구마노오카미(熊野大神)제례
마을기도・요이히마치(宵日待)	2월 7일	금지	휴일
출산축하(産着祝)	-	가족끼리 축하	
7세축하・15세축하	-	가족끼리 축하 손님 초대는 일절 금지	

답례만 할 수 있을 뿐 "손님을 부르는 것"은 일절 금지하고 있다.

　이러한 나가베 마을의 연중행사 자숙에 관한 합의는 오하라 유가쿠가 이헤이 집에 도반들을 모아놓고 행한 강연과 자손영속의 약정을 위한 논의를 통해 결론이 내려지고 결정되었을 것이다.

4) 니봉新盆·7세 축하·15세 축하의 약정 - 「마을의례·도리 약정서」

　오하라 유가쿠의 활약으로 연중행사 의례의 폐지 또는 축소가 합의되긴 했지만 그대로 실행이 안 된다면 지배층이 내리는 금지령과 마찬가지로 허울뿐인 공수표에 지나지 않게 된다.

　마을의 연중행사는 무라야쿠닌이 통제할 수 있으나 집안 의례는 제각기 사정이 다르기 때문에 「마을관례서」를 지키도록 하는 것이 쉽지 않았다. 그 때문에 별도로 「마을의례·도리 약정서村方儀理重義取究之控」를 작성하여 마을 내 교제 관계에서 지켜야 하는 의례·도리를 서로 약속했다. 가장 어려운 것은 「마을관례서」에서 "공양은 정성껏 음식은 가볍게"라고 정한 '니봉新盆'[23]이다. 나가베 마을에서는

15　새해를 맞아 처음으로 괭이를 논밭에 넣는 의식. 이 의식 전에 논밭에 들어가서는 안 된다고 한다.
16　마을 해맞이 행사.
17　새해 창고 문을 여는 의식.
18　정월에 신사에서 활을 쏘아 그 해의 길흉을 점치는 행사.
19　임산부의 순산을 비는 마을 여성들의 모임.
20　경신날 잠을 자면 몸에 있던 벌레 3마리가 떨어져 나와 천제에게 가서 그 사람의 죄를 고한다고 하여 철야를 하는 풍습. 중국 도교에서 유래한 것으로 에도 시대에 성행하였음.
21　더러움을 털어낸다는 뜻으로, 보통 모내기를 끝내고 즐기는 행사를 말함.
22　일 년을 주관하는 신을 맞이하기 위한 일련의 정월 행사를 말함.
23　망자가 죽은 뒤 처음 맞는 백중날.

1841년(덴포 12) 7월 니봉을 맞은 세 집에 대해 다음과 같이 하도록 정했다.

> 덴포12년 축丑 7월 니봉
>
> > 모친 니봉 소에몬
> >
> > 자식 니봉 야스자에몬安左衛門
> >
> > 자식 니봉 가에몬
>
> 친족, 동료들은 소면, 50푼씩 보낸다.
>
> 그 외 향 1봉지씩 보낸다.
>
> 축丑 7월 13일
>
> 위와 같이 마을 사람들과 의논해서 보낸다.

어머니가 돌아가신 소에몬, 자식을 잃은 야스에몬과 가에몬이 그해 7월에 니봉을 맞았다. 마을에서는 친척과 도반들이 소면, 50푼, 향 1봉지를 공물로 할 것을 함께 의논해서 보냈다.

니봉만큼 중요한 또 하나의 가정의례는 성장의례인 7세·15세 축하행사였다. 11월 15일 행사는 다음과 같이 실행되었다.

> 음력 11월 15일
>
> 지로자에몬次郎左衛門의 아들
>
> > 15세 축하　지하치治八
> >
> > 7세 축하　쓰루지鶴次
>
> 종이 한 장당 이헤이가 계산해서 가져간다.
>
> 최근 다자에몬多左衛門의 아들
>
> > 7세 축하　조스케丈助

요시베이吉兵衛의 딸

　7세 축하　　하쓰はつ

　이상은 가족끼리만 축하하고 손님은 일절 부르지 않습니다. 다른 마을 친척은 의논해서 조정하고 서로 부릅니다만 선물은 주고받지 않기로 의논해서 정했습니다.

　15세 성인이 되는 지하치, 7세가 되는 쓰루지, 조스케, 하쓰 네 명은 마을 의례에 따라 가족끼리만 축하하고 손님은 일절 부르지 않는다. 축하 선물은 가능한 주고받지 않기로 약속하고 있다. 다만 나가베 마을의 의례이기 때문에 다른 마을 친척은 각 집에서 조정해서 하도록 했다. 다른 마을에서는 나가베 마을의 관행을 기이하게 받아들였을 수도 있다. 이러한 약정의 중심에 있는 이헤이는 "22가구에 일절 선물을 하지 않습니다", 즉 일절 선물을 하지 않음으로써 솔선해서 간소화하려고 노력하고 있다.

　나가베 마을 도반들의 생활습속 개혁은 매우 세세하고 엄격하게 실행되었다.

5) 연중행사의 규정 – 「연중정례서年中定例控」15)

　1842년(덴포 13) 나가베 마을은 일 년간의 시행착오를 거쳐 「연중정례서」를 작성하였다. 나가베 마을의 이런 시도가 외부로 알려진 것은, 쇼토쿠지 마을의 스게노야 마타자에몬管谷又左衛門이 나가베 마을의 연중행사 규정인 「임인년壬寅年 나가베 마을이 정한 격식, 묘卯 9월 28일」을 한 장 보내달라고 했기 때문이다. 쇼토쿠지 마을 역시 나가베 마을처럼 센조구미아이를 결성한 세가쿠의 유력한 거점이었다.

이 규정서에는 정월부터 12월까지 연간 제례일과 행사의 내용, 특히 음식에 관한 세세한 지시가 적혀 있다. 1841년의 마을의례처럼 이를 〈표 3〉으로 정리해보았다. 비고란에 도소 지역의 관련 풍습을 참고로 덧붙였다. 총 41일, 그 가운데 날짜가 분명하지 않은 제례일 열흘을 포함하여, 연중행사를 모두 검토하였다. 〈표 3〉에서 알 수 있듯이, 나가베 마을은 연중행사를 일관되게 폐지 또는 축소, 적어도 간소화였다. '중지'한 행사는 6월 27일의 '니바시新箸', 10월의 에비스코蛭子講이다. 니바시는 미나모토 요리토모源賴朝가 이시바시야마石橋山 전투에서 패했을 때 골풀로 만든 젓가락으로 점심을 먹은 후 땅에 꽂은 자리에서 싹이 텄다고 하는 고사에서 유래한, 벼농사와 연관된 행사이다. 에비스코는 상거래 번창을 기원하는 행사다. 오하라 유가쿠의 세가쿠가 특히 상업을 혐오하고 괴력난신을 멀리 하기 때문에 그 행사를 중지시킨 것은 아니었을까.

제례일에 바치는 음식은 간소하다. 쑥떡, 모란떡, 고자키떡 등 정식으로 올리는 떡이 아닌 대용품을 올리도록 했다. 다만 정월 행사의 "규정에 맞는 조니雜煮"[24]는 세가쿠식 식문화의 진면목을 보여준다. 눈길을 끄는 점은 이런 연중행사 외에 "매월 17일은 보리떡 혹은 고자키떡도 무방하다"고 덧붙인 것이다. 센조구미아이를 허가해 준 기념일인 매월 17일을 특별한 제례일로 정해 보리떡 같이 거친 떡이라도 먹으면서 기리고자 했다. 이와 같이 유가쿠와 그 도반들이 만든 나가베 마을의 새로운 제례행사가 실행된 것이다.

---

24 일본식 떡국.

〈표 3〉 1842년 나가베 마을 연중정례서의 연중행사

월일		행사 이름	행사내용	비고(히가시후사 지역의 풍습)
정월	초하루		격식에 맞는 조니	
	2일		〃	신춘휘호, 팽이를 처음 밭에 넣음, 업무 시작
	3일		〃	친척을 초대하여 잔치
	4일		〃	가가미모치를 잘라 먹음
	5일		〃	
	7일		나나쿠사오카유25	7가지 풀
	14일		사키테후(左義長)26	당고나라시,27 당고쇼쓰(団子正月)28
	15일		격식에 맞는 조니	경단이 든 팥죽, 당고쇼쓰
2월	초하루		조니	정월 초하루와 같음. 두 번째 삭일
	8일		보타모찌(牧丹餠)29	고토하지메30, 마을기도(村祈禱), 떡을 빚음.
		하쓰우마(初午)31	이나리마쓰리(稲荷祭) 상차림	이나리마쓰리와 노래(唱), 팥밥
	15일		석가여래일떡(釋迦如來日餠)	오비샤, 정월과 같음
3월	3일		쿠사모치32	히나셋쿠33
		파종정월(種蒔正月)	쿠사모치	히간부터 4월 상순까지 묘판에 씨를 뿌림
		모내기정월(蒔上正月)	쿠사모치	〃
	27일		떡 안함	히간(彼岸)34
4월	5일		떡 안함	가토리대신궁(香取大神宮)제례, 오온다사이(大御田祭), 쑥떡, 휴일
	17일		팥밥	
		사리(무里)	쿠사모치	4월 25일 무렵 모내기 시작, 6월1일
		사리노 쓰토코(무里의ツトコ)	중지	
5월	5일		치마키(千巻)가루	명절
		나무심기	손님은 초대하지 않고 가족끼리 축하	나무를 심은 후에는 휴식
		주하치야(十八夜)35	중지. 있다면 고자키떡정도	
		시부오토시	떡 안함. 보타모치	6월 나무심기를 마쳐야할 때 마을사람 모두함께 나무를 심어 늦어지지않도록함
6월	초하루		팥밥	아사마(淺間) 참배
		도요(土用)36	떡찧기	
	15일		쓰시마마쓰리(津嶋祭) 팥밥	
	27일	니바시(新ばし)	중지	니바시, 억새로 새 젓가락을 만들고, 경단·우동을 먹음
7월	14일		떡 안함, 경단	니봉
	15일		소면	
8월	초하루		팥밥	8월초하루 행사, 귀향, 햇곡식선물, (휴일)팥밥을 지어서 신불에게 공양

179

근세 후기 촌락사회의 조직과 가족·아이·젊은이

월일		행사 이름	행사내용	비고(히가시후사 지역의 풍습)
	15일	밤(夜)	고자키떡	8월 보름달 구경, 햅쌀로 만든 떡
9월	5일		찰밥	
	9일		우사기메시	중양(重陽)
10월	초하루		찰밥 사루타(猿田)참배 중지	사루타코(猿田講), 가이조군(海上郡) 시시바무라(椎柴村) 사루타오카미(猿田大神) 참배
	첫 번째 해일(亥日)37		떡 이노코모치만	10월 첫 번째 해일 팥고물을 묻힌 찰떡을 만듬
	20일	에비스코(蛭子講)38	중지	에비스코(惠美壽講), 에비스신이 돈을 벌어 돌아옴
11월	15일		나부카시	히모토키(紐解) 축하, 7세여아·15세남아 진주(鎭守)신사 참배 대접
	22일		마쓰자와카구라떡(松鞞神樂餠)	
12월	초하루		떡	가와비타리모치,39 냇가에 떡을 바침 휴일
	8일		떡 안함	
	25일		명절 떡 찧기	

180

25 음력 1월 7일에 먹는, 봄의 일곱 가지 푸성귀를 넣어 끓인 죽.
26 정월 보름날 연말연시에 사용한 장식 등을 태우며 무병을 빌고 악귀를 쫓는 행사. 돈도야키라고도 하는데 지역마다 부르는 이름이 다르다.
27 정월 보름날 오곡풍년을 비는 행사.
28 정월 20일경 벼농사 이외 작물의 풍년을 비는 행사.
29 찹쌀과 멥쌀을 섞은 것(혹은 찹쌀만)을 찌고 밥알이 남을 정도로 가볍게 쳐서 둥글게 만든 다음 팥소를 묻힌 음식.
30 한 해를 주관하는 신을 맞기 위한 '신사神事' 기간이 끝나고, 사람에게 있어 농사를 짓는 일상이 시작하는 날을 뜻함.
31 2월의 첫 오일午日. 이 날 일본 전국의 이나리 신사에서 농경의 신을 위한 이나리마쓰리가 행해짐.
32 쑥 같은 풀을 넣어 만든 떡.
33 3월 3일에 여자 아이의 성장을 기원하는 행사.
34 춘분이나 추분의 전후 약 3일간을 합한 7일, 또는 그 즈음의 계절.
35 하치주하치야八十八夜를 잘못 쓴 것으로 보임. 하치주하치야는 입춘 후 88일째 되는 날로 5월 1, 2일 경인데 일본에서는 이때를 파종의 적기로 여김.
36 입춘·입하·입추·입동 전 18일간을 뜻하는데 흔히 입추 전 18일간 여름 도요를 말함.
37 음력 10월의 첫째 해일亥日 해시에 떡을 먹음으로써 무병을 빔. 이때 먹는 떡을 이노코亥日모치라고 함.
38 음력 10월 20일 내지 11월 20일에 어부나 상인들이 에비스 신에게 풍년이나 풍어, 번영을 비는 민속 행사.
39 12월 1일에 떡이나 경단을 냇가에 두고 물의 신을 공양하는 연중행사.

6) 엔도 이헤이 집안의 1년－「작업계획서」[16]

나가베 마을이 전면적으로 개혁을 시작 한 1841년(덴포 12) 정월, 나누시 이헤이 집안은 연간 농사계획을 상세하게 기록한 「작업계획서」를 작성했다. 이를 보면 이헤이와 혼쿠라(료자에몬) 모두의 결연한 의지를 느낄 수 있다. 경영 규모를 보여주는 총 수확량 쌀 55가마 3말, 논 18.7단보, 밭 7.8단보 등 연간 작업양이 상세히 나와 있어, 이와 관계된 노동력을 추산할 수 있다. 그리고 연간 일정이 명시되어 있는데 1년 383일 가운데 세가쿠 수행일이 48일로 정해져 있으며, 그중 매월 17일은 세가쿠의 당연한 경축일이었다.

정월 행사, 절기, 파종정월, 하치주하치야八十八夜, 시부오토시, 오봉, 가자마쓰리風祭,[40] 신사의 제사 등 연중행사도 기재되어 있었는데, 농사 일정과 행사 분담이 주요한 내용이었다. 이헤이가 농사를 원활하게 짓기 위해 필요한 인력은 연인원 818명이었다. 문제는 이것을 감당할 이헤이 집안의 노동력이다. 다음은 이헤이 집안 노동 인력의 실태이다.

부친(이헤이)	57세	
모친(호노)	54세	
혼쿠라(료자에몬)	33세	
사다스케貞助(위탁받은 아이)	24세	고헤이五兵衛의 아들
요사부로与三郎(위탁받은 아이)		아오우마 마을青馬村 유타로祐太郎
마사키치政吉(위탁받은 아이)	12세	훗날 이이쿠라 마을飯倉村 센조旋藏
에쓰(혼쿠라의 처)	28세	

---

40 9월 초를 전후로 해서 태풍이 농산물 수확에 피해를 주지 않기를 바라는 마음으로 지내는 제사.

기요(위탁받은 아이)	불명
쓰네(위탁받은 아이)	불명
고우(혼쿠라의 딸)	6세

'일할 수 있는 다섯 명'은 이헤이 부부, 혼쿠라 부부와 위탁받아 데리고 있던 사다스케이다. 요사부로, 마사키치, 기요, 쓰네는 훈육을 위해 위탁받은, 다른 도반의 자식들이다. 요컨대 혼쿠라와 에쓰의 장남 가조嘉藏(훗날 료스케良助, 11세)는 다른 집에 맡긴 상태라 집에 없다. 뒤에 이야기할 세가쿠의 아이 바꿔 기르기取替子를 실행한 것이었다.

이헤이 집안의 농사는 실제 노동인력 다섯 명(남3, 여2)이 연간 한 명당 163.6일 일함으로써 이루어진다. 남은 219.4일은 세가쿠 수행 등 오하라 유가쿠의 개혁에 힘쓴다는 계산이다.

오하라 유가쿠 개혁의 취지는 생활관행이나 습속을 간소화하고 가족의 노동력을 본업인 농사에 효율적으로 이용하여 착실하게 수익을 올리고, 남은 힘을 세가쿠를 바탕으로 한 마을 만들기에 쏟는 것이다.

4. 마을의 교육체제 개편

1) 아이들 대회 개최

다방면에 걸친 개혁의 성공 여부는 개혁의 주체인 담당자들을 어떻게 키우느냐에 달려 있었다. 즉 도반의 후계자들을 어떻게 키울 것인가이다. 여기에서 장래 개혁 일꾼으로 기대되는 아이들에 대한 뜨거운 시선을 읽을 수 있다.

오하라 유가쿠는 1841년(덴포 12) 윤정월閏正月 21일부터 2월 7일 밤까지 나가베 마을을 비롯한 15개 마을 도반의 남아(8~16세) 34명을 모아 아이들대회를 열었다.[17] 대회가 어떻게 진행되었는지 상세히 알 수는 없으나 아이들을 조로 나누어 진행한 것은 분명하다. 각 조에는 우두머리를 두고 편성에 따라 오가시라大頭, 고가시라小頭, 오가타小方의 역할을 맡도록 했다. 또 전체를 총괄하는 실무자가 2명 임명되었다. 조를 다양하게 편성했고 그 구성원도 계속 교체했다. 아마도 대회에 참가한 아이들 각각의 평가에 따라 조원은 계속 바뀌었을 것이다. 그중에는 료자에몬의 뒤를 이을 가조(훗날 료스케), 위탁받은 이쿠라 마을의 마사키치(훗날 센조), 도반 지헤이治兵衛의 아들 데지로貞次郎(실무자)·기쿠지로菊次郎 형제, 마사에몬政右衛門의 아들 마사키치 등이 참가하고 있었다.

아이들은 공동생활을 하면서 조로 나뉘어 경쟁하고 서로 의욕과 활동을 평가하면서 각기 자신의 역할을 익혀나갔다. 마을 개혁의 바탕이 되는 세가쿠에 따르면 공동체에 대한 봉사가 제일 중요했다. 공통의 목적을 위해 집단 안에서 자신을 어떻게 살릴 것인가, 아이

때부터 그것을 몸에 익히도록 하려는 오하라 유가쿠의 의도를 여기에서도 뚜렷하게 읽어낼 수 있다.

2) 아이 맡아 기르기 · 아이 바꿔 기르기

1840년(덴포 11) 센조구미아이 증명서를 받은 후 개혁에 매진한 나가베 마을에서는 인근 마을은 물론 12리 사방의 도반들로부터 자식을 교육시켜달라는 부탁을 받았고, 양육비를 받고 맡은 아이가 남자 15명, 여자 8명, 총 23명에 이른다.

자식을 다른 집에 맡겨 남의 밥을 먹게 함으로써, 그 아이가 제몫을 다하는 사람이 되도록 키운다는 '아이 맡아 기르기'는 오하라 유가쿠가 이미 정착한 나가베 마을을 무대로 전개되었다. 이는 이헤이 집안 경우와 같이 장손인 가조를 다른 집에 맡기고 자기 집에 다른 아이 4명을 맡아 기르는 '아이 바꿔 기르기'로 발전한다.

'아이 맡아 기르기 · 아이 바꾸기'의 실태를 상세하게 알기는 어렵지만 그 일부를 보면 다음과 같다〈표 4〉. 1852년(가에이 5) 11월 초하루 무렵 호쿠소 나가누마구미長沼組 마을들의 '아이 맡기기' 양육비에 관한 명세서를 기록한 장부가 단서가 되었다.[18]

여자 7명과 남자 11명, 미치(6개월)의 경우를 제외하면 1개월 17일간 양육비는 1부分 2슈朱와 은 1몬메匁 9훈分[41]이 표준이다. 아이를 맡은 집은 쓰에몬, 겐베이, 니에몬처럼 나가베 마을의 열성적인 도반들이다〈표 4〉. 오하라 유가쿠의 세가쿠 도반들 사이에서 호쿠소에

41　일본 에도 시대 통화 단위. 금 1냥兩＝4부分＝16슈朱, 은 1간貫＝은 1,000몬메匁, 은 1몬메＝은 10훈分.

〈표 4〉 1852년 나가누마구미 아이 맡기기 양육비 명세

이름	마을이름	양육비	맡긴 기간	맡은 집
쓰네조(つね女)	아라우미 마을(荒海村)	2부 2슈(朱)42 5몬메 8훈	1개월 17일	
미치		1냥 2부 2슈 3몬메 6훈	6개월	나가베 마을 쓰에몬
오상		1부 2슈 1몬메 9훈	1개월 17일	
세키		1부 2슈 1몬메 9훈	1개월 17일	
사와	나가누마 마을	1부 2슈 1몬메 9훈	1개월 17일	도카이치바 마을
나오		1부 2슈 1몬메 9훈	1개월 17일	
야쓰		1부 2슈 1몬메 9훈	1개월 17일	
산조		1부 2슈 5몬메 5훈	1개월 17일	나가베 마을 겐베이
미쓰요시		1부 2슈 7몬메 3훈 1리	1개월 17일	
쇼타로	이소베 마을	1부 2슈 5몬메 5훈	1개월 17일	
우시마쓰	무로다 마을(室田村)	1부 2슈 7몬메 3훈 1리	1개월 17일	
몬지로	나가누마 마을	1부 2슈 5몬메 5훈	1개월 17일	
다이조로		1부 2슈 5몬메 5훈	1개월 17일	
이사부로		2부 1몬메 8훈 4리	1개월 17일	나가베 마을 지로에몬
고사부로	마이코미 마을(米込村)	2부 2슈 158문 예금	-	
다다사부로		1부 2슈 5몬메 5훈	1개월 17일	도카이치바 마을
고지로(好二郎)		2부 1몬메 8훈 4리	1개월 17일	나가베 마을 니에몬
헤이사부로(兵三郎)		1부 2슈 5몬메 5훈	1개월 17일	나가베 마을
계	10냥 2몬메 7훈 4리전 158문			

자리한 나가누마구미의 아이들을 도소의 나가베 마을, 그보다 더 남
쪽인 도카이치바 마을의 도반에게 맡겼다.

또 아이 맡기기 제도를 통해 더 오랜 기간 동안 아이들을 본격적
으로 훈련시킨 사례도 있다. 나가누마구미의 마을에 속한 사이지로
才次郎, 슈지로周次郎, 구마타로熊太郎 3명이 바로 그러한 경우이다〈표
5〉〉. 사이지로는 5개월, 슈지로와 구마타로는 1년이 넘는 장기간에
걸쳐 세가쿠의 대도장이라 할 수 있는 가이신로改心樓에 맡겨졌다. 이

---

42 1슈는 1냥의 16분의 1, 1부의 4분의 1.

185

<표 5> 1852년 아이를 맡은 집과 양육비

		사이지로	슈지로	구마타로
가이신로	기간	4개월 14일	5개월 12일	5개월 6일
	양육비	1냥 2부	1냥 2부 3몬메 5훈 5리	1냥 2부 2슈 2몬메 5훈
나가베 마을 료자에몬	기간	17일	-	-
	양육비	2슈 3몬메 9훈 4리	-	-
쇼토쿠지 마을 마타자에몬	기간	10일	2개월 28일	-
	양육비	3몬메 9훈 4리	3부 7몬메 4훈 4리	-
도카이치바 마을 쇼타로	기간	-	4개월 26일	6개월 7일
	양육비	-	1냥 1부 2슈	1냥 3부 2슈 6몬메 1훈7리

들은 오하라 유가쿠를 잇게 되는 나가베 마을 엔도 료자에몬, 유가쿠의 에도소송을 뒷받침하는 쇼토쿠지 마을 스게노야 마타자에몬, 세가쿠 실행의 돈줄인 도카이치바 마을의 하야시 이헤이의 후계자 쇼타로正太郎의 집에 머물면서 가르침을 받았다. 아마도 세가쿠를 양분하는 호쿠소 그룹과 도소 그룹의 장래 지도자를 서로 바꿔 맡아서 육성시키려고 했던 것은 아닐까.

오하라 유가쿠는 이러한 '아이 맡기기・아이 바꾸기' 교육 체제를 바탕으로 적절한 시기에 아이들 대회를 개최하며 일종의 근대학교 규모에서 집단 교육을 시도한 것으로 보인다.

1842년(덴포 13) 9월 나가베 마을은 오하라 유가쿠의 암자를 료자에몬의 집 안에 짓는다. 유가쿠 강연장이 창고에서 독립된 가옥으로, 그리고 1849년(가에이 2) 장대한 가이신로改心樓로 발전한 배경에는 도반들에 대한 세가쿠 강연을 위해서만이 아니라, 뒤를 이을 아이들 교육의 장, 말하자면 학교를 만들려는 의도가 숨겨져 있었다. 1852년(가에이 5) 간토토리시마리슈쓰야쿠關東取締出役[43]의 조종을 받은

---

43 에도 시대의 관직으로 1805년에 만들어졌다. 에도 시대 후기에는 관할하던 간토 지역 여

떠돌이 불한당이 가이신로에 난입하는 사건이 벌어졌다. 당시 가이신로에서는 나가누마의 아이 3명이 반년 가까이 기숙하면서, 오하라 유가쿠와 그의 수제자들의 훈육을 받고 있었다.

3) 성리학교性理学校의 탄생

나가베 마을을 중심으로 시작된 '아이 맡기기·아이 바꾸기'에 따른 교육체제는 자녀 양육으로 고심하고 있던 도소 지역의 부모들이 바라마지 않던 기쁜 소식이었다. 오하라 유가쿠의 실천 가운데 하나로서 도반들에게 널리 퍼졌음에도 불구하고 이 교육체제를 실증할 자료를 찾기는 매우 어렵다.

그나마 학교조직으로 아이들을 맡아 육성했음을 증명하는 입학원서라 할 만한 문서를 하나 발견했다.

> 서면으로 부탁드립니다.
>
> 바라던 대로 이헤이의 아들 유고로勇五郎를 제 호적에 올려 마음을 놓게 되었습니다. 하지만 유고로가 아직 어리기 때문에 가까이 두면 버릇이 나빠질까 염려되어, 의지할 수 있는 도반에게 지도를 부탁드리려 하오니 허락해주시기 바랍니다. 그러나 유고로가 가르침을 받아도 만일 가르침을 저버린다면 의절할 생각입니다. 더구나 제가 죽은 후 부모형제에게 걱정을 끼치는 불의한 자가 된다면 가족에게 의절 당하도록 도반들에게 부탁드립니다. 집안사람들 모두 위와 같이 의논하였는데 지금까지 아무도 반대하지 않았습니다. 저 또한 나이가 들었다고 자식을 너

넓 개 주를 순회하며 치안 유지와 풍속 단속 등을 담당했다.

무 사랑한 나머지 가까이 두고 싶은 미련 따위는 결단코 갖지 않겠습니다. 아무쪼록 잘 지도해주셔서 집안의 대를 잇게 해주시면 정말 감사하겠습니다. 후일을 위해 친족을 포함해 한 자 적어 올립니다.

위와 다름없습니다.

고카弘化 3년(1847) 병오년 4월

가이조군海上郡 도카이치바 마을 간베이 인印

친족대표 고로베이五郎兵衛 인

성리학교性理學校

도반들

오카시라御頭 분들

고인쿄御隱居 분들

간베이는 양자로 들인 유고로를 도반에게 맡기니 잘 지도해주시기 바란다고 말한다. 가르침을 저버리고 불의에 이른다면 의절할 수밖에 없다며, 양부인 도카이치바 마을의 간베이는 "저 또한 나이가 들었다고 자식을 너무 사랑한 나머지 가까이 두고 싶은 미련 따위는 결단코 갖지 않겠습니다"라고 쓰고 있다.

여기서 주목할 부분은 아이를 맡는 위탁처이다. 그곳은 "성리학교性理學校"라고 명기되어 있다. '학교'라는 이름을 쓰고 있는 것이다. 그리고 학교를 구성하는 도반과 그 당시의 "오카시라분들", "고인쿄분들"이 있다. 학교에는 '오카시라'와 '고인쿄'라는 직책을 가진 도반들이 교사가 되어 교육을 맡고 있었던 것이다.

4) 나가베 마을 세가쿠 조직과 활동

'성리학교'라는 그 명칭만으로 근대학교로 간주하려는 것은 아니다. 어찌됐든 오하라 유가쿠는 자신이 정착한 나가베 마을을 중심으로 도소 지역의 도반들을 대규모로 조직하기 시작했다. 그 중심이 되는 곳이 하치코쿠八石라고 불리던 유가쿠의 주거지 겸 강연장인데 이것이 가이신로로 발전하여 1849년(가에이 2) 정월 19일 가이신로 준공과 동시에 '개교'한다. 말하자면 오하라 유가쿠와 도반들은 명실상부하게 교단화의 길을 걷기 시작한 것이다. 여기서 어떤 일이 일어났는지가 '성리학교'를 이해하는 열쇠가 된다.

1845년(고카 2) 정월 오하라 유가쿠가 직접 쓴 나가베 마을의 세가쿠 교단의 조직 내용, 직무 분담을 정한 '규정'이 있다. 〈표 6〉에 따르면, 전원 20명, 도시요리年寄[44]부터 인쿄까지 13명이 '도반들을 감독하는 일'을 담당하고, '아이들 감독' 다음부터 나온 이들이 실제 아이들을 감독하는 일을 하고 있다. 유가쿠는 제몫을 하는 도반의 육성뿐만 아니라 아이들을 육성하는 데 중점을 두고 있었다.

〈표 6〉에서 보듯이 도시요리는 30대 후반의 열성적인 가에몬과 요시베이吉兵衛이다. 가에몬은 전에 술과 노름을 좋아하던 벌목꾼이었다가 개심한 도반이고, 당주 2명은 한창 일할 젊은이. 에조榮藏는 20세로 일찍이 아이들대회의 실무자였다. 예비 2명은 19세와 20세로, 아이들대회를 거치고 겐부쿠元服를 치뤘으며 가장 행동력이 있어 보인다. 그리고 인쿄로는 나누시 이혜이 이하 마을의 중진, 지도층의 이름이 열거되어 있다.

----

44 마을이나 단체에서 지도적인 입장에 있는 사람을 뜻함.

<표 6> 1845년 정월 나가베 마을 세가쿠 조직

직무	이름	나이	비고
도시요리	가에몬(嘉右衛門)	36	술, 노름, 벌목꾼
〃	요시베이(吉兵衛)	38	
당주	쇼시치(庄七)	30	소에몬(惣右衛門)의 아들
〃	에조(榮藏)	20	아이들대회 실무자
예비	데이지로(貞次郎)	20	아이들대회 실무자
〃	하루스케(治助)	19	아이들대회 참가
인쿄	이헤이(伊兵衛)	61	나누시
〃	료자에몬(良左衛門)	37	나누시 후계자, 혼쿠라
〃	료조(良藏)	31	무지몽매, 유약, 마사에몬의 아들
〃	겐자에몬(源左衛門)	-	
〃	데이스케(貞助)	28	고베이의 아들
〃	지로자에몬(治郎左衛門)	46	
〃	지헤이(治兵衛)	42	
아이들 감독	하루타로(治太郎)	17	지헤이의 아들, 기쿠지로, 아이들대회 참가
〃	고스케(五助)		아이들대회 우두머리
〃	마쓰지로(松次郎)	19	아이들대회 참가
가시라	하루타로	15	앞과 동일
〃	마쓰지로	17	앞과 동일
견습	고에몬(孝右衛門)	15	
〃	도쿠지로(德次郎)	-	겐자에몬이 맡은 아이
〃	이사부로(伊三郎)	-	나가누마구미가 맡은 아이
〃	간지로(菅次郎)	-	나가누마구미 젠사부로(善三郎)가 맡은 아이

190

　　직무의 구성을 보면 연령에 따라 하나의 질서를 따르면서 능력과 성격을 감안해서 조직화한 것을 알 수 있다. 도반을 엄격하게 장악하고 지도하면서 일체가 되어 세가쿠에 따른 개혁을 꾀한 것이다.

　　한편 4년 전, 1841년(덴포 12)에 열렸던 아이들대회에서 오하라 유가쿠의 지도를 받아 활동한 3명을 '아이들 감독'으로 임명하고 그 아래 4명의 견습을 두었다. 아이들 감독 중 첫 번째로 나와 있는 하루타로^{治太郎}(아명 기쿠지로)는 1843년(덴포 14) 유가쿠에게 처음으로 겐부쿠를 허락받은 우등생이다. 즉 아이에서 젊은이로, 성인이 되어가는 시기의 3명을 아이들 감독으로 삼은 것이다. 아이들의 상호관계를 바탕으로 젊은이에 의한 지도를 중시했다고도 할 수 있다. 또한 '아이 맡아 기르기·아이 바꾸기' 체제에 따라 다른 마을 아이들도 참가하고 있는 것이 유가쿠 교육의 특색이다.

5) 히모토키紐解·겐부쿠元服 재검토

지금까지 오하라 유가쿠가 세가쿠의 개혁 방침에 맞춰 마을의 관행과 습속의 개편을 시도하고 새로운 촌락사회 조직을 만들어내려고 한 것에 대해서 살펴보았다. 그러나 마을 사람들이 나름대로 만족해하며 따르던 생활습속을 폐지 혹은 축소하는 것만으로는 개혁의 결실을 거둘 수 없었다. 때문에 그것들을 대신해서 사람들을 결집시킬 수 있는 습속과 의례를 재창조해야만 했다.

오하라 유가쿠는 기존 의례를 부정하는 한편, 개혁 정신을 주입해서 본래의 뜻을 되살려내고 미래의 도반 육성을 위한 성대한 의례를 만들어 내고자 했다. 이는 성장의례인 히모토키와 겐부쿠에 잘 드러나 있다.

1847년(고카4) 11월 오하라 유가쿠는 〈히모토키 축하의례 규칙〉을 쇼토쿠지 마을의 유지인 도반 스게노야 마타자에몬에게 다음과 같이 써주었다.

> 띠를 두를 때마다 뜻을 새기고
>
> 평생 지킬 것
>
> 조상님이나 부모님이 즐거워하시는 얼굴을 보는 것을 무엇보다 큰 낙으로 삼을 것
>
> 덧붙여, 스스로 좋지 않은 얼굴을 하는 것은 큰 불효이다.
>
> 또 부모 형제 도반들의 뜻을 헛되이 하지 말 것
>
> 또 형제 친구들에게 하는 모든 행동에서 남녀가 유별함을 명심할 것
>
> 또 사람들의 뜻을 따라야하며, 자기 멋대로 행동하는 것을 일생의 수치로 여길 것
>
> 또 13세가 될 때까지 어떻게든 제몫을 다하는 여자가 되어야 한다는 것을 명심할 것

띠를 맬 때마다 위의 조목들을 반드시 되새기도록 한다.

고카 4년 12월

요청을 받아 이를 쓴다

받을 사람 이름

히모토키는 오비토키帶解라고도 하며, 7세 여아를 대상으로 외가 마을에서 보내온 혹은 새로 맞춘 띠를 매게 하고, 신사를 참배하여 7세가 된 것을 축하하는 의례이다. 오늘날에도 지바현에서는 시치고산七五三 행사와 함께 그 의례를 성대하게 치른다. 말하자면 이것은 여자의 성장에서 한 획을 긋는 시기를 축하하는 의례이다. 오하라 유가쿠는 이런 기존의 습속을 제몫을 다하는 여자로 인정받는 의례라고 세가쿠식으로 재해석했다.

유가쿠는, 띠가 달려있는 아이 옷을 입던 여자아이가 띠를 따로 매는 옷을 입게 되면서 미래의 도반, 세가쿠를 내조하는 여성으로 성장하기를 기대했던 것이다.

오하라 유가쿠가 가장 힘을 쏟은 의례는 남자아이가 어엿한 한 사람의 성인이 되는 겐부쿠였다.

1841년(덴포 12) 아이들대회를 열 때부터 유가쿠는 집단교육을 통해 아이들이 어엿한 성인이 되는 겐부쿠를 염두에 두고 있었다. 또한 나가베 마을을 중심으로 한 아이 맡기기・아이 바꾸기 체제를 도소 지역 전체로 확대시킬 때부터 이것을 세가쿠 교단의 의례로 삼고자 했다. '겐부쿠'라고 하는 무가의 의례 명칭을 그대로 쓴 것은 자신이 무사라는 것에 평생 매달렸던 낭인 유가쿠다운 방식이다.

첫 번째 겐부쿠 의례는 1843년(덴포 14) 11월 15일 나가베 마을에 사는 지헤이治兵衛의 아들 기쿠지로에게 시행되었다.[19]

이 마을 지혜이의 아들

기쿠지로는 그 마음씀씀이 하나하나가 모두 훌륭하므로 상을 내린다.

덴포 14년 묘卯 11월 15일 본 당堂에서 겐부쿠를 치른다.

이름을 하루타로로 바꾼다.

　　입회

1843년 시치고산 행사일인 11월 15일 나가베 마을 지혜이의 차남 기쿠지로는 마음씀씀이가 대단히 훌륭해서 상으로 겐부쿠를 허락받았다. 나가베 마을 유가쿠의 거처를 신당神堂으로 삼아 성인식이 행해졌으며, 기쿠지로는 하루타로라는 이름을 받았다. 기쿠지로는 당시 14세, 1841년 아이들 대회에 참가했을 때 유가쿠에게 좋은 인상을 주어, 첫 번째로 겐부쿠 추천을 받은 것이다. 앞에서 말했듯이 기쿠지로는 이후 1845년(고카 2)에 발족한 나가베 마을의 교단 조직에서 '아이들 감독'이라는 요직을 맡았다.

1844년에는 같은 신당에서 도카이치바 마을의 쇼타로(이헤이의 후계자) 외 7명이 겐부쿠를 치렀다. 처음으로 겐부쿠를 치른 하루타로가 이 의식의 입회인이 되었다. 이후 제몫을 다한다고 인정받는 남자아이들을 골라 겐부쿠 의례를 행했다. 유가쿠는 겐부쿠 의례에 개혁의 미래가 걸려있다고 생각했을 정도로 의식의 신성화를 꾀했다. 이는 장엄한 신당의 기능에 걸맞는 가이신로改心樓 건축으로 이어졌다. 이 신당의 건축이 도소 지역 사회에 파문을 일으켰고 간토토리시마리슈 쓰야쿠를 자극하게 된다. 가이신로난입사건으로 알려진 '우시와타 마을사건牛渡村一件'으로 오하라 유가쿠와 도반들은 궁지에 몰리게 된다.

나가며

　지금까지 근세 후기 도소의 촌락사회가 떠돌이 종교인 오하라 유가쿠와 만나 어떤 일이 일어났는지에 관해, 촌락의 관행·습속의 관점에서 세가쿠 보급의 중심지였던 나가베 마을을 사례로 분석했다. 유가쿠의 개혁으로 그 모습을 드러낸 촌락사회의 습속, 연중행사 및 의례 하나하나에 대한 개편의 실제 모습을 살펴보았다. 그리고 유가쿠의 지도 아래 습속, 의례 재편성의 궁극적인 목적인 새로운 촌락사회가 구축되었음을 알 수 있었다.

　경제 발전을 비롯한 사회 변동에 휘말려 소비사회에 빠진 촌락사회가 피폐와 위기에 직면하자, 개혁이 시작되었다. 오하라 유가쿠는 위기의식을 공유하는 도반들을 조직하여 각자의 형편에 맞게 경제적 부담을 지우고, 아이·어른·노인의 연령별 위계질서를 되살렸으며, 아이들을 제몫을 다하는 사람으로 성장시키는 것을 골자로 하는 일대 교육조직을 만들어냈다.

　이를 위해 오하라 유가쿠는 나가베 마을의 생활달력을 자기 방식으로 다시 만들었다. 나가베 마을의 달력은 연중행사에 맞춰 운용되었다. 연중행사는 마을과 집안의 경사와 액막이행사로 이루어져 있다. 그리고 이 생활달력을 통해 마을의 생산과 소비의 방식도 규제하였다. 유가쿠는 마을 부흥의 기본은 농사에 있다고 보았으며, 농사를 최우선으로 삼아 연중행사를 치렀다. 그리고 농경 일정에 맞춰 제례, 휴일을 설계하고 개편했다. 유가쿠의 뜻에 따라 에비스코와 니바시는 폐지되었다.

　오하라 유가쿠가 마을 의례에서 가장 중시한 것은 남자의 겐부쿠,

여자의 히모토키 의례였다. 유가쿠는 이 의례를 마을 전체의 장엄한 의식으로 치르고자 했으며, 이는 유가쿠가 마을의 후계자 육성을 무엇보다 중시했기 때문이었다.

어떻게 하면 제몫을 다하는 성인으로 아이를 키울 수 있을까. 어른을 흉내 내는 방탕한 아이들이나 젊은이들에게서 황폐한 마을의 극단을 본 유가쿠와 도반들은 '아이 맡기기'를 궁리해내고 실천했다. 즉 사랑하는 자식을 다른 집에 보내 훈육한 것이다. 그리하여 집안의 존속을 고심하던 사람들 사이에서 '아이 바꾸기'가 널리 행해졌다. 아이 맡아 기르기・아이 바꾸기를 실천하면서 유가쿠는 가이신로에 아이를 어른으로 키우기 위한 '성리학교'를 만들었다. '아이들 감독' 같은 그곳의 직접적인 지도자는 아이에서 갓 벗어난 젊은이가 맡았다. 그렇지만 그 뒤에는 집안의 당주인 마을의 무서운 어른들 즉 '도시요리'가 눈을 부라리고 있었고, 문제가 심각할 때는 '인쿄'라고 하는 마을의 원로들이 나섰다. 성리학교에서는 문자문화와 비문자문화를 통일시키고자 하는 '요료쿠가쿠분余力學文'[45]의 교육이 학교 규모로 시도되었다. 유가쿠의 개혁은 난제들을 순조롭게 하나하나 극복해 나가는 듯했다.

그런데 1852년(가에이 5) 4월 18일 간토토리시마리슈쓰야쿠가 꾸민 가이신로난입사건으로 상황이 뒤바뀌게 된다. 에도에서의 기나긴 소송에 휘말려 세가쿠 교단은 막대한 소송비용으로 고통을 겪었는데, 5년 후인 1857년(안세이安政 4) 10월 마침내 소송이 끝났다. 다음 해인 1858년 에도에서의 근신이 풀린 유가쿠는 나가베 마을로 돌아왔다. 돌아와보니, 믿었던 도반들과 젊은이들은 방탕한 생활로

195

---

45 에도 시대 데라코야의 선생들이 논어에 나오는 공자의 말씀을 자신들이 가르치던 조닌町 이나 농민의 생활 양상에 맞게 재해석해서 가르친 것을 말함.

되돌아가 있었고, 가이신로는 폐허가 되어 있었다. 유가쿠는 절망한 나머지 3월 8일 새벽 엔도 료자에몬 집안의 묘소에서 자결했다.[20]

　떠돌이 유가쿠가 도소 촌락사회에 정착하면서 벌어진 여러 사회 현상이 지금도 회자되고 있는 것은, 일본 근세 후기의 하나의 작은 실험이 일본 근대에 영향을 미쳤기 때문이 아닐까.

　또한 이 글은 국립역사민속박물관 기간 연구國立歷史民俗博物館基幹硏究, 「지역사회・문화의 여러 양상과 기층신앙地域社・文化の諸相と基層信仰」의 일부를 구성한 것이다. 도움을 주신 오하라 유가쿠 기념관 및 관계자분들에게 감사드린다.

196

도시문화 안의 성聖과 성性[*]

오쿠와 히토시 大桑齊[**]

들어가며

'근대'의 전사前史로서 근세는, '근대'와 마찬가지로 그 동안 세속성을 중심으로 연구되어 왔다. 그러나 내가 볼 때 근세는 불교적 세계였다. 이 글에서는 불교적 세계를 바탕으로 하여 근세의 도시와 도시문화 그리고 성聖과 성性의 문제를 살펴보고자 한다. 불교적 세계는 '성聖'과 연관되어 있는데, 그 '성聖'이 도시와 도시문화 그리고 '성性'과 어떻게 연결되어 있는지를 고찰하는 것은 매우 어려운 일이다. 그러나 선행 연구를 통해 실마리를 찾아내어, 시험적이나마 하

---

[*] 이 글은 허보윤과 남효진이 번역하였다.
[**] 1937년생. 불교사학자로 오타니大谷대학의 명예교수이다. 『일본불교의 근세』(2003), 『민중불교사상사론』(2013), 『근세의 왕권과 불교』(2015) 등의 저서가 있다.

나의 지도를 그려보고자 한다.

　연구의 소재는 겐로쿠元祿 시대[1] 도시문화를 상징하는 지카마쓰近松[2]의 세와조루리世話淨瑠璃[3] 제1편 『소네자키 숲의 정사曾根崎心中』[4]이다. 이 작품에서 도시문화 그리고 성聖과 성性의 문제가 드러나는 방식을 우선 맛보기로 살펴보자. 『소네자키 숲의 정사情死』는 오하쓰お初와 도쿠베德兵衛라는 남녀의 이야기로, "관음보살 순례觀音廻り"라는 제목의 서장은 "아, 극락세계에서 이 사바세계에 모습을 드러내어 우리를 구해주시는 관세음보살"이라는 문장으로 시작되어, "사람들을 색色으로 인도하여 정情으로 가르치고, 사랑을 깨달음에 이르는 가교로 삼아 피안으로 건네 구원해주시는 관음보살"로 끝난다. 이야기 전체의 결말도 "두 사람의 내세에서의 성불은 의심할 여지없이 사랑의 본보기가 되었던 것이다"로 맺어진다.[1] 사랑과 정사情死라는 '성性'에 관한 일을 관세음보살에 의한 구제라는 '성聖'과 연관시키고 있다는 점에서, 이것이 '성聖과 성性'의 이야기라는 사실이 잘 드러난다.

　이야기의 줄거리는 다음과 같다. 주인공 도쿠베는 간장가게 히라노야平野屋의 점원으로, 가게 주인이자 숙부인 히라노야규에몬久右衛門이 처조카딸과 결혼시키려고 하자 이를 거절한다. 그런 연유로 숙부에게 "오사카에 발도 못 붙이게 할 것"이라는 경고를 듣게 된다. 게다가 "남자의 의리를 중시하는 놈"이라고 믿었던 친구 구혜이지九平

---

1 겐로쿠 연간(1688~1704)을 중심으로 한 약 30년간. 학예·문화가 왕성하여 막부 정치의 안정기를 이루었던 시대.

1　겐로쿠 연간(1688~1704)을 중심으로 한 약 30년간. 학예·문화가 왕성하여 막부 정치의 안정기를 이루었던 시대.
2　지카마쓰 몬자에몬近松左衛門(1653~1725). 에도 시대 겐로쿠 연간에 활동한 인형조루리와 가부키극의 저자. 본명은 스기모리 노부모리杉森信盛.
3　조루리는 원래 일본 가면음악극의 대사를 따라 부른데서 유래한 것으로 음곡에 맞춰 이야기를 낭창하는 것. 세와조루리는 에도 시대의 현대극 조루리를 말함.
4　1703년(겐로쿠 16) 지카마쓰 몬자에몬이 지은 세와조루리로, 서로 사랑하는 젊은 남녀의 이야기를 그렸다. 이 글에서 원문이 인용된 부분은, 고려대 출판부에서 출간한 『소네자키 숲의 정사情死』의 번역(최관 역)을 사용하였다.

次에게 속아 돈을 빼앗기고, 설상가상으로 많은 사람들 앞에서 몰매까지 맞는다. 도쿠베는 "사내의 체면도 서지 않고 면목도 서지 않는구나"라고 한탄하며, "마음속 결백을 오사카 모든 사람들에게 증명해보이겠다"는 결심으로 연인 오하쓰와 정사情死를 감행한다. 도쿠베는 겐로쿠 시대 오사카라는 도시에 사는 남자로 그려진다. 그런 의미에서 『소네자키 숲의 정사』는 도시 남자의 이야기라 할 수 있다. 도쿠베의 연인 오하쓰도 도지마堂島[5] 신치新地[6]의 덴마야天滿屋라는 유곽의 기생이었으니, 도시의 경계에서 살아가는 여자였다. 오하쓰는 도쿠베에게 "오사카에서 쫓겨나더라도 (…중략…) (우리 둘 사이가) 이 세상에서만의 약속인가요"라며, 오사카라는 도시를 넘어 내세에서 사랑을 이룰 것임을 암시한다. 요컨대 유곽이라는 도시의 '성性'적 경계에 위치한 여자가 도시의 '성性'으로 대변되는 남자를 내세에서 해방시키는 '성聖'으로서 등장하는 이야기이다. 『소네자키 숲의 정사』는 도시의 남성과 여자의 성성聖性에 관한 이야기인 것이다. 그런데 도시 이야기에서 사랑이 정사情死와 성불이라는 '성聖'의 문제로 등장하는 것은 왜일까? 세속의 세계로 여겨지는 도시의 역사에서 '성聖'이 문제시되는 일은 드물다.

『소네자키 숲의 정사』는 우선 도시문화를 상징하는 사랑이야기다. 지카마쓰는 사랑하는 두 사람의 관계를 "그야말로 부부와 다를 바 없구나"라며 상찬한다. 뒤에 언급하겠지만, 지카마쓰는 다른 작품에서 부부 관계를 "진심"이라고 일컫는다. 그는 남자들의 세계인 도시의 인간관계에서는 존재하기 어려운 "진심"을 연인이나 부부라

---

5   오사카시 북구의 지명.
6   거주지나 산업지구로 새롭게 만들어진 지역이나 거리. 역사적으로 신치를 만든 후 지역을 활성화하기 위한 방책으로 유곽 등을 짓는 일이 많았다. 그래서 유곽이 많은 지역을 지칭하는 말로 사용되기도 한다.

는 양성관계에서 찾을 수 있다고 생각했다. 남자와 남자의 관계성을 보여주는 도시는, 남자의 체면을 중시하는 도쿠베가 사내다운 구혜이지에게 속은 것처럼 "진심"이 없는 허위 세계였다. 이 도시 가운데에서 사랑하는 남녀는 오직 하나뿐인 "진심" 즉 부부와 마찬가지다. 여기에는 사실 중대한 의미 변환이 있다. 사랑이 "진심"이 되기 위해서는, 사랑을 번뇌로 보고 깨달음에 지장을 주는 것으로 적대시해온 불교를 부정해야만 한다. "사랑을 깨달음에 이르는 가교"로 보는 불교, 다시 말해 번뇌(사랑)가 곧 깨달음인 불교로 변환되어야만 하는 것이다. 17세기 동안 사람들의 끊임없는 노력에 의해 겐로쿠 시대에 그러한 불교가 출현하게 되었다. 그러나 번뇌이자 깨달음, 결국은 "진심"인 사랑을 현세에서는 이룰 수 없기 때문에 정사情死라는 방법이 필연적으로 등장하고, 그것이 바로 성불이어야만 했던 것이다. 허위 세계인 도시 안에서 유일한 "진심"인 사랑, 그 풀기 어려운 문제가 성불이라는 '성聖'성을 필연적으로 필요로 했던 것이다. 여기서 다음과 같은 가설을 세워보고자 한다.

『소네자키 숲의 정사』에서 볼 수 있듯이, 사랑=성性을 번뇌이자 해탈=성聖의 매개로 삼아 도시에서 "진심"을 구하는 이야기를 만들어낸 것이 근세 도시와 그 문화의 특질이다. 이제 그와 같은 성聖과 성性의 근세 도시문화가 탄생하게 되는 양상을 살펴볼 것이다.

1. 근세 도시사와 문화사 연구

근세 문화사를 '도시문화사'의 관점에서 바라본 연구는 극히 드물다. 도시사 연구와 문화사 연구가 분리된 상태여서, 종합적인 '도시문화사'가 이루어지지 못했다. 그러한 상황을 거울 삼아 근세 도시사 연구와 문화사 연구를 '도시문화사'의 관점에서 검토해보고자 한다.

'도시문화사'의 관점에서 볼 경우, 문화를 만드는 장으로서 도시를 묻는 일이 필요하다. 도시가 화려하게 전개된 전국戰國시대부터 근세까지의 도시사 연구 거의 대부분은 도시 구조의 실증적 연구였을 뿐, 그러한 관점을 갖지 못했다. 도시사의 중심적인 연구들은 근세 도시의 전형인 조카마치城下町[7]를 ①성城과 무신 가문의 영지武家地, ②자립적인 공동체 조직을 가진 데라마치寺町,[8] ③조닌치町人地[9] 등이 각각 하나의 사회를 이루며 도시 내에 병존하는 것으로 파악했다. 또한 각기 원리가 다른 이 사회들이 서로 뒤얽혀 번저藩邸사회, 사사寺社사회, 대점시大店市사회라는 복합체를 형성하고 있었다고 이해했다.[2] 이러한 구조론적 연구는 도시를 도시로서 결합시키는 것에 대한 관심이 결여되어 있다는, 중세 도시사 쪽의 비판을 받았고, "각각의 부분이 결합되어 하나의 도시를 만들어 냈다는 주장은 수긍하기 어렵다"는 의문을 낳았다. 그로부터 도시의 지표로서 '공公'의 문제가 제기되어, 중세에 있었던 재지在地 사회라는 '수평적' 연대가 만들어낸, 스스로를 다스리는 규범원리로서 "아래로부터의 '공公'"이 주

---

7 영주의 성을 중심으로 발달한 도시. 전국시대에 시작되었다.
8 조카마치 등의 외연부에 사원이 몰려있는 지역.
9 데라마치의 외곽에 있는 상인 혹은 직인의 마을.

목받기 시작했다.[3] 이 논의를 근세로 연장해보면, 조카마치를 하나의 도시로 만든 것은 "아래로부터의 '공公'"을 흡수한 '공의公儀' 즉 다이묘大名 권력이라 할 수 있다. 그러나 그것은 도시를 위로부터 통괄하는 것이지, 도시 내부에서 생겨난 원리가 아니다. 즉, 그것은 도시를 그것 자체로 하나의 자율적 집결체로 만들어 주지 않는다. 이에 대해 도시공간론에 입각한 연구들은 조카마치를 다이묘의 시행착오가 빚은 최종도달점이자 도시 주민 스스로가 살만한 도시공간을 구축한 것으로 보고, 조카마치가 다이묘 권력에 의해 일방적으로 편성되었다는 주장을 비판한다.[4] 구조론적 혹은 공간론적 도시 연구는 도시다운 것 혹은 도시적인 것에 대한 관심이 크지 않았고, 도시문화론을 구축하기에 유효한 관점을 가지고 있지 못했다.

근세 도시사 연구에는 앞서 언급한 것들과 구별되는 새로운 흐름이 있다. 이들은 기존 구조론의 입장을 단순히 성城, 데라마치, 조닌치를 합친 것에 불과할 뿐 아니라 개별과 전체의 조화가 '보이지 않는 손'에 의해 유지되는 시대의 도시연구라고 비판한다.[5] 또한 이들은 앙리 르페브르를 따라 '도시city'와 '도시적인 것urban'을 구별한다. '도시적인 것'이란 이론적 개념으로, 모든 사회생활 요소의 만남과 집합의 형식이다. 또한 그것은 "형식-교환 형식으로 (…중략…) 공업적인 것이나 농업적인 것에서 나온 메시지와 코드를 탈-구조화하여(파괴하여) 재-구조화하는 것"(르페브르), 요컨대 "변형된 형식"이다.[6] 이를테면 '도시적인 것'이란 도시사회에 선행하는 농업사회를 전환하는 장치인 것이다. 이러한 '도시적인 것'의 원형을 아미노 요시히코綱野善彦[10]의 무연無緣,[11] 공적 공간公界, 락樂의 개념에서 발견할 수

---

10 1928~2004. 일본의 역사학자. 중세 일본사 전공.
11 주종관계, 친족관계 등 세속의 사적인 관계에 구속받지 않는 상태.

있다. 무연이란 만남과 관계의 개념이며, 공적 공간은 장소와 공간의 개념, 락은 유토피아의 개념이다. 이 '도시적인 것'들을 중심으로 도시 형성을 고찰하면, 도시 자체가 경계로서 파악되고 주변적인 노마드나 예능인이 도시의 본질이 된다. 이러한 것들이 근세 도시에서는 압살되었다고 보는 것이 통설이나, 실은 그렇지 않았다. 그것들은 도시에 잠재하거나 산재하여, 예능·종교·유곽 등의 형태로 도시의 성성聖性과 에로스를 구성하였다. 이는 내가 중시하는 '도시문화사'의 관점에서 볼 때 매우 중요한 지적이다. 근세 도시문화는 이러한 도시의 경계성에서 생겨난 종교성·성성聖性을 중심으로 생각하지 않으면 안 된다.

도시를 이념적으로 바라보는 시각은 사회학 쪽에서 시작되었다. 그들은, 전근대도시에는 "명확한 외연이 있고, 내부 영역을 하나의 사회로 조직하는 전체적 구조가 있었다. 전체적 구조는 대개 종교적 세계관이나 상징적 우주론과 결부되었다. 그러므로 도시는 매크로 코스모스인 세계 전체와 마이크로 코스모스인 인간 신체를 매개하는 존재였다"고 말한다. 그리고 그로부터 "도시는 왜 도시일까"를 묻는다. 즉, "'도시라는 것'에 내재하면서 그 존재를 지탱하는 기제나 논리를 묻는 것"이다.[7] 이들은 또한 도시를 구성하는 위상으로 ①물질적 위상(토지와 건물, 도로와 하천, 신체와 사체 등), ②이념적·상상적 위상(신, 영혼 등 상상적 존재, 도시와 시골 혹은 마을 등을 구별하는 개념, 권력·법·사회규범 등), ③수행적 위상(사람들의 사회적 행위나 관계)을 제시하였다. 그중 ②와 ③을 "공간을 점하지 않는 것"이면서도 도시에 없어서는 안 될 것으로 중요시한다. 그러므로 도시의 탄생이란 사회 안에 도시적 공간이 형성되는 것에 그치지 않고 사람들이 그곳에서 살아감으로써 세 가지 위상을 갖춘 도시로서 성립하는 것이라고 말한다. 그럼으로써 사회는 '도시 사회'가 되고, 내부와 외부로 분절된다. 반면 도시는 사회의 여러 영역과 집단이라는 복수의 내부를 매개하는 외부이다. 그러나 '외부 일반'의 지배적 성격이 부정적 상호성인데 반해, 도시는 그것과 구별되는 제3의 영역이다. 제3의 영역으로서 도시를 '외부 일반'과 구별시켜주는 것이 바로 도시에 있는 신·왕권·화폐라는 표상이라고 한다. 신·왕권·화폐가 구현된 신전·정부청사·시장을 핵심으로 하는 도시가 세워지면, 거기에 기반한 도시의 코스몰로지가 형성되어 '신성한 지리'가 생겨난다. 이렇게 요약할 수 있는 와카바야시若林의 도시론에 따르면, 무사·사찰과 신사寺社·조닌町人이라는 각 신분 집단으로 이루어진 조카마치에는, 각각을 하나의 도시로 결집하는 종교적 코스몰로지가 형성되어 있었다. 그러므로 조카마치는 신성神聖 도시였다는 전근대 도시론이 성립된다.

　도시를 그것 자체로만 보는 구조론이나 공간론을 넘어서, 사회 안에 존재하는 도시로 이해함에 따라 도시의 형성부터 사회에서의 위치까지 생각해보는 이른바 도시 의미론이라 할만한 새로운 연구동향이 등장한 것이다. 이 새로운 흐름은 도시 신성神聖론의 방향성을 가지고 있다. 새로운 조류는 일본 근세사 연구동향과 무관하며, 근세사 분야에서는 필시 받아들이기 어려울 것이다. 예를 들어, 와카바야시는 "근세 조카城下에서는 쇼군將軍이나 번주藩主가 신불神仏에 가까운 높은 곳에 위치한 존재로 인식되었고, 조카 사회는 그 초월적인 존재 아래에서 하나의 질서를 구성하고 있었던 것"이라고 주장한다. 그러나 근세사 연구자 대부분은 쇼군과 번주를 세속 권력으로만 파악하고, 그것을 권위로 인정하면서도 신불에 가까운 초월적 존재로는 결코 생각지 않는다. 그렇기 때문에 그들은 와카바야시의 조카마치 신성神聖질서론을 일축해버린다. 그러나 나는 근세사 연구의 상식이자 강고한 기반이 된 근세 세속사회관을 타파하고자 한다. 이에 관한 내용은 제2장에서 전개될 것이다.

이제 문화사 연구의 현황을 일별해보자. 앞서 언급했듯이, 근세 도시문화론에 해당하거나 그러한 시점을 가진 연구는 극히 드물다. 나의 좁은 식견으로는 구라치 카쓰나오倉地克直[12]의 「근세도시문화론」이 유일하다.[8] 그러나 그 글은 단적으로 말하자면, 도시문화를 단순히 농촌과 다른 문화로만 이해하고 있다. 이는 종래의 근세문화론이었던 조닌문화론을 비판적으로 극복해보려 한 것으로, 1985년경에 새로이 등장한 연구다. 좀더 구체적으로 설명하자면, 구라치는 근세문화의 "일종의 집중성과 균일성"이 "도시의 문화적 기능과 막번幕藩권력의 문화정책"으로 규정되었다고 파악하며, 그 양 측면을 통해 "도시에 축적된 문화적 능력을 총체적으로 문제" 삼고 있다. 농촌에서는 발견할 수 없고 도시에서만 고유하게 보이는 문화는 분명 도시문화다. 그러나 중요한 것은 그러한 도시의 고유한 문화가 만들어진 의미를 묻는 것이다. 바꿔 말하면, 도시의 무엇이 고유한 문화를 탄생시켰는가를 묻는 일이다.

구라치 카쓰나오의 연구는 근세 도시문화를 두 가지로 나눠 설명한다. 우선, 전통적 교양문화의 재생으로서 근세적 교양문화, 즉 와카和歌와 유학을 중심으로 한 노能·다도茶の湯·꽃꽂이立花부터 연극芝居·악곡音曲에 이르는 예능이 한 축을 이룬다. 그리고 다른 한편에는 도시민속 혹은 극장·유곽 등 타락한 장소惡所로 대표되는 근세 도시의 독특하고 새로운 문화가 있다. 전자에는 막번 권력의 문화정책이,

---

12 1949년생. 일본 역사학자, 일본근세사, 민중사 전공. 오카야마岡山대학 교수.

후자에는 도시생활의 다양화와 민중신앙의 고조가 마주 놓여 있다. 사실 이 연구는 근세 도시와 권력의 문제, 도시와 신앙·종교(성聖)의 문제, 나아가 타락한 장소惡所(성性)라는 경계성의 문제를 다루고 있다. 하지만 왜 도시에서 권력이 문제가 되는지, 신앙·종교라는 성聖 그리고 성性이라는 경계성이 문제가 되는지를 언급하지 않았다. 구라치는 도시의 문화적 기능 유출이라는 점에서 다수의 예능 장인의 존재와 출판문화의 융성을 지적하고, 겐로쿠 시대 새로운 도시문화로서 도시민속이 성립한 것, 그중에서도 특히 마쓰리祭リ의 일상화, 계절놀이, 명소유람 유행 등의 문화현상을 언급하며, 그 배경으로 호에이宝永 천황참배おかげ参リ 등의 민중신앙운동을 거론하는 등, 도시문화의 여러 양상을 총망라하여 소개한다. 그러나 그 이상으로, 왜 그것들이 도시문화가 되었는지와 같은 문제를 추적하지 못했다.

그의 연구를 게재한 『강좌 일본역사』(1985)를 통해 어쨌든 근세문화론을 도시문화론으로 이해하는 관점이 생겨났지만, 그 후 출간된 『이와나미강좌 일본통사』 근세편(1993~1994)에 이르러, 앞서 언급한 구조론·공간론의 도시론과, 미야자와 세이치宮澤誠一의 「조닌 문화의 형성」[9]으로 다시 분열되었다. 도시사 연구의 융성이 도시론의 독립을 가져왔고, 반면 새로운 전개를 이루지 못하고 밀려난 문화론이 조닌문화론으로 부활한 결과였다. 미야자와 세이치는 이미 「겐로쿠 문화의 정신구조」[10]를 쓴 바 있는데, 둘 다 조닌문화의 신분성 혹은 계급성을 소재로 한 것이라 도시론과 적극적인 접합을 이루지 못했다. 결국 도시사는 실증적 구조론·공간론과 의미론으로 분열되었고, 문화사는 정체된 채 도시사와 분열된 상태로 남아 있다. 근세 도시문화 연구는 이렇듯 이중의 분열 상태로 오늘에 이르렀다.

2. 근세 불교세계론

근세사회를 탈종교성과 세속성으로 규정한다는 것은, 중세라는 종교적 세계 즉 신불神仏의 속박에서 인간이 벗어나는 발전 과정의 한 단계로 근세를 바라보는 것이다. 이는 근세를 근대의 요람기로 간주하는 것을 전제로 한다. 그러나 그러한 근세상은 실태 개념이라기보다 구성된 관념에 불과하다. 이는 근세에 벌어진 일들 중 근대로 향하는 요소 이외의 것들을 모두 무시해버림으로써 생겨난다. 그런데 민속학이 그랬듯이, 잘려나간 무수히 많은 사실들을 재구성하면 또 다른 근세 세계상 즉 근대의 전단계로 인식되는 근세와는 다른 세계상을 어렵지 않게 그려낼 수 있다. 그러기 위해서는 종래와 마찬가지로 근세의 '고유'한 문화나 '기조·기층' 문화를 찾는 것이 아니라, 근대가 만들어낸 관념 즉 근세를 근대의 요람기로 보는 관념을 깨부수고 오히려 근대의 타향으로서 근세를 발견하는 것을 목표로 삼아야 한다. 이때 근세사회는 불교가 사람들 마음속에 기본사상으로 정주해 있는 세계, 그리고 그 위에 유교나 천도사상, 통속도덕, 신종교 등 비불교적이라 여겨지는 여러 사상과 종교가 놓여 있는 세계로 발견된다.[11]

이러한 나의 주장에 호응하는 견해도 생겨나고 있다. 근세사회 여러 종교와 사상의 존재 방식을 주제로 삼아 "유학 특히 주자학은 사실 불교의 사상을 뒤집어 재구성한 것"이라며 불교가 주자학을 규정했음을 언급하고, 신神과 불仏은 물론 학문이나 윤리적인 도에 이르는 "사상체계에 근세적으로 '통일'된 형태"가 상정되어 있었다고 주장하는 연구결과도 있다.[12] 이 연구는 또한 "'통일'된 형태"는 "장례의식·법요·양재진혼撰災鎭魂의 기도 등 다른 세계의 영혼에 대한 조작·매개·안정 행위"를 담당했는데, 그러기 위해서는 "타계나 죽음에 관한 강한 절대성"을 가진 "불교의 '울타리'"가 필연적이었다고 한다.[13] 사상·정신세계가 불교화되었을 정도로 불교가 타계나 죽음의 문제를 전권적으로 독점했다는 점에서, 근세사회 불교의 존재 의미를 찾을 수 있다는 주장도 있다. 즉 사람들 마음속에 정주한 불교가 근세 사상의 바탕이 되었던 것이다.

근세사회의 바탕에 불교가 깔려 있었다면, 근세 국가·권력에 의한 사회편성에서도 종교가 중요한 의미를 지니게 된다. 막번제 국가·권력이 애초부터 사사寺社세력의 신분적 편성에 강한 관심을 가진 것은, 종교를 국가 내부로 거두어들이려는 시도였다. 막번제 국가는 한 걸음 더 나아가 "히에이잔엔랴쿠지比叡山延暦寺,[13] 잇코슈一向宗,[14] 기리시탄キリシタン[15] 등의 종교 세력과의 격렬한 싸움을 통해 단일한 질서를 구축하고, 가쿠레 기리시탄かくれキリシタン,[16] 가쿠레 넨부쓰かくれ念仏,[17] 이치렌교의 후주후세하不受布施派로 대변되는 이단을 금지·억압함으로써 질서를 유지했다."[14] 이는 종교가 국가질서 형성의 매개가 되었다는 주장이다. 이 주장에 따르면, 질서를 위협하는 모든 것이 기리시탄으로 통칭되었고, 종교 일반이 반질서적 '타자성' 일반으로 규정되었다. 말하자면, 근세사회에서 종교는 국가·권

---

13 일본 천태종天台宗의 본산.
14 잇코슈는 두 가지 의미가 있다. 하나는 가마쿠라 시대 정토종淨土宗 승려 잇코 슌쇼一向俊聖가 창건한 불교 종파를 뜻하며, 다른 하나는 막부 시대 정토진종 그중에서도 혼간지本願寺 교단을 지칭한다. 여기서는 후자의 의미로 사용된 것으로 보인다.
15 일본 센고쿠 시대부터 에도 시대 그리고 메이지 초까지 사용되던 용어로 기독교를 칭하는 말.
16 에도 시대 막부가 기독교 금지령을 내리고 강제 개종을 단행한 후 생겨난, 불교로 위장한 기독교인들을 지칭하는 말.
17 막부가 정토진종에 대한 금지령을 내리자, 권력의 눈을 피해 숨어서 정토진종을 믿은 자들을 지칭하는 말.

력의 타자가 되었는데, 그 바람에 역으로 국가·권력의 질서를 형성하고 유지하는 기능을 수행했던 것이다. 그러나 타자였기 때문에 종교·불교로 명확히 보이는 것 혹은 종교적으로 보이는 것은 중심에서 배제되어 주변에 자리하게 되었다. 이렇듯 사회 중심에 불교의 모습이 존재하지 않았지만, 사실상 불교는 불교로 보기 어려운 모습으로 사람들 마음속에 정주하고 있었다. 따라서 사상도 질서도, 권력이나 도시 등의 사회 양상도 얼핏 보면 비불교적·비종교적으로 보였다.

야스마루 요시오安丸良夫[18]의 주장에 따르면, 그럼에도 불구하고 막번제 국가는 지역사회를 종교성의 차원에서 지배하지 못하는 기본적인 결함을 가지고 있었고, 도심자道心者[19]·거지·천민·기생 등의 일탈적 사회층과 통하는 종교가 일반 민중의 마음을 사로잡으면 위험해질 것이라고 생각했다. 국가의 타자가 된 종교가 주변에 위치하여 국가를 위험에 빠뜨릴 수 있는 존재로 인식되었다는 것이다. 주변과 경계에 있던 불교 혹은 마음속에 정주하고 있던 불교가 모습을 드러내 중심을 위협했던 때가 바로 겐로쿠 시대였고, 도쿠가와 쓰나요시德川綱吉의 집권기였다. 겐로쿠라는 연호가 등장하기 8년 전인 1680년(엔포延宝 8) 5월, 제4대 쇼군 이에쓰나家綱에 이어서 친동생 쓰나요시가 제5대 쇼군이 되었다. 쓰나요시는 2년 전에 죽은 둘째형 쓰나시게綱重의 아들인 고후甲府의 재상 쓰나토요綱豊 등 유력한 후보들을 제치고 권좌를 이어 받았기 때문에 좋지 않은 소문이 많았다. 같은 해 12월에 다이로大老[20] 사카이 타다키요酒井忠清를 파면한 것도

---

18 1934년생. 일본의 역사학자. 일본 근세사, 종교사상사 전공. 1960년대 이래 번성한 민중사상사 연구의 일인자. 히토쓰바시一橋대학 명예교수.
19 불법에 귀의한 자.
20 에도 시대 쇼군을 보좌하던 최고 행정관.

세상에 충격을 주었는데, 사카이 타다키요는 게바下馬쇼군[21]이라는 별명을 얻었을 만큼 권세를 휘두르던 자였다. 사카이 대신 홋타 마사요시堀田正俊를 등용하였으나, 그는 업무를 이어받은 지 5년째인 1684년(조쿄貞享 원년) 8월에 쇼군의 거처에서 자살했고, 쓰나요시는 홋타 마사요시를 매장한 석관을 파내어 더 깊이 묻으라고 했다. 이 사건에 관해서도 여러 소문이 떠돌았다. 사건의 중심에 있던 쓰나요시는 크게 겁을 먹고 있었던 것으로 보인다.[15] 사카이 타다키요와 홋타 마사요시라는 권력자를 멸망시켰으나 그에 겁먹고, 또 정통성 없는 쇼군이라는 소문을 두려워했던 쓰나요시를 상상해볼 수 있다. 또 다른 측면에서, 쓰나요시 정권은 매우 엄격하게 상벌을 행했고 그것이 다이묘들을 통제하는 데에 적용되어, 쓰나요시 정권기에 파면된 다이묘 가문이 46개에 이르고, 하타모토旗本[22] 가문은 백여 개가 사라졌다. 이러한 사실은 쓰나요시 시기의 쇼군 전제정치 확립이 많은 이들의 희생 위에 이루어진 것임을 보여준다. 이로써 겐로쿠 시대 쓰나요시 정권은 원혼에 시달리는 숙명을 가지게 되었다. 또한 이에쓰나와 쓰나요시, 두 쇼군은 제대로 대를 잇지 못했다. 이에쓰나의 경우는 세 명의 아들이 요절하고, 쓰나요시 또한 두 명의 아들을 잃었으며, 대를 잇기 위해 들인 두 명의 측실에게서도 결국 아들을 얻지 못했다. 이는 중대사였기 때문에, 에도성 내 쇼군의 부인들 거처에서는 출산·유산·요절을 둘러싼 가지加持기도[23]가 일상이 되었다. 그러면서 주변·경계에 있던 것이 권력의 중심으로 침투하기

---

21 제4대 쇼군 도쿠가와 이에쓰나를 보좌하면서 정치적 실권을 쥐었던 사카이 타다키요의 별명으로, 그의 저택이 에도성 정문 하마비 앞에 있어서 붙은 별칭.
22 일본 중세와 근세기 무사 계급의 일종. 특히 에도 시대 도쿠가와 쇼군 가문의 가신 중 1만 석 미만을 하사 받으며 쇼군 가문의 의례에 참석할 수 있었던 가문을 통칭.
23 부처의 힘을 비는 기도

시작하였고, 마음 안에 정주하고 있던 불교가 겉으로 드러나기 시작했다.

쓰나요시의 유명한 '살생금지령生類憐みの令'[24]도 대를 잇는 문제와 연관 지어 생각해볼 수 있다. 불교에 귀의한 지소쿠인知足院 류코隆光가 쓰나요시의 생모 게이쇼인桂昌院에게 쓰나요시가 대를 이를 아들을 얻지 못하는 것은 전생에 지은 살생의 업보 탓이라고 하여, 살생금지령을 내리게 되었다고 전해진다.[16] 괴이한 소문들을 배척하는 입장에서 보면, 이 포고령의 생물애호의 "뜻 그 자체의 긴요함"을 이해할 수 있다. 또한 포고령이 인심을 지배하는 군주의 권능 확립을 목표로 했다고도 할 수 있다.[17] 그런데 지배를 받는 사람들의 마음이 종교성을 품고 있다면, 인심을 지배한다는 것 역시 쓰나요시의 종교정책이었다고 생각할 수 있다. 상을 당한 이가 상복을 입고 부정 탈 일을 피해야 하는 기간을 정해 놓은 붓키령服忌令[25]은 원래 무사를 대상으로 포고된 것인데, 그것이 순식간에 대중화한 것도 사람들의 마음이 어디에 있는지를 잘 보여주는 사례였다. 또한 쓰나요시의 유학 고전 강연은 매우 유명했는데, 이를 단순히 유학을 숭배하기 위한 것만이 아니라 쓰나요시의 인심 장악책으로 이해해야 한다. 성 내에 증상사增上寺 승려를 불러 법문을 여는 등 쓰나요시가 행한 불교적 치적도 같은 방식으로 이해할 수 있다. 예를 들어, 1699년(겐로쿠 12) 12월 14일에 고승 센요詮譽를 불러 성 내 법문에서 관무량수경觀無量壽經에 나오는 '일심一心'에 대한 강연을 하면서, "일심자는 만

211

---

24 쓰나요시가 발포한 생물애호의 포고령. 그 내용은 아이와 환자의 유기 금지에서 소, 말, 개, 조류, 어패류 등의 동물학대, 살생금지에까지 이르렀다. 위반자는 엄벌에 처해졌고, 쓰나요시는 이누쿠보犬公方라고 불렸는데 그가 개(이누)의 해에 태어났기 때문에 또한 개를 특히 소중히 여겼기 때문이다. 이 법령은 호에이宝永 6년(1709)에 폐지되었다.
25 쓰나요시가 1684년 포고한 기복忌服의 일수를 정한 규정.

법의 주인이라. 너희들은 일심에 의지하고 있느냐"라고 물었다는[18] 것에서도 마음의 문제에 대한 쓰나요시의 깊은 관심이 엿보인다.

쓰나요시와 그의 부인 거처에 침투한 대표적인 예가 바로 증상사 승려 겐요 유텐顯譽祐天이었다. 그는 원혼의 해탈 염불로 이름을 날렸고, 다카다 마모루高田衛[26]에 따르면 "에도의 퇴마사(엑소시스트)"[19]라는 별명이 따라다녔다. 유텐을 유명하게 만든 사건은 1672년(간분寬文 12) 시모사쿠니下總國 하뉴羽生 마을에서 일어났던 가사네累라는 여성의 원혼을 진정시킨 일이었다. 이 사건은 『원혼해탈이야기死靈解脫物語』라는 제목의 책으로 1690년(겐로쿠 3)에 에도에서 출판되었고, 이후로도 다수의 유사한 이야기가 연이어 출간되었을 정도로 인기가 있었다. 또한 이 이야기를 바탕으로 만담가 엔쇼円生의 『가사네조시累草子』[27]가 나왔고, 유명한 만담가 엔초円朝가 쓴 『진경 가사네가후치眞景累ヶ淵』역시 이 이야기의 후일담으로 각색된 것이었다. 유텐은 증상사에서 단쓰檀通 대사를 스승으로 삼아 출가한 후 스승과 함께 간토 지방의 여러 정토종 학문사찰에서 공부한 학승으로, 사건 당시 시모사 이누마飯沼에 있는 홍경사弘経寺에 거처하고 있었다. 그 무렵 유텐의 경력은 불분명하지만, 기도사祈禱師로 일한 기록은 없었던 것으로 보인다. 그는 1686년(조쿄 3) 50세에 에도 우시지마牛島에서 은둔하였는데, 그러한 유텐을 쓰나요시의 생모 게이쇼인이 종종 방문해서 법문을 들었다고 한다. 게이쇼인이 유텐을 찾아간 이유는 『유텐 대승정 공덕기祐天大僧正御利益記』에 나와 있듯이 "주변에서 말하는 유텐의 영험은 한결같이 출산과 관련된 것들이었다. (…중략…) 한 사람의 종교 주술사로서 에도의 서민 대중 속에 들어간 유텐은 여성

---

26 1930년생. 일본의 국문학자. 일본 근세문학 전공. 도쿄도립대학 명예교수.
27 조시草子는 대중소설, 통속소설을 뜻한다.

의 중대사인 출산을 둘러싼 기적을 행하는 성자"[20]였기 때문이었다. 에도성 쇼군 부인 처소에서 이 문제에 대한 관심이 높았던 이유는 앞서 말한 바 있다. 이렇게 사산·유산의 원혼을 매개로 하여 유텐과 같은 기도사가 정권의 중심부에 파고들었던 것이다. 유텐은 부인 처소의 기도뿐 아니라 쓰나요시 앞에서 법문을 이야기하고, 도쿠가와 이에야스德川家康의 "더러워진 세상이 싫어서 떠나니 극락정도에서 왕생하길 바란다厭離穢土欣求淨土"라는 군기軍旗의 유래를 설명하고, 도쿠가와의 천하는 아미타불에게 수여받은 것이라는 왕권신수설을 설파했다. 이러한 내용은 『송평순종개운록松平崇宗開運録』이라는 책으로 만들어져, 현존하는 사본이 80여 점에 이를 만큼 널리 보급되었다. 또한 『정종호국편淨宗護國篇』이라는 증상사에서 제작한 판본도 탄생시켰다.[21] 이렇게 에도에서는 주변부에 존재하며 사람들 마음속에 정주해 있던 불교가 쇼군이라는 중심에 깊이 침투해 종교로서의 모습을 드러내고 있었다. 그러나 겐로쿠 문화가 흔히 교토 황실 중심으로 이야기되는 탓에, 불교적 현상을 아직 문화적으로 뒤처진 주변에서 일어난 일로 치부할 수 있다. 그러나 교토 황실에서도 쓰나요시가 조정 의례의 부흥을 진행하는 등의 일을 벌였으니, 다른 또하나 중심에서도 종교성이 회복되어 가고 있었던 것이다.

겐로쿠 시대에는 괴담이 유행했다. 그러나 타자로서 주변으로 배제된 종교적인 것이 중심에 위협을 가하는 것 자체가 기괴한 일이었다. 그렇기 때문에 괴담현상은 질서에 반하는 일로 규정되었고 진정시켜야만 하는 일이었다. 마음속에 정주해 있던 불교는 쇼군 쪽에서 모습을 드러내기 시작했고, 그 결과가 괴담으로 만들어졌다. 즉, 종교가 내부에서 활성화되어 괴담 유행이라는 현상을 만들어낸 것이었다. 여기에서 상정하고 있는 내부는 국가·권력의 중심 그리고 그 소재지인 도시이다. 겐로쿠 시대의 괴담유행 현상을 이와 같이 생각해볼 수 있다.

근세 괴기소설의 효시가 된 아사이 료이淺井了意[28]의 『도기보코伽婢子』[22)]는 1666년(간분 6) 처음 나왔고, 덴나天和[29]에서 조쿄에 이르는 1681~1687년 동안 판을 거듭해 찍었으며, 1699년(겐로쿠 12)에는 소형보급판이 나왔을 정도로 널리 읽혔다. 그리고 모방작으로 『속 도기보코俗伽婢子』(1671, 간분 11), 『신 도기보코新伽婢子』(1683, 덴나 3), 『고젠오토기御前於伽』(1702, 겐로쿠 15), 『보론 도기보코拾遺伽婢子』(1704, 호에이宝永원년) 등도 출판되었다. 『도기보코』에 수록된 괴담 중에서도 「모란등롱牡丹灯籠」의 인기가 높았는데, 이것이 산토 쿄덴山東京伝[30]이나 쓰루야 난보쿠鶴屋南北[31]에게 계승되어 결국 엔초円朝의 「괴담 모란등롱」이 된 것은 이미 널리 알려진 사실이다. 「모란등롱」은 괴담이라고는 하지만, 단순한 괴기담이 아니라 지카마쓰의 정사극情死劇과 통하는 서정성으로 채색된 종교성을 가지고 있다. 이승의 인간 오기와라 신노조荻原新之丞가 저승의 혼령 니카이도 야코二階堂弥子와 사랑에 빠져 부부가 될 것을 약속하나, 결국 신노조는 혼령의 저주를 받아 죽게 된다. 이후 두 사람은 밤마다 손을 잡고 마을에 나타났으나, 마을 사람들이 법화경을 읽어서 이들을 성불시켰다고 한다. 혼령 야코가 인간과 사랑에 빠지게 된 것은, "정에 끌리는 것이 인간의 마음이랍니다"라고 한 신노조의 '진심' 때문이었다. 그 진심 때문에 "언약은 영원한 것"라며 현세를 넘어서는 혼약을 맹세한다. "당신의 마음이 변

---

28 1612~1691. 에도 시대 전기 정토진종 승려. 일본 고유 문자로 쓴 문학작품인 가나조시仮名草子 작가.

29 1681~1683. 일본의 연호. 엔포延宝 다음 조쿄貞享 이전의 시대.

30 1761~1816. 에도 시대 후기 우키요에 화가이자 극작가.

31 1755~1829. 에도 시대 후기 활약했던 가부키 작가.

치 않는 한 (…중략…) 언제까지나 변치 않을 언약입니다"라고 한 것도 같은 이유에서였다. 여기서 알 수 있는 것은 '진심'을 다해 사랑하는 심정이었다는 사실, 그리고 그 사랑은 현세를 넘어서야 이루어질 수 있는 것이라는 사실이다. 혼령 야코의 저주로 죽은 신노조가 야코와 손을 잡고 밤마다 마을을 거니는 것은, 사랑이 내세에서 이루어졌음을 보여준다. 마을 사람들이 법화경을 읽어서 그들을 성불시켰다는 이야기는 현세를 넘어선 사랑의 성취를 아직 믿지 못하는 내부(도시) 사람들의 마음이 표현된 것으로 보인다. 이렇듯 불교는 주변에서 중심으로 침투했다. 그리고 사람들의 마음에 머물러 있던 불교를 환기시켜 그것에 새로운 표상을 부여했다. 거꾸로 보면 도시가 주변의 현상을 문화로 변환시킨 것이다. 그 변환은 종교적인 것을 종교로 만든 것이라고 할 수 있다.

주변 현상을 도시문화로 변환시킨 문화장치는 지식인과 출판업자였다. 본성적으로 타자와 거리를 두는 도시민에게, 저술가와 출판업자라는 매체는 그 거리를 만들어내는 장치였다. 또한 제3영역인 도시는 도시 내부의 여러 집단을 통합하여 일체화하기 위한 장치였다. 『가나세이리仮名性理』[23]라는 유학계몽서로 알려진 책이 있다. 후지와라 세이카藤原惺窩 혹은 구마사와 반잔熊澤蕃山이 지은 것으로 알려져 있으나, 사실은 에도 초기에 나온 저자 불명의 『심학오륜서心學五倫書』[24]라는 책을 원본으로 삼아 각색한 것이다. 1648~1672년(게이안慶安~간분 연간)에 원본이 정리되어 출간되었고, 1691년(겐로쿠 4)과 1722년(교호享保 7)에 재판을 찍었으며, 『혼사로쿠本佐錄』나 『지요모토쿠사千代もと草』 등의 2차 서적들이 출간되기도 했다. 이 책은 '마음'의 통속 해설서로 널리 알려진 책이다. 이 책의 제1단에는 "사람의 마음은 형태가 없으나 그래도 신체의 주인이고, 손톱이나 머리카락

215

따위까지 마음이 미치지 않는 곳이 없다. 사람의 마음은 하늘로부터 갈라져 나온 자신의 마음으로 이루어진다. 본디 하늘과 마음은 하나다"라는 말이 있다. 이 말은 『대학 장구大學章句』의 "마음은 몸의 주인" 혹은 주자학의 이일분수理一分殊[32] 논리에서 나온 것으로, 주자학적 사유를 계몽적으로 표현한 것이라 여겨져 왔다. 그러나 이것을 근세 불교의 일반적인 사유인 "유심미타唯心弥陀, 기신정토己身淨土"에서 출발한 것으로 볼 수도 있다. 오늘날 근세 초기 민중불교를 대표하는 저명한 불교인으로 추앙받는 스즈키 쇼산鈴木正三[33]은 "유심의 정토, 이미 내 몸에 아미타불이 있다. 나에게 아미타불이 있으니 염불에 정진해야 하지 않겠는가"[25]라고 말한 바 있다. 또한 "불성佛性이 법계에 두루 미쳐, 모든 중생의 주인이 된다. (…중략…) 이 심불心仏을 깨달을 때 부처가 된다"[26]고 하니, 인간의 중심인 마음은 곧 불성佛性이라는 사유가 잘 드러난다. 더욱이 "본각진여本覺眞如[34]의 일불一仏이 백억분신百億分身하여 세상을 이롭게 하리라"[27]라며, 인간을 부처의 분신으로 여긴다는 점에서 이는 『가나세이리』의 심성론과 유사하다. 이와 같이 유학이든 천도사상이든 사유 양식으로서 '마음'의 사상 즉 유심론은 불교에 연원을 둔 것이었다. 논란의 소지가 있기는 하나, 후지와라 세이카藤原惺窩[35]의 수제자 마쓰나가 세키고松永尺五,[36] 오미近江[37]의 성인 나카에 토주中江藤樹[38] 등의 유학도 이러한

---

32 각 사물의 개별성이 보편적인 원리와 동일함을 설명하는 이론. 세계를 관철하는 보편적인 원리와 구체적·개별적인 원리 사이에 일치성이 있다고 보는 것이다.
33 1579~1655. 에도 시대 초기 선종의 일파인 조동종曹洞宗 승려이자 가나조시仮名草子 작가.
34 본각은 사람이 원래부터 가지고 있는 청정한 본성을 말하며, 진여는 우주 만물의 실체로 영구불변이며 현실 그 자체인 진리, 즉 법계를 말한다.
35 1561~1619. 전국시대에서 에도 시대에 걸쳐 활동한 유학자.
36 1592~1657. 에도 시대 유학자.
37 옛 지방 이름. 지금의 시가현滋賀県. 고슈江州라고도 한다.
38 1608~1648. 에도 시대의 유학자.

'마음'의 사상에서 연유한 것으로 볼 수 있다. 민중 사상과 연관이 있는 이 시기의 가나조시仮名草子[39]에서도 이러한 사유를 찾아볼 수 있다.[28] 이렇듯 '마음'이 몸의 주인이 되었다. 그리고 지식인 불자와 출판업자들은 '마음'에 정주해 있던 불교를 도시문화 안에서 새로운 불교적 표상으로 만들고자 했다.

이러한 특성이 겐로쿠 시대 지카마쓰에게서 전형적으로 나타난다. 우선 첫째로, 지카마쓰는 불교적 모티브를 가진 작품을 여러 개 썼다. 『출세 가게키요出世景清』를 예로 들어보자. 다이라平 가문의 용장 가게키요景清가 원수 요리토모賴朝 공[40]을 쫓으며 죽일 기회를 노리는 이야기에 부인과 애인 사이의 갈등이 얽혀 있는 것이 줄거리다. 이야기의 서두는 "묘법연화경 관세음보살. 관음경 제25는 대승 팔축大乗八軸의 핵심. 신심의 행자 대자대비의 광명을 받자옵나이다. 관세음의 위력이로세. 감사드리세"라는 문장으로 시작한다. 이 문구는 옛 조루리 『가게키요景清』에서 차용한 것으로, 이를 통해 1편이 「관음 위력」의 이야기, 즉 관음영험담이라는 사실이 분명히 드러난다. 이야기의 내용 중에도 가게키요의 관음 신앙과 그에 보답하는 관음보살의 영험이 도처에서 발견된다. 붙잡힌 가게키요가 관음보살에게 기원하여 금강력을 얻은 후 탈출해서 원수를 죽이고 아무 일 없었던 듯 감옥으로 되돌아온다. 그러한 가게키요를 가리켜 "바로 관음보살의 변신이었다"고 한다. 이야기의 절정 부분에서는 잘려진 가게키요의 머리가 "갑자기 엄청난 빛을 발하며 천수관음의 머리로 변했다"고 한다. 이러한 영험담을 서사시의 차원에서 보면, 불교는 운명을 해석하는 사상에 불과하다. 또한 작품을 근세 비극 방법론에

---

39 에도 시대 초기에 유행한, 일본 문자인 가나로 된, 삽화가 있는 통속소설.
40 1147~1199. 미나모토노 요리토모, 가마쿠라鎌倉시대의 무장이자 정치가.

따라 만들어진 것으로 이해하면, 현세의 고뇌를 살아가는 주인공들을 미래 성불 사상으로 왜곡시켰다는 비판을 할 수 있다.[29] 그와 같은 평가가 설득력이 있다 해도, 이는 재고해보아야 할 내용이다. 여주인공 기생 아코야阿古屋는 정실 부인 오노히메小野姫에 대한 질투로 가게키요의 고소인에게 가담하는데, 그에 대해 가게키요는 "여자는 질투의 화신. 원한을 품어도 부부는 한 몸이다. 마음이 몸을 꾸짖는 이치 (…중략…) 사자 몸속에 있는 벌레라고 부처도 말씀하신 바 있으니"라고 하는데, 이는 마음이 몸을 꾸짖는다는 '마음'의 사상을 기반으로 한 것이다. 혹은 마지막에, 은혜를 입었으면서도 요리토모의 목을 베려고 덤벼드는 자신을 가게키요는 "범부 마음의 슬픔", "마음 가는 대로 하지 못하는 사람의 마음"이라고 한탄하고, "이 두 눈 때문에"라며 눈알을 도려내는 장면 등도 '마음'을 중시하는 것으로 이해할 수 있다. 불교는 운명론이 아니라 '마음'의 문제에 해당하는 것이었다. 또한 이 작품이 옛 조루리에서 소재를 가져온 것이니, 본래 종교적이었으나 근세에 주변적 존재가 된 소재를 도시문화로 변화시켰다는 점에서 중요하다. 그렇게 도시적인 불교의 표상이 만들어졌다.

두 번째는 유불논쟁을 다룬 작품에서 지카마쓰의 입장이 불교에 있었다는 사실이다. 『요메이천황직인감用明天皇職人鑑』이 그러한 작품으로 "극락으로 이끌어 주세요. (…중략…) 몸 안의 봉래산이 유심 정토이니 마음 밖에는 어디에도 없습니다" 등에서 '마음'의 사상으로서 불교를 발견할 수 있다. 세 번째는 지카마쓰가 단 하나의 '진심'으로 여긴 부부의 애정이 이러한 '마음' 사상 혹은 유심아미타불 사상에 근거하고 있다는 점이다. 『세미마루せみ丸』에서는 "내 몸의 아미타불 유심 정토"에 입각하여, "이 세상은 짧은데, 진정한 부부의

마음은 길다"라고 이야기한다. 『성덕태자 그림전기聖德太子繪伝』에서는 "부처도 법도 마음에 있다. 부부 또한 마음이다"라고 했으며, 『석가여래탄생회釋迦如來誕生會』에서도 "마음이 있어야 진정한 부부 (…중략…) 마음이 통하는 언약 (…중략…) 진정한 마음으로 부부가 된다" 등, '진심'을 다하는 부부, 그 마음이 부처라는 사유가 계속 등장한다.[30] 이렇게 보면 지카마쓰의 시대물 조루리도 '마음'과 '진심'이라는 도시적인 표상을 통해 불교를 이야기한 것으로 볼 수 있다.

3. 도시의 신성성(1) – 오사카를 중심으로

일본 근세사회는 겐로쿠 시기에 이르러 불교적인 양상이 두드러지게 되었다. 정권 중추에 침투한 불교, 괴담, 가나조시, 지카마쓰 몬자에몬의 문예작품 등에서 그 모습을 볼 수 있다. 이는 마음 안에 자리 잡고 있던 불교가 드러나면서 주변에서 중심으로 침투하며 도시문화로 변환된 것이었다. 유랑 예인藝人이 담당했던 예능藝能과는 다른, 문예文藝라는 도시문화의 출현이 두드러지면서, 문예가 불교적 성격을 가지게 된 것인데, 이것만으로는 설명이 충분치 않다. 이에 덧붙여 도시문화를 만들어낸 도시 자체의 불교적인 성격 내지는 도시와 불교가 가진 관계의 의미를 고려해야 한다. 이에 대한 도시사都市史 연구가 도시신성론을 지향하고 있다고 앞서 언급한 바 있다.

도시사 연구는 근세 도시와 그 전형인 조카마치가 중심에는 신성 권위를, 경계에는 성스러운 사찰·신사를 배치함으로써 도시로 성립했음을 보여주면서, 도시가 일종의 변환장치였음을 지적한다. 성스러운 영역인 도시는, 주변과 중심에 스며들어 있으면서도 겉으로는 모습을 드러내지 않았던 불교를 어떻게 문화로 변환시킬 수 있었을까? 이에 대해서는 미흡하나마 이미 앞에서 이야기한 바 있다.

첫 번째 문제를 풀기 위해서는 이제까지의 도시사 연구가 성곽과 사원을 군사적·세속적인 성채 혹은 성벽으로만 여겼던 시각을 바꾸어야 한다. 성곽은 신성권위를 가진 신전과 정청政廳의 성격을 둘다 가지고 있었으며, 사원은 신전이면서 성역이었음을 적극 고려해야 한다.

막번체제 국가의 지배는 "원래 폭력적인 지배였기 때문에 권위와 격식을 바탕으로 통치했다"[31]라며 '권위와 격식의 신성권위'를 말하는 신성지배론은 와카바야시 미키오若林幹夫의 다이묘 신성론을 떠올리게 한다. 그러나 이 설에 대해 민중사관 쪽에서는 '권위'의 이데올로기가 만들어낸 '평화와 번영'은 '착취'였으며, '불필요한 것'이자 '강요'였다고 비판한다. 평화와 번영을 현실적으로 이루어야 진정한 지배의 기반이 된다는, 즉 이데올로기 지배보다 현실정책을 더 중시하는 반론이었다.[32] 이 반론에서는 성곽과 조카마치가 건설될 때, 기존 토지신을 성곽 수호신으로 삼는 등 무사계급까지 세속 신앙 세계에 깊이 연루되어 있었다고 해도, 나아가 이러한 신들을 뛰어넘는 새로운 권위의 표상으로서 도요쿠니다이묘진豊國大明神이나 도쇼지東照寺[41]를 새롭게 만들어 신불로 모셨다고 해도, "이를 근세 도시문화의 권위로 과대평가할 수 없다"고 주장했다. 새로운 신성권위의 출현과 성곽의 관계는 인정하면서도 그에 따른 지배론은 일축해버린 것이

---

41 도요쿠니다이묘진은 도요토미 히데요시를, 도쇼지에서 모시는 도쇼다이곤겐은 도쿠가와 이에야스를 사후에 신격화한 것이다.

다. 이 주장은 근세 세계가 세속사회라는 전제를 가지고 신성성의 문제를 중시하지 않으며, 다양한 괴이 현상, 숭배, 신기한 효험 등을 현실적으로 불안정한 도시의 사회구조 탓으로 돌렸다. 그렇다면 문제의 핵심은 도시의 불안정이고, 권력은 괴담을 일으키는 사회 변두리에 지배력을 미치지 못하고, 불안정을 스스로 두려워했을 것이다. 그런 의미에서 보더라도 도시 혹은 일정 영역의 안정을 위해 주변부를 지배하는 초월적 신성권위는 필수불가결하다.

그 일익을 담당한 것이 도쇼다이곤겐東照大權現이었다. 돗토리鳥取, 오카야마, 와카야마, 오사카의 도쇼구東照宮 제례는 원래 권력이 민중을 동원하는 형태였으나, 나중에는 소초惣町[42]의 마쓰리祭로 바뀌어 조카마치가 '사회적 통합기능'을 가졌음을 보여주었다.[33] 도시의 사회적 통합 차원에서 마쓰리는 신성성을 전제로 할 때 비로소 중요한 의미를 가진다. 유명한 도시 마쓰리인 오사카의 덴진마쓰리天神祭, 에도의 간다마쓰리神田祭와 산노마쓰리山王祭, 교토의 기온마쓰리祇園祭 등은 우지코氏子[43]의 범위가 도시 전체를 포괄하지 못한 데 반해, 도쇼구 제례는 소초의 마쓰리가 되었다. 도쇼다이곤겐만 신이 된 것은 아니다. 가가加賀의 마에다 토시이에前田利家처럼 천신으로 받들어진 다이묘도 있었으며,[34] 이 외에도 비슷한 사례가 많았다. 그 신들이 모두 도쇼다이곤겐처럼 도시 전체의 통합신이었는지 여부는 앞으로 검토해야 할 과제다.

권력의 신성화와 그를 위한 마쓰리만으로는 도시의 신성성을 말하

---

42 일본 중세 말에서 근세에 이르기까지 도시 자치 지배의 최상위 단위.

43 고대 일본에서 씨신 신앙으로 모인 씨족을 우지비토氏人이라고 불렀는데, 중세 이후 우지비토를 우지코라고 부르게 되었다. 즉 신사의 제사권을 구성하는 사람들을 가리킨다. 신사에는 우지코의 구역이 정해져 있으며, 우지코는 일정 지역에 거주해야 하며 마쓰리에 참여해야 한다.

기에 충분하지 않다. 오사카의 경우를 살펴보도록 하자.[35] 도요토미 히데요시는 1583년(덴쇼天正 11) 혼간지 자리에 오사카성을 짓기 시작하며 천도를 염두에 두고 다이리內裏[44]와 함께 사원들도 옮길 작정이었다. 어째서 천도, 혹은 새로운 도시의 창출에 사원이 필요했을까? 단순한 성채라면 사원이 있을 필요가 전혀 없다. 도시 개발에 사원이 가진 토목기술을 필요로 했다는 주장은 의미가 있긴 하나 충분한 설명이 되지 못한다. 오사카에는 11개의 데라마치寺町가 있는데 그중 덴마히가시테라마치天滿東寺町, 핫초메테라마치八丁目寺町, 핫초메나카테라마치八丁目中寺町 등은 조카마치와 함께 건설되었다. 다니마치핫초메谷町八丁目, 이쿠타마스지나카테라마치기타한生玉筋中寺町北半도 비슷한 시기에 형성된 것으로 보인다. 또 1585년에 혼간지를 덴마히가시테라마치의 남쪽으로 옮기고 시텐노지四天王寺를 다시 일으켜 세웠다. 결국 오사카성과 그 조카城下인 우에마치다이치上町台地의 북쪽으로는 오카와大川 너머 덴마테라마치와 혼간지, 남쪽으로는 핫초메와 이쿠타마테라마치 그리고 덴노지天王寺가 배치되었다. 사원─조카마치─사원이라는 남북 축의 도시 구상이 실현된 것이다. 이것을 사찰·신사 지역, 무가武家 지역, 조닌町人 지역이라는 신분제 거주지역으로 나눌 수도 있지만, 다르게 볼 수도 있다. 바로 성역(사원)─세속(조카마치)─성역(사원)이라는 남북 축을 도요토미 히데요시가 자리 잡고 있는 성역인 오사카성이 동쪽에서 누르고 있는 구조로 보는 것이다. 그 후 1592~1614년(분로쿠~게이초慶長)에는 남아있던 남북의 데라마치들을 정비하였고, 1599년(게이초 4)에는 도요쿠니다이묘진을 만들어 1613년(게이초 18)에 오사카성내 야마자토마루山里丸에 신불로 모셨다. 그럼

---

44 일본 궁성에서 천황의 사적 공간을 말함.

으로써 오사카성은 신전이 되었다. 오사카성을 두르는 남북과 동쪽의 성역聖域이 강고해지면서 오사카 자체가 신성도시의 모습을 갖추게 된 것이다. 남은 자리인 서쪽에는 혼간지 동서 별원이 배치되었다. 덴마에 있던 혼간지는 1591년(덴쇼 19) 교토로 이전하라는 명령을 받았다. 대신 오사카에는 1598년(게이초 3) 쓰무라미도津村御堂(니시혼간지西本願寺 별원)가, 1603년 나니와미도難波御堂(히가시혼간지東本願寺 별원)가 세워졌다. 둘 다 새로이 개발된 조카마치의 조닌지역 센바船場의 서쪽에 자리를 잡았다. 이렇게 해서 서쪽도 성역聖域이 되었다. 게이초 중기 오사카는 사방이 성역으로 막힌 도시였다. 그리고 남북의 성스러운 축 양단이 죽음과 유흥의 장소로 열려 있었다. 남쪽의 센니치마에千日前, 북쪽의 우메다梅田에는 묘지가 배치되었으며, 북쪽의 도지마堂島 신치新地와 남쪽의 신마치新町에는 유곽이, 남쪽의 도톤보리에는 극장이 설치되었다. 남북 축의 중심에는 일상생활의 장인 세속 공간이, 양 끝에는 사원, 묘지, 유곽, 극장이라는 주변적인 장이 자리한 것이다. 따라서 남북 축은, 사람들이 일상생활을 영위하면서 때때로 유곽이나 극장에서 비일상을 즐기다가 이윽고 죽어 매장되는 선을 따라가는 구성이었다. 그런 의미에서 그것은 삶과 유흥과 죽음의 선이었다.

삶과 유흥과 죽음의 선 중간에 우뚝 선 혼간지 동서 별원과 권력의 신전인 오사카성이 정면으로 동서 축을 형성하면서, 아미타여래와 도요쿠니다이묘진을 연결시킨다. 동서 축은 삶과 죽음의 선인 남북 축과 수직으로 교차함으로써, 삶과 죽음 사이에서 헤매는 중생을 구제하는 선으로 그려진 것이다. 중생구제를 본원으로 하는 아미타여래를 모시는 혼간지의 동서 별원이 민생구제의 기점이 된 것은 당연한 일이었다. 다른 한 쪽인 도요쿠니다이묘진이 아미다가미네阿彌陀ヶ峰에 자리 잡은 것 역시 아미타여래의 민중구제를 의식한 것이었

223

다. 도요쿠니다이묘진은 도요토미 히데요시의 천하지배 이데올로기, 즉 "이번 생은 물론 다음 생까지 백성을 구하는 것"(도수령刀狩令)이라는 현세와 내세에 걸친 구제를 상징했다. 다시 말해, 도요쿠니다이묘진의 현세에서 내세로 이어지는 구제이념은 아미타여래가 말한 중생구제의 본원에 의해 뒷받침되었다. 그리고 종교적·내세적인 아미타여래의 민중구제는 권력적·현세적인 도요쿠니다이묘진의 권위에 의해 지지되는 상호관계를 맺고 있었다.

혼간지의 두 별원은, 데라마치에 모여 있던 사원들과는 별개로 오사카 시내의 정토진종 사원들과 연결되었다. 아미타여래의 구제망이 두 별원을 기점으로 하여 오사카 시내 전역에 펼쳐져 있던 것이다. 이것은 오사카 특유의 종지宗旨 마키오사메卷納[45]와 관련이 있다. 오사카를 구성하는 덴마구미·기타구미·미나미구미, 세 지역의 마치들은 종지인별장宗旨人別帳을 바탕으로 하여 호주의 이름을 적은 종지두루마리를 작성하고, 그곳에 사는 조닌들은 11월부터 매달 마치 집회소에 가서 거기에 압인押印해야 했다. 그리고 다음 해 10월이 되면 마치와 마치부교의 관리들이 양쪽 혼간지 별원과 덴마 고쇼지미도興正寺御堂에 모여 종지인별장을 제출하고, 성대한 마키오사메 연회를 열었다.[36] 마키오사메는 오사카 조닌들이 종파를 초월해 세 곳의 미도御堂에 모여 도시 오사카의 일체감을 만들어내는 기능을 했을 것이다. 또한 종지인별장이 일종의 인감증명 기능을 가지고 있었기 때문에, 오사카의 상업은 세 미도御堂에 의해, 나아가 아미타여래에 의해 지탱되었다고 할 수 있다. 오사카가 종교도시임을 증명하는 한

---

45 일본 에도 시대에 오사카에서 매년 마치町별로 조닌 호주의 이름을 적은 종지인별장宗旨人別帳을 만들어 마치부교町奉行에 내는 것을 말한다. 종지인별장은 현재의 호적대장이나 조세대장의 성격을 지녔다.

예로 중심 도로가 다른 곳에서는 찾아보기 힘든 미도스지御堂筋라는 신성한 명칭으로 불린다는 사실을 들 수 있다.[37] "오사카에 있는 그 토록 많은 절 중에서 미도御堂라고 불리는 절은 이 세 곳뿐이다. 어째 서 미도라고 부르는가, 그것은 마키오사메 사찰이기 때문이다"라고 한 손다 코류薗田香融의 말을 귀담아 들을 필요가 있다.[38] 『소네자키 숲의 정사』에서 원수인 구헤이지는 차용증을 집어던지며 "이번 달 부터 마치슈님께 신고하여 인감을 바꿨단 말이야"라고 소리치고, 도 쿠베를 "인감도용보다 더 큰 죄"라고 몰아세운다. 이는 오사카의 종 지 마키오사메를 배경으로 한 말이었다. "인감도용보다 더 큰 죄"라 는 것은 부처님을 배신한 죄를 의미하기도 했다. 삶과 죽음의 남북 축과 구제의 동서 축이 교차하는 곳에 위치하면서 오사카 시내에 그 물망처럼 퍼져있는 말사末寺들을 관리한 미도는 바로 신성도시 오사 카의 신전이었다. 10월 일주일 동안 열리는 보은강연報恩講에서 "미 도 안을 꽉 채운 남녀노소 참배객이 법담을 들으면서 환희의 눈물을 흘렸다"고 한다(難波鑑). 민중적인 성스러운 장치가 권력의 예상을 뛰 어넘는 대성황을 이루었던 것이다. 오사카성의 도요쿠니다이묘진은 도쿠가와 이에야스가 패권을 잡으면서 위력을 잃었다. 이를 대신하 여 1616년(겐나元和 2) 덴마가와사키天滿川崎에 도쇼구를 세워 도쇼다이 곤겐을 모셨다. 1700년(겐로쿠 13)부터 오사카 미사토三郷 소초惣町의 노인들이 도쇼구 제례에 참배하면서 도쇼다이곤겐은 '오사카의 수 호신'으로 여겨졌다.[39] 덴마가와사키는 남북·동서 어느 축에도 속 하지 않았는데, 그런 점에서 오히려 초월성을 의미했다.

한편 『소네자키 숲의 정사』에서 여주인공인 기녀 오하쓰가 순례 하는 삼십삼관음은 남북과 동서의 축을 에워싸며 오사카의 경계를 형성한다. 덴마니시테라마치天滿西寺町의 다이유지大融寺를 시작으로

225

덴마히가시테라마치天滿東寺町의 릿토지栗東寺에 이른 후, 오사카성의 남쪽에 있는 다마쓰쿠리이나리玉造稲荷의 관음당으로 넘어간다. 그리고 남쪽으로 내려가면서 고바시테라마치小橋寺町로 이어진다. 다음 북쪽 후지노타나칸논도藤の棚觀音堂로 올라갔다가 다시 밑으로 내려와 이쿠다마스지나카테라마치로부터 시텐노지의 다섯 관음을 돈 다음 서북쪽에 있는 니시테라마치西寺町에 이른다. 그리고 도톤보리를 건너 오사카 미사토 안으로 들어가 미쓰하치만三津八幡의 관음당을 거쳐 미도스지를 따라 북쪽으로 올라간 후, 미나미미도南御堂 남쪽 가까이 바쿠로마치이나리博勞町稲荷를 지나 기타미도北御堂 북쪽에 붙어있는 고료진쟈御靈神社의 관음당에 다다르면서 끝난다. 삼십삼관음 순례는 오사카 경계의 남북 양쪽 데라마치를 중심으로 동쪽의 다마쓰쿠리, 서쪽의 미도스지, 중앙의 두 관음을 포함하면서 오사카 미사토의 외연부를 한 바퀴 도는 구조를 이루고 있다. 삼십삼관음이나 그 순례의 기원에 대해서는 알려진 바가 없다. 다만 1687년(조쿄貞亨 4)에 간행된 『신찬 증보 오사카도新撰增補大阪大繪図』[40)에 삼십삼관음이 기재되어 있고, 순례의 출발점인 다이유지大融寺는 1675년(엔포延宝 3)에 개정된 오사카 안내도 『아시와케후네葦分舟』에 이미 "오사카 33개 명소 중 가장 효험 있는 부적을 내는 곳"이라고 적혀 있다. 이를 보아 삼십삼관음 순례는 적어도 17세기 중엽에 성립된 것으로 여겨진다. 이와 비슷한 예로 지카마쓰 몬자에몬의 『히지리멘 묘월의 단풍ひちりめん卯月の紅葉』에 나오는 신사 22곳 순례가 있다. 덴마가와사키의 도쇼구를 기점으로 서쪽으로 덴마덴진 등 덴마의 6개 신사를 돌고, 이어서 미도스지를 따라 내려오면서 혼간지 동서 별원 근처 2개 신사, 또 미쓰하치만三津八幡에서 이쿠다마·시텐노지·다카쓰高津를 거쳐 다마쓰쿠리이나리로 이어져, 마지막은 오사카성 앞의 이카스리

오타비쇼座摩御旅所에 이른다. 말하자면 이 순례길은 삼십삼관음 순례
와 반대 방향으로 오사카를 한 바퀴 돌면서 경계를 이룬다. 이 노선
은 1688~1710년(겐로쿠~호에이)무렵에 시작되었다고 하는데,[41] 아
직 자세히 밝혀진 바 없다. 1621~1635년(겐나 7~간에이 12)에 만들어
진 가나조시『지쿠사이竹齋』에는 동쪽으로 내려가기에 앞서 '교토 순
례'를 했다는 기록이 있다. 1661년 무렵(만지万治 말)에 간행된『도카
이도 명소기東海道名所記』에서도 '에도 순례'가 맨 앞을 장식한다. 따
라서 이러한 도시 명소나 사찰·신사 순례가 에도 초기부터 있었음
을 알 수 있다. 이와 연관해, 지쿠사이가 제일 먼저 기요미즈데라淸水
寺를 참배하며 "우리를 지켜주십시오"라고 빌었던 것에서도 알 수 있
듯이 순례의 대상인 도시의 사찰·신사는 도시민의 수호신으로 여
겨졌다. 도시민이 도시의 성지를 만들어낸 것이다.

오사카의 삼십삼관음·이십이신사 순례는 도시 오사카의 성지로
구성된 원 형태의 보이지 않는 경계를 형성하여 오사카를 내부와 외
부로 나눈다. 〈오사카 관음 순례 안내大阪觀音巡獨リ案內〉라는 그림[42]은
"덴마·우에마치·센바·시마노우치嶋の內"라는 글자만 있을 뿐 나머
지 오사카 시내를 공백으로 비워두고 주변에 삼십삼관음의 위치를
표시함으로써 오사카의 경계를 시각화한, 일종의 오사카 경계도 성
격을 띠고 있다. 이렇게 오사카는 동서의 구제선, 남북의 삶과 죽음
의 선을 기축으로 하는 도시 영역이 도쇼구·삼십삼관음·이십이신
사로 둘러싸인 성역으로 성립되었다. 남북과 동서, 양 축의 신성성
은 권력이 구축하였으나, 삼십삼관음·이십이신사순례에 권력이 관
여한 흔적은 없다. 이렇게 신성 도시는 민중에 의해 재구축되었다.

4. 도시의 신성성(2) — 교토, 나고야, 그 외

이와 같은 신성도시의 구성이 오사카에서만 일어난 것은 아니다. 교토를 살펴보자. 1592년(덴쇼天正 19) 혼간지를 호리카와시치조堀川七條로 옮기고, 1599년(게이초 4) 그 정동쪽에 위치한 히가시야마 아미타가미네에 도요쿠니다이묘진을 모시면서 호코지方廣寺 대불전大佛殿과 함께 권력의 신전이 구성되었다. 오사카와 마찬가지로 교토에도 아미타여래와 도요쿠니다이묘진에 의한 구제의 동서축이 생겨난 것이다. 1603년(게이초 8)에는 가라스마나나조烏丸七條의 히가시혼간지가 동서축에 추가되었다. 그러나 이와 대비를 이루는 유흥과 죽음의 축은 오사카처럼 선명하게 형성되지 못했다. 도요쿠니다이묘진에서 북으로 펼쳐진 도리베노鳥辺野의 묘지, 거기서 서쪽으로 펼쳐지는 기온祇園·시조카와바라四條川原의 극장, 그 북쪽에 니조야나기마치二條柳町의 유곽, 여기에 고조바시五條橋 부근의 환락가를 더하면 라쿠토洛東[46] 남쪽 지역인 가모가와加茂川 양쪽 강변으로 하나의 권역을 이루며 유흥과 죽음의 공간이 전개된다. 그리고 도요쿠니—아미타여래의 구제선은 이 권역 남쪽에 접하는 형상이 된다. 이는 라쿠토의 유흥과 죽음의 공간이 동서 축보다 먼저 형성되었기 때문이었다. 오사카 같은 계획 신도시와는 달랐다. 그럼에도 불구하고 도요쿠니—혼간지라는 구제선이 이와 인접해서 새롭게 형성되었다는 데 의미가 있다. 교토를 그린 그림들을 살펴보면 니조조二條城와 함께 호코지 대불전이, 이 시기는 물론 도쿠가와 막부 시기에도 실제보다 크게 그려져 있다. 이것은

---

46 교토 가모가와鴨川 동쪽 지역을 말함.

대불전이 도시의 수호신을 모신 신성도시 교토를 지켜주는 신전으로 꾸준히 중시되었음을 잘 보여준다.

신성도시 구상은 도쿠가와 정권에서도 이어졌다. 초기 에도는 시나가와品川에서 니혼바시도리日本橋通り에 이르는 도카이도東海道가 간다神田를 거쳐 나가센도中山道로 이어지는 남북 방향의 니혼바시도리와, 에도성 오테大手에서 니혼바시·아사쿠사바시淺草橋를 거쳐 오슈카이도奥州街道·센소지淺草寺로 이어지는 동서 방향의 혼마치도리本町通가 종과 횡으로 교차하는 기본 구조를 가지고 있었다. 그리고 혼마치도리는 양쪽으로 데라마치들을 끼고 있었다.[43] 히가시혼간지 미도御堂는 남북 축인 니혼바시도리의 북쪽 간다묘진시타神田明神下에 호즈지光瑞寺라는 이름으로 1591년(덴쇼 19)부터 있었으며, 니시미도西御堂는 1617년(겐나 3)부터 동서 축인 혼마치도리 북쪽 아사쿠사바시 가까이 절들이 모여 있는 곳에 있었다. 따라서 1618년부터 에도성 모미지야마紅葉山에 있었던 도쇼다이곤진과 함께 동서 축인 혼마치도리가 구제선이라는 것을 알 수 있다. 1657년 메이레키明暦 대화재가 일어난 후 니시미도가 쓰키지築地로 옮기는 대신 히가시미도東御堂가 아사쿠사로 이사한 것도 같은 맥락이다. 이 동서 방향의 구제선은 북쪽의 아사쿠사야도淺草宿에 이르며, 남북 축은 남쪽 도카이도로 향하면 시나가와 슈쿠바宿場에 이른다. 그곳에는 고즈캇바라小塚原·스즈가모리鈴ヶ森의 처형장, 요시하라 유곽·시나가와 환락가 같은 죽음과 유흥의 장이 있었다. 에도에서도 이처럼 삶과 죽음과 유흥의 선이 교차하고 서로 뒤엉키듯이 구제선이 설정되어 있었다.

한편 나고야는 1610년(게이초 15)~1614년(게이초 19)에 오와리쿠니의 중심을 기요스清洲에서 옮겨오면서 계획적으로 조성된 조카마치였다. 여기에도 나고야성에서 정남쪽으로 뻗은 혼마치도리의 남쪽

229

오스大須에 위치한 미나미테라마치에 혼간지 별원이 있었다. 이는 니시혼간지가 기요스에 세운 나가시마長島 간쇼지願證寺의 분원이 1717년(교호 2)에 이르러 사원으로 승격한 것이었다. 또 히가시혼간지 별원은 니시혼간지 별원 가까이 후루와타리조古渡城 자리에 1690년(겐로쿠 3)에 세워진 것으로, 조카마치 건설과 직접적인 연관은 없다. 그런데 나고야 성 오스의 바로 서쪽에 도쇼샤東照社가 자리하고 있다. 따라서 조카마치 건설 후 시간이 많이 흐르긴 했지만 결국 도쇼다이곤겐과 아미타여래의 구제선이 설정되었다. 그 구제선 한 가운데 스루가카이도駿河街道・미노지美濃路가 교차하는 히로코지廣小路에서 다치바나조橋町・오스에 걸쳐 유흥가가 형성되었다. 즉, 여기에서도 구제선이 삶과 죽음의 구역을 관통하고 있음을 알 수 있다.

근세 조카마치가 다이묘의 이상을 실현한 것이라면, 위와 같은 구상으로 형성된 조카마치는 이 외에도 많을 것이다. 가나자와金澤 역시 오사카와 마찬가지로 가나자와혼간지 별원과 데라마치 자리에 건설되었다. 니시혼간지 가나자와 말사末寺는 원래 성의 북쪽 고초後町에 세워졌었는데, 1592년 무렵 조카마치 북부 야스에고安江鄉로 옮겨졌다. 히가시혼간지 별원도 1631년(간에이 8) 무렵 그 남쪽에 세워졌다. 1642년 가나자와성 안에 건립된 도쇼샤와 거의 마주보고 있다. 한편 북에서 남으로 뻗은 홋코쿠카이도는 가나자와 조카마치에 이르러 서쪽으로 꺾였다가 다시 남으로 내려간다. 가나자와 말사와 도쇼샤의 구제선은 홋코쿠카이도의 동서 부분과 교차한다. 홋코쿠카이도의 북쪽과 남쪽 두 강변에는 여러 데라마치와 사원들이 있다. 강변에는 또한 공연장이 있고 가까이에 묘지가 있다. 또 막부 말기에 이르러서는 그 지역에 유곽이 공적으로 허가되었다. 그러므로 홋코쿠카이도는 삶과 죽음의 선이고 이와 교차하는 도쇼샤-혼간지 가나자와 말사 선은 구제선이라 할 수 있다. 이 외 와카야마和歌山에도 북쪽의 사기노모리鷺森 혼간지 별원의 정남쪽에 와카야마성이 있고 그 연장선 위 와카노우라和歌の浦에 도쇼구東照宮가 위치하고 있어서 구제선이 일직선을 이룬다. 사기노모리 혼간지 별원은 원래 있던 혼간지가 1583년 가이쓰카貝塚로 옮겨간 후 그 자리에 남아있다가 1663년에 사원이 되었다. 와카야마성은 원래 동쪽에 정문이 있었는데 1600년 아사노 유키나가淺野幸長가 번주가 되면서 북쪽에 정문을 새로 만들었다. 이는 성과 사기노모리 혼간지 별원을 잇는 구제선에 맞춰 의도적으로 조카마치를 개조한 것으로 여겨진다.

이런 사례와 반대되는 조카마치도 물론 존재한다. 혼간지 별원이 있는 정토진종 지역의 조카마치라 하더라도 도야마, 기후, 오카자키 등에서는 구제선을 가정하기 어렵다. 또 이 가설의 가장 큰 허점은 이런 구제선 계획을 보여주는 것, 즉 다이묘들이 혼간지 별원을 무슨 생각으로 이 위치에 놓았는지를 보여주는 문헌 자료를 찾을 수 없다는 점이다. 따라서 지금까지 말한 견해는 현재로서 하나의 가설일 뿐이다. 그렇다 하더라도 오사카·에도·나고야·가나자와 등의 사례는 우연의 일치라기보다 혼간지 사원의 위치에 대한 공통된 인식이 있었기 때문이라고 할 수 있다. 그중 하나가 혼간지 사원은 참배객이 많이 모이니 민중동원력을 가지고 있어 도시 번영에 도움이 된다는 인식이었다. 한편으로 그것은 통제하지 않으면 안 되는 왠지 기분 나쁜 힘이기도 했다. 따라서 도요쿠니다이묘진, 도쇼다이곤겐, 신격화한 다이묘 등 다양한 형태의 도시 중심 신성권위로 그것을 제어해야만 했던 것이다. 그러한 과정을 거치며 정토진종 지역의 도시는 신성도시로 구상되었다.

좀 더 원리적으로 말하자면 도시는 성스러운 구조를 가짐으로써

231

성스러운 코스몰로지를 형성한다. 한편 도시민은 근원적 재화인 토지에서 신체가 떨어져 나오면서 타자와 거리감을 갖게 된다.[44] 도시민이 도시민으로서 고뇌하게 되었을 때 도시의 코스몰로지는 그 구제원리로 작동해야 할 것이다. 오사카 혹은 혼간지 별원이 있는 도시에서는 아미타여래가 도쇼다이곤겐이나 신격화한 다이묘의 뒷받침을 받아 정토의 코스몰로지를 제공했다. 중세부터 존재해 온 아미타여래는 근세 도시에서 사람들의 사상적 과제가 되었고, 근세 도시인들에 의해 다듬어졌으며, 근세적 사유로서 번뇌 즉 깨달음菩提의 코스몰로지가 되었다. 사랑戀이라는 번뇌가 성취를 방해하고 고뇌로 바뀔 때, 사랑을 관철시키는 정사情死, 그리고 깨달음(왕생)으로 나아가는 회로가 만들어졌다. 또한 삶과 죽음, 현세와 내세, 고뇌와 안락 등과 연관된 통합적인 관념체계가 성립되면서 도시 사람들의 구제원리가 되었다. 그것을 만들어낸 것은 불교교단이 아니라 도시였다. 오사카를 비롯해 여러 도시에서 보이는, 권력의 설정으로 볼 수 있는 성스러운 장치를 도시민은 자신들의 것으로 재구축하였다. 도시는 변환장치였던 것이다.

5. 도시에서 사랑戀의 성性과 성聖

도시가 변환장치라는 점에서 공연장은 주목할 만한 장소이다. 지카마쓰 몬자에몬의 이야기가 공연되던 곳은 '고야小屋'라고 불렸다. '게조코쿠戲場國'라는 별칭으로도 불리던 그곳은 요시하라의 유곽 '아린스쿠니ｱﾘﾝｽ國'[47]처럼 도시 안 이계異界였다. '고야'라는 이계는 신을 모시는 야구라櫓[48]를 올리고 사지키棧敷[49]를 가짐으로써 성스러운 공간이 되었다. '고야'의 공연을 보기 위해 수로 혹은 개천 너머로 다리를 건너가거나 배를 타는 것도 세속의 공간으로부터 성스러운 공간에 다다름을 의미했다. 관객은 몸을 구부려 네즈미키도鼠木戸[50]를 통과함으로써 성스러운 이계로 들어가, 유곽의 기녀와 손님처럼, '게조코쿠'의 주민인 배우와 일체가 되어 즐겼다.[45] 『소네자키 숲의 정사』는 도시의 경계에 위치한 성스러운 이계 '게조코쿠'에서, 역시 도시 경계에 있는 이계 '아린스쿠니'를 배경으로 하여, 인간이 아닌 인형극으로 공연되었다. 즉, 관객은 공연장·연극·인형이라는 3중의 허구세계를 즐겼던 것이다. 조루리가 공연되었던 고야는 이처럼 3중의 허구로 구성된 이계이며 비일상적 공간이다. 때문에 여기서 공연된 세와모노世話物라는 일상성의 연극조차 그대로 비일상성으로 승화되어 성스러운 사건이 된다. 공연장은 도시의 일상이 비일상성=성聖으로 변환되는 장치였다. 도시에서 영위되는 일상생활을 변환시키는 장치인 공연장, 바로 그곳에서 상연되는 한 어떠한 세속도 일상도 이 변환장치에 의해 성화聖化되고 비일상화되었다. 이때 관객 역시 일시적으로나마 성화된다.

『소네자키 숲의 정사』는 관객의 갈채를 받으며 대성공을 거두었다. 관객은 어째서 갈채를 보낸 것일까? 관객은 어떤 사람들이었을

---

47 에도 시대 요시하라 유곽. '아린스'는 요시하라의 기녀들이 쓰는 말투를 뜻함.
48 원래는 성곽의 망루를 뜻하나 여기서는 에도 시대 극장 정면에 설치된 높은 구조물을 가리킴.
49 에도 시대 극장 관람석 중 가장자리로 단을 높게 올린 곳을 말함.
50 쥐출입구라는 뜻으로 에도 시대 극장의 정면 입구를 말한다. 구경꾼이 쥐구멍에 들어가는 쥐처럼 몸을 구부리고 들어갔기 때문에 이런 이름이 붙었다.

까? 비싼 관람료를 내는 사지키석에는 큰 상점의 안주인이나 딸, 그들을 모시고 온 점원이 앉아 있었다. 바깥양반들은 이런 고야보다 유곽을 선호했다. 입석에는 주인의 눈을 피해 혹은 잠깐 짬을 내서 온 반가시라番頭, 데다이手代, 뎃치丁稚[51] 등이 있었다. 직공들도 있었을 것이다. 관객은 이런 사람들, 요컨대 도시민이긴 하지만 도시의 주체는 될 수 없었던 사람들이었다. 전근대 도시에 사는 것은 우주론·세계론·신앙·의례 등을 매개로 하여 소원한 타자와의 사이에 의미있는 관계를 발생시키고 그 관계 속에서 사는 것이었다. 그것은 개인의 신체가 근원적 재화인 토지를 매개로 하던 관계로부터 떨어져 나와, 화폐와 시장의 관계 속에서 사는 것이었다. 관계의 기본적 구조 안에 타자와의 간격이 생겨난 것이다.[46] 이제 주체가 될 수 없는 새로운 도시민은 토지로부터 분리된 신체를 화폐와 시장의 관계 안에서 주체로서 재구축하고자 한다. 그것은 '남자를 단련시키고', '남자로 바로 세우는' 것이었다. 지카마쓰 몬자에몬의 사랑이야기는 이런 배경에서 나왔고 그 안에서 전개되었다. 『소네자키 숲의 정사』도 그렇지만, 정사를 다룬 작품들은 전부 돈(화폐)과 결부되어있다. 기녀와의 사랑이나 유곽 출입이 금전적 파탄을 가져온다. 『소네자키 숲의 정사』의 도쿠베는 속아서 돈을 빼앗기고, 『메이도노히캬쿠冥土の飛脚』의 추베이忠兵衛는 상점의 돈을 횡령하고, 『아미지마 정사心中天の網島』의 지헤이治兵衛는 사랑하는 기녀의 몸값 때문에 괴로워한다. 그들은 모두 도시의 주체가 될 수 없는 점원이거나 겨우 자립한 장사꾼이다. 그들은 타자와의 소원한 관계 안에서 살기 위해 이에家를 형성해 이를 거점으로 삼지만 이에의 주체는 아니다. 정사 이야

---

51 반가시라는 우두머리 점원, 데다이는 중간 위치의 점원, 뎃치는 견습사원을 뜻함.

기의 세 주인공 모두 오사카 근교의 농가 출신이다. 도쿠베는 숙부가 주인인 상점의 점원으로 일하며 숙부에게 처조카딸과의 혼인을 제안 받는다. 추베이나 지헤이도 데릴사위 신분이다. 그런 점에서 이에家는 주체가 될 수 없는 도시민을 억압한다. 지헤이의 친형도 이에 쪽에 서서 동생이 연인을 유곽에서 빼내는 것을 단념시키는 역할을 한다. 그 억압으로부터 벗어나기 위해 선택한 정사情死도 도시 오사카의 코스몰로지 안에서 이야기된다. 도시 오사카의 수호신인 삼십삼관음에게 사랑이 이루어지기를 빈다. 또한 도요쿠니다이묘진·도쇼다이곤겐의 권위와, 그 중생구제의 이념인 현세와 내세에서의 구제와, 혼간지 동서 별원의 정토신앙을 믿으며 내세왕생을 바란다. 관객은 자신의 코스몰로지 안에서 자신의 고뇌와 구제를 무대에서 발견하고 갈채를 보냈던 것이다. 그때 도쿠베도 관객도 성화聖化한 도시민이 된다.

성화聖化는 이루었으나 성性의 문제가 아직 남아있다. 지카마쓰 몬자에몬은 시대극뿐만 아니라 정사情死를 다룬 세와모노에서도 성애를 이야기하지 않는다. 이것을 어떻게 보아야 할까? 그의 작품에는 성애에 대한 직접적인 표현이 거의 나오지 않는다. 특히 『소네자키 숲의 정사』는 성애 장면이 전혀 없다. 성애 장면으로 빼놓을 수 없는 간통을 묘사하는 경우에도 간통 자체가 의도적인 것이 아니기 때문에 아주 담백하게 묘사된다. 그 예로 『다이쿄지 무카시고요미大経師昔曆』를 보면 여주인공인 오상おさん이 하녀 오타마お玉의 방에 드나드는 남편을 혼내주기 위해 잠자리를 바꾸는 장면에서도 "속으로만 흘리는 눈물, 얼굴을 어루만지는 그 손을 잡아 이끌며 살과 살을 맞대면서도 마음은 멀어지는 병풍 속"이라는 식으로 오상의 비애를 주로 묘사한다. 다만 『호리카와나미노쓰즈미堀川波鼓』에서 오타네お種가 술

에 취해 잘못을 범하는 장면에서만은 예외적으로 성애를 묘사하고 있다. "부둥켜안고 사랑 따윈 몰라, 근데 좋아하지도 않는 남자와 두 손을 두르고, 남자의 허리띠가 풀어지면 풀리는 사람의 마음, 술과 색정으로 마음도 어지러워져 서로 밀고 당기면서 뜻하지 않게 진짜로 좋아하게 되었다"라면서 성애장면이 전개된다. 하지만 사이가쿠西鶴가 『호색일대남好色一代男』에서 묘사한 성애, 특히 5권에서 소도小刀를 만드는 대장장이의 제자가 요시노 타유吉野太夫를 보고 첫눈에 반한 장면이나, 6권의 하쓰네 타유初音太夫가 나오는 장면 등과 비교하면 지카마쓰의 묘사는 상징적이다.

성애 장면은 아니지만, 『소네자키 숲의 정사』에서 에로틱하다고 할만한 것으로 보통 다음의 장면이 거론된다. 「이쿠다마 신사 앞의 단生玉社前の段」에서 오하쓰가 "저는 병이 날 것 같아요. 믿을 수 없다면, 자, 여기 이 응어리진 가슴을 좀 만져보세요"라고 말하면서 도쿠베의 손을 가슴으로 끌어당기는 장면이나, 「덴마야의 단天滿屋の段」에서 마루 밑에 숨은 도쿠베에게 "무슨 일이 있어도 도쿠베님, 같이 죽어요! 저도 죽을 거에요!"하고 정사의 각오를 되새기자 도쿠베가 오하쓰의 발을 "붙잡고 무릎으로 감싸면서 우는" 장면이다. 대본만으로는 그 에로스가 잘 전해지지 않는데, 후자의 경우 도쿠베가 오하쓰의 발을 잡고 자기 목의 숨통을 문지르는 몸짓을 할 때 옷자락 사이로 살짝 보이는 오하쓰의 흰 발이 에로틱한 분위기를 연출한다. 이처럼 지카마쓰 몬자에몬은 에로스를 극도로 자제했다. 그것은 단순히 묘사가 적어서가 아니라, 에로스를 주제로 삼지 않았기 때문이다. 주제는 사랑이지만 앞에서 말했듯이 사랑은 부부의 '진심'을 나타내는 것으로 성애와는 전혀 다르다. 사이가쿠의 '색도色道'는 비일상적인 성의 미학이다. 이와 대비되는 일상의 성은 "집안에 종속된

성이며 시골의 성"[47]인데 남녀의 진정은 오히려 여기에 있다고 생각했다. 이를 바탕으로 지카마쓰는 성을 은밀하게 감추었다. 지카마쓰의 관객은 도시의 이에家에 몸을 의탁한 종업원 혹은 그에 종속된 여성들로 상정된다. 그들의 관계에서 성은 은밀하게 숨겨졌고, 대신 타자와의 소원한 관계 속에서 사는 남녀가 만들어낸 부부의 '진심'에 가치를 두었다.

그렇지만 지카마쓰 몬자에몬이 쓴 정사情死 이야기의 여주인공은 모두 덴마야의 오하쓰, 기노쿠니야紀伊國屋의 고하루小春, 신마치의 창기 우메가와梅川와 같은 기녀였다. 여주인공이 바로 성性을 파는 기녀였기 때문에 지카마쓰는 그녀들의 성애를 은밀하게 감추었다. 은밀하게 감춰진 성애가 부부의 성애라면, 지카마쓰는 사랑에 빠진 기녀를 통해 부부를 본 것이다. 성性을 팔고 허위세계를 사는 기녀이기 때문에 부부의 '진심'을 성취하는 것이 바로 그 삶을 지탱하는 것이 된다. 『소네자키 숲의 정사』의 오하쓰에게 사랑을 잃는 것은 삶을 잃는 것이다. 그렇지 않다 하더라도 원래 기녀들 대부분은 아무런 매개 없이 죽음을 마주하고 있으며 연속된 현세의 시간으로부터 떨어져 나온 성性이기 때문에 남자들은 그 성性 안에서 일거에 극락왕생이 가능했다.[48] 지카마쓰의 작품 속 기녀의 사랑이 갖는 모순은, 성性을 파는 기녀의 성性을 은밀하게 감춤으로써 기녀가 사랑의 '진심', 부부의 '진심'을 가진 체현자가 되었다는 점이다. 이 모순이 심해지면 기녀는 마주하고 있던 죽음을 선택한다.

기녀 오하쓰와 점원 도쿠베, 그 사랑과 정사情死 모두 도시가 만들어냈다. 도시는 도시의 산물을 성화聖化하는 장치를 가지고 있었다. 닌교조루리를 쓴 지카마쓰 몬자에몬과 갈채를 보낸 관객 모두 도시민이었으며, 그들이 바로 도시를 성화聖化하는 장치였다. 지카마쓰가

237

시대극에서 보여준 번뇌나 깨달음의 사상을 관객과 공유하고 있었음을 추측하기는 어렵지 않다. 왜냐하면 근세 초기 즉 도시가 탄생한 이후, 그것은 도시민이 가나조시仮名草子라는 형태를 통해 부지런히 쌓아 올린 구제론이었기 때문이다. 또한 그것은 근세 권력이 인정仁政이라는 슬로건으로 내건 현세적 민중구제 사상과 대응한다. 도시는 도시의 성성聖性이 낳은 산물에 세속의 때를 묻힌 다음 다시 그것을 성화聖化하였던 것이다.

'여성'을 구성하는 요소들의 삐걱거림[*]

『여학잡지女學雜誌』에 나타난 '내조'와 '여학생'

이다 유코 飯田祐子[**]

1. '여성'을 구분하는 근대적 범주

근대로 접어들면서 여성의 의미가 변화한 것은 익히 잘 알려져 있다. 여성은 '남녀동권' 또는 '남녀동등'이라는 용어에 의해 새로운 장소를 부여받았다. 이때 '여성'은 국가적 역할을 담당하는 하나의 범주로 인식되어 일본 근대 속에서 분명하게 윤곽 지어졌다. '남녀동권' 또는 '남녀동등'한 사회 형성을 위해 여성교육의 필요성이 제창되었던 것이다. 이것이 일본을 근대 국가로 가동시키기 위한 것이었음은 두말할 필요도 없다.

---

[*]   이 글은 강현정과 전미경이 번역하였다.
[**] 나고야 대학 대학원 문학연구과 교수(http://researchmap.jp/read0045368/).

여성교육의 필요성을 주장한 이들은 '어머니'의 중요성을 그 근거로 삼았다. 나카무라 마사나오中村正直의 「어진 어머니 양성하기」[1]를 시작으로, 메이지 초기 논자들은 다음 세대의 국민을 양성하기 위한 능력을 갖춘 '어머니'의 필요성을 강조하였다. 크게 보면 '어머니'에 대한 기대는 '현모'라는 두 글자에 잘 집약되어 있다. 여성교육의 또 다른 근거로 '주부'의 필요성이 거론되었다. 이 용어 역시 근대에 성립된 것이다. '가정家政'이나 '위생'이라는 개념, 수입된 근대 서양의 지知로서 가사를 담당하는 '주부'의 필요성이 주창되었고, 이것이 '양처良妻'라는 개념으로 수렴되었다. '양처'와 '현모'를 합친 '양처현모'라는 개념은 근대에 발생해 압도적인 힘으로 여성을 규정해왔다.

'어머니', '주부', 그리고 '양처현모'. 여기에 근대를 시사하는 새로운 개념이자 이들의 토대라 할, 여성교육에서 발아한 '여학생'이라는 범주를 또 하나 추가해야 할 것이다.

이들 각각에 관해서는 이미 다양한 연구가 진행되어 왔다. 이러한 성과들을 토대로 이 글에서는 '어머니', '주부', 그리고 그 토대라 할 수 있는 '여학생' 개념이 서로 어떻게 얽혀 있는가를 살펴보고자 한다. 여성을 구분하는 이 범주들은 균열 없이 매끄럽게 연결되었을까? 결론부터 말하면 그렇지 않았다. '여학생'에서 '주부'로, 또 '어머니'로 나아가는 전개는 여성교육의 맥락에서 볼 때는 하나로 이어졌지만, 이러한 복수의 범주가 합쳐질 때는 그 틈새에서 양립할 수 없는 삐걱거림이 발생하였다. '여학생'은 '주부'나 '어머니'라는 범주와 매끄럽게 이어지지 않았으며, '양처'로 수렴되어서도 몇몇 역할은 잘 들어맞지 않았다. 이 글에서는 이러한 범주 간의 관계를 확인하고자 한다. 각각의 범주가 잘 들어맞지 않았다는 사실은 여성의 삶에 커다란 단절이 생긴다는 것을 의미한다. 또 삶의 방식에 관해

주어진 복수의 선택지가 매우 이질적이었음을 의미한다.

근대가 만들어낸 이 범주들과 그 배치는 '여성'의 삶에 또 다른 차원의 어려움을 만들어냈다. 메이지기 여성을 둘러싼 이러한 논리의 변화는 '남녀동권'이 아닌 '남녀동등'으로 치환되어, 성별 역할 분업을 전제로 한 양처현모라는 사상 아래 여성의 사회적 지위를 낮은 자리에 그대로 두었다. 여기에서 주목하고 싶은 것은 그러한 개념들이 여성의 사회적 자립을 방해했다는 측면이 아니다. 여성으로서의 역할 분업을 수용한 경우라도 다른 차원의 삶의 어려움이 발생했을 것이며, 이는 세 범주 간 어긋남의 결과였다는 것에 주목하고자 한다. 주어진 범주들이 서로 대립하는 구도에서 여성은 어떤 입장이라도 괴로울 수밖에 없었다. 또한 일관된 정체성을 형성하는 것도 어렵다. 일관성 대신 다양성을 읽는 것도 가능하겠지만 이 글에서는 그러한 관점보다 범주 간의 관계에 대해 먼저 주목하고자 한다. 즉 범주 간 관계를 확인함으로써 근대 여성이 처한 삶의 어려움을 살펴보고자 한다.

241

2. '현모'와 '양처' 그리고 '여학생'

먼저 근대 여성 범주에 대한 지금까지의 논의를 살펴보자.

가장 핵심적 틀은 '양처현모'이다. 후카야 마사시深谷昌志[1]에 따르

1 1933.9.16~. 교육학자. 도쿄세토쿠대학東京成德大学 명예교수.

면,[2] 양처현모의 시작은 『메로쿠 잡지明六雜誌』에 나오는 나카무라 마사나오中村正直[2] 등으로까지 거슬러 올라가며, 의식적으로 처음 사용한 것은 1891년(메이지 24)에 발간된 『조칸女鑑』이다. 후카야 마사시는 양처현모를 "일본 특유의 근대화 과정에서 발생한 역사적 복합체"라고 설명했다. 좀 더 구체적으로 "내셔널리즘이 등장하면서, 유교적인 것을 토대로 민중이 가진 여성상의 규제를 받아들이는 한편, 서구의 여성상이 굴절되어 흡수된 복합사상"[3]이라고 지적하며, 패전을 기점으로 전후 달라진 일본사회의 단절을 설명하는 맥락에서 유교적 규범과의 연결을 비판적으로 검증했다. 그러나 오늘날 양처현모는 근대적 가족상과 더 관련이 깊은 것으로 지적된다.[4] 이러한 관점에 따라 양처현모 규범과 현재와의 연결, 또 근대 국민국가 형성과의 연결이 명확해졌다.

'양처현모' 개념 성립에서 중요한 것은 '가정'[3]이라는 말에 방점이 찍히면서 근대 가족상이 수입되었다는 것이다. '근대가족'이란 "공공 영역과 가내 영역이 분리되어, 각각의 영역을 '남자는 일, 여자는 가정'이라는 식으로 분담하는 것, 가족 내에서는 가족 구성원 간 강한 정서적 관계를 가지는 것 등의 특징을 가진 가족"[5]을 말한다. '가정'이라는 단어가 홈home의 번역어로 유통된 것은 잘 알려져 있지만, 수입된 가족상을 바탕으로 개념상의 분명한 변화가 시작된 것은 메이지 20년대이며, 그 정착은 메이지 20년대 후반부터 30년(1897)[4] 무렵이다.[6] "일가단란一家団欒"이라는 개념이 등장한 것도 메이지 20년

242

---

2 1832.6.24~1891.6.7. 메이지 시대의 계몽사상가, 교육자, 문학박사. 도쿄대학문학부 교수, 여자고등사범학교장女子高等師範學校長을 역임했다.
3 家庭. 이하 한자를 생략한 가정은 '家庭'이며, '家政'인 경우에만 한자를 병기하였다.
4 이 글에서는 메이지기 연대가 중요하여 그대로 번역하였다. 메이지 20년대는 대략 1880년대 후반부터 1890년대 중반을 가리킨다.

대이며, 그것이 "일종의 가족 신앙으로까지 높아진"[7] 것은 청일전쟁 후라는 야마모토 토시코山本敏子의 연구 등 구체적인 검증이 이어지고 있다.

국민국가의 형성과 근대 가족상이 결부될 무렵, 양처현모의 '현모'상 즉 아이를 키우는 사람으로서의 어머니상이 등장하였다.[8] 메이지 20년대에는 어른과 다른 존재로 어린이를 발견함과 동시에 아이를 키우는 어머니가 이념적으로 언급되기 시작하였다. "육아 담당자로서의 어머니"[9]라는 개념은 근대 이전과 이후를 구분 짓는 개념이다.

고야마 시즈코小山靜子[5]는 에도시기 여훈서女訓書를 검토하여, "아이를 키우고, 교육하는 어머니로서의 덕목은 거의 없었다. 오로지 아내로서, 며느리로서의 덕목만 있었다. 즉 모든 덕목은 근면, 검소, 절약, 정직 등의 자기도덕과, 삼종지도나 칠거지악 같은 가족도덕으로만 구성되어, 주군을 섬기듯 남편을 받들고, 순종으로 시부모에게 효행을 다하는 여성이 이상적인 여성상이었다. 말하자면 여성의 존재 의의는 아내·며느리로 한정되었으며, 당시에는 '양처현모'가 아닌 '양처'의 측면만 존재했다. 그리고 여성에게 교육이 필요한 것도, 아내와 며느리 역할을 잘 해낼 수 있는 여성으로 육성하기 위함이었다"[10]고 한다. 이것이 메이지기에 들어 크게 변화한 것이다. 아이를 키우는 어머니상의 도입은 다음 세대의 국민을 키운다는 국가적인 임무와 직결된다고 할 수 있다.

양처현모주의가 여성교육 도입의 기반이 될 수 있었던 것은 '현모'가 결정적으로 새로운 개념을 부여받았기 때문이다. 새로운 교육

---

5 1953~. 교육학, 여성사학자. 교토대학 교수.

으로 새로운 어머니를 '만든다'는 것이다.

여성교육을 논하기 전에 먼저 '양처'의 내용과 발생 시기를 살펴보고자 한다.

앞서 근세 여성의 역할이 아내와 며느리에 한정되었다고 서술했는데, '양처'의 개념 역시 근대에 들어 변질된다. 고야마 시즈코는 '양처' 개념에 대해, 청일전쟁 이후 "지식을 갖춘 내조나 여성의 도덕성에 대한 주목"[11]이 새롭게 일어났다고 말한다. "단순한 순종이 양처의 조건이 아니라, '남자는 일, 여자는 가정'이라는 근대적인 이분화된 성역할 분업관에 준해 가사노동을 잘 해내고, 가정家政을 잘 관리할 수 있는 여성이 양처라고 생각"[12]하게 되었다는 것이다. 무타 카즈에牟田和惠[6] 역시 종합잡지를 대상으로 메이지 20년대 후반의 변화를 조명하여, "'주부'라는 단어가 등장해 주부의 일을 세세하게 묘사하는 가운데 청소나 요리 등 실용기사들이 연재"[13]되었다고 하였다. 메이지 20년대 전반부터 이미 변화가 나타나고 있음을 지적한 연구도 있다. 이누즈카 미야코犬塚都子는 『여학잡지女學雜誌』에 메이지 20년대 전반부터 나타난 이와모토 요시하루嚴本善治[7]의 '홈home'론을 분석하여, "주부의 직무에 관한 담론이 '홈'론의 중심이 되었으며, 그중에서 '화락단란和樂団欒' 담당자로서의 주부상이 나타났다"[14]고 했다. 이와호리 요코岩堀容子 역시 『여학잡지』에 나타난 가사·가정家政에 관한 기사가 아내 역할을 구체적으로 제시했다고 지적하며, 메이지 20년대를 거치면서 "아내 중심의 가정학이 탄생"[15]했다고 본다. 발현 시기에 대해서는 다소 차이가 있지만 새로운 가족 이념에

6　1956.12.20.~. 사회학자, 오사카 대학 교수. 전공은 역사사회학과 젠더론. 주요 주제는 근대화와 젠더정치학에 관한 연구이며, 근현대 일본 여성과 가족에 관한 다수의 저서가 있다.
7　1863~1942. 여성교육학, 평론가, 사업가.

근거한 가정 안에서 이상적인 모습으로서의 "주부상"[16]이 여성의 역할로 등장한 것이 메이지 20년대라는 점은 공통적이다.

지금까지 '양처'와 '현모'를 살펴보았는데, 그 토대가 되는 여성교육에서 비롯된 '여학생'이라는 개념은 어떠한가. '여학생' 역시 분명 새로운, 여성교육이라는 추상적인 이념이 선행해 만든 근대적인 여성 범주이다. 또 여성교육이 없다면 '양처'도 '현모'도 생겨날 수 없다는 의미에서 얼핏 보면 비슷한 변천 과정을 거친 것처럼 보인다. 그러나 '여학생'이라는 범주는 전혀 다른 전개를 보였으며 국민국가적 문맥과 닿아 있지 않다. '여학생'이 닿은 곳은 문학적 문맥이었다. 문학적 문맥에서 '여학생'을 논한 혼다 마스코本田和子[8]는 '여학생'의 탄생을 메이지 30년대로[9] 본다. 그는 "단순한 '여자' '학생'을 넘어 독특한 분위기에 물든 '여학생이라는 것'"[17]이 "실질적 효용이 분명하지 않아 대부분의 서민과는 무관하지만 근대의 상징, 도시의 꽃으로 '있으면 좋은 것'으로 자리매김"[18]한 것은 메이지 30년대였다고 주장한다. "야유하거나 기피하지 않고 '하이칼라'로 받아들여져 '아름답다'고 칭찬까지 하면서……"[19]라는 구절은, 그 이전의 '여학생'이 야유와 기피의 문맥 속에 있었음을 암시적으로 드러낸다. 또 이와타 히데유키岩田秀行[10] 역시 문학적 표상인 '에비차시키부海老茶式部'[11]라는 말의 발생과 유통에 관한 논문에서 메이지 30년대가

245

8   1931~. 일본 아동학자. 오차노미즈여자대학 명예교수. 전공은 아동문화론, 아동사회사.
9   1890년대 후반부터 1900년대 중반을 가리킨다.
10 1949~. 국문학자, 근세문학 연구자. 아토미가쿠인여자대학跡見学園女子大学 문학부 교수. 에도 풍속에 초점을 맞추어 연구하고 있다.
11 1890년대 후반부터 1900년대 중반 무렵에 여학생을 칭했던 말. 메이지 시대 여학생이 입던 하카마의 색이 에비차색(적갈색)이었던 데서, 그리고 여기에 여관女官을 부를 때 이름에 붙였던 '시키부'를 더한 것이 '에비차시키부'였다. 에비차시키부는 여학생을 깔보는 단어로 이 시기에 주로 사용되었다. 에비차로 축약되거나, 에비차하카마라고도 했다. 또 하카마가 자색일 때는 무라사키에몬紫衛門이라고도 불렸다.

그 전환기였음을 지적하였다.[20)]

　이렇게 각 범주의 형성 시기가 다른 것은 '여학생'과 '현모' 또는 '여학생'과 '양처'라는 범주 간의 질적 차이를 보여준다. '여학생'에서 '양처'와 '현모'로 이어지는 여성의 생애주기 전개가 아직 형성되지 않았기 때문이다. 물론 '여학생'이라는 단어 자체는 메이지 20년 대부터 유통되었다. 그러나 혼다 마스코가 지적한 바와 같이 '여학생'이라는 용어의 의미는 메이지 20년대와 30년대 사이에 큰 차이가 있다. '현모'와 '양처'의 경우 같은 시기에 그러한 단절은 보이지 않았다. '여학생'이라는 범주가 질적으로 변하면서 시기에 따라 '현모'·'양처'의 범주와 각기 다른 관계를 맺었다.

　여성 범주 간 연계의 삐걱거림에 초점을 맞추어 보면, '현모'와 '양처' 간 어긋남도 드러나지 않을까. 가령 무타 카즈에는 다음과 같은 역설이 발생했다고 한다. "메이지 20년대 적어도 이념상으로는 '가정'이라는 새로운 가족상이 나타나 '주부'라는 계층이 탄생하면서 '가정'에 일종의 뒤틀림 현상이 일어났다. '가정'은 여성의 장소, 사적 영역이 되어 종합평론지 공론의 대상에서 제외되었다. 동시에 주부에게는 봉건적 무사계급의 아내상이 이상으로 중첩되었다. 메이지 초기 '동양적'이라는 이유로 부정되었던 유교적 가족관념이 서구 '가정' 관념을 경유하면서 정서적 가치가 덧붙여진 새로운 모습으로 부활한 것이다."[21)] 새로움을 둘러싼 이러한 뒤틀림은 메이지 30년대 '여학생' 범주의 의미 변화와 관계있다. 새로움 그 자체의 표상인 '여학생'과 '주부'의 연계가 더 어려워진 것은 아닐까. 한편 고야마 시즈코는 '양처' 개념의 등장에 관해 논하면서 "흔히 양처현모라고 하지만 아내와 어머니 중 어느 쪽에 중점을 두고 여성교육의 필요성이 주장되었는가를 살펴보면, 압도적으로 어머니 쪽이었다.

다음 세대의 국민을 양성하는 일에 관계가 깊은 어머니 역할이 국가 입장에서는 훨씬 더 중요하며 가치 있었을 것"[22]이라고 하였다. 고야마 시즈코는 "아내나 며느리의 역할(예를 들면 가장 대표적인 것으로는 남편이나 시부모에게 순종하는 것)은 국가 차원에서 의의를 가지기 어려운 반면, 어머니 역할은 다음 세대의 국민을 양성한다는 점에서 국가와 연관 짓기 쉬웠다"[23]고 한다. 이처럼 '어머니'와 '아내' 사이에는 질적인 차이가 있었다. 그 차이는 구체적으로 어떻게 전개되었을까. 한편 아내의 임무도 한 가지가 아니었다. 이누즈카 미야코에 따르면, "이와모토 요시하루는 '홈' 제창자들 중에도 유독 '남편을 돕는 것' 즉 '내조'를 중시하며 (…중략…) 특히 정신적 측면의 돌봄을 아내의 중요한 임무로 기대하는 경향이 있었다".[24] '주부'의 임무와 여기서 말하는 '내조'의 임무는 질적으로 크게 다르다. 그렇다면 '양처'라는 범주는 이 두 가지 임무를 균등하게 품은 채 전개되었을까?

'현모' 또는 '양처' 안에서 '주부'라는 범주가 근대에 손쉽게 정착한 데 반해, '내조'의 경우는 불확실하다. 또 '여학생'이 닿아 있는 맥락 역시 '현모'나 '양처'와 달랐다. 이 글에서는 이러한 범주 간 차이에 관해, 특히 그 정착 과정에서 난항을 겪은 '여학생'과 '내조'에 대해 알아보고자 한다.

이를 위해 두 범주에 대해 많은 논의가 오갔던 『여학잡지』를 중심으로 살펴보고자 한다. 근대 여성 범주 형성에 있어 중요한 영향을 미친 『여학잡지』는 여학생과 내조에 대해 열정적으로 발언한 잡지이다. 여성에 대한 새로운 이념적 범주가 발화된 과정을 추적하며 각각의 차이를 밝혀보고자 한다.

247

3. '양처'에서 '현모', 그리고 '가족'으로

『여학잡지』는 창간 당시부터 '양처론'을 주장하였다.

특히 눈여겨볼 점은 『여학잡지』의 양처론이 '내조'의 역할을 강조했다는 사실이다. 즉 가사보다는 남편과의 관계가 우선이었다. 창간 직후 세 차례에 걸쳐 연재한 「부인[12]의 지위」[25)에서는 "해피 홈"을 내세우며 "남편은 아내를 사랑하고 아내는 남편을 공경해야 한다. 남편은 바깥을 다스리고 아내는 안을 지켜야 한다. 부부는 천권天權을 동등하게 받았지만 이 세상에서 아내는 남편의 보호를 받으며 남편을 따라야 한다"[26)고 주장하였다. 이러한 대전제 위에 "지금의 여성론자는 이를 잘 생각해야 한다. 여자의 지위는 결국 남자를 잘 보조하는 것임을 명심하여 여러 개선책을 마련해야 한다. 지금의 여자는 남자의 몸종에 불과한데 이를 발전시켜 남자의 조력자 나아가 의논 상대가 되어야 한다"고 여성교육의 필요성을 거듭 강조하였다. 또 「여성의 책임」[27)에서는 첫 번째로 "남편을 도와 남편이 원하는 것을 이루기 위해 남편의 근심을 없애고 즐거움을 늘려, 집안 걱정 없이 바깥일에 전력을 다할 수 있도록 하는 것이 아내된 자의 의무"로 꼽았다. 그 다음이 '가계', '음식', '의복', '육아' 순이다. "교육을 제대로 받은 자가 의무를 제대로 해낸다"고 쓴 것처럼, 여성의 역할을 제시하면서 교육과 의무를 결부시키고 있는데, 그 우선순위는 초기 『여학잡지』부터 일관되게 이어졌다. 나아가 '진정한 애정'과 '혼인'의 개량을 결부시켰다.[28) "아내와 남편은 한몸이 되어, 남편은 아

---

12 이 글에서 '부인婦人'은 흔히 통용되는 '결혼한 여성'이 아니라 일반적인 '여성'을 의미하며 문맥에 따라 '부인' 혹은 '여성'으로 번역하였다.

내를 사랑하고 무엇이든 상의해야 하는 것은 물론 지금처럼 종이나 하인 부리듯 해서는 안 된다. 이는 논할 필요도 없다. 반대로 아내 편에서 말하자면 아내 역시 남편을 사랑하고 남편을 도와 고난도 근심도 함께, 만사 모든 것을 남편과 함께 해야 한다. 이 역시 명백한 이치다"라는 주장이 「아내는 남편을 알고 남편을 도와야 함」이라는 제목의 사설에 실려 있다.[29] 개화의 시대에 걸맞은 논의도 전개되었다. "남자의 기세가 활발"한 시기에 "의논 상대인 아내가 무학문맹이라면 남자의 기운을 고무시키기 힘들다"[30]는 연설도 있었다.

그렇다면 어머니에 대한 논의는 어떠했을까. 이 시기에는 아내에 관한 글에 비해 분량이 적었고 그 내용도 일정하지 않았다. 물론 「어머니의 마음가짐. 애육이라는 것」[31] 등의 기사에서는 "사랑으로 양육하지 않으면 결코 충분한 교육은 이루어질 수 없다./애육이란 아이를 사랑하고 또 사랑하며, 애지중지하면서 가르침으로 이끄는 것"[32]이라는, 교육하는 어머니상을 내세우기도 했다. 여기서 중요한 것은 아이를 꾸짖던 종래의 엄격한 어머니상에 '애육'의 개념이 도입되었다는 점이다. 다만 이 단계에서는 어머니에 대한 개념이 유동적이다. "아이를 감독하고 가르치는 사람은 어머니든 보모든 가능한 자신의 방침을 정해야 한다", "어머니 또는 보모의 교육 방침에 따라 아이의 행동이 좋아지거나 나빠진다"[33]는 구절에서 알 수 있듯이 육아 담당자를 어머니로 고정하지 않았다.

어머니에 관한 논의가 본격화된 것은 「아내가 된 여학생」이라는 사설[34][13]에서 여학생에 대한 비판이 나온 이후이다. 여학생에 대한

249

---

13 출처를 『여학잡지』 49호로 밝히면서 그 발행년을 1888년(메이지 21년)이라 하지만, 다른 글의 출처에서 49호와 가장 가까운 43호는 1886년 12월, 52호는 1887년 2월에 발행되었다고 할 때 출처에 오기가 있는 것으로 보인다.

비판은 "며느리로서의 예의범절이 거칠고, 말투도 여자답지 못하다", '붙임성'이 떨어지고, 장보기, 세탁, 재봉 같은 집안일을 전혀 못한다는 것이었다. "학생으로 공부는 했지만 결국 살림을 할 줄 모르니 오늘날 대부분이 여학생을 며느리로 절대 맞으려 하지 않는다"고 비판한다. 물론 『여학잡지』가 이 비판을 그대로 받아들인 것은 아니다. "머릿속엔 아직 남존여비의 구습이 남아있어 아내를 하녀처럼 대하려고 하"기 때문이라며, "잘못된 마음가짐"을 지적하고 남학생 교육의 필요성을 주장하는 사설이 실리기도 했다. 그러나 이후 '아내'와는 다른 방향에서 '어머니'에 관한 논의가 진행되었다.

"일본 인민 개조권은 전적으로 여성의 손에 달려 있으며, 안타깝게도 이런 현명한 어머니에 의지하여 지금의 악폐를 고치는 것 이외에 다른 방법이 없다"고 「어머니의 책임」[35]이 논의된 것이다. 「유모의 장단점」[36]과 「보모론」[37]처럼 연이은 사설을 통해 보모나 유모에서 어머니로의 책임 전환 논의가 적극적으로 이루어졌다. 나아가 「임산부와 태아의 관계」[38] 등 이를 보강하는 기사들이 나타났다. 같은 호에는 추가로 이와타 분키치岩田文吉의 「유모의 폐해乳母の弊害」도 실렸다. 이로써 여성교육이 여성이나 아내로서 뿐만 아니라 어머니로서도 필요하다는 연결고리가 명확해졌다.[39] '여학생'이 바람직한 '아내'로 이어지지 못한다는 점이 '어머니'론을 끌어내는 계기가 되었다.

이후 '현모'와 '양처'를 하나로 묶은 연재 「일본의 가족(제1~제7)」[40]이 시작되었다. "진정한 홈"과 "진정한 화락단란"[41]을 내세우면서 "여자에게 만약 가족을 행복하게 할 힘이 없다면 만 가지 개량법도 다 헛되다"[42]고 논했다. 이 연재의 최종회는 「한 가족의 여왕」이라는 제목으로, 이를 실행할 여성의 역할에 대해 말했다. 이에 더하

250

여 내조의 양처론으로서 우카와 세자부로宇川盛三郎의 「여자의 교육」이 두 차례에 걸쳐 연재(94호와 96호)되었다.[43] 그는 "교육이 없으면 대화가 불가능하다. 대화가 없으면 남편과 함께 협동하여 살아갈 수 없다"[44]고 썼다. 또 육아론으로 사무엘 스마일즈Samuel Smiles가 쓰고 고가쿠 시즈後學しづ가 번역한 「가족의 힘」이 연재(96호와 97호)되었는데, "홈, 즉 가족이란 사람의 품행을 양성하는 최초의 학교", "가정교육은 태도는 물론 정신과 품행까지 양성하는 것"이라는 내용이었다. '아내'로서의 의미와 '어머니'로서의 의미를 여성교육과 연결시켜 새롭게 서술한 것이다.

그렇다면 복수의 여성 범주가 가족을 기반으로 한 묶음으로서 일관되게 동일한 비중으로 논의되었을까? 아니다. 가족론이 등장한 이후 여학생에 대한 비판은 가라앉기는커녕 더 큰 파도를 맞았고, 『여학잡지』 역시 이에 대응했다. 그러나 이전처럼 '현모론'이 아니라, 처음 『여학잡지』가 주장했던 '내조론'을 더욱 강화하는 방식으로 대응했다.

251

4. 여학생 비판과 '내조'론

『여학잡지』에 인용된 여학생 비판은 크게 세 가지이다. 첫 번째는 시건방진 혹은 난폭하고 행동거지가 나쁜 여학생이다. 두 번째는 집안일을 전혀 모르는 여학생, 세 번째는 성적 '추문'이 나도는 여학생이다. 각각에 대해 어떠한 반론이 있었는지 살펴보자.

첫 번째와 두 번째의 경우에는 초기부터 이해할 만한 여지가 있는 것으로 간주되었다. 앞서 인용한 「아내가 된 여학생」에서도 거론되었으며, 또 「여학생에 대한 불만」[45]에서는 "제멋대로 행동하는 데다가 만사가 거칠어 여자다운 점을 찾아보기 어렵다. 뭐라 하면 말대꾸나 해대고 상냥한 구석이라곤 찾아보기 어렵다. 무슨 일이든 벌려만 놓고 마무리를 짓지 못한다. 학교 좀 다녔다고 건방지게 걸핏하면 따지려 든다"는 식으로 비판하였다. 이에 대해 『여학잡지』는 어떻게 대답했을까.

앞에서 살펴보았듯이 예를 들면 「아내가 된 여학생」의 경우처럼 오히려 여학생을 비판하는 쪽이 가진 "남존여비의 구습"을 지적하였다. 또 남학생 교육의 필요성을 설득하면서 여학생에게 반성을 촉구할 뿐 아니라 비판자에 대한 반론을 시도하였다.

비슷한 반론이 여기서도 반복되었다. 「메이지 21년을 마치며」[46]에서는 "건방짐"과 "고상 운운하며 실제로는 아무 것도 안 한다"는 두 가지 점이 비판받았는데, 첫 번째 건방짐에 대해서는 배움이 아직 부족하므로 학문에 충실할 필요가 있다고 하였고, 두 번째 비판에 대해서는 "고상에 뜻을 둠과 동시에 가장 실질적인 가사 의무도 중시"해야 한다며, 방향성을 긍정하는 동시에 반성을 촉구하였다. 또 「여성교육에 관해 중립을 표방하는 수많은 그릇된 의견들」[47]을 참고해 보자. 이 글에서는 여학생 비판을 포함한 7가지 논점이 거론되고 있다. 첫 번째부터 다섯 번째까지는 여학생 비판이라기보다는 여성교육의 불필요함을 주장하는 것이다. 남녀는 "같지 않"고, 여자의 "뇌", "체력", "지력"은 남자에 비해 떨어지고, 여자는 장차 아내와 어머니가 될 뿐이므로 고등교육은 필요하지 않다는 의견들인데, 여기서는 각각에 대한 반론이 있었다는 것만 밝혀둔다. 나머지 두 가지가 여학생 비판이다. 하나는 여성을 교육하면 건방져진다는 의견, 두 번째는 홈을 영지領地로 하는 여성의 덕인 우아함이 손상된다는 의견이다. 이것들은 앞서 세 가지 분류 중 첫 번째 종류인 행동거지가 나쁜 여학생에 해당하지만 "사람이 배우면 일단은 건방져진다. 더 배워야 비로소 그 건방짐을 넘어 겸손해진다"라며 건방짐 그 자체를 긍정하는 반론을 제시하였다. 우아함을 손상한다는 비판에 대해서는 "만약 부부가 진정으로 화목하기를 원한다면 그 지식이나 학력이 어느 정도 비슷할 필요가 있다. (…중략…) 무릇 진정한 화락은 고상한 교육을 받은 아내의 홈에서 생겨난다"라고 『여학잡지』가 반복해 왔던 '내조'론을 제시하였다.

건방지다는 비판에 대해 건방짐을 긍정하는 반론은 『여학잡지』에서 드문 일이 아니었다. 물론 여학생을 나무라는 경우도 있지만 두 차례에 걸쳐 게재된 스즈키 켄타로鈴木券太郎[14]의 「건방짐에 대해」는 "시류에서 건방지다고 볼 정도가 되어야, 천하에 솔선하여 새로운 풍습, 새로운 의견, 새로운 감정, 새로운 취미를 만들어 그 시대 또는 사회를 부패로부터 구할 수 있다",[48] "오늘날의 혹평이 훗날 금패金牌가 된다는 것을 기억해야 한다"[49]고 하며 건방짐을 긍정적으로 파악한다. 또 나카지마 토시코中島俊子의 「건방짐론」도 있다.[50] 이러한 건방짐 긍정론과 함께 여학생의 기질을 긍정하는 틀로 '내조'론이 등장하였다

두 번째로 집안일을 둘러싼 비판에 대해서는 가정학家政學을 내세워 답했다. "가정학은 여성교육의 요소"[51]라고 주장하며, 독자 기고를 통해 "여학교를 졸업하고 보니 학과에서의 배움이 실제로 도움이

---

14 1863~1939. 메이지부터 다이쇼, 쇼와에 걸쳐 매우 저명했던 국권주의国権主義 저널리스트이자 교육자.

되고 학창시절을 돌아보니 세상일이 배운 것과 비슷하다"고 하면서 '가정학'의 필요성에 대해 쓴 글을 게재하였다.[52] 내조론은 양처론의 또 하나의 부분으로 양처론을 보강하는 역할을 담당하였다.

그러나 이 두 종류의 비판은 초기부터 이미 있었다. 이 시기에 특징적인 것은 세 번째 비판인 여학생 추문이다. 여기에는 어떻게 대응했을까.

이 시기 여학생 추문은 묘한 흐름을 띤다. 무라카미 노부히코村上信彦[15]는 다음과 같이 지적한다. "메이지 20년대 여학생에 대한 공격은 시대적인 저항 내지 반감이라는 자연스러운 정도를 넘어, 정부의 의도를 따르는 사람들이 의식적으로 만들어낸 것이다. 일반적인 반감은 건방지다거나 왈가닥이라는 정도였지만, 의식적인 공격은 여기에 그치지 않았다. 졸업 후 사회에 나가는 순간 방해가 된다거나 여학교 시절 타락했을 것이라는 암시를 줌으로써 여학교 그 자체가 유해하다는 인상을 불러일으켰다. 특히 막연한 인신공격은 여학생 딸을 둔 부모들의 불안을 부추겼기 때문에 효과적인 전술이었다."[53] 『썩은 계란〈され玉子〉』,[54] 『탁한 세상濁世』[55] 같이 여학생을 야유하는 소설이나, 신문을 중심으로 한 미디어의 여학생 비판[56]은 대부분 이러한 추문에 집중하고 있다.

『여학잡지』는 이들 추문 보도에 대한 비판을 실었다. 『썩은 계란』, 『탁한 세상』, 그리고 고등여학교 교장 야타베 료키치矢田部良吉,[16] 교감 노세 사카에能勢榮[17]의 언동을 둘러싼 일련의 소동과 그 외 성적인 추문 등 각각에 대해 그때마다 대응했다. 가령 「고등여학교를 논

---

15 1909~1983. 일본의 작가, 여성사 연구가.
16 1851~1899. 메이지 시대 일본 식물학자, 시인, 이학박사.
17 1852~1895. 메이지 시대 교육학자.

하다」[57]에서는 『탁한 세상』을 게재한 『가이신신문改進新聞』, 『니혼신문』, 『니치니치신문』, 『요미우리신문』 등의 이름을 구체적으로 언급하였다. 『여학잡지』는 성적 대상이 된 여학생 이미지에 대해 심한 허언이라고 맹렬히 비난하였다. 『여학잡지』의 이러한 전면 부정의 태도는 일관적이다. 『니혼신문』 「여학생의 품행女生徒の品行」에 대해서는, "우리가 아는 한 우리 지역에서는 결코 그런 일은 없다"[58]고 했다. 「여학생 자녀를 둔 학부형에게 드리는 글」에서는 "저는 지금의 평판을 진실이라 믿지 않으며 또 직접 파헤쳐보았지만 그러한 일은 거의 찾을 수 없었습니다", "오늘날 여러 신문의 평판처럼 그렇게 대단한 사건은 결코 없다"[59]고 설명한다. 1890년에 들어서부터 게재된 『요미우리신문』의 「여학생 추문」에 대해서도 "우리가 그 글을 세세히 살펴보았는데 사실로 확인된 것은 거의 없다",[60] "아무튼 그 기사가 거짓이라는 것은 내가 분명하게 보증한다"[61]는 투서의 게재, "『요미우리신문』의 보도를 기회로 조금 탐색해 보았더니 (…중략…) 대부분 헛소문이었다"[62]고 거듭 전면 부정하였다.

주목할 것은 이들 추문에 대해서는 직접적으로 분명하게 기사 내용 그 자체를 부정하는 반응을 취하면서도, 『여학잡지』로서 문제를 떠맡아 제언하는 대응은 하지 않았다는 점이다. 그런 의미에서 이 추문들이 『여학잡지』의 논의의 흐름을 바꾸지는 못했다.

여기서 주시할 것은 '내조'론의 증가이다. 나카야마 키요하루中山清美는 이 시점 '내조'론의 증가에 대해 다음과 같이 말한다. "메이지 22년(1889) 후반부터 '썩은 계란' 사건, '국가의 기반國の基' 사건 등 여학생의 타락, 여성교육 무용론이 강하게 주장되었기 때문에, 『여학잡지』는 1890년경 '내조'의 역할을 강하게 주장했다. 여성교육의 쇠퇴를 막을 수 없는 시대 흐름 속에서 『여학잡지』라는 잡지 하나가

여권신장, 여성교육의 추진을 계속 호소하기는 힘들었다. 따라서 여권, 여성교육에 대한 주장을 삼가게 되었고, 결과적으로 자연스럽게 따뜻한 가정의 '내조' 역할이 전면으로 부상하게 되었다고 생각한다." 또 "『여학잡지』는 여성교육과 양처를 구체적으로 결부시키고, 사회도 여학생도 납득할 만한 여학교 출신의 이상적 아내를 그려내는 것에 필사적이었다"[63]고 지적하였다. 이렇게 추문이라는 새로운 공격을 받으면서 직접적 추문의 부정을 넘어서는 근본적 대응의 필요성이 제기되었다. 다만 그때 등장한 것이 왜 '내조'론이었을까? 아내로서의 비판에 대응하는 방법으로 앞서 확인한 것처럼 여성교육의 다른 근거인 '현모'론을 꺼내는 것도 가능했을 것이다.

'내조'론의 특징은 무엇이었을까?

먼저 확인해야 할 것은 종래 여성상과의 연결고리이다. 여훈女訓 등에서 여성상을 '며느리'와 '아내'에 한정한 것과 초창기 『여학잡지』에서 '내조'론을 주장한 것을 함께 생각하면 어떤 연속성이 감지된다. 종래의 문맥에 새로운 가치를 담을 때 기존 범주의 의미를 변화시키는 것부터 시작한다. 「아내가 된 여학생」에서 문제가 된 여학생 비판의 내용에 대해, 『여학잡지』는 '남존여비'라며 반동을 비판하는 태도를 보였다. 여학생에 대한 비판으로 '며느리', '아내'로서 부적격하다는 것이 제시되었다는 것 자체에서 종래 문맥과의 연결고리를 발견할 수 있다. '내조론'은 이와 같은 낡은 문맥에 직접 대응하였다.

동시에 '내조'론은 남성에 대한 여성의 헌신을 가치 있게 여긴다는 점에서 (교육하는 어머니상이 새롭게 등장한 것과 달리) 여성을 남성에게 봉사하는 존재로 한정하는 종래 문맥의 바꿔 쓰기가 가능했다. 가령 "옛날에는 학문하지 않는 것을 바람직하게 여겨 배우지 않았다고 말했다. 지금은 학문하지 않으면 결혼도 불안하여 열심히 배운다고 말한다. 배우는 것도 자신의 몸을 꾸미는 목적에 지나지 않는다. (…중략…) 다만 일종의 개화라 할 만한 장식주의를 넘지 못하고 오로지 일신을 꾸며 사랑을 끌 목적만 가지는 것을 어찌할꼬"[64]라는 등, 여학생에 대한 비판인 "개화라 할 만한 장식주의"와 '내조'론은 가깝다. 다섯 차례에 걸쳐 논의된 「이상적인 가인」[65]에서는 바로 이 가까움을 문제 삼고 있다. "오늘날 배움은 여성의 소양이다. 따라서 만약 지금 아내를 맞이하려는 수요에 대응하여 대충이라도 학예를 익힌다고 하면 이것이 바로 일종의 화장술 학문"[66]이라는 전제를 둔다. 그러면서 "아내는 남편을 위해 헌신하는 사람이며 이를 양처라 한다. 여성은 남성에게 행복을 안겨주는 사람이 되어 이로 인해 행복이 충만하면 좋은 여성이라 한다. 실로 그러하다"라고 '내조'론을 제시하며, 역으로 "헌신할 의무가 있음을 모를" 경우 "여성으로서 남성을 위해 힘써야 함을 마음에 새겨야 한다. 이는 옛날의 남존여비와 마찬가지로 논의의 여지가 없다"고 보았다. 여기에서 종래의 문맥과 매끄럽게 이어지는 가까움을 읽을 수 있다.

남성의 상대로서 여성을 둘러싼 논의가 종래 문맥과 가깝다는 사실과 함께 또 하나 특징은 남성에 대한 비판이 제기되었다는 점이다. 「이상적인 가인」의 논의도 남성에 대한 비판으로 바뀌는데, '내조'가 충분히 발휘되기 위해서는 남성의 개량이 불가결하며, 같은 시기의 폐첩론 등과 제휴하면서 여성과 남성의 관계 개량이 주장되었다.

이러한 특징을 고려하면 '내조'론은 추문에 대항할 수 있어 보인다. 추문들은 여학생을 성적 측면에 가둔다는 점에서 매우 구시대적 야유이기 때문이다. 가령 추문은 "여학교는 제2의 유곽妓樓이다"[67]라

257

는 구절에 기대어 오로지 여학생을 구시대적 문맥 안으로 집어넣으려 했다. 이런 점에서 추문은 여학생에 대해 건방지다거나 실용과 멀다는 주장처럼 새로움 그 자체를 부정하는 비판과 크게 달랐다.

여기서 상기할 것은 초기의 비판에는 이러한 추문이 없었다는 사실이다. 새로움에 대한 비판에는 현모라는 새로운 이념을 대응시켰다. 거꾸로 이 추문에 대해서는, 그 구시대성에 대응하여 옛 문맥을 바꿔 씀으로써, 새로운 이념을 제시하는 '내조'론으로 대항할 수 있었다.

지금까지 살펴보았듯이, '내조'론이 세 가지 여학생 비판에 대해 직접 대응한 것은 아니었다. 각각에 대해 각기 다른 반론이 제시되었다. '내조'론은 이들 전체를 보강하는 기반으로 논의됐다. 특히 중요한 것은 추문에 대한 대항의 기반으로 새롭게 부상했다는 점이다. '내조'론에서 낡은 문맥과의 접점이 여기서는 중요했다.

258

5. '내조'론의 특수성

지금까지 '내조'론이 나오게 된 타당성을 종래의 문맥과 연관해 살펴보았다. 동시에 이것은 새로운 개념이기도 했다. 초기 '내조'론과의 차이를 정리해 보자. 새로움이 명확해지는 과정에서 우선 주목할 것은 '내조'론이 반복적으로 언급되면서, '동반同伴', '붕우朋友' 또는 '반쪽半身'이라는 비유가 핵심 개념으로 명확한 윤곽을 드러냈다는 점이다.

가령 여덟 차례에 걸쳐 연재된 「희생헌신」[68]에서는, "신일본의 정녀열부貞女烈婦人"로서 "남편을 하늘처럼 섬겨야 한다. 즉 동배동인同輩同人으로 존중해야 한다. 남편을 주인처럼 정중히 섬겨야 한다. 운명을 함께하는 붕우로 경애해야 한다. 헌신적으로 남편을 사랑하는 것은 마땅하며, 반드시 그러하도록 해야 한다. 한평생 남편을 가장 사랑해야 한다"고 언급한다. 또 "여자에게 바깥일을 전혀 모르도록 하는 것은 진정한 아내가 될 자격을 뺏는 일이다. 남편의 행복을 함께하는 동반자가 아니라 단지 하녀나 시녀로 만드는 것이다".[69] 또 세 차례 연재된 「아내 내조의 변」[70]에서도 "벗 중의 벗이란 무릇 부부를 말함인가. 부부는 마땅히 벗이 되어야지 결코 주종이 되어서는 안 된다"라며, "일신동체", "마이 하프my half", "반쪽半身"[71]이라 언급한다.

또 다른 특징은 집안일을 중심으로 하는 가정家政과 동반자로서의 내조 역할에 차이가 있다는 점이다. 가령 "안락한 홈 만들기를 가르칠 때는 여자가 집안의 의식주를 잘 꾸리는 것 외에도 바깥일까지 신경 쓰도록 해야 한다"[72]고 말한다. 구체적으로 "그렇지만 그녀가 이를 완수했다 하더라도 만약 중요한 한 가지를 빠뜨렸다면 끝냈다고 말해선 안 된다. 실제 아내가 해야 할 일의 구십구까지 하나하나 다 할 수는 없다. 그렇다 하더라도 마지막의 가장 중요한 의무 즉 아내가 하지 않으면 안 될 가장 중요한 것을 빠뜨렸을 때는 앞서의 백 가지 고행은 모두 그림의 떡으로 사라지는 것이다. 이는 비유하자면 불상을 만들면서 그 눈동자를 찍지 않는 것과 같다"고 말한다. 여기서 말하는 "일"이란 '요리와 바느질' 등의 집안일을 가리키며, 이런 일은 '음식점'이나 '재봉소' 등이 대신할 수 있다고 한다. 자식을 키우는 것조차 '보모'가 대신할 수 있다고 한다.[73] 이렇게 일종의 극단을 서술함으로써 다른 사람이 대체할 수 없는, 완전 특수한 역할로

259

'내조'에 가장 높은 가치를 부여하고 있다. "소위 남편을 돕는다는 것은 단지 그에게 맛있는 요리를 제공하고 따뜻한 옷을 준비하는 것만을 말하는 것이 아니다. 이런 일은 하녀도 능히 할 수 있는 것"이라며, '내조'란 "남편의 반쪽"[74]이 되는 것이라고 논한다.

"동반", "붕우"라는 비유가 등장하면서, 집안일을 담당하는 소위 '주부' 역할과의 차이가 명확해졌다. "지금의 여학생은 가령 일가의 주부가 된다고 생각하는 것 외에 그 이상을 실행할 수 없는 경우가 많다"고 하면서도, 중요한 것은 "정신적 가정家政"이며 거기에는 교육이 필요하므로 "정신적 가정에 이르기 위해서는 오직 지금의 여학생으로 하여금 그 중임을 다하도록 해야 한다"[75]고 설명한다. 다만 '주부'라는 개념은 1890년대 초반부터 본격화된 것으로, 이 당시에는 거의 사용되지 않았다. '동반'자로서의 '내조'의 윤곽을 분명히 함으로써 '양처'라는 범주 속에 이질적인 두 개의 역할이 포함되어 있다는 점이 명확해졌다. '내조'는 '양처' 안에서 더욱 특수한 개별성을 가진 범주가 된 것이다.

4장에서는 '내조'론이 옛것과의 연속성을 가짐으로써 추문에 대항할 수 있었다는 점을 지적하였다. 그러나 '내조'론의 새로움은 이와 같이 작동되었다. 이 새로움은 '현모'나 '주부'가 확립된 경위와 달랐다. 새로움이 "동반", "붕우"로서 명확해지자 새로운 문제에 직면하게 된 것이다.

새로운 문제란 여학생과 결혼의 어긋남이다. 「아내가 된 여학생」이 제기했던 문제는 여학생 쪽에서 다른 형태를 띠면서 점차 분명해져 갔다.

「메이지 여학생의 망령을 위로함」이라는 사설[76]은 "오늘날 고등한 여학생은 실로 영재의 중단, 요절, 절멸이 아니고 무엇인가"라고 한탄한다. '메이지 여학생'을 '망령'으로 만들어 버린 가장 큰 원인은 결혼이다. "우리는 많은 여학생을 알고 있다. 학교를 다닐 때 얼굴은 꽃과 같았고 학업을 마칠 때는 큰 뜻을 품었다. 선을 행하겠다고 결심하며 뜻을 세운 많은 여학생을 알고 있다. 그러나 부모는 엄명으로 그녀를 시집 보내고 시댁은 그녀를 늙게 한다. 꽃 같던 얼굴은 대추가 되고, 고상한 뜻은 쪼그라들어 사라진다." 그리고 "이는 분명 여성이 약하기 때문이 아니다. 오히려 오늘날 남자들의 무자비한 난폭함, 세속의 속박과 극심한 압제에 기인한다"고 하며, 여학생과 결혼의 어긋남은 여학생 책임이 아니라고 말한다. 초기 내조론과 마찬가지로 이상과 현실의 괴리, 특히 현실에서 남성의 문제를 지적하고 있다.

분명히 해야 할 것은, 여기서 말하는 "영재", "큰 뜻"이 여성의 사회적 자립이나 학문적 향상을 가리키는 것이 아니라는 점이다. "무릇 글자를 아는 것은 근심의 시작이며, 자유를 아는 것은 부자유를 알게 되는 것이다. 여학생에게 배울 곳이 없거나, 혹은 그들이 시골의 온순하고 평범한 처녀가 되거나, 또는 학교밖에 모르는 공주가 된다면 그들 마음은 편할 것이다. 남자가 한번 쳐다봐 주는 것은 백년의 행복이 되고 남편의 반쪽 웃음도 무한한 복으로 알 것"이라고 하듯이, 이것은 결혼하여 "선을 따르고, 선을 행하고, 선을 위해 힘쓰는 의지"를 뜻했다(이어진 176호에서는 세 '망령' 이야기를 구체적으로 실었다).

『여학잡지』는 여학생에게 결혼을 도외시한 자립을 요구한 적이 거의 없다. "여성교육의 가장 정당하고 일반적인 결과는, 그 공덕이 남에게 드러나지 않는 가정 안으로 들어가 일종의 잠재적인 힘이 되어 남편과 아이들을 따뜻하게 감쌈으로써 먼 훗날 국가 부강에 바탕이 되는 데 있다"[77]는 것이 대전제이며, 그것은 흔들린 적이 없다.

앞서 서술했듯이 '내조'는 가정을 가정답게 하는 필수 요소다. 그

261

러나 이 이념은 현실성이 매우 낮았다. '내조'를 새로운 이념으로 말하는 한편 동시에 "혼사는 가장 어려운 일"[78]이라고 했다. "단지 한두 번 얼굴 본 것만으로 일생의 길흉을 결정한다. 오호, 천하의 무서운 일이 아닌가"라는 것이 당시 결혼의 실상이었다.

결혼과 여학생이 잘 연결되지 않는 가운데 여학생이 겪는 가장 큰 어려움 또한 '내조'의 이념과 현실의 어긋남이었다. 이 비극은 여성의 목소리로 다시 이야기되었다.

그러한 사례로 잘 알려진 것은 시킨 시미즈 토요코紫琴淸水豊子[18]의 「요즘 여학생의 각오는 어떠한가」[79]이다. "좋은 남편을 쉽게 얻을 수 있는가, 즐거운 집 또한 쉽게 만들 수 있는가", "여학생으로서 결혼하려는 자, 다소의 어려움을 경험할 수밖에 없다. 고상한 이상과 선하고 아름다운 뜻을 평생 품어야 하기 때문에 이전 여성보다 그 어려움을 느끼는 것이 더욱 심하다"고 말한다. 이 비통한 목소리는, "『여학잡지』 기자는 메이지 시대의 여학생을 비구니로 만들려하는가"[80]라는 비판을 불러일으켰다. 여기에는 다수의 목소리가 중첩되어 있다. "오, 스위트 홈, 스위트 홈, 그대는 학창 시절의 망상이요, 그대는 궁극의 거짓이다. 원망하고 탄식해도 도리가 없다." "스위트 홈의 여왕이라니, 그 길은 어디인가."[81]

'내조'론은 희망이 아니라 오히려 새로운 어려움이었다. '현모'나 가사를 담당하는 '주부'로서 '양처'가 되는 것과 달리 남편을 '내조'하는 '양처'라는 것은 고매한 이념으로 주창된 동시에 비통한 좌절로 이야기되는 특수한 이념이었다.

18　1868~1933. 소설가, 여권운동가. 본명은 시미즈 토요코淸水豊子. 이하 원문의 표기에 따라 시미즈 시킨淸水紫琴으로 표기.

6. 이념이 만든 삐걱거림―「깨진 반지」와 「염세시인과 여성」

시미즈 시킨淸水紫琴의 「깨진 반지こわれ指環」[82]와 기타무라 토코쿠北村透谷[19]의 「염세시인과 여성厭世詩家と女性」[83]은 메이지 20년대 중반에 '내조'론과 현실의 삐걱거림을 아내와 남편 각각의 입장에서 언어화한 것이다. 두 텍스트는 이 삐걱거림을 명확히 드러내면서 이후의 전개를 상징적으로 보여준다.

「깨진 반지」는 「요즘 여학생의 각오는 어떠한가」를 쓴 시미즈 시킨이 쓰유코つゆ子라는 이름으로 쓴 단편소설로, 여성교육과 결혼의 문제를 다룬다. 이 소설은 "우아하고 고상하다",[84] "순결하다"[85] 등의 호평을 받았다. 「깨진 반지」에서 주목할 것은 오히려 일관된 '우아함優美さ'이 주는 기묘함이다. 왜냐하면 이 '우아함'은 1인칭인 화자가 침착한 태도로 스스로의 성장을 받아들이고, 동요하거나 비애를 직접적으로 드러내지 않는 데서 발생하지만, 전개되는 이야기는 바로 여성교육의 이념과 결혼의 실제가 충돌하는 데서 비롯된 비극이기 때문이다. 화자는 무지하여 아버지가 권한 결혼을 받아들였지만, 사랑하지 않는 남편과의 결혼 생활에 괴로워하고, 그런 딸을 걱정하던 엄마는 죽고 만다. 결혼의 괴로움으로 여성교육에 눈을 뜬 화자는 이혼을 택하고 세상을 위해 일하기로 결심한다. 내용은 「요즘 여학생의 각오는 어떠한가」와 마찬가지로 여학생 결혼의 '어려움'을 이야기하지만, 문체는 비분강개하는 어조가 아니다. 내용과 어조 사이에 미묘한 차이가 발생한다.

263

---

19 1868~1894년. 평론가, 시인.

가장 기묘한 것은 마지막에 화자가 "왜 나는 남편에게 사랑받거나 스스로 남편을 사랑하지 못했을까, 이 반지에 대해 많은 생각을 합니다"라고 하며, "다만 바라건대 이 깨진 반지가 원래 주인에 의해 처음처럼 완전해질 수 있다면……. 하지만 이제 와서……"라며, 인연을 다시 회복하고 싶어하는 듯한 태도를 보인다는 점이다. 그러나 「요즘 여학생의 각오는 어떠한가」에 쓴 것처럼, 그녀는 남편 개량이 극도로 어렵다는 것을 잘 알고 있다. 이 소설 속에서도 "결혼 후 2~3년 사이에 나는 여성을 위해 비분강개하는 사람이 되었습니다"라며, 여성교육에 투신한 이후 화자가 비로소 이혼을 선택할 수 있게 된다. 여성교육이 가져다 준 것은 남편의 변화가 아니라 이혼이었던 것이다. 화자는 이와 같은 상황 인식을 이야기의 기둥으로 삼아, 결혼이 비극으로 끝난 명료한 원인에 대해 일부러 '왜'라는 질문을 던지면서 인연의 회복을 희망하는 것으로 보이기까지 한다. 이런 기묘함을 통해서 '내조'를 이념으로 거론할 수밖에 없는 당대의 요청을 읽을 수 있다. 남편의 개량이 아내의 임무라는 것, 결혼의 성공 즉 가정을 만드는 것이야말로 여성의 임무라는 강한 이념을 여기서 발견할 수 있다. 이야기의 결론으로, 결혼의 실패를 딛고 홀로 자립해 잘 살아가는 것을 보여주는 것은 불가능했을 것이다.

반면 내조의 이념을 말하고자 했다면 오히려 남편을 변화시키는 데에 성공한 사람의 이야기를 썼어도 좋았을 것이다. 가령 『여학잡지』에는 히사고ひさご의 「번뇌의 사슬」[86]처럼 아내의 이념이 남편에게 통한 경우도 있다. 그러나 '내조'론의 주변에는 이념의 실현보다 이념의 좌절을 전하는 말들이 넘쳐났다. 시미즈 시킨이 다룬 것은 바로 이 좌절이었다.

「깨진 반지」는 비극을 말하는 것과 이념을 말하는 것, 두 가지 모순된 요청 속에서 써내려간 이야기이다.

이와 함께 주목할 점은 「깨진 반지」의 힘이 이 대립을 무화시킨다는 것이다. 극복이 거의 불가능한, 매우 깊고 커다란 간극이 이념과 현실 사이에 있었다. 그러나 그 간극의 깊이를 바라보되 한탄하지 않고, 마치 그 틈이 메워진 것 같은 환상을 만들어냄으로써 논리적 정합성으로 돌아가지 않는 힘이 생겨난다. 이 힘의 원천은 "가련한 소녀들의 앞길을 지키고, 옥 같은 처녀들이 나의 전철을 밟지 않길 바라는 소망"이다. 「깨진 반지」의 어조가 사건의 비참함과는 대조적으로 희망에 차 있는 것은 이 이야기가 결혼이나 남편의 개량을 향한 것이 아니라 '소녀들'을 향해 있기 때문이다.

'내조'론의 삐걱거림을 암시하는 또 하나의 텍스트를 살펴보자. 기타무라 토코쿠의 「염세시인과 여성」이다. 사랑이 충만한 홈이라는 이념을 제창해 온 『여학잡지』에 연재된 이 글에는 일종의 원망이 들어 있어, 내조 이념에서 크게 벗어나 있다. 이 글은 "연애는 인간 세상의 비밀을 푸는 열쇠이다"는 말로 시작하여, "오호, 불행한 여성이여. 시인 앞에서는 우아하고 고상함을 대표하지만 동시에 세상에서는 더럽고 음란한 것으로 조소와 매도의 대상이 되어 냉대 받는구나. 평생 눈물을 삼키며 자나 깨나 꿈에서도 남편을 원망하며 결국 깊은 슬픔 속으로 빠져드네, 빠져드네"로 끝나는데, '시인'이라는 특수한 주체를 내세워 한 쌍으로 수입된 근대 가족과 사랑이라는 개념에서 연애만 분리하여 연애와 가족을 어울리지 않는 것으로 다시 설명한다. "이상 세계와 현실 세계의 싸움에서 이상 세계의 패장敗將을 지켜주는 아성이 바로 연애이다"라고 말한다. 여기서 '패장'이라는 비유는 '내조'의 이념을 비대화한다. 전제가 되는 것은 이상 세계와 현실 세계의 대립이며, 대립이 심하면 심할수록 연애와 여성에게 지나친 기대를 하게 된다. "소위 시인이라는 자의 상상력이 왕성할 때 조차도 현실 세계의 공격을 감당할 수 없는 것은 어쩔 수 없는 사실이다. 하물며 인간 세상을 침통하고 처참하게만 보는 염세가에게는 어떻겠는가. 어째서 다들 연애라는 아성에 사로잡히는가. 어째서 연애를 실제보다 크게 보는가. 연애는 현재일 뿐 아니라 희망이기도 하다. 연애는 동지이고, 위로자이며, 반쪽이 되리라는 희망을 만들어낸다." "동지", "위로자" 그리고 "반쪽"이라는 비유는 '내조'론 그 자체이다. 다만 이것은 결혼으로 실현되지 않는다. 결혼은 실제 세계를 끌어들여 "사람을 세속화"하기 때문이다. 그런 까닭에 "처음에 과도한 희망을 가지고 시작한 혼인은 후에 그 희망과 비교하여 부부 서로 간에 비참해지는 일이 발생"한다. 이렇게 연애와 결혼은 상반된 개념이 되었다. 같은 『여학잡지』에 실렸지만, 사랑과 결혼의 결부를 주장한 홈home론과는 매우 대립적인 구조를 보여준다. 남편 쪽에서 볼 때도 '내조'의 실현 불가능성을 이야기한 것이다.

기타무라 토코쿠는 '시인'의 존재를 특수한 것으로 말했지만, 『여학잡지』는 그것을 특수하다는 이유로 폐기하지 않았다. 이것은 후에 문학에서 초점화 된 백표지[20]가 분화하고 나아가 『문학계文學界』가 탄생하는 경위를 고려하면 명백하다. 오히려 사랑과 가정을 대립시키는 이 도식은 새로운 보편성을 띠고, 문학이라는 영역 속에서 명료함을 획득했다. 결혼의 당사자인 '여학생'이 연애의 대상으로 발견된 것은 이 연장선상의 일이다. 그리고 메이지 30년대에 걸쳐 '여학생'은 문학적 문맥 속에 안착한다.

'내조'론의 삐걱거림에 선명한 윤곽을 부여한 시미즈 시킨과 기타

---

20 1892년부터 『여학잡지』는 격주 단위로 한 주는 백표지(흰표지)의 문학기사와 평론을, 다른 한 주는 붉은 표지의 '문학 관련' 글로 나누어 발매하였다.

무라 토코쿠의 텍스트는 그 후의 전개를 상징적으로 보여주지만 오히려 이러한 언어화가 '내조'론의 행방을 결정했다고도 할 수 있다. 메이지 20년대 후반부터의 변화는 '내조'론이 후퇴하는 방향이었다. 메이지 20년대 중반[21] 이후 '주부'라는 개념이 등장하면서 '양처'의 또 다른 영역이 도드라졌다. '주부'가 된 '양처'는 '현모'와 함께 국가의 기초인 가족 안에서 여성 범주로서 착실히 발전했다. 양처현모에게 부여된 도덕적 가치는 무타 카즈에가 지적했듯이 수사적인 반동성을 띤 반면, '여학생'은 새로움을 가치로 '양처현모'와는 전혀 다른 장소에 착지하였다.

근대에 발견된 복수의 여성 범주는 이렇듯 양립할 수 없는 이질성을 부여받았다. 그러한 조합으로 살아가야 했던 여성에게 이것은 행복한 일이었을까? 적어도 '여학생'으로 사는 것과 '양처현모'로 사는 것 사이에 큰 간극이 있었으며, '양처현모'로 살아가는 것과 '사랑' 있는 가정의 '아내'가 되는 것 사이에도 커다란 틈이 있었다. 이 간극들을 어떻게 넘어설 것인가, 또는 봉합하거나 무시하거나 혹은 더 분열시킬 것인가. 이것들을 짜맞추는 방법에는 여러 가지가 있겠지만, 쉽지도 단순하지도 않았던 것만은 분명하다.

---

21 1890년대 초반.

제3부 내셔널리즘의 형성

화이華夷사상의 해체와 자타自他인식의 변화

근세의 다이리內裏 공간근대의 교토 교엔京都御苑

화이華夷사상의 해체와 자타自他인식의 변화[*]

18세기 말~19세기 초를 중심으로

가쓰라지마 노부히로 桂島宣弘[**]

1. 반전하는 자타인식

18세기까지 일본 막번幕藩 체제에서 지식인들은 대부분 화이華夷사
상을 바탕으로 한 자타인식을 가지고 있었다. 여기서 말하는 화이사
상이란 춘추전국 시대의 중화제국에서 성립된 자타인식[1]을 가리키
며 이 문명권에 속한 영역·국가에 영향을 주었다. 이들 중 하나인
일본에서도 고대부터 '동이의 소제국'이라는 의식에서 이러한 자타
인식[2]을 볼 수 있다. 이 글에서는 고대 이후 이어져 온 자타인식의

---

[*] 이 글은 이현희가 번역하였다.

[**] 1953년생 리쓰메이칸立命館대학교수, 일본근세사상사·민중사상사를 전공한 역사학자.
저서로는 『자타인식의 사상사—일본내셔널리즘의 생성과 동아시아自他認識の思想史 日本ナ
ショナリズムの生成と東アジア』(有志舍, 2008) 등이 있다.

변용이나 중국 본토와 주변 관계의 차이는 다루지 않겠다. 다만 도쿠가와막부 시대 일본에 주자학이 도입되면서 지식인층이 '예禮·문文'이 자리하는 곳을 '화華(하夏)'라 하고 주변부를 '동이夷(북적狄·남만蠻·서융戎)'라 하는 이념적이며 문화적인 자타인식을 가지고 있었다는 것만은 언급해 두고자 한다.[3] 그리고 이러한 자타인식을 지탱한 것은 '이理'·'도道'의 자타를 관통하는 보편성이었다. 이러한 보편성이 굳건했기 때문에 화이사상은 근본적으로 유동적이며 가변적이되었다. 오규 소라이荻生徂徠(1666~1728)의 글은 이를 명확히 보여준다.

> 춘추시대에는 서융戎과 북적狄, 그리고 후전侯甸이 뒤엉켜 있었다. 땅을 두고 말하는 것이 아니다. 희씨성姬姓과 강씨성姜姓을 가진 오랑캐 나라가 있는데, 그런 것을 말하는 것이 아니다. 바로 제후들이 예악禮樂에 힘쓰는 것을 뜻할 뿐. 오랑캐夷가 하夏로 나아가면 하가 되고, 하도 오랑캐에 밀리면 오랑캐가 된다.
>
> ─『훤원십필蘐園十筆』, 1716(교호享保 원년)[4]

따라서 후지와라 세이카藤原惺窩(1561~1619)는 "이역의 우리나라와 풍속과 언어는 달라도 하늘의 이치理는 다르지 않다"(세이카선생문집惺窩先生文集 1717(교호 2))[5]고 말했다. 또한 사토 잇사이佐藤一齋(1772~1859)는 "넓디 넓은 우주, 이 도리道는 모두 하나로 통한다. 사람이 이를 보면, 중국이 있고 오랑캐가 있다. 하늘이 이를 보면, 중국도 없고, 오랑캐도 없다"(언지록言志錄, 1824(분세이文政 7))[6]고 말했다. 이처럼 당시의 자타인식은 일반적으로 자타의 같고 다름보다는 자타를 관통하는 '이理'·'도道'의 보편성을 우선시했다.

원래 중화가 될 수 없는 동이東夷라는 자기상에 명청왕조의 교체(화이변동)가 영향을 미치면서 도쿠가와막부 시대 일본의 자타인식은 굴

절되었다. 야마자키 안사이山崎闇齋 학파의 '중국 이적夷狄' 논쟁은 이러한 점을 잘 나타낸다. 화이변동을 거치면서 '자국=중국'론에 기초한 일본의 화이사상은 야마자키 안사이(1618~1682)나 아사미 케이사이淺見絅齋(1652~1711) 등에 의해 제기되었다.[7] 그리고 사토 나오가타佐藤直方(1650~1719)는 "본디 중국과 오랑캐는 지리적으로 규정되는 것이다. 풍속·선악으로 규정되는 것이 아니다"(중국논집中國論集, 1706(호에이宝永 3))[8]라는 '지리적'으로 규정된 중국론을 만들었다. 이는 이념적으로 문화적인 자타인식에 미묘한 변화가 있어났음을 보여준다. 즉 18세기에 들어서자 스이카신도垂加神道[1]는 '일본=중화, 청=오랑캐'라는 일본 중화주의를 만들어냈다.[9] 다자이 순다이太宰春台(1680~1747)의 『벤도쇼弁道書』(1735(교호 20))에 대한 반발까지 더해져 오규 소라이 일파의 '작위作爲'적 주장에 이견을 제기하면서 '자연스러운', '원래 그러한' 일본을 내세우는 주장이 곳곳에서 나타났다. 사실 가다노 아즈마마로荷田春満(1669~1736)나 가모노 마부치賀茂眞淵(1697~1769), 나아가 모토오리 노리나가本居宣長(1730~1801)의 일본 국학담론도 이러한 사조와 관계가 있었다.[10]

273

그렇지만 적어도 가모노 마부치 이전에는 '예·문'의 소재, 즉 중화에 존재하고 있는 '예·문'의 유무를 다투었기 때문에, 아무리 거창한 일본 미화론이라도 결국 중화문명권의 이념적이고 문화적인 자타인식의 기본 축은 그대로 유지되었다. 예를 들자면 이미 유학 담론에서 벗어난 가다노 아즈마마로조차도 "일본의 교敎는 군신의 도리를 중요하게 여긴다. 중국에서는 부모의 도리, 부자의 도리를 중요하게 여긴다"(일본서기신대권차기日本書紀神代券箚記, 연대불명)고 말하며, '중

---

1 야마자키 안사이에 의해 주창된 근세를 대표하는 신도론이다. 주자학 영향을 바탕으로 신도의 가미신앙을 매개로 하여 유교적인 도를 추구하였다.

국'과 차이를 두면서도 '교'를 『일본서기』에서 끌어왔다. 게다가 "학문의 교라는 것은 도리에서 벗어나지 않는다. (…중략…) 그 선악을 구별하고 도리에 등 돌리지 않는 것이 이 나라의 교이다"(같은 책)라고 '선악의 도리'에 의거하는 자세를 흐트러트리지 않았다. 천지개벽론天地開闢論에서도 음양설을 가져와 "대체로 유학에 동의"한다고 기술하고 있다(일본서기신대권차기별본日本書紀神代巻箚記別本, 연대불명).[11]

다시 후지와라 세이카로 돌아가면 그는 "자고로 믿음이란 우리 인간의 고유한 본성으로, 천지를 감동시켜, 쇠나 돌에게까지 통하는 것이라 할 수 있다. 그저 교린통교交隣通交만 있겠는가. 바람이 천리에 똑같이 불지 않더라도 천지사방 모두 같은 것은 이 믿음 때문이다. 따라서 같지 않은 것은 의복과 언어 정도일 것이다."(세이카선생문집)[12]라고 했다. 이처럼 '믿음信'의 보편성을 확신하고 "같지 않은 의복과 언어"는 하찮은 것으로 보고 있다. 가모노 마부치나 모토오리 노리나가는 이러한 자타인식을 타파하기 위해 고대 허구의 언어의 '다름異'을 이용하고 있다. "황국의 옛 언어"가 "이국異國의 유불儒仏"과의 "다름"으로 인해 18세기 후반 자타인식에 극적인 반전이 일어났다. 모토오리 노리나가는 다음과 같이 말한다.

> 무릇 사람의 마음가짐은 언어를 가지고 알 수 있다. 그렇다면 상대上代의 모든 일도 신의 언어를 잘 알아야만 알 수 있다. 한문으로 쓰인 글에 훈을 붙이는 것으로 어떻게 옛 언어를 알고 그 시대의 양상을 알겠는가. 옛 노래를 보면 황국의 옛 말과 한문의 양상이 확연하게 다르다는 것을 알 수 있다.
>
> ─ 고지키전古事記伝 1798(간세이寛政 10)[13]

이는 모토오리 노리나가의 사상을 잘 보여준다. 사카이 나오키酒井

直樹가 예리하게 지적하듯이, 가모노 마부치와 모토오리 노리나가 등은 "고대에 일본어와 일본어를 보편적으로 사용하는 공동체의 존재가 있었다고 설정함으로써"[14] "언어"가 "확연히 달랐다"는 점을 자타인식의 핵심으로 삼았다. 이는 모토오리 노리나가가 말했듯이 "무엇을 말하든 내외의 분별없이 규정할 수 없다. 황국은 내內이다. 중국은 외外"(『교주가이겐馭戎慨言』, 1777(안에이安永 6))[15]라는 차이를 '옛 언어'에 설정함으로써 교환이 가능하다고 여겨지던 "언어의 양상"으로부터 '황국'의 동질성을 말하기 시작했다.

물론 현재 시각에서 보았을 때 모토오리 노리나가가 아니더라도 "누군가가 그 역할을 했을 것이다."[16] 이러한 담론이 세계사적으로 '인종·민족'의 담론, 다시 말해 '국민'시대 담론의 한 축으로 도쿠가와막부 시대에 출현했으리라는 것은 분명하다. 그렇다고 해도 18세기말에는 아직 자명성을 획득한 담론은 아니었다. 그리고 18세기말부터 19세기 초에 걸친 서양 세계와의 '만남'은 모토오리 노리나가의 담론이 도쿠가와 막부 시대에 고립된 담론이 아니라는 것을 분명하게 보여준다. 이 글에서는 19세기를 지나면서 너무나 자명해지고 따라서 지금은 우리도 객관화가 힘든 '국민'시대의 자타인식='인종·민족' 담론을 18세기 말부터 19세기 초까지 에조치蝦夷地를 둘러싼 담론과 후기 미토학水戶學·막부 말기 일본 국학 형성과 관련시켜 검토하고자 한다.

275

2. 후기 미토학과 에조치蝦夷地 문제

앞에서 말했듯이 모토오리 노리나가 이후, 즉 18세기 말부터 19세기 초까지의 자타인식을 검토하면서 빼놓을 수 없는 것은 러시아의 접근으로 시작된 서양 세계와의 '만남'이다. 그전까지 오랑캐로 여겨져 인식의 범주 바깥에 있었던 서양 세계의 현실적인 '등장'은 중화 문명권의 자타인식에 결정적인 동요와 해체를 불러일으켰다. 나아가 구조적으로도 근본적인 변화가 일어났다. 명확히 하기 위해 먼저 도쿠가와 나리아키德川斉昭(1800~1860)가 에조치 문제에 관해 기술한 부분부터 살펴보자. 도쿠가와 나리아키는 분세이文政부터 덴포天保 시기(1818~1843)의 정세를 '내우외환內憂外患'의 위기로 파악했다. 그는 "당시 해가 지날수록 그 위기가 심각해지고 있고, 하루라도 더 방치해두어서는 안 되는 곳이 에조치"라고 말했듯이 러시아의 에조치 접근을 매우 심각한 '외환'으로 받아들였다(『보주쓰후지戊戌封事』, 1838(덴포 9)).[17] "러시아가 잠식해 들어와 에조蝦夷를 손에 넣은 후, 쓰가루津輕, 난부南部 등으로 쳐들어 올지도 모르며, 러시아뿐만 아니라 다른 오랑캐들이 남쪽에서 손을 뻗어 사도佐渡, 오키隱岐, 쓰시마對馬, 하치조시마八丈島, 오시마大島, 류큐琉球 등을 손에 넣어 사방에서 몰려들어올 수도 있다"(『미즈노 타다구니水野忠邦수신 서간』, 1843(덴포 14))[18]고 기술했다. 결국 '러시아'가 일본 전체를 '집어삼킬' 것이라는 우려가 덴포 시기(1831~1845) 도쿠가와 나리아키의 '외환'론이라 할 수 있다. "지시마千島라는 곳은 에조치의 북캄차카 사이 섬들로 일본 땅이라고 해도 다름이 없다"(『보주쓰후지戊戌封事』, 1838(덴포 9))[19]고 도쿠가와 나리아키는 생각했다. 이런 점에서 분카文化 3~4년(1806~1807) 러시아 선박의 에조치 '습

276

격'사건이나 막부가 채택한 동서 에조치 편입東西蝦夷地上知[2] 정책의 변경=마쓰마에씨松前氏에게 반환(1821, 분세이 4)은 용인할 수 없는 것이었다. 도쿠가와 나리아키는 1833년(덴포 4) 스스로 "마쓰마에松前, 에조, 가라후토唐太의 섬들을 주변 영토로 삼아야" 한다며 『북방미래고北方未来考』를 저술했다. 여기에서 그는 다음과 같이 개발 계획을 피력한다.

> 에조인을 길들이는 것이 중요하다. 지금까지는 항상 바보라고 멸시하고 은혜를 베풀어서는 안된다고 했다. 은혜를 베풀 때는 반드시 주의해야 한다. (…중략…) 머리에 쓰는 것, 입는 것, 목욕 또는 무릎을 꿇고 앉는 것까지는 규제하지만 그 외는 내버려둔다. 수염을 밀고, 머리를 묶으라고까지 한다면 싫어하겠지만 2, 3년 정도 이런 일들을 계속한다면 수염도 밀게 될 것이며 흐트러진 머리도 귀찮아 묶게 될 것이다. 반드시 관습에 따라 동화시켜야 한다. 또한 일본말을 쓰게 하고 오랑캐 말을 금지하고, 시집간 여자는 눈썹을 밀게 하여 결국 일본의 백성과 다름없이 해야 한다.[20]

277

이와 같은 아이누인의 '풍속개량・교화' 논의는 다음에서 말할 18세기말 이후 지식인과 '탐험가'의 에조치론에도 빈번하게 등장하는 것으로 도쿠가와 나리아키만의 주장은 아니다. 그러나 후기 미토학의 핵심이 제정교일치론祭政敎一致論을 배경으로 한 '국체론'이었음을 기억한다면 이 국체론의 배경 가운데 하나가 에조치론이었다는 점에서 도쿠가와 나리아키의 주장은 중요하다. '전례교화典礼敎化'에 따라 '백성의 뜻을 하나'로 만들어야 한다고 주장한 아이자와 야스시会沢安(1782~1863)의 『신론新論』(1825, 분세이 8)은 1824년(분세이 7) 영국 선박

---

2   1840년대부터 1870년대에 걸쳐 에도막부나 메이지정부의 토지몰수명령을 지칭한다.

이 히타치常陸 오쓰大津에 상륙한 사건에 촉발되어 집필되었다. 이는 도쿠가와 나리아키의 "마쓰마에가 가지고 있어도 일본의 땅"[21]이라는 명확한 경계 의식을 가진 아이누인의 '풍속개량·교화론'과 궤를 같이 한다. 아이자와 야스시의 『신론』은 에조치에 관해 다음과 같이 기술하고 있다.

> 서쪽 황량한 지역을 평정한 아라사耶羅[3]도 동쪽은 백리만 거두었을 뿐이다. (…중략…) 반대로 에조의 땅을 침략하여 얻기 쉬운 것을 먼저 취하고 이후 어려운 것을 다투고자 한다. (…중략…) 그래서 에조치를 위협하고 우리 관부에 불을 지르고 우리 병기를 훔친 후 그리고 통상을 요구한다. (…중략…) 그들은 통상을 빌미로 이 틈을 타 요교妖教를 퍼트리고자 한다. 말도 안 되는 것이다.

도쿠가와 나리아키와 달리 아이자와 야스시는 '요교(예수교耶蘇教)' 진출에 위기감을 느꼈다. 그리고 '아라사'와 '안게리아諳厄利'[4]가 "계략을 꾸몄"는데 이제는 '안게리아'가 "아라사와는 다르게 사람들에게 접근하여 마음을 흔든다"고 인식했다. '먼 장래까지 염두에 둔 계획' 측면에서 본다면 아이자와 야스시에게도 에조치 정세는 그 전략을 짜는 데 큰 역할을 했음을 알 수 있다.

> 정치·종교로 오랑캐夷를 변화시킬 수 있다면, 변방을 엿보고 분격 섬멸함으로써 위세를 만방에 떨칠 수 있을 것이다. 귀순시키거나 회유하고 진정시켜 사방의 변경을 강화해야 한다. 에조의 여러 섬들, 산탄山丹[5]의 오랑캐들을 연이어 복속시

---

3 아라사는 러시아를 가리키는 말이다.
4 안게리아諳厄利亜는 영국을 가리키는 말이다.
5 주로 오로크 혹은 윌타족 이외 니브흐족, 오로촌족 등 연해주에 분포된 민족을 칭한다.

키고, 오랑캐夷狄를 물리치고, 하늘아래 땅을 개척해야 한다. 이기기 위해서는 반드시 그 마음을 얻어야 한다. (…중략…) 그러므로 오랑캐夷狄를 제압할 수 있는 자, 즉 신성한 오랑캐夷狄를 지배할 수 있으려면 안으로는 일관된 전략을 가져야하고 밖으로는 기회를 틈타야 할 것이다. (…중략…) 우리가 오랑캐를 제압할 전략을 정해서 지킨다면 나라는 하나가 되며 백성 모두 알게 될 것이다. 이로써 민의를 통일시킬 수 있다.[22]

아이자와 야스시는 '민의'를 통일해 '정치·종교'로써 "오랑캐를 변화"시키고, "알아듣게 타이르고 진정시켜 사방의 변경을 강화"하는 것이 "만세 불변의 도리"라고 기술했다. 여기서 "에조의 여러 섬, 산탄의 무리"가 구체적으로 거론되었다는 점을 주목할 필요가 있다. 이는 18세기말 이후 에조치 '경험'이 『신론』의 핵심 주장인 '민의일체론'의 배경이 되었다는 점을 말해주기 때문이다.

한편 아이자와 야스시의 자타인식에는 도쿠가와 나리아키 이후의 화이사상과 명확한 차이가 있다. "태양이 뜨는 쪽에 있는 신국神州은 정기를 내뿜는 곳이며, 군신부자의 큰 도리大倫가 명확하여 만국에 비길 것이 없다"는 아이자와 야스시의 주장은(『도쿠나오비노미타미讀直毗靈』, 1858(안세이安政 5)),[23] 유학적 색채를 띠고 있다. 그렇다고 해도 "하늘의 도리라는 것이 후유後儒[6]가 주장하는 바"(『도쿠시나토카제讀級長戶風』, 1859(안세이 6))[24]인 '도리'가 부재한 상태에서 지리적이고 선천적인 것으로만 언급한다면 그것은 자타를 관통하는 보편성을 상실하게 된다. 이러한 의미에서 아이자와 야스시의 자타인식은, 담보된 화이사상과는 다르며 부여된 차별상을 강조하는 자타인식이었다는

---

6   송명 시기의 유학자들은 습관적으로 공자와 맹자 이후의 유학자들을 후유後儒라고 불렀다.

것이 분명해졌다. 게다가 사람 하나하나가 '전례교화典禮敎化'를 실천한다면 그 자타인식이 백성전체를 '교화'시키고 차마 어쩌지 못하는 결과로써 백성 전체의 자타인식을 주장했다. 그렇다면 우리는 여기서 '교화'와 따로 떼어내서 생각할 수 없는 자타인식이라는 새로운 담론을 만들어 낼 수 있다. 『신론』에서 이 점을 확인할 수 있다.

> 신국은 대지의 머리에 위치한다. 아침의 기운이며, 바른 기운이다. (…중략…) 아침의 기운, 바른 기운은 바로 양陽이다. (…중략…) 오랑캐가 사방을 둘러싸고 있다. 저녁의 기운이며 사악한 기운이다. 저녁의 기운, 사악한 기운은 바로 음陰이다. (…중략…) 따라서 백성들로 하여금 이를 믿게 하기 위해서는 반드시 충효를 밝혀서 천하를 다스려야 한다. (…중략…) 지금 충효를 밝히기 위해서는 백성들이 이를 따르도록 해야 하는데 이를 이해시키는 것은 어렵다. 백성에게 이를 따르게 할 수 있는 것은 예禮 뿐이다.[25]

전반부의 주장이 '도리'가 부재 속에서 주어진 차별상을 강조하는 자타인식이라는 점은 이미 기술한 바 있다. 후반부에서는 이것을 '백성'에게 "믿게 하기 위해", "따르게 하기" 위한 것이 '예禮'라고 주장한다. 아이자와 야스시는 이 부분을 이어서 천하의 "하늘 신·땅 신"이 바로 '예'라고 결론 맺고 있다. 물론 19세기 후반 고양된 자타인식이 아이자와 야스시처럼 자기 이외 전부를 "저녁의 기운, 사악한 기운"으로 보지는 않았다. 이러한 아이자와 야스시는 모토오리 노리나가 이후 19세기 자타인식이 자명해지는 과정에서 '예'='전례교화'가 중요한 역할을 했음을 보여준다. 그리고 이러한 담론은 앞서 기술한 바와 같이 도쿠가와 나리아키 나아가 18세기 후기 이후 에조치론, 또는 에조치 너머에 있는 러시아 이미지와 연결되면서 탄생했다.[26]

3. 18세기 말 에조치론의 전환

그렇다면 에조치론이란 무엇인가. 여기에서는 18세기 말 지식인 담론을 중심으로 살펴보고자 한다.[27]

소위 '4개의 입구'에서 교역 체제가 형성되는 가운데 도쿠가와 막부는 명·청왕조 교체기의 달단韃靼(=청)을 경계하는 일환으로 에조치를 파악하고 있었다. 17세기의 에조치론에 관해서는 이 정도만 알아도 충분하다.[28] 18세기 이후 에조치론에서는 아라이 하쿠세키新井白石(1657~1725)의 『에조시蝦夷志』(1720, 교호 5)를 들 수 있다. 화이사상에 기반을 둔 자타인식론자(일본형 화이사상론자)인 아라이 하쿠세키는 아이누인을 줄곧 '오랑캐夷人', '이조쿠夷俗'라 기술했다.[29] 이는 도쿠가와막부 시대 일본에서 오랑캐(이夷)로 여겨지기도 했던 마쓰마에 번이 에조치 지배 과정에서 아이누인을 '이화異化'했던 것과도 조응한다.[30] 장소청부제場所請負制[7]의 전개나 기타마에부네北前船[8] 교역의 확대를 중심으로 에조치가 "막번제 국가에서 경제적 비중이 커짐에 따라"[31] 나미카와 텐민並河天民(1679~1718)의 '에조치개벽蝦夷地開闢'론도 등장하게 되었다. 에조치개벽론에서는 "(에조국을) 일본국과 하나가 되어야 한다. 그리하면 대일본국은 더욱더 커져 대대일본국이 될 수 있다"라며 에조치병합론을 주장한다. 원래 이는 "요순堯舜을 비롯해

281

---

7 에도 시대 마쓰마에 번前藩에서 실행된 에조치 특유의 유통제도를 말한다. 마쓰마에 번주나 가신은 일정지역에서 아이누인과의 교역을 상인에게 위임하여 매년 영업세를 받게 했다.

8 에도 시대부터 메이지 시대에 걸쳐 위에서는 쓰시마 해류를 지나, 호쿠리쿠北陸 이북의 일본해 연안의 여러 항구에서부터 시모노세키關門해협을 거쳐 세토나이카이瀬戸内海의 오사카로 향하는 항로(내려올 때는 반대로) 및 이 항로를 왕복하는 배를 말한다.

중국의 대성인은 나라를 열어 오랑캐夷 땅을 손에 넣었다"는 관점에서 영토를 넓혀 농업 개척을 한다면 당시의 경제 문제를 해결할 수 있다는 주장으로 화이사상의 틀을 벗어나지는 않았다(『개강록開疆錄』, 1714(쇼토쿠正德 4)).[32] 에조치론에서 흥미로운 것은 에도 긴자金座[9] 고토 쇼자부로後藤庄三郎의 고용인手代인 사카쿠라 겐지로坂倉源次郎(생몰년 미상)가 마쓰마에 금은광산채굴조사 당시 기록한 『홋카이도 수필北海隨筆』(1739, 겐분 4)에 나오는 다음과 같은 기술이다.

> 문물을 알지 못하니 실로 오랑캐夷狄로, 금수와 마찬가지이다. 그러나 마음이 풍요로운 것은 의식주에 개의치 않고 금은도 통용시키지 않고 자신의 이익을 늘릴 방안도 없기 때문이다. (…중략…) 나라에 오곡이 자라나지 않지만, 산과 바다가 풍요롭고 소박한 백성은 이윤을 생각지 않는다. 실로 상고 시대 백성의 풍조이다. (…중략…) 나라를 세우는 것이 늦은 만큼 풍속이 두터워 두드러지는 폐단의 징조가 없다.[33]

오랑캐夷狄라고 하면서도 아이누인을 "마음이 풍요"롭고 "소박"하다고 인식했다는 점이 주목된다. 물론 사카쿠라 겐지로는 "도쿠가와 시대 식민지주의"자의 한 사람으로 이러한 기술에는 "이풍異風"을 '상고 시대' 즉 "시간상의 순서"로 치환하려는 시각이 보인다.[34] 그러면서도 러시아인에게 '침식'당하고 있다는 위기감 속에서 에조치를 파악하는 18세기 말 이후의 에조치론과는 다른 화이사상에 바탕을 둔 에조치론의 특징을 잘 나타내고 있다. 이런 사카쿠라 겐지로의 영향을 받았는지 에조치 금은광산 개발론을 설파하는 구도 헤이

---

9 에도 막부에서 금화주조 또는 감정과 검인을 행했던 조직이다.

스케工藤平助(1734~1800)의 『아카에조후세쓰코赤蝦夷風説考』(1783, 덴메이天明 3)에는 다음과 같은 주장이 등장한다.

> 일본의 힘을 키우는 데 에조를 뺄 수는 없다. 지금처럼 방치해서 '캄차카'와 에조치를 하나로 본다면 에조도 '아라사' 밑으로 들어가기 때문에 이미 우리나라의 지배를 받을 수 없다. 그렇게 된 이상에는 돌이킬 수 없게 된다. 아래와 같이 여러 풍문을 듣자니 도후쿠東北에조 쪽은 점점 '아라사'에 종속되어 가고 있다. 이것이 사실이라면 '아라사'에 한번 가까워진 힘을 미칠 수 없다. 지금처럼 방치하면 안된다. (…중략…) 우리 나라의 힘을 키우기에는 에조만한 곳이 없다.[35]

여기서는 러시아의 에조치 진출, 나아가 "'아라사'에 종속되어 가는" 에조라는 이미지가 부여된 것을 알 수 있다. 그래서 "에조 지역을 복종시키고", "'러시아'와 교역"하는 것을 설파하기에 이른다. 주지한 바와 같이 18세기 초기부터 일본 표류민이나 아이누 인으로부터 정보를 얻은 러시아는 지시마千島 열도, 에조치, 일본에 관심을 가지게 된다. 1739년(겐분 4)『통항일람通航一覧』등에 처음 막부와 접촉한 기사가 등장한다. 그러나 본격적인 접촉은 1778년(안에이 7) 샤바린D. J. Shabalin 일행이 아이누인 쓰키노에의 안내로 놋카맙프ノッカマップ에 도착하여 교역을 요구한 이후부터다.[36] 『아카에조후세쓰코』는 이 접촉 직후에 기술된 것이다. 그리고 1785년(덴메이 5)부터 다음 해에 걸쳐 다누마 오키쓰구田沼意次정권 아래 덴메이 에조치蝦夷地 답사가 실시된 이후부터 이와 같은 주장이 일반화되었다.

> 모스크바의 여제는 대호걸로 (…중략…) 점차 달단韃靼(청)의 북쪽을 침략해서 마침내 일본 겐분 무렵에는 동쪽의 캄차카 반도까지 일본의 길 3천여 리를 모스크

바 영토로 하고, 그곳에 대사를 두어 국사를 행하였다. (…중략…) 에조의 최종 북단, 소우야, 시라누시 등을 일본 땅으로 정해 에조국을 일본 안에 두어야 한다는 주장이다. (…중략…) 이때 방책을 시행해서 풍속을 바꾸어 재빨리 이 나라 사람으로 만드는 것은 손바닥을 뒤집듯이 쉬운 일이다. (…중략…) 이 지방에는 첫째 금광이 매우 많고, (…중략…) 금은을 채취하지 않고 그냥 버려두는 것은 매우 애석하다. 지금 채취하지 않으면 후세에 반드시 모스크바가 채취할 것이다.

— 하야시 시헤이林子平(1738~1793), 「삼국통람도설三國通覽圖說」 1785(덴메이 5)[37]

여기서는 "에조국을 일본 안"에 두어 서둘러 금광을 개척하지 않으면, 러시아 사람이 개척할 것이라고 말하고 있다. 말하자면 러시아인의 진출에 촉발된 형태로 에조치를 '일본 안'에 두는 '주장'을 하고 있는 것이다. 1789년(간세이 원년)의 구나시리クナシリ, 메나시メナシ 지역 아이누인 봉기, 1792년(간세이 4)의 아담 락스만Adam Laxman의 네무로根室 내항 사건은 지식인뿐만 아니라 에조치에 대한 막부의 관심과 위기감을 한층 더 끌어올렸다.[38] 하야시 시헤이의 '일본 안에 두는' 정책은 모가미 도쿠나이最上德內(1754~1836) 등 실제로 에조치로 건너간 자들로 인해 더욱 절박한 '전례교화' 정책이 되어갔다.

아카히토국赤人國[10] 1713년, 일본의 연호로는 쇼토쿠正德시기에 아카히토가 처음으로 캄차카국에 다다라 그들을 지배했다. 그 후 안에이 시기, 캄차카국에 성곽을 세우고 군현을 정비하고 교역을 시작했다. 그리하여 21개 섬 모두 이름을 바꾸고 무육교도撫育敎導하여 조세를 걷어 제도帝都 모스크바로 보냈다. 이 섬들의 토인土人 모두 지금은 아카히토의 풍속으로 변화하였다. 한탄스럽기 그지없다. (…

---

10 에도 후기 에조에 내항한 러시아 인을 일본인이 부르는 명칭으로, 아카에조赤蝦夷라고 불린다.

중략···) 히가시에조치의 섬은 모두 21개로, 태고부터 마쓰마에 번에 속해있다. 일본인의 한 부류인 에조인이 산다면 바로 그곳은 일본이다.

— 에조소시蝦夷草紙 1790(간세이 2)[39]

에조국이 개국의 시기를 맞이했다면 곧 좋은 나라가 될 것이다. 어찌되었던 근래 많은 아라사인이 바다를 건너가 여러 섬의 토인들을 무육교도하기 때문에 토인이 아카히토를 존경하고 신뢰하고 복종하는 중요한 시기이다. (···중략···) 우리도 개국의 조짐이 싹트고 있다. 따라서 지금 이 시기를 따라 일을 도모한다면 커다란 공을 세우고 후세에 명예로운 일이 될 것이다.

— 에조국풍속인정사태蝦夷國風俗人情之沙汰, 1790(간세이 2)[40]

모가미 도쿠나이의 『에조소시蝦夷草紙』는 막부幕府 중신인 혼다 타다카즈本多忠籌(1739~1812)에게 헌정되었고 막부의 에조치개발론·편입론에 영향을 주었다.[41] 이와 관련해서는 다음 장에 간략하게 기술하겠다. 여기서는 "아카히토의 풍속으로 변화했"다는 상황에 촉발되어, 『에조국풍속인정사태蝦夷國風俗人情之沙汰』에서는 이를 기회로 삼아 "섬에 사는 토인의 무육교도"를 제언했다는 점이 중요하다. 먼저 살펴본 아이자와 야스시도 "오랑캐를 가르쳐 우리 백성으로 삼는", "포로에 대한 마음虜情"으로 '전례교화'해야 한다고 주장했다(신론).[42] 모가미 도쿠나이의 에조치 '교화'론 또한 에조치 너머 러시아인에게서 배웠다는 점을 분명하게 보여준다. 동시에 '교화'의 대상인 아이누인을 "그 근본이 왜인倭人의 한 부류이지 이국의 한 부류는 아니"라고 말하며 '근본'적으로 왜인과 같은 '인종'이라는 동조론同祖論을 전개했다.[43] 모가미 도쿠나이는 막부의 정책이 (제1차)에조치 편입정책으로 전환된 이후 다시 한번 에조치를 방문하는 등 실제로 에조치 정책에 깊이 관여하게 된다.[44] 한편 모가미 도쿠나이의 스승인 혼다 도시아키本多利明는 후기 미토학과 에조치론과 관련해서 빼놓을 수 없는 인물로 그가 다치하라 스이켄立原翠軒이나 고미야마 후우켄小宮山楓軒과 교류했다는 점은 이미 기술한 바 있다.[45] 그는 1791년(간세이 3)에 저술한 『아라사-에조치 동정赤夷動靜』에서 다음과 같이 말한다.

옛날에는 아라사인이 바다를 건너올 수 없었기 때문에, 캄차카 토인을, 무지몽매한 자들을 내버려두었지만, 근년 들어 모스크바 관리가 와서 무육교도撫育敎導하여 예전 캄차카와는 크게 달라졌다. (…중략…) 내버려두면 국가의 재난을 초래하기에 어찌되었든 방치해 두어서는 안 된다. (…중략…) 개정 시기를 맞아 이국異國과 일본의 경계를 정하고 방책을 세워야 할 것이다.[46]

이러한 혼다 도시아키의 주장은 "아라사인이 바다를 건너올 수 없었"던 단계에서는 "내버려두었다"는 것, 이는 화이사상을 바탕으로 한 오랑캐관에 머무른 것이다. 그러나 "근년 들어 모스크바 관리가 무육교도" 하는 단계에 이르자 적극적으로 관여하여 "일본의 경계"를 설정하고 "방책"을 세워야 한다고 주장한다. 모가미 도쿠나이와 혼다 도시아키 중 누가 먼저 이런 주장을 했는지 확실하지 않지만 러시아인과의 접촉이 에조치론에 근본적이 변화를 가져온 것은 분명하다. 그 후 혼다 도시아키의 『서역이야기西域物語』, 『경세비책経世秘策』(1798, 간세이 10)의 경세론은 무엇보다 이러한 에조치론을 바탕으로 한 국가 의식에 따라 등장했다. 얼핏 장대해 보이는 이러한 '중상주의'적인 주장은, 당시 러시아와의 대치 상황을 강하게 의식했던 혼다 도시아키가 도쿠가와막부의 일본을 서양제국과 같은 국가로 어떻게 바꿀 것인지 꿈꾼 것이라 할 수 있다. 이 꿈이 궤도에 오른 것은 19세기 후반에 이르러서였다. 혼다 도시아키는 『서역이야기』의 마지막 부분에서 다음과 같이 기술했다.

> 서양인이 대업을 이루는 수단을 보면, 우두머리에게 자신의 뼈와 살을 깎아서 주려고 하는 방책이고 그러면 사람들이 대업을 도와준다. 지나인이 대업을 이루는 수단을 보면, 처음부터 우두머리가 백성들의 뼈와 살을 깎아서 취하고자 하고 이에 대한 대가로 대업을 이루기 때문에 존망의 경계에 선다. 이는 전쟁이 일어나는 원인이다.[47]

혼다 도시아키는 여기서 "서양인"을 본받아 "우두머리에게 자신의 뼈와 살을 깎아서 주려고 하는 방책", 즉 '교화' 정책이 좋은 정책이라고 주장한다. 한편 "지나"로 기술된 중국과 대조시킨 것은 상징적이라 할 수 있다. "처음부터 우두머리가 백성들의 뼈와 살을 깎아서 취하고자" 했는지 여부는 차치하고, "우두머리에게 뼈와 살을 깎아서 주려고 하는 방책"이란 그러한 중국을 부정하는 담론이라고 볼 수 있다. "일본은 지나와 비교하면 대단히 영예롭다. 진무천황 이후 황손을 잃지 않았으며 타국의 침범을 받지 않았다. 아름다운 일본의 풍속이, 특히 지나의 풍속을 본받으면서 천박해졌다"(같은 책)[48]고 기술한 혼다 도시아키는 화이사상이 해체된 후 자타인식의 지평을 열었다. 여기에서 그가 보여주는 자기상은 18세기 이후 일본식 화이사상과 크게 다르지 않는 것처럼 보인다. 그러나 『서역이야기』나 『경세비책』을 보면 "천하에서 제일 좋은 나라"의 기준은 지리적 위치나 자연 환경을 말하는 것이지, 이념적·문화적 의식은 인정하지 않고 있다. 혼다 도시아키의 에조치개발론은 이와 같은 자타인식의 산물로 제언되었다.[49]

4. 그리고 19세기로

한편 러시아 사절 아담 락스만^{Adam Laxman}[11]이 네무로에 내항했을 당시 로주老中[12]였던 마쓰다이라 사다노부松平定信(1758~1829)는 에조치 비개발론의 입장에 있었다.

이 에조라는 곳을 굳이 개척하고자 한다면 사람들에게 곡식을 심게 해 개척할 수 있을 것이다. 그러나 하늘은 그 땅을 개척하는 것을 하락치 않았다. 지금 에조에 곡식 심기를 가르친다면 지극히 가까운 시기 재앙을 불러올 것이다.

―『우게노히토고토宇下人言』, 1816(분카文化 13)[50]

윗글이 1789년(간세이 원년) 구나시리·메나시 지역의 아이누인 봉기[13]와 연관해서 기술한 것을 감안한다면 마쓰다이라 사다노부에게 이 봉기는 "해안 방비"의 필요성을 통감시켰다고 할 수 있다. 그러나 에조치를 "개척하지 않은" 채 두고 그 변경을 허락하지 않았다. 『해안

---

11 러시아 제국 육군 대위이다. 그는 1789년 페테르부르크 대학으로부터 시베리아의 이르쿠츠크로 파견되어 체재하던 중에, 이세국 출신의 다이코쿠야 고다유 등의 일본인 표류자 6명과 만나게 된다. 아버지의 지원을 받아 고다유를 데리고 상트페테르부르크의 여제 예카테리나 2세를 알현하고 고다유의 송환 허가를 받은 락스만은 예카테리나 2세의 명으로 고다유 등 일본인 3명의 송환과 더불어, 시베리아 총독의 통상 요망의 신서信書를 전하기 위하여 일본을 방문한다. 이는 러시아 역사상 최초로 일본에 파견한 사절이 되었다.

12 에도막부의 관직명으로 장군 직속으로 막부 정치를 통괄하고 조정하는 영주의 일을 맡았으며 원격지의 영토를 직접 다스리기도 했다.

13 18세기 모리오카 번의 히다야飛驒屋 상단이 에조치로 가서 목재업과 어업을 한다. 히다야에는 시모키타 반도와 미야코 주변으로부터 온 임노동자들이 모여 일을 했으며, 에조치의 아이누들 또한 고용했다. 히다야는 아이누들을 혹사시키면서 막대한 이익을 거둬들였다. 아이누 노동자들은 히다야의 착취와 비인간적 대우에 반발하여 봉기를 일으켰다. 구나시리·메나시 지역 아이누인 봉기라고 불리는 이 사건은 마쓰마에 번의 진압으로 끝나게 된다.

방비에 관한 의견서海防御備愚意』(1792, 간세이 4)에서도 "마쓰마에 에조는 지금까지 시마담당 방치지역通志摩守被差置"이라고 기술하고 있다.[51] 마쓰다이라 사다노부는 "학문은 성인을 배우는 것으로 파를 가르는 것은 결단코 쓸데없는 짓"(『수신록修身錄』, 1786, 덴메이 6)이라는 온당한 유학관을 가지고 있었다. 나아가 "중화라고 칭하는 것은 그 나라에서는 그럴 수 있지만 우리나라에서 그렇게 칭하는 것은 이치에 맞지 않는다. (…중략…) 모로코시[14] 전부를 칭하는 것이 아니라면 진·송·명·청처럼 나라 이름으로 불러야 한다. 게다가 대명·대청이라 부르는 것 또한 쓸데없다."(『세이메이고正名考』, 1781(덴메이 원년))[52]고 한 것을 감안하면, 에조치 비개발론은 분명 일본식 화이사상의 틀 안에 있다고 볼 수 있다. 종종 지적되었듯이 1788년(덴메이 8)의 '쇼군에게 드리는 글將軍上書' 등에서는 정교일치 담론이나 '대정위임론大政委任論'[15]에 부합하는 조정朝廷에 대한 새로운 견해나 도쇼구東照宮[16]제사를 통한 통합론 등을 엿볼 수 있다. 이는 마쓰다이라 사다노부의 위기감이 반영된 것으로 보인다.[53] 마쓰다이라 사다노부가 진두지휘한 간세이 개혁에도 글로는 확인할 수 없지만 '내우외환'에 대한 위기감이 분명 존재했다. 그럼에도 불구하고 간세이 시기까지 마쓰다이라 사다노부의 글을 보면 화이사상적 자타인식의 틀 안에 있었다.[54]

또한 구나시리·메나시 지역 아이누인 봉기와 관련하여 나카이 치쿠잔中井竹山(1730~1804)은 『소우보우키겐草茅危言』(1789, 간세이 원년)에서 다음과 같이 기술한다.

---

14 모로코시唐土는 일본에서 옛 중국을 지칭하는 말이다.
15 에도 막부가 국내 지배를 정당화하기 위해 주장한 이론으로 장군은 천황으로부터 대정(국정)을 위임받아 그 책임으로 일본을 통치해야 한다는 주장이다.
16 도쿠가와 이에야스德川家康를 모신 신사를 말한다.

에조의 난동 원인이 어떻든 저 멀리 나라 안에서 일어난 사고라고 알려져 있다. 들리는 바에 의하면 우리 상선이 왕래해 교역하면서 몇 해 전부터 우매한 에조인을 속여 많은 이익을 탐하고 간계를 부리는 것이 점점 심해지다가 결국 그것이 드러나 에조인들이 분개하여 들고 일어났다고 한다. (…중략…) 어느 정도 이익이 나는 일이라면 재판으로 에조인을 승복시키도록 해야(…중략…) 지금 에조는 나라 안이므로 진시황이나 한무제가 했듯이 해야 한다. 교역소를 두고 관할할 계획을 세워야 할 것이다. 만약 북쪽 오랑캐北狄가 침략해 오면 교역소를 철수하고 거래를 끊으면 그만이다. 아무런 나라의 수치가 아니다. (…중략…) 또한 나라 안의 일이니 지원을 하자면서 우리나라를 힘들게 하고 그 땅을 놓고 다투는 일 따위는 결코 있어서는 안 된다. 만약 에조치를 다른 오랑캐에게 빼앗기게 되더라고 그 오랑캐와 교역을 하는 것이 좋으면 할 것이고, 좋지 않으면 끊으면 그만이다. 크게 염두에 둘 일이 아니다.[55]

윗글은 간세이 시기(1789~1801)에도 유지된 주자학자의 화이사상에 바탕을 둔 에조치관을 여실히 보여준다. 나카이 치쿠잔의 주장은 다음과 같다. 먼저 도쿠가와막부 시대 일본은 에조치에 대해 "시비를 가려서 에조인을 승복"시키면 될 뿐 그 이상은 필요 없다. 또한 "북쪽 오랑캐北狄가 침략"해 오거나 "에조치를 외적에게 빼앗기게 되더라도" 간섭해서는 안 된다는 것이다. 나카이 리켄中井履軒(1732~1817) 또한 "앞으로 상선이 에조 지방에 가는 것을 금해야 한다. (…중략…) 마쓰마에도 숙신肅愼[17]의 땅이다. 우리 일본의 영역이 아니다. (…중략…) 대부분 불모의 땅으로 사람도 살지 않는 곳이다. 그러므로 이것이 우리나라에 큰 이익이 된다거나 '북풍으로부터 막아주는

---

17 만주와 연해주 지방에 살던 민족으로 여진을 말한다.

에조섬'이라는 주장이나 이제 와서 그 땅을 개발하고 인민을 번창시켜야 한다는 주장은 커다란 실책이 될 것"이라고 기술했다. '에조=(북풍을 막아주는)방재론'을 제시했다(『넨세이로쿠年成錄』, 1806(분카 3)).[56] 이러한 화이사상적 자타인식은 앞서 살펴본 에조치 개발론·'교화론'과 매우 이질적이다.

그러나 1793년(간세이 5) 마쓰다이라 사다노부가 로주에서 물러난 이후, 에조치를 둘러싼 사태는 급격히 전환된다. 1796년(간세이 8) 영국선박 프로비던스providence호가 히가시에조치에 내항한 것을 계기로 다음 해인 1797년에 간세이에조치 편입 조사가 실시되었다. "구라파 병탄併吞의 분위기 속에 점점 어려워질 것"이라는 인식 아래[57] 다시금 에조치 편입정책이 궤도에 올랐다. 1799년(간세이 11)에는 에조치 비개발론을 대신하여, 혼다 타다카즈 등의 에조치개발·편입론을 기반으로 한 임시 히가시에조치 편입정책이 실시되었다(1802년(교와亨和 2)에 나가편입永上知을, 동서 에조치의 편입은 1807년(분카 4)[58] 이러한 정책의 전환은 일반적으로 다누마 정권 시대의 에조치개발론과 유사하다고 언급된다. 그러나 덴메이·간세이 에조치 실태조사를 완료한 이후의 정책이라는 점에서 앞서 기술한 모가미 도쿠나이 일파의 러시아에 대한 위기감에서 비롯된 주장과 맥을 같이하는 "외교정책의 성격이 농후한" 것이라 할 수 있다.[59] 이는 무엇보다 1799년(간세이 11)에 실시한 히가시에조치 편입정책 당시 막부가 에조치의 "지배층"에게 전달한 문서의 내용을 통해서도 잘 드러난다.

이번 에조치 편입의 취지는 다음과 같다. 머나먼 섬 미개의 땅이라서 오랑캐와 마찬가지로 의식주가 미비하고, 인류의 도리조차 모르니 편치 않다. 이번에 관리를 보내서 덕으로 감화시키고 가르치니 점차 일본 풍속으로 교화시켜 따르도록

하라. 혹시 외국이 회유하더라도 마음이 움직이지 않도록 해야 한다. 이러한 뜻을 제일로 삼아야 할 것이다.

—『규메이코기 부록休明光記附錄』[60]

　　이른바 에조치 편입이 어떤 정책인지를 명확하게 알 수 있다. 구체적으로 살펴보면 아이누인에게 "경작방법을 알려주고", "일본어를 사용하도록 가르치고", "머리도 일본식으로 자르고, 일본 옷도 보내준다는" 내용이 기술되어 있다. 그러나 1855년(안세이 2) 이후 (제2차) 에조치 편입 때처럼 철저하게 시행되지는 않았다.[61] 1799년(간세이 11)의 모가미 도쿠나이의『에조소시蝦夷草紙 후편』에는 "일본식으로 머리를 자르도록 해야 한다. 에조를 무서워할 필요 없다"[62]고 기술한 점에서 일정부분 강요가 있었다는 것을 짐작할 수 있다. 그리고 여기서 러시아를 의식한 '풍속교화' 정책이 결국 막부의 담론으로 등장하기 시작했다. 물론 이 정책은 에조치에 "막부의 손이 닿기 힘들고", "막부 밖의 땅"이라거나 또는 "외국의 침략에 대한 우려보다도 나라 안의 우려가 두 배"라는 관점에서 비판도 받았다. 그러나 에조치 담당 관리인 이시카와 타다부사石川忠房(1754~1836), 하부토 마사야스羽太正養(1752~1814) 등은 "오랑캐들이 막부를 따르고, 우리 백성이 된다면 설령 외국 선박이 침략해 오더라도 쉽게 따르지 않을 것"이라고 반론한다(『규메이코기 부록休明光記附錄』).[63] 이러한 정책이 바로 후기 미토학에서 말한 '전례교화론', '교화'에 의한 자타인식 성립의 바탕이 되었다는 것은 앞서 설명한 바 있다.

　　1802년(교와 2) 히가시에조치는 영구 편입되었다. 당시 이 지역은 쇼군을 비롯한 비개발론자들의 주장에 따른 비개발・'비풍속개량'이 기본 방침이었다.[64] 그러나 니콜라이 레자노프Nikolai Petrovich Rezanov가

나가사키에 내항한 후, 1806년에서 1807년(분카 3~4) 도쿠가와 나리아키도 분개했던 러시아 선박에 의한 '에조치 습격사건'이 발생하자 큰 소동이 일어났다. 이 사건에 관한 풍문은 다양한 정보망을 통해 전국으로 퍼졌다.[65] 도쿠가와 나리아키뿐만 아니라 많은 지식인들이 이 사건에 대해 언급했다. 예를 들어 스기타 겐보쿠杉田玄白(1733~1817)는 이 사건을 "멀리서 선물을 들고 온 사자를 빈손으로 돌려보내는 것은 오랑캐라고 해도 대국에 대한 예의가 아니다"라고 하며 "그들은 그럴 수 있고 우리가 잘못했다고 생각"한다고 말했다. 그러나 한편으로 "세상을 어지럽힐 일"이며 "교역을 허가할 것인가, 배를 이끌고 전쟁을 할 것인가" 라는 위기감을 드러내기도 했다. 또한 "이제 가라후토·에토로후擇捉를 어지럽히니 그것이 두려워 아무것도 안 해도 괜찮은 것은 아니며 외국과 관련된 소문도 적절치 않다"는 인식을 가지고 있었다. "한번은 싸울 수밖에 없다"고 하면서도 "경솔함을 사과하며 원하는 것이 교역이라면 (…중략…) 일단 허락해도 좋을 것"이라고 했듯이 결국에는 교역을 해야 한다고 했다. 물론 이는 1798년(간세이 10)의 혼다 도시아키처럼 낙천적인 주장은 아니었다. 스기타 켄보쿠는 "밤잠을 못 이룰 정도로" 심각한 위기의식 아래, 검약이나 무사토착론武土土着論 등 내정개혁의 시급함도 함께 말했다『야소도쿠고野叟獨語』1807(분카 4)).[66] 스기타 겐보쿠의 교역론은 오쓰키 겐타쿠大槻玄澤, 마쓰다이라 사다노부의 주장처럼 상당부분 받아들여졌다.[67] 다른 한편에서는 히라야마 시료平山子龍(1759~1828)처럼 "오랑캐는 인류가 아니며", "덕으로 품어서는 안된다"며 교전론交戰論을 펼치는 자도 있었다『상북궐서上北闕書』, 1807(분카 4)).[68] "우리나라는 진무천황이 나라를 세우고 우주에 용위를 떨친다"고 한 것으로 보면 그의 주장은 일본형 화이사상을 계승한 듯하다. 그러나 오랑캐인 서

293

양을 '덕화'시킬 가능성을 완전히 부정하고 있다는 점에서는 일본형 화이사상과 완전히 다르다. 이 같은 의미에서 교전론＝양이론攘夷論은 화이사상 해체의 결과물이라고 할 수 있다. 한편 스기타 겐보쿠는 중국중화론을 부정하면서도 "천지의 도리", "인륜의 도리"에 따라 "결국 어떤 나라든 예악禮樂이 있지 않겠는가"라며 그 '도리'가 서양까지도 연결된다고 믿었다(『광의지언狂医之言』1775(안에이 4)).[69] 이는 메이지明治 시기 야스이 솟켄安井息軒(1799~1876)의 주장에서도 나타난다. 그는 "북적남만의 젊은이들을 가르쳐야 한다. 예부터 전해온 우리의 도리를 그들이 행하도록 해야 한다. 군자의 도리가 깊어지면 이단은 결국 사라질 것"(『변망弁妄』1873(메이지 6))[70] 이라며 오랑캐인 서양에 '도리'를 보급할 수 있다고 주장했다. 여기서 19세기에 이르기까지 이어진 화이사상을 어렴풋하게나마 엿볼 수 있다. 그러나 에조치론이나 러시아론은 결국 화이사상을 해체시켰다. 해방론海防論, 양이론, '교화론'이라는 담론이 성립되면서 자타의 문화적 공통성의 시각은 무너졌다. 그리고 논의는 결국 에조치까지 포함한 "황국"의 동질성으로 나아갔다.[71]

5. 『지시마의 큰 물결千島の白浪』과 막부 말기 국학

히라타 아쓰타네平田篤胤(1776~1843)는 야시로 히로카타屋代弘賢(1758~1841)와 함께 러시아선박이 에조치를 '습격'한 사건에 관해 상세한 사료·정보를 수집하여 『지시마의 큰 물결千島の白浪』을 편찬했다.[72]

이 책의 내용은 1739년(겐분4) 러시아선박 아르항겔스크 미하일호가 무쓰노쿠니陸奧國 오시카군牡鹿郡 아지시마網地島 앞바다에 등장한 것부터 시작한다. 이어서 같은 해 성가브리엘호의 아와安房 앞바다 내항, 1771년(메와明和 8) 러시아 선박의 아와노쿠니阿波國 내항, 나아가 1792년(간세이 4) 락스만 내항, 1799년(간세이 11) 히가시에조치의 막부 임시편입仮上知 관련 시달 문서, 1804년(분카 원년) 레자노프 내항 기사로 이어진다. 그러나 이 책은 무엇보다 다음 해부터 러시아 선박이 에조치를 '습격'한 사건[18]을 상세히 기록하고 있다. 이로써 히라타 아쓰타네가 이 사건에 상당한 관심을 가지고 있었다는 것을 알 수 있다. 이 책에는 "원래부터 서로 왕래하면서 일본과 교역하고 있었다. 어째서 요즘은 정체되었는가. 나가사키에 갔던 사람들의 이야기를 들으니 어쩔 수 없는 일이라 하고, 먼 곳을 돌아본 뒤 사정을 알아보니 속국의 사람은 무례하기 그지없고 아라사국이 위협을 받았기 때문이라고 말하며 가라후토・에토로후를 무찔러야 한다"는 러시아 측의 주장(『하코다테기쓰쓰가루번중서독函館詰津輕藩中書牘』)[73]을 비롯하여 "일본이 생긴 이래 다른 나라에게 패한 적이 없다. 그러니 이번 에토로후의 대패가 몹시 안타깝다"는 '일본대패' 관련 정보(6월 12일 다나카 반시로田中伴四郎 편지),[74] 그리고 "에토로후 사람들과 함께 아라사를 방어하지는 않고 오히려 외국 선박에 즈아이배図合船[19]로 쌀과 술을 운송"했던 아이누인의 동정에 관한 전언(『에조정사소기蝦夷正史小記』)[75] 등 140건 이상의 사료가 수집되어 있다. 이들 사료와 정보는 히라타 아쓰타네가 야시로 히로카타와 "서로 비교해서 잘못된 것을

295

---

18 1805년 레자노프가 귀국하고 나자 1807년 레자노프의 부하들이 정부의 허가 없이 에토로후의 어장을 습격한 사건.

19 에도 후기부터 메이지 시대에 걸쳐 에사시江差・마쓰마에松前・노헤지野辺地 등에서 사용된 쌀 백 석 이하를 실을 수 있는 작은 배를 말한다.

바르게 고쳤다"고 한 것으로 볼 때 내용의 정확함은 차치하고, 적어도 그가 해당 시기 항간의 러시아관, 에조치관, 나아가 막부의 법령과 그와 관련된 비판적 소문 등을 가까이 접했다는 것은 분명하다.

그러나 『지시마의 큰 물결』에서 히라타 아쓰타네가 한 말은 "이 책은 지난 병인년 에조섬에 아라사인이 물밀듯이 들어와 어지러워졌으므로 (…중략…) 여러 서적을 수집했다"는 등의 경과 설명과, 1811년(분카 8)에 집필한 서문(『신찬 히라타 아쓰타네전집新修平田篤胤全集』에서는 1813년(분카 10)으로 나와 있지만 이 글에서는 『북방사사료집성北方史史料集成』을 따른다)만 알려져 있을 뿐이다.

> 모든 외인이 와서 오미쿠니大御國를 섬기고 받드는 것은 신이 가호하는 세상부터 정해진 제도이니라. 도리를 모르는 무례한 수장이 나타났을 때에는 수천의 배를 띄우고 수만의 군사를 모아 외람되게 오미쿠니를 공격하는 일도 있었다. 이것이 도리를 거스르는 일이기에 즉시 관군에게 격파당하거나 신풍이 불어 무너지고 곧 사라져버렸다. 그것이 마땅하니 이후에도 큰 우환은 없을 것이다. 그런데 (…중략…) 요즘 난학이라는 것을 받아들인 사람들은 네덜란드인紅毛人을 추종하는 듯하다. 이에 따른 병폐로 제대로 신의 뜻을 따르지 않는 사람도 나타나고 있다고 하니 한탄스럽고 개탄스럽기 그지없다.[76]

이 사료의 후반에서는 이 사건에 대한 히라타 아쓰타네의 분개를 엿볼 수 있다. 그러나 전반부에서는 "즉시 관군에게 격파당하거나 신풍이 불어 깨지고 빠르게 사라질 것이다. 그것이 마땅하니 이후에도 큰 우환은 없을 것"이라는 부분에서 볼 때 1813년(분카 10)에 판결이 난 고로닌Vasilii Mikhailovich Golovnin 사건[20]의 영향을 받은 탓인지 너무나도 낙천적인 견해를 보여준다.

그러나 『다마노미하시라靈能眞柱』에 이르기까지 전기前期 히라타 아쓰타네학문의 형성은 지금까지 기술한 에조치 정세와 러시아 정세가 크게 바뀌는 시기와 거의 겹쳐진다. 히라타 아쓰타네의 업적을 『다이가쿠군 일대기大堅君御一代略記』(히라타 타네카네平田銕胤(1799~1880), 1869년(메이지 2) 간행)[77]를 통해 살펴보자. 히라타 아쓰타네는 모토오리 노리나가가 타계한 1801년(교와 원년) 그의 저서를 처음으로 접하고, 이후 다자이 슌다이太宰春台의 『벤도쇼弁道書』를 보고 1803년(교와 3) 『가모우쇼呵妄書』를 집필했다. 그리고 러시아 에조치 '습격' 사건 이후 1811년(분카8)부터 본격적으로 저술 활동을 시작하여 『고도대의古道大意』, 『속신도대의俗神道大意』, 『다마타스키玉たすき』, 『고사성문古史成文』 등을 연달아 썼다. 다음해 1812년(분카9)에는 전기 아쓰타네학의 대표작인 『다마노미하시라靈能眞柱』를 집필한다. 같은 해 그의 생애의 대표작인 『고시덴古史伝』을 쓰기 시작했다.

이 시기 저술에 한해 살펴보면 히라타 아쓰타네의 서양 인식은 도쿠가와 나리아키는 물론, 스기타 겐보쿠와 비교해 보아도 그다지 긴박하지 않았다. 그 예로 『고도대의古道大意』에서는 "작년 멀리 떨어진 에조 섬에 해적이 쳐들어와 도둑질을 하고 갔다"고 러시아 선박 에조치 '습격' 사건을 다루고 있다. 하지만 "엥겔베르트 켐퍼Engelbert Kaempfer(1651~1716)도 말했듯이 우리나라 사람은 원래 씩씩하고 강하기 때문에 (…중략…) 이 나라는 신국이요. 우리는 신의 자손이니라. 서양놈이, 오랑캐놈이 아무리 쳐들어와도 내쫓아 버리면 그만"[78]이라고 기술하는

297

---

20 1811년 러시아의 해군 장교 고로닌의 억류사건이 발생한다. 고로닌은 러시아 군함의 함장으로 지시마 일대의 측량과 탐험의 임무를 수행 중, 식량과 식수를 보급받기 위해 부하와 통역을 거느리고 구나시리섬에 상륙, 일본의 관리와 교섭을 시도했다. 그러나 통역이 잘 되지 않아 오해가 생겨 고로닌 일행은 체포되어 1813년 귀국할 때까지 2년 2개월 동안 일본에 억류되었다.

화이(華夷)사상의 해체와 자타(自他)인식의 변화

등『지시마의 큰 물결』과 같은 낙천적 견해를 보여주고 있다.

　결론적으로 말하자면 히라타 아쓰타네의 국학은 서양에 대한 직접적인 위기감에서 나온 것이 아니다. 그렇다고 해서 그의 국학이 서양의 접근에 둔감했던 것도 아니다. 즉, 히라타 아쓰타네 국학 전체를 살펴보면 그것이 '외국 학문'에 견주어 "외국인이라면 그렇지 않겠지만 측량술이든 무엇이든 곰곰이 예부터 전해내려온 취지에 비추고 지금의 현실에 맞추어서 가능한 한 알아야 한다"(『삼대고벤벤三大考弁々』, 1814년(분카 11)),[79] "예컨대 외국의 것이라도 우리나라 사람이 배우고, 좋은 것을 택한다면 나라에 쓰임이 있을 것이다. 그렇다면 실로 중국은 물론 천축, 아란타(네덜란드)의 학문도 모두 국학이라고 해도 무관하다"(『고도대의古道大意』)[80]라고 기술했다. 원래는 유학이나 불교적 담론이 서양지식과 대항적 위치에 두었음을 염두에 두어야 할 것이다. 히라타 아쓰타네의 『다마노미하시라』, 나아가『고시덴』은 "외국의 모든 지식이나 다른 도리들을 잘 들여다보는 것만으로는 우리나라의 도리가 얼마나 존중받아 마땅한 것인지 알 수 없다. 외국의 도리들을 잘 알게 된 후에 믿는 것이야 말로 진짜 알고 믿는 것이라 할 수 있다. (…중략…) 그렇다면 유학, 불학, 난학뿐만 아니라 그 무엇이라도 다른 도리를 정밀히 연구해야 할 것"(『입학문답入學問答』, 1813(분카 10))[81]이라고 기술하고 있다. 이렇듯 그의 책들은 '외국 지식'과의 '비교 고찰'을 통해 '확정'하고, '사실을 스스로 탐구하고, 움직여야'(『고도대의古道大意』)[82]하며, "지금 여기의 사실에 맞춰"(『삼대고벤벤三大考弁々』)[83] 구성되었다. 이렇기 때문에 모토오리 오히라本居大平(1756~1833)는 "알지 못하는 일은 알지 못하는 것이라고 생각하고 정한다면 삼대고三大考의 영靈의 하시라柱는 무용장물이 될 것이다. (…중략…) 사람의 몸을 열어 본다고 해도 난치병을 전부 고

298

칠 수 있는 방법은 없다. 일월성신의 운행원근을 전부 안다고 해도 풍우한서를 맘대로 할 수 없다. 모든 만물의 이치를 꿰뚫었다고 하는 것은 모든 이치의 술법을 아는 체 하는 것이며, 신의 도리를 배우는 데에는 유익하지 않다는 것을 알아야 할 것이다."(『고학요古學要』, 1825(분세이 8) 집필)[84] 라고 비판했다.

이 글을 보면, 히라타 아쓰타네는 서양이 일본에 접근하는 것에 충격을 받아 국학으로 서양 지식과에 대항하겠다는 터무니없는 구상을 품게 된 것이다. 이렇게 본다면 히라타 아쓰타네 학의 주요 초기 저작인 1804년(분카 원년)의 『가모쇼呵妄書』와 1805년(분카 2)의 『신귀신론新鬼神論』에서는 서양 지식에 대한 관심이 거의 드러나지 않고 시종일관 유학 비판과 중국 비판을 했음에도 불구하고 1806년(분카 3)의 『혼쿄가이헨本敎外編』 이후부터는 서양 지식을 적극적으로 받아들이는 방향으로 나아갔다는 것이 어떤 의미인지 알 수 있다. 즉 『혼쿄가이헨』 이후 히라타 아쓰타네는 일본의 '고전설' 너머로 서양을 응시하면서 '옛 전설'의 재구성으로 나아간 것이다. 마치 에조치론이 그 너머 러시아를 응시하면서 전개된 것처럼 말이다.

히라타 아쓰타네 이후 막부 말기의 일본 국학은 전반적으로 이러한 관점을 갖게 되었다. 예를 들어 쓰루미네 시게노부鶴峯戊申(1788~1859)는 『혼쿄이분本敎異聞』(1815(분카 12))에서 "이 책은 신의 시대부터 전해온 진리를 서술하고 중국, 천축, 화란 등 여러 나라의 전설과 비교하여 천지일월과 모든 사물의 이치를 담아 만국의 교법까지 상세히 논하고 있다. 실로 신대신설神代新說이라 할 만하다"고 말하고 있다.[85] 이 책의 본문에서 쓰루미 시게노부는 "천지일반의 이치는 모두 같다. 이 말은 혼쿄本敎로부터 멀어질 수 있는 자는 없다"라는 관점으로 일본의 '고전설古傳說'을 재구성했다. 이 본문을 유·불·서양 지식으로 해석해서 "만국의 교법까지 상세히 논"했다고 한 것이다. 이 책에 대해 히라타 아쓰타네도 "실로 놀랍도다. 땅이 동서로 나뉘어 있어도 말하는 바와 그 뜻이 통하니 놀라울 따름이다"(잡기삼雜記三, 1835년(덴포 6))[86]라고 극찬했다. 『혼쿄이분』에서 흥미로운 점은 일본 '고전설'에 대한 해석이 전부 '외국 논리'로 이루어졌다는 것이다. 히라타 아쓰타네의 『고시덴古史伝』에서는 어떻든 일본 고전의 인용이나 고증이 중심을 이루고 있다. 그리고 그 해석에 모토오리 노리나가의 『고지키덴古事記伝』을 활용하는 경우도 많았다. 그러나 『혼쿄이분』에서는 해석 부분에서부터 일본 '고전설'을 지워버렸다. 나아가 모토베 요시카六人部是香(1806~1863)는 "요즘 난학이라 하여 서양 만국에서 지혜로운 자들이 점차 세상에 나와 연구탁마하여 모든 천문 지리를 섭렵해서 측량하고 있다. 그리고 모든 물건들도 숙고·정련하여 만들어내고 있다. 또한 눈에 보이지 않는 공기를 비롯하여 모든 기운까지 분석해서 사람들에게 알려주고 있다"(『순고삼대론順考三大論』, 안세이 연간 원고 작성)[87]고 기술하였다. 난학의 지식을 받아들여 "선현들이 놓치거나 잘못 생각한 점들도 세세한 것까지 찾아내서 고쳐"(『순고삼대론』) 새로운 일본의 '고전설'을 재구성하고자 했다.

이러한 주장들은 히라타 아쓰타네 이후 '견강부회'한 국학의 '왜곡'으로 이해되었으며 모토오리 노리나가의 국학에서 벗어난 것으로 간주되었다. 그럼에도 불구하고 자타인식의 관점에서 본다면 모토오리 노리나가의 화이사상, 즉 중화문명권에서 해방된 자타인식이 그 자기상을 만들기 위한 가치 축을 찾아서 떠돌고 있었는데, 이것이 히라타 아쓰타네 이후 국학에서도 있었던 것으로 나는 생각한다. 그리고 그것이 점차 서양 지식으로 향했다는 점은 히라타 아쓰타네, 나아가 모토오리 노리나가도 마찬가지였다.

예를 들어 핫토리 나카쓰네服部中庸(1757~1824)는『삼대고三大考』(1791, 간세이 3)에서 다음과 같이 말한다. "앞으로 멀리 서쪽 사람들이 바닷길을 열어 널리 왕래하게 될 것이며, 이 땅의 모습을 잘 살펴보니 땅이 둥글고 허공에 떠 있으며 해와 달은 땅의 위아래로 돌고 있다는 것을 깨달았다. 저 중국의 옛 가르침도 틀린 것이 많아 모든 것을 이치로 따져 정하는 것이 믿기 힘들게 되었다."[88] 모토오리 노리나가는 이를『고지키덴古事記伝』17권 부록에 실었으며 바로 이『삼대고三大考』가 히라타 아쓰타네의『다마노미하시라靈能眞柱』집필의 직접적인 기폭제가 되었다.

그렇지만 모토오리 노리나가의 경우 사실 서양에 대한 위기의식이 거의 없었다. 바로 이 점이 19세기에 들어 활동을 시작한 히라타 아쓰타네와 다르다. 히라타 아쓰타네 나아가 막부 말기 국학은 압박해오는 서양을 저 멀리 응시하면서 이제는 화이사상에서 해방된 '견강부회'한 '황국'상을 만들어 갔다.

6. 나가며

1813년(분카 10)에 일어난 고로닌 사건이 해결되면서 러시아와의 관계가 호전된 듯이 보였다. 그러나 막부의 재정적 어려움과 에조치 방어를 담당한 난부南部·쓰가루津輕 양 번의 재정난, 그리고 여전히 뿌리깊게 존재하는 에조치 비개발론으로 인해 1821년(분세이 4) 에조치 편입정책은 폐지되었고, 에조치는 마쓰마에 번의 지배를 다시 받게 되었다.[89] 그렇지만 편입정책 시행 당시 일본인의 이주와 노동·생활환경의 변화, 전염병 등으로 에토로후 섬 아이누 인구의 약 4분의 1이 감소된 것에서 알 수 있듯이 커다란 타격을 받았다. 게다가 마쓰마에 번은 편입정책 시기에 시행된 정책을 이어받아 착취·사역을 확대하였다. 에토로후 섬에서는 습속을 개량하라는 강요도 계속되었다.[90] 에조치가 18세기 이전으로 되돌아가는 것은 불가능해진 것이다.

일단 '내국內國'화가 되어버린 후, 이에 따른 담론은 돌이킬 수 없게 되었다. 마쓰우라 타케시로松浦武四郎(1818~1888) 등의 '관찰' 기록에서 이를 찾아볼 수 있지만 여기서는 다루지 않겠다.[91] 대신 사토 잇사이佐藤一齋의 문하생이었던 바바 마사미쓰馬場正通(1780~1805)가 하부토 마사야스羽太正養 아래에서 하코네箱根봉행을 갔던 에조치 체험을 살펴보고자 한다. 이를 통해 유학·주자학의 소양을 가진 사람들의 자타인식이 어떻게 변용되었는가를 알아보는 것으로 이 글을 마치고자 한다. 바바 마사미쓰는 앞서 살펴본 나카이 리켄中井履軒의 화이사상에 입각한 에조치 '(북풍을 막아주는)방재론'을 "우매하고 편협한 주장", "세상 물정을 모른"다고 격렬히 비판했다. 그리고 '해양 선박의 조련은 군비의 용도로서만이 아니라 치평治平을 위해서도 절대로 태만해서는 안 된다'고 해안 방제의 '급무'를 주장하였다. 그리고 에조치 정세와 관련해서 다음과 같이 기술한다.

옛날에는 우리나라에서도 중국 땅에서도, 이 나라(아라사)에 관해 듣지 못했다. 그러나 요즘 이 나라에 현명한 왕이 잇따라 등장해 자국은 물론 타국까지 병탄하여, 문물이 넘쳐나는 대국이 되었다. (…중략…) 이 나라는 느닷없이 병사를 보내 다른 나라를 침략하는 일은 하지 않는다. 지배하는 왕조차 없는 미개한 나라들을 열게 해서 교화하고 있다. 이미 우리나라의 속령 에조, 캄차카 섬부터 우르프 섬까지 수십 개의 섬들이 모두 그들의 속국이 되었다. (…중략…) 설령 무력정비를 견고히 해도 정치로 학대를 가하고 아랫사람을 괴롭게 하여 민심이 점점 멀어진다면 보람도 없고 오히려 해가 될 것이다. (…중략…) 인민이 소란스럽고 어지러운 것은 다른 나라의 강한 적으로부터 오는 두려움 탓일 것이다. (…중략…) 섬의 인민들은 원래 우리나라가 같은 편이라는 것을 알고 자식이 부모를 섬기듯 우리나라를 섬긴다. 지금 이런 때를 맞아 무육교도한다면 토인들도 믿고 복종할 것이다. 풀이 바람에 몸을 맡기듯이 마쓰마에의 토인에게도 좋은 풍속이 될 것이다. (…중략…) 중국의 오랑캐와 우리나라의 에조는 본질적으로 크게 다르다.

— 변책발몽辺策發矇, 1803년(교와 3) 집필[92]

바바 마사미쓰는 에조치 체험을 바탕으로 나카이 리켄의 화이사상 담론이 얼마나 '우매'한 것인가를 역설하였다. 또한 그는 "무력정비를 견고히" 해도 "민심이 점점 멀어진다면 애쓴 보람도 없이, 오히려 해가 될 것"이라고 하며 '교화'의 필요성을 기술하였다. 이러한 교화는 '아라사'의 방법이며, '중국의 오랑캐'와는 '본질적으로 크게 다른' 것이었다. '본질적으로 크게 다르다'는 이러한 인식이 이후 일본의 자타인식을 크게 바꾸었다.

303

근세의 다이리內裏[1] 공간·근대의 교토 교엔京都御苑[2][*]

다카기 히로시 高木博志[**]

들어가며

1879년(메이지 12) 이후에 촬영된 〈가라스마루 거리 토루문烏丸通土
塁[3]門〉의 사진(〈그림 1〉)은 가라스마루 거리와 교토 교엔 사이에 쌓은
갓 준공된 석루石塁[4]와 9문의 모습이다. 1878~1880년의 교토 교엔

---

[*] 이 글은 김하나가 번역하였다.

[**] 1959년생. 역사학자. 교토대학 교수. 『근대 천황제의 문화사적 연구(1997)』, 『근대천황제
와 고도古都(2006)』, 『능묘와 문화재의 근대(2010)』 등의 저서가 있다.

1 일본의 천황이 거주하는 궁궐. 황거, 금리, 금중, 어소라고도 한다.

2 메이지유신 이후 천황 및 귀족(공가公家)들이 도쿄로 거처를 옮기면서 기존의 다이리와 공
가 저택 등이 있던 주변 지역 일대를 정비하고 담으로 둘러 교토 교엔이라 하였다. 1949년
에 공원이 되었다.

3 흙으로 쌓은 담이다.

4 돌로 쌓은 담이다.

정비사업에서 9문(나카다치우리고몬中立賣御門과 하마구리고몬蛤御門 등)은 가라스마루 거리, 이마데가와 거리今出川通, 데라마치 거리寺町通, 마루타마치 거리丸太町通 쪽으로 옮겨졌다. 그리고 교토 거리와 '교엔' 사이에 석루로 근세에는 없었던 경계를 만들었다.

그렇다면 1869년(메이지 2) 3월 도쿄 '천도奠都' 이전의 근세 가라스마루 거리 모습은 어떠하였을까? 흙담 위에 기와를 얹은 연속된 축지築地담[5]이 있었을까? 이 글은 이 같은 의문에서 출발하였다.

결론부터 말하자면 1708년(호에이宝永 5)의 대화재 이후 오늘날의 '교토 교엔'을 이루는 영역이 확정된 후에도, 가라스마루 거리, 이마데가와 거리, 데라마치 거리, 마루타마치 거리에 접해 길게 이어진 축지담은 존재하지 않았다. 1676년(엔포延宝 4) 2월의 〈엔포 연간 다이리 외 축지담 지도延宝度内裏他築地指図〉《그림 2》,[1) 1776~1780년(안에이安永 5~9)의 〈어축지변도御築地辺図〉,[2) 1866년(게이오慶應 2)의 〈장중운상발금掌中雲上拔錦〉《그림 3》[3) 등의 지도류나, 1830년(분세이文政 13)의 지진 피해 기록으로부터 알 수 있듯이, 금리어소禁裏御所·센토고쇼仙洞御所[6·고셋케五攝家[7·미야宮[8에는 견고한 축지담이 있었지만, 그 외의 공가[9 저택公家屋敷에는 집안의 격에 따른 다양한 담이 있었던 것으로 여겨진다. 아마도 공가 가문의 격에 따른 다양한 담들이 마치 모자이크처럼 펼쳐졌을 것이다.

305

5　쓰키지築地. 축지담이라고도 한다. 진흙을 다져서 만들며, 담 위에 기와를 얹는 것이 많다. 예로부터 귀족 저택이나 사원, 관사 등에 종종 사용되었으며, 오늘날에도 어소御所나 사원 등에서 볼 수 있다.
6　상황의 어소를 말한다.
7　후지와라藤原씨의 적손으로 공가 가문의 정상에 있던 5개 가문. 고노에 가문近衛家·구조 가문九条家·니조 가문二条家·이치조 가문一条家·다카쓰카사 가문鷹司家이다.
8　친왕 및 그의 저택.
9　조정의 귀족과 상급 관료의 총칭이다. 가마쿠라 시대 이후 무력으로 봉사하는 귀족을 무가武家라 칭하게 되자 궁정 귀족 일반을 그와 대비하여 공가라 부르게 되었다.

〈그림 1〉 가라스마루 거리 토루문烏通土塁門. 1879년
스마루 거리에 토루·석루가 축조되었고 문이 옮겨짐
궁내청 서릉부宮内庁書陵部 소장, 다케베 토시오武部敏夫·나카무라
中村一紀편, 『메이지의 일본－궁내청 서릉부 소장 사진明治の日本
陵部所蔵写真』, 吉川弘文館, 282면.

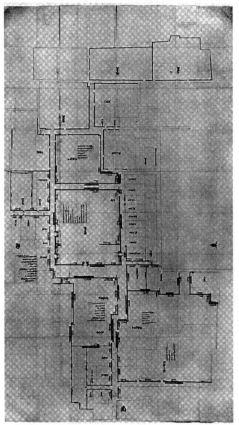

〈그림 2〉 엔포 연간 다이리 외 축지담 지도延宝度内裏
1676년 2월, 궁내청 서릉부 소장, 히라이 기요시平井聖, 『나카이 가문
中井家文書の研究』 제3권, 中央公論美術出版, 219면.

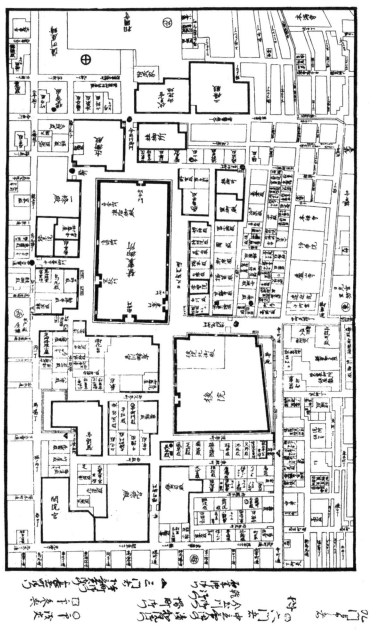

〈그림 3〉 장중운상발금掌中雲上拔錦(全)(1866, 게이오2). 금리어소의 기슈몬宜秋門이 오늘날 관광 명소인 공경문公卿門이다.

게다가 오늘날 폭이 10미터를 훨씬 넘는 가라스마루 거리나 이마데가와 거리 등은 근대에 거리 폭이 확장된 것이다. 근세 초기인 1661년(간분寬文 원년)의 나카이 가문 문서 〈공가 가문환지 그림 지도御公家衆替地繪図〉[10](387, 교토부립종합자료관 소장)에 의하면, 가라스마루 거리의 폭은 일정하지 않았고 약 5~6.4미터밖에 되지 않았다. 가라스마루 거리를 사이에 두고 서민 주택과 공가 저택들의 처마가 맞닿아 있었던 것이다.[4]

그렇다면 매년 신상제新嘗祭[11] 때 고시되는 "부정한 자들은 축지담 내 통행을 금지한다"[5]의 "축지담 내"란 어디를 말하는 것일까. 〈장중운상발금〉(〈그림 3〉, 1866)을 통해 고찰해 보면, 금리어소 주변 서측의 이치조一條 가문, 북측의 고노에近衛 가문, 동측의 아스카이飛鳥井 가문과 오시코지押小路 가문, 남측의 아리스가와有栖川 가문 등, 금리어소와 마주보는 집들에서 금리가 바라보이는 면에 모두 축지담을 쌓았다. 9문에서 금리어소로 이어지는 공간은 기본적으로 축지담으로 둘러싸인 공간이었다. 호에이宝永 대화재 이전 〈엔포 연간 다이리 외 축지담 지도〉(〈그림 2〉, 1676)에서도 6문 안의 이와 같은 경관을 확인할 수 있다.

여행객은 사카이마치고몬堺町御門으로 들어가서 이마데가와고몬今出川御門으로 나가는 축지담으로 이어진 엄숙한 길을 걸으며, 금리어소 서측 공경문公卿門에서 이색적인 공경公卿[12]들의 입궐參內을 즐겼다. 교쿠테이바킨局亭馬琴[13]은 자신의 교토 관광 경험을 통해 "(교토에서) 볼 만한 것을 꼽자면 금리어소는 물론이고 (…중략…) 공경들

---

10 귀족가문 환지 그림지도
11 천황이 가을에 신곡을 신들에게 바치고 스스로도 맛을 보는 의식으로 11월에 이루어진다.
12 고급 귀족.
13 에도 시대 후기의 희극 작가.

의 입궐을 들 수 있다"6)고 말하고 있다.

즉 근세 사람들은 축지담 안을 9문에서 금리어소로 이어지는 공간으로 인식하였던 것이다. '교토 교엔'의 외곽에 축지담이 있었다고 생각하는 오늘날의 인식은, 앞의 〈그림 1〉에 등장하는 메이지 시대에 만들어진 석루 때문에 생겨난 근대적 감각이다. 히로하시 미쓰시게廣橋光成 소장 『금리백개조禁裏百箇條』7)에는, "9문 안 큰 길에 있는 당상방堂上方14 저택의 문과 축지담은 나랏돈으로 수리할 일이다"라는 조항이 있으니, "9문 안 큰 길에 있는 당상방 저택의 문과 축지담"은 공공의 돈으로 고친다는 사실이 명시되어 있는 것이다. 이 9문 안이 바로 축지담으로 둘러싸인 큰 길이었다. 그리고 9문 안은 관리町役가 청소를 담당했고 천민穢多 청소부小坊師役가 부정한 것들을 제거하여 청정한 공간을 유지하였다.

이 글에서는 막부 말기에 활발히 간행된 〈다이리도內裏図〉에 따라, 금리어소·센토고쇼·미야·공가저택 등으로 이루어지는 9문 내 축지담 공간을 '다이리 공간'이라 부르고자 한다(오늘날의 '교토 교엔'과 겹치는 범위만을 다루고자 한다). 근세에 수차례 화재를 겪으면서 재건축된 금리어소·공가저택 거리公家町 등의 변화를 꼼꼼하게 추적할 필요가 있다. 이 글에서는 그 시도로서 9문이 정비된 1708년(호에이 5)의 대화재 이후부터 1869년(메이지 2) 도쿄 '천도'까지 다이리 공간의 실제 양상(혹은 사상)을 살펴보고자 한다.

다이리 공간은 원래 자유롭고 활기찬 공간이자 관광 명소였고, 정월 무어람舞御覽,15 절분節分,16 추석 등롱灯籠 등의 때에는 더욱 깊숙이

---

14 승전이 허락되는 고급 귀족. 혹은 널리 공가를 칭함.
15 정월 17일 혹은 19일에 청량전淸涼殿의 동쪽 정원, 혹은 자신전紫宸殿의 남쪽 정원에 무대를 마련하여, 그 위에서 무악을 행하는 것을 천황이 관람한 행사.
16 입춘 전날.

금리어소 안까지도 들어갈 수 있었다. 게다가 큰 변화가 일어난 호에이 연간(1704~1710) 이후 마치부레町触 법령을 통하여 교토 조닌의 금리어소 출입이 허락되었고, 그것이 일반화되기 시작했다.[8] 일상적으로 교토의 조닌은 9문 안을 자유롭게 드나들 수 있었고, 타지의 관광객도 9문 안을 가로질러 종단할 수 있었다. 에도에서 발행된 〈도카이도東海道 53차 쌍륙놀이판〉은 에도에서 출발하여 교토에 도착하게 되는데, 대부분의 쌍륙놀이판에는 금리어소 공경문으로 입궐하는 공경들의 모습이 그려져 있다.[9] 교토 관광의 메인 이벤트는 금리어소 서측의 공경문으로 입궐하는 공경들을 구경하는 일이었던 것이다. 공경문으로는 "황족·섭정 가문을 비롯한 그 외 공가들"이 출입하였다.[10] 궁중에서 보는 것마다 감탄했던 모토오리 노리나가本居宣長[17] 등은 공경문의 입궐을 바로 코앞에서 보고, "몸을 바로 세우는 것조차 잊어버리고 머뭇거릴" 정도였다고 한다.[11]

일상적으로 자유롭게 다이리 공간을 왕래하는 활기찬 분위기가 있어서, 절분 날 서민들이 금리어소를 배관拜觀하거나, 1787년(덴메이天明 7)의 '센도마이리千度參り'[18] 유행 같은 것들이 가능했다. 따라서 내밀한 금리어소를 서민들이 배관하거나 천황 앞에서 예능 천민이 봉사하는 것은 교토라는 도시의 일상으로 그리 특별한 일이 아니었다. 그렇다면 다이리 공간 안에서 근세 천황은 어떤 의미가 있었을까? 당시 천황은, 근대의 이미지인 '살아 있는 신生神'과 같은 존재이자 민속 신앙 대상으로만 여겨진 것이 아니었다. 근세 후기 '금리禁裏

---

17 에도 시대의 국학자, 문헌학자, 의사.
18 일반적으로 절, 신사 등 동일한 숭배 대상의 입구와 본전을 백 번 왕복하면서 기원하는 것을 햐쿠도마이리百度參り, 천 번 왕복하면서 기원하는 것을 센도마이리라고 한다. 1787년 금리어소의 센도마이리는 사람들이 금리어소 주변을 돌면서 진행되었고, 그 배경으로는 대기근 및 도쿠가와 막부 쇼군將軍 교체에 따른 덕정德政 요구가 있었다고 한다.

樣'에 참배한다는 것이 정치나 사회에 대한 기원祈願을 의미한 것에서도 알 수 있듯이, 교토를 중심으로 하는 지역사회에서는 천황이 공공성을 띤 존재가 되어가고 있었다.

마지막 단계는 근대로의 이전이다. 1869년(메이지 2)의 도쿄 '천도'로 인해 천황과 많은 공가가문이 도쿄로 옮겨가게 되었다. 이후 황폐해진 다이리 공간은 1877년 메이지 천황의 교토 순행을 계기로 보존사업의 대상이 된다. 교토부는 1878년부터 1880년에 걸쳐 마키무라 마사나오橫村正直 지사를 중심으로 교토 교엔을 공원으로 정비하면서 석루를 쌓고 9문을 이축하고 식수 등을 하여 오늘날의 모습을 갖추었다. 그리고 1883년 1월 이와쿠라 토모미岩倉具視의 〈교토 황궁보존에 관한 의견서京都皇宮保存ニ關シ意見書〉에는, 교토 교엔을 '일본문화'와 '전통'을 대변하는 공간으로서 국제적으로 이용하고자 하는 문화 전략이 등장한다. 이어서 1890년대 이후에는 황실 재산으로서 교토 교엔이 점차 서민과 격리된 닫힌 공간으로 변모해간다.

311

1. 근세 일본 조정과 다이리 공간

1) 근세 후기의 조정과 야마시로노쿠니山城国의 지역적 연계

18세기 근세 일본 조정의 황실 재산御料은 약 3만 석이었는데, 그 대부분이 야마시로노쿠니山城國[19]에 집중되어 있었다. 상황上皇에게 속한 센토仙洞[20] 재산도 전체의 약 2/3인 6,309석이 야마시로노쿠니

지역에 있었다.

1847년(고카弘化 4)의 고메이孝明 천황 즉위식에는 황실 영지인 우메가바타케梅ヶ畑 마을 사람이 사자박견獅子狛犬[21] 담당으로 와서 경호를 했다. 이듬해 1848년(가에이嘉永 원년) 대상제大嘗祭[22] 때에는 황실 영지인 야마시나고山科郷가 7,406개의 대나무를 헌납하였다. 가미가모무라上賀茂村는 대상회大嘗會의 주전酒殿에서 봉사하였다. 일상적으로도 과자가게 가와바타도우키川端道喜에서 황실에 떡을 바치고, 도라야虎屋 가게에서는 과자를, 술가게 가사기야笠置屋(후에 오오쿠라주조大倉酒造)에서는 술을 어용물로 바쳤다. 또한 단오에는 오노고小野郷 지역에서 창포를 바치고, 렌다이노무라蓮台野村 지역은 청소 봉사를 했으며, 교토 지역의 가마들이 도자기를 바쳤다. 이처럼 에도 후기에는 다양한 헌납 및 봉사가 교토 지역 사회와 밀접한 연계를 가지고 전개되었다.[12]

또한 문적사원門跡寺院[23]도 기나이畿内[24] 지역에 집중되어 있었는데, 궁에 속한 문적宮門跡의 경우, 막부의 권위를 위한 닛코日光의 린노지輪王寺를 제외한, 닌나지仁和寺 · 다이카쿠지大覺寺 · 묘호인妙法院 · 쇼고인聖護院 · 쇼코인照高院 · 쇼렌인靑蓮院 등 13개의 절이 야마시로노쿠니에 집중되어 있었다. 밀교에 속하는 사찰 도지東寺 승려가 정월에 후칠일어수법後七日御修法[25]을 위해 궁중에 입궐하거나, 다이고지醍醐寺 리쇼

---

19 당시 일본 지방행정구역 중 하나였으며, 현재 교토부의 남부에 해당한다.
20 상황上皇의 어소
21 박견(고마이누)은 사자와 함께 일본 신사나 사찰 문 앞에 수호를 위해 놓는 짐승 상이다.
22 천황이 즉위 후 처음으로 행하는 신상제新嘗祭.
23 황족이나 공가 등이 거주하는 사찰.
24 기畿는 원래 고대 중국에서 수도로부터 500리 사방의 천자의 직할지를 의미한다. 근세 교토에서 기나이畿内는 교토 주변의 5개국, 즉 야마시로山城, 야마토大和, 가와치河内, 이즈미和泉, 셋쓰摂津 지역이었다.
25 궁중에서 매년 정월 초하루부터 7일 간의 각종 신사神事가 끝난 후, 8일부터 14일까지의 7일 동안 진언원真言院에서 천황의 안녕이나 국가안온을 기원하는 비법을 행한 것. 834년

인리성원理性院은 대원사법大元師法[26]으로 국가 수호와 천황의 만수무강을 빌었다.

궁중 연중행사에는 기나이 지역의 천시받던 예능인이나 종교인이 참가하기도 하였다. 정월 5일에는 야마토大和 지역에서 온 센즈만자이千壽萬歳[27]가 천황 앞 참내전參內殿 앞뜰에서 새해를 축하하였다. 그리고 교토의 다키이효고瀧井兵庫를 비롯한 사루마와시猿回し[28]들이 재주를 부렸다. 정월 17일에는 귀신 가면과 붉은 가발赤熊髪을 쓴 다이코쿠 배우大黒役者[29]가 소어소小御所의 동쪽 정원에 들어가고, 흰 옷을 입은 음양사가 주문을 외우며 땅에 엎드렸다고 한다.[13] 물론 이러한 예능 천민의 정월 의례는 중세 이래로 계속되어 온 것이며, 근세 후기에 그것을 중세의 잔재나 특별한 일로 보지 않았다. 오히려 근세에 일상적으로 열려 있던 다이리 공간의 연장선상에 있는 것으로 받아들였다.

313

2) 다이리 공간과 축지담

1658년(메이레키名曆 4)의 『교와라베京童』(야마모리판山森版)는 나카가와 기운中川喜雲[30]이 만든 초기 교토관광안내서인데 '다이리'가 책의 맨

이후 도지東寺에서 담당함.

26 진언원真言院의 어수법에 준하여, 정월 8일부터 14일 동안 궁중에서 행해진 진언밀교 수법. 국토를 지키고 적이나 악령의 항복에 절대적인 공덕을 발휘한다는 대원사명왕을 본존으로 하고, '적국분쇄'나 '국토방위'를 기원하기 위해 행한다.

27 에도 시대에 정월에 교토 어소나 귀족 저택을 돌면서 주립柱立 등의 축복 예능을 행한 예능인.

28 원숭이에게 재주를 부리게 하여 돈을 버는 사람.

29 정월에 다이코쿠텐大黒天으로 분장하여 집 앞에서 축가를 부르고 춤을 췄던 예능인.

30 에도 시대 전기의 하이쿠 시인.

처음에 등장한다. 17세기 후반에서 18세기에 걸쳐 유통경제의 중심이 교토에서 오사카로 옮겨가는 과정에 교토 브랜드나 교토풍 문화가 성립하고 그것을 내세운 교토 관광이 융성하게 된다.[14] 그 핵심이 바로 다이리 관광이었으며, 간토 지역 등에서 온 '시골뜨기'의 최대 관심은 브랜드 교토를 상징하는 공가의 입궐이었다.

"금궐禁闕"의 "옥전금문玉殿金門" 건물, 그리고 사계절이나 화조풍월 등을 즐기는 "조정의 행사나 어전의 모습을 상상하면서, 육구六口의 문에 있는 하마下馬 팻말 근처를 거니는 일이야말로 멋진 일이다"라는 설명이 붙어 있다.

공가 거리公家町 서쪽 나카다치우리고몬中立賣御門 근처에서 금리어소 공경문을 조감한 『교와라베』의 삽화를 보면, 나카다치우리고몬으로 추정되는 문 앞에 하마下馬 팻말이 세워져 있다.[15] 육구六口란, 나카다치우리中立賣·이마데가와今出川·이누이乾·이시야쿠시石藥師·세이와인淸和院·사카이마치堺町 문을 가리킨다. 호에이의 대화재 이전에는 금리어소에 이르는 문이 6개였다. 6문에 도착해 말에서 내리면 다이리 공간으로 바로 들어갈 수 있었던 것이다. 거기서 금리어소 안을 상상하며 거니는 것이야말로 '멋진' 관광이었던 것이다. 1838년(덴포9) 7월 27일, 막부의 신하인 석와옹찬石瓦翁撰은 9문 안을 거니는 것을 "일화문日華門·자신전紫宸殿 등 밖에서 지붕만 보는 일"이라고 기록하였다.[16] 분명 다이리 공간은 일반적인 마치町와 달랐으며, 1683년(덴와天和 3) 9월부터는 일반 가마辻駕籠를 타고 9문 안에 들어가는 것이 금지되었다.[17]

오늘날의 '교토 교엔' 영역인 이마데가와 거리·가라스마루 거리·마루타마치 거리·데라마치 거리로 사면이 둘러싸인 영역에, 금리어소와 공가 거리 등으로 이루어진 다이리 공간이 형성된 것은

1708년(호에이 5) 화재 이후이다.[18] 특히 가라스마루 거리 동쪽, 마루타마치 거리 북쪽 지역이 공가 거리로 편입되었다. 〈호에이 6년 교토 그림지도宝永六年 京繪図〉(가메야 기요베龜屋淸兵衛 간행)[19]을 보면, 다이리 공간 남서부로 확장 예정인 공가 거리는 "공지アキチ"로 표시되어 있다. 금리어소 남쪽에 있던 동네는 천동이조신지川東二條新地와 내야신지內野新地로 옮겨갔다.

다카노 도시히코高埜利彥의 연구에 의하면, 17세기 후반 이후 도쿠가와 쓰나요시德川綱吉 정권 시대가 근세 조정−막부 관계의 전환점이었고, 대상제大嘗祭나 가모사이賀茂祭[31] 등의 조정 의례가 부흥하여 공경公卿들의 수가 늘어난 시기였다.[20] 막번제 안에서 조정 권위가 올라가고 제도화되는 시기에 공간적으로 금리어소나 공가 거리 등으로 이루어진 다이리 공간의 확정은 중요한 일이었다.

교토어소는 14세기 일본 남북조 시기의 사토다이리里内裏[32] 중 하나였던 쓰치미카도히가시노토인 다이리土御門東洞院内裏에 기원한다.[21] 근세에 들어서 여러 차례 화재가 일어나 게이초慶長・간에이寬永・조오承応・간분寬文・엔포延宝・호에이宝永・간세이寬政・안세이安政 시기마다 어소를 지어야 했다.

근세의 9문은 1708년(호에이 5)의 대화재를 계기로 정비된다. 그 9문의 규정이 『교토어역소향대개각서京都御役所向大概覺書』의 「금리외곽총어문지사禁裏外郭惣御門之事」이다. "니시고몬西御門(나카다치우리中立賣), 구로몬黑門(사카이마치堺町), 다쓰미고몬巽御門(세이와인淸和院), 이시야쿠시고몬石藥師御門, 이누이고몬乾御門, 기타고몬北御門(이마데가와今出川)"의 6문 문지

315

---

31 교토의 가모미오야賀茂御祖 신사(시모가모下鴨 신사)와 가모와케이카즈치賀茂別雷 신사(가미가모上賀茂 신사)에서 이루어졌던 예제로 헤이안 시대에 마쓰리祭(축제)라 하면 가모마쓰리를 일컬었다. 헤이안 시대 이래 국가적 행사로 치뤄졌다.

32 헤이안궁 다이리 외에 천황이 거주하여 다이리로 사용한 것. 이궁.

기에게는 '금리어소 오쓰키야御春屋'에서 '봉록切米'이 하사되었다. 그리고 호에이 대화재 이후에 신설된 "부케마치고몬武家町御門(데라마치寺町), 시모다치우리고몬下立賣御門, 신자이케고몬新在家御門(하마구리蛤)"의 3문 문지기와 사카이마치고몬과 시모다치우리고몬 밖에 있는 나무문 문지기에 대한 '봉록'은 교토 대관代官인 고보리 니에몬小堀仁右衛門이 지급하였다.

기와지붕을 얹은 고라이몬高麗門인 9문은 금리어소로 이어지는 문지기가 있는 문이었다. 기본적으로 9문 안에 들어가면 거기서부터 축지담이 양 옆을 둘러싼 공간이 시작된다. 반면 근대기에 바깥쪽 가라스마루 거리나 이마데가와 거리 쪽으로 새로 지어진 9문은 교토 교엔(황실재산)을 교토 거리와 구별하기 위한 것이다.

이제 축지담에 대해 살펴보자. 〈엔포 연간 다이리 외 축지담 지도〉(《그림 2》, 엔포延宝 4)에 의하면 남쪽 사카이마치고몬으로 들어가서 오른쪽으로 '법황어소法皇御所', '뇨인女院[33]어소'의 축지담, 왼쪽으로 '사이온지덴西園寺殿', '히로쓰지덴廣辻殿', '신인新院[34]어소'의 축지담을 끼고 직진하면 '금리어소'에 이른다. 서측 총문惣門인 나카다치우리고몬에서는 왼쪽으로 '시약원施藥院', '키쿠테이덴菊亭殿'의 축지담, 오른쪽으로 '가라스마루덴烏丸殿', '히노덴日野殿'의 축지담을 끼고 가다보면 '금리어소'의 공경문에 이른다. 북서쪽의 이누이문, 북쪽의 이마데가와고몬에서의 길도 비슷하다. 즉, 금리어소에 이르기까지 통일된 축지담 안의 공간이 펼쳐지는 것이다. 호에이 대화재 이후 1776~1780년(안에이安永 5~9) 사이에 만들어진 〈축지담 주변도御築地辺繪図〉[22]나 〈장중운상발금〉(《그림 3》, 게이오 2)에서는 이마데가와고몬·이누이고몬·나

---

33 태황태후, 황태후, 황후나 그에 준하는 신분의 여성.
34 상황이 2명이 넘을 때 새로 원院이 된 상황.

카다치우리고몬·하마구리고몬·사카이마치고몬·세이와인고몬에서 금리어소에 이르는 길목 양쪽으로 축지담이 계속 이어져 있었다. 사카이마치고몬에 관하여 「십국순람기十國巡覽記」는 "구조九條·다카쓰카사덴鷹司殿은 축지담 남쪽에 있는 문의 양쪽에 있다"고 전하는데, "축지담 남쪽에 있는 문"이라는 인식이야말로 9문 안 축지담 공간, 즉 다이리 공간에 대한 인식을 잘 보여주는 것이다.[23]

금리어소, 센토고쇼, 미야, 고셋케 저택에 축지담이 있었다는 사실은 나카이 가문 문서 중 개별 저택도나 근세의 그림지도류에서도 볼 수 있다. 주목할 만한 것은 〈장중운상발금〉에서 '금리어소' 동측 히노고몬日之御門 거리에 면하는 '오기마치덴正親町殿', '시라카와덴白川殿', '가쿠슈인學習院', '시치조덴七條殿', '하시모토덴橋本殿', '히노니시덴日野西殿', '지묘인덴持妙院殿', '오시코지덴押小路殿', '아스카이덴飛鳥井殿', '노노미야덴野宮殿' 등의 공가 저택의 경우, '금리어소' 쪽에만 축지담이 그려져 있다는 점이다.

나아가 1830년(분세이文政 13)의 지진 보고에 따르면 담의 축조방식이 다양했다는 것을 알 수 있다. 금리어소·상황어소·오오미야大宮[35]·뇨고女御[36]의 "축지담은 무너지지 않았다", 황족 처소, 섭정가 저택, 세이가淸花 이하以下[37]의 저택, 공경의 저택, 하급관리殿上人 처소의 "앞쪽 연병練塀[38]은 많이 무너졌다", 그리고 "후시미伏見 저택의 이마데가와 거리 쪽 담은 무참히 무너졌다"고 한다.[24] 금리어소, 후원, 다카쓰카사덴, 구조덴九條殿, 간인노미야閑院宮, 고노에덴近衛殿, 가쓰라桂 어소 등에만 견고한 축지담이 있었던 듯하다.[25]

---

35 태황태후 혹은 황태후. 황족 혹은 황족 출신 여성 중 모, 조모 등 연장자에 대한 경칭.
36 천황 후궁 지위 중 하나로 황후, 중궁 다음이다.
37 세이가淸華 가문은 공경 중 섭정가 바로 아래, 대신 가문보다 위에 자리하는 가문을 말한다.
38 평기와와 흙을 번갈아 쌓고 제일 위에 기와를 얹은 담.

근세 중·후기의 기행문이나 그림을 보면 교토의 조닌이나 관광객은 사카이마치고몬에서 금리어소 서측의 공경문 앞을 지나 이마데가와고몬으로 빠지는 남북 방향의 움직임을 보인다. 또한 나카다치우리고몬은 '서쪽 총문'이었다. 예를 들어, 1809년(분카文化 6) 4월 10일에 이이 카몬노카미 나오나카井伊掃部頭直中[39]나 교토 쇼시다이京都所司代[40] 사카이 사누키노카미 다다유키酒井讃岐守忠進[41]가 입궐할 때는 나카다치우리고몬에서 동쪽 금리어소로 향한다.[26] 〈장중운상발금〉에서 확인할 수 있듯이 나카다치우리고몬에서 동쪽 금리로 향하는 공적인 길과, 사카이마치고몬에서 이마데가와고몬으로 빠지는 서민의 길은 모두 축지담으로 둘러싸인 장엄한 공간이었다. 축지 안이란 기존에 알려져 왔던 것보다는 한정된 범위였으며, 통행자의 시선을 의식한 공간이었다.

318

3) 자유롭게 사람들이 왕래하는 활기찬 다이리 공간

(1) 관광명소로서의 다이리 공간

최근 연구들이 밝혀냈듯이 16세기의 금리는 생각보다 열린 공간이었다. 정월 18일 자신전紫宸殿 남쪽 마당에서 거대한 땔감더미를 태우는 오사기초大三毬打[42] 행사는 서민들로 북적거렸다. 또한 1573년(겐키元龜 4) 오다 노부나가織田信長의 교토 공격에 대비하여, 교토 사람들은 '금리 축지담 안'에 오두막을 만들어 처자식을 피난시켰다고 한다.[27]

---

39 대대로 카몬노카미掃部頭라는 직책을 맡았던 이이 가문의 나오나카.
40 막부가 교토의 치안 유지를 위하여 설치한 기관.
41 대대로 사누키 지역을 통치한 사카이 가문의 타다유키.
42 악마를 몰아내는 의식.

근세 중후기에 9문 안을 사람들이 자유롭게 왕래할 수 있었다는 사실에 대한 결정적 사료는 뒤에 소개할 1860년(만주万延 원년) 3월의 〈금리부 무사 오쿠보 오스미노카미의 9문 경계에 관한 포고문禁裡附武士大久保大隅守九門警戒ニ關スル触書〉[28]이다. 이에 따르면, 다른 지역에서 온 사람들은 기본적으로 번소番所에서 이름과 용건을 말하기만 하면 축지 안으로 들어갈 수 있다. 교토 사람들은 그것조차 필요 없이 자유롭게 왕래할 수 있었다. 막부 말 정세가 불안한 상황에서도 그랬던 것으로 보아, 그 이전의 일상적인 9문 안 상황을 짐작할 수 있다. 금리어소 주변의 다이리 공간, 즉 축지담 안을 사람들이 '자유롭게' 왕래할 수 있었던 것이다.

1787년(덴메이天明 7) 유명한 '센도마이리千度參り' 때에는 5~7만 명의 사람들이 금리어소의 축지담 주변을 빙빙 돌고, 남문·당문唐門 앞에서 배례하며 풍작을 기원하고, 금리어소 남쪽에 기거하는 상황上皇으로부터 사과 3만 개를, 아리스가와노미야有栖川宮로부터 차를 대접받았다. '센도마이리' 역시 일상적으로 왕래가 자유로운 다이리 공간의 연장선상에 있었다.[29]

1812년(분카9) 9월 "어소의 축지담 내 용수用水 주변이나 천변에서 낚시를 하는 자가 있어서, 돌담, 통문, 나무울타리 및 열쇠 등이 종종 파손된다"라고 피해를 알리는 마치부레도 있었다.[30] 비슷한 금지령이 1783년(덴메이 3) 5월에도 포고되었다. 여기서 축지담 내 용수에까지 들어가 물고기를 잡는 교토 사람들의 모습을 읽어낼 수 있다. 1791년(간세이 3) 2월 5일에는 준공된 센토고쇼를 구경하기 위하여 참배객들이 세이와인고몬을 비롯한 세 개의 문으로 들어갔다고 한다.[31]

또 1863년(분큐文久 3) 4월 11일, 고메이孝明 천황이 이와시미즈하치

319

만구石清水八幡宮로 가는 행행 장면이, "출어하여 남문이 열리자 잡인들이 축지담 밖에서 배견하고, 쇼메이몬承明門도 열리자 자신전 위의 옥좌까지 멀리서 배견할 수 있었다"라고 묘사되어 있다.[32] 금리어소 남문에서 "잡인"=서민이 옥좌를 멀리서 바라보는 모습이다. 나아가 1868년(메이지 원년) 12월 천황이 환행할 때 교토어소 남문 밖에서 교토 사람들에게 술과 안주를 하사한다는 내용의 포고가 있었던 것도, 근세 이래 다이리 공간의 특성을 잘 보여준다.[33]

지금까지 서술한 왕래가 자유로운 다이리 공간과, 18세기 이후 활발해지는 교토 관광에 대해서 더 고찰해보도록 하자.

에도의 가인歌人 쓰무라 소안津村涼庵이 1795년(간세이 7)에 집성한 『단카이潭海』[34]에는 다음과 같이 쓰여 있다.

> 매일 교토 구경을 위해 여러 지방에서 올라온 자들이 당문唐門 맞은편에서 배견한다. 모두 문 아래에서 신을 갈아 신고, 홀笏[43]과 옷자락을 바르게 하고, 돌을 간 길甃道로 들어선다. 일진일지一進一止, 의례에 따라 박자 맞춰 발걸음을 옮긴다. 가문마다 걸음걸이의 격식이 달라서 발걸음 간격도 다르다. 안쪽 깊숙이 들어갈 때까지 발자국 소리가 멀리 문 밖까지 들린다.

덴메이 대화재 이전인 호에이 연간 금리어소의 서남부에 있던 당문(공경문)에서 본 공가들의 입궐 모습이다. 이 수필은 공가 가문마다 달랐던 예법을 흥미롭게 관찰하는 시선을 담고 있다. 관찰의 대상인 공가들도 '집안의 격식'을 의식했을 것이다.

실제로 1754년(호레키宝暦 4)에 간행된 『교토 명소 안내 도감名所手引

---

43 정식 조복朝服을 입을 때 오른 손에 쥐는 길고 가는 판. 애초에는 식순 등을 적은 종이를 뒤에 붙여 비망용으로 사용하였으나 이후 의례를 위한 것으로 변하였다.

〈그림 4〉 교토 명소 안내 도감名所手引京図鑑綱目, 기쿠야 조베에菊屋長兵衛 간행, 1754(호레키宝暦 4).

京図鑑綱目』(기쿠야 조베에菊屋長兵衛 간행)의 「명소 안내名所手引案内」란의 유일한 삽화는 〈공가입궐도公家衆参内図〉이다〈그림 4〉). 즉, 교토 이미지의 상징으로 공경문을 선택한 것이다. 섭정가문으로 여겨지는 공가는 검은 노시直衣[44]를 입고 있고, 그와 함께 입궐하는 지게地下[45]는 검을 들고 오리에보시折烏帽子[46]를 쓰고 있다.

「명소 안내」의 첫 구절이다.

무릇 현재의 교토는 다음과 같이 시작되었다. 50대 인왕人王인 간무桓武 천황이 다스리던 엔랴쿠延暦3년, 나라奈良에 있던 수도를 여기로 옮기고 덴교다이시伝教大師가 지신御地을 모셔 거룩한 영지靈地가 된 것이다. 내시소内侍所는 서향이다. 자신전紫宸殿, 청량전清涼殿, 쓰네노고텐つねの御殿은 남향이다. 동서 825칸 반, 남북 198칸이고 사방에 12개의 문이 있다. 남문은 정면에 있다. 공경문은 서쪽에 있다. 히노고몬日の御門은 동쪽의 남측에 있다.

---

44 천황, 황태자, 친왕, 귀족 가문의 평상복.
45 헤이안 시대 전상인殿上人에 대하여 승전이 허락되지 않던 관리.
46 예복을 입을 때 성인 남성이 썼던 모자.

〈그림 5〉 십유도 명소도拾遺都名所図会, 아키자토 리토秋里籬島, 1787(덴메이 7).

글은 간무 천황에 의한 천도와 덴교다이시에 의한 진호국가鎮護國家[47]의 유래, 그리고 금리어소 안의 건물과 여러 문의 설명으로 이어진다.
이 공경문과 히노고몬 앞에는 히가키檜垣[48]의 찻집茶屋이 있었다.
『기료만로쿠羇旅漫錄(교와 2년)』의 「다이리內裡의 등롱御燈籠」에는 다음과 같이 쓰여 있다.

히노고몬(이 문을 통해 사람들이 드나든다) 밖에 찻집이 있는데 히가키라고 부른다. 또 공가문 앞의 찻집도 히가키라 칭한다. 이는 에도성江城의 게바사키下馬先[49]와 같다. 찻집은 매우 지저분하지만 그 이름은 드물게 우아하다.

47 불교를 통하여 나라를 지키고자 하는 사상.
48 회나무 담장.
49 하마비가 세워진 곳.

에도성의 게바사키는 무감武鑑[50]을 손에 든 구경꾼들로 북적이는 명소였다.[35)] 또 1787년(덴메이 7) 간행된 아키자토 리토秋里籬島[51]의 『십유도 명소도拾遺都名所図會』에서는 공경문을 그린 〈공경들이 천황을 배알하기 위해 입궐하는 모습〉의 첫 삽화에 이어, 행상으로 나온 히가키 찻집과, 옷을 뒤집어쓰고 공가의 입궐을 구경하는 여성들, 우산이나 지팡이를 들고 교토에 갓 올라온 남녀의 모습이 그려진 두 번째 삽화가 등장한다〈〈그림 5〉〉. 서민들은 공가를 향해 무릎을 꿇고 두 손을 모은다. 그림에는 "설날에 히가키 찻집 행상이 다이리로 들어가는 것을 보며 교카狂歌[52]를 부른다. 설날 아침 히가키 찻집의 화로 연기가 하늘로 피어오른다"라고 쓰여 있다.

1861년(분큐 원년) 12월 29일, 존왕론자尊王論者인 노무라 모토니野村望東尼[53]의 「상경일기上京日記」[36)]에는 "자, 오늘은 고귀한 분들이 다이리에 들어가시는 것을 뵙고자, 이마데가와고몬으로 들어가서 (…중략…) 이곳(공경문)에는 예로부터 허락을 받고 음식을 파는 자가 있어 술과 안주·과일 등을 파는 모습이 시끌벅적하고 바빠 보인다"라며, 공경문 앞의 북적임과 술과 안주, 과일 등을 파는 행상의 존재를 명시하고 있다. 1866년(게이오 2)의 〈장중운상발금〉(〈그림 3〉)에는 기슈몬宜秋門(공경문) 맞은편에 '고시카케(휴게소)'가 2곳, 건춘문建春門 맞은편에도 '휴게소'가 한 곳 표시되어 있다. 공경문 앞의 '휴게소'에서 한잔 하면서 구경하는 서민들의 모습이 그려진다.

1774년(안에이安永 3) 「회보경회도懷宝京繪図」(쇼혼야 요시베正本屋吉兵衛 간

323

---

50 에도 시대에 출판된 다이묘나 에도막부 관리들의 이름, 영지의 쌀 생산량, 봉급, 가문 등을 기록한 연감 형식의 신사록.
51 에도 시대 독본 작가이자 하이쿠 시인.
52 일본 단가의 일종.
53 막부 말기의 여류가인.

행)에서는 거리를 붉은 선으로 표시했는데, 교토 마치의 다른 길처럼 9문 안, '금리' 주변, 공가저택 구역에도 종횡으로 길이 나 있었다. 이 점도 역시 다이리 공간이 교토 마치와 이어지는 것이었음을 증명한다. 또한 다이리 공간 내 공가 저택 구역에는 각기 이름이 붙어 있었다. 사카이마치고몬의 서쪽 지역은 남쪽에서부터 내전정內殿町과 서원참정西院参町이라 불렸고, 사카이마치고몬의 동쪽 지역은 우치마루타마치內丸太町, 우치사와라기초內楮木町, 동전정東殿町, 원참정院参町으로 부르는 구역이 있었다. 세와인몬의 북측에는 동쪽부터 이목정梨木町, 이계정二階町, 나카수지中筋가 있었고, 이마데가와고몬 동측에는 팔조전정八條殿町이 있었다.[37]

9문 안 다이리 공간이 관광명소였다는 사실에 대한 중요 사료는 1832년(덴포 3) 「개정판 교토 명소 도보 탐방 지도改正分間新撰京図都名所自在歩行」(다케하라 코베竹原好兵衛 간행)이다. 여기에는 교토 관광 추천 코스가 지도상에 표시되어 있다. 삼조대교三條大橋를 기점으로 히가시야마東山에서 교토 시내의 명소를 도는 '붉은 선' 표시, 그리고 이틀 이상 체류할 때를 위한 '푸른 선' 표시가 있다. '푸른 선'은 9문 안의 사카이마치고몬에서 센토고쇼의 서측을 지나, 금리어소 동남쪽 히고몬日御門으로, 이어서 금리어소의 축지담을 따라 남측에서 서측의 공경문에 이르고, 공가들의 입궐을 감상한 다음 북상하여 이마데가와고몬으로 빠지는 코스이다.

1863년(분큐 3)에 재간행된 같은 책의 지도 뒷면에는 "신사, 불각, 유적지의 유래─교토 명소 안내神社仏閣古跡由来、京名所案内"라고 쓰여 있다. 그 첫머리가 '다이리御內裏'로 "동서로 약 오정, 남북으로 약 팔정"이라고 적혀 있으며, 이어서 금리어소 동쪽에 히고몬日御門, 남쪽에 당문唐門, 서쪽에 공가문公家門이 있다.

자신전, 청량전 그 외 고텐御殿이 어마어마한데, 항상 구경할 수는 없고, 3월 2일,

7월 13~14일, 정월 19일, 절분의 닷새는 축지담 안에 들어가는 것이 허락된다.

라고 쓰여 있다. 9문 안의 다이리 공간은 일상적인 관광 명소였고, 그 안의 금리어소도 절분, 등롱 등의 한정된 날에는 구경할 수 있다는 정보가 게재되어 있다. 그리고 1836년(덴포 7) 7월 마치부레에 적힌 글, "특히 어소 주변 혹은 삼조三條 오조五條 등의 대로를 청소하지 않으면 다른 지역 사람들에게 보여주기 적절치 않으므로"[38]에서 알 수 있듯이, 어소 주변은 삼조거리나 오조거리 등의 중심거리와 함께 타지역 관광객을 의식하여 "제대로 청소할 것"을 요구받는 곳이었다.

마쓰이 미키코松井みき子는 간분寬文 연간(1661~1672)부터 공가저택이나 문적사원이 있는 거리에 구경거리로서 '모노미物見[54]·고시格子'[55]가 조성되었다는 사실을 밝혔다.[39] 18세기 전반에 조성된 금리어소 남측에 면한 야스히토신노慶仁親王 거처의 '모노미'나, 같은 시기 금리어소 서측의 히노고몬 거리에 있던 야소노미야八十宮 저택의 '모노미', 혹은 사카이마치고몬에서 북상하는 축지담의 동측에 면한 중궁어전中宮御殿의 '모노미' 등은, 다이리 공간에 일상적으로 넘쳐나는 관광객이나 교토 서민을 귀인이 바라보기 위한 것으로 여겨진다.[40]

(2) 서민의 금리어소 입궐參入

천황이 거주하는 금리어소에도 1년 중 특정한 날에는 예능인, 종교인, 서민들이 입궐할 수 있다는 사실이 이미 선행연구로 밝혀진

---

54 밖을 보기 위해 만들어진 창이나 구멍.
55 구멍에 격자살을 박은 것으로 이 역시 밖을 보기 위하여 만들어진 것임.

바 있다.[41] 이에 대해 좀 더 자세히 살펴보고자 한다.

먼저 연례행사 시 입궐에 관한 것이다.

순검사巡檢使의 수행기隨行記인 『십국 순람기十國巡覽記』(1838(덴포 9).3.25)에는 다음과 같이 쓰여 있다.

> 금리어소 안을 일반인이 언제나 드나들 수 있는 것은 아니다. 정월 19일 무악舞樂의 관람, 3월 3일 투계, 7월 14일·15일 양일 등롱, 절분의 내시소 참배, 연중 이 네 번은 잡인도 들어가는 것이 허용된다.

'잡인'=서민일지라도 금리어소에 들어갈 수 있는 특별한 날로서, 정월 19일의 무악 관람, 절분의 내시소 참예, 3월 3일의 투계, 7월 14일~15일의 등롱을 들고 있다.[42]

정월 19일에 자신전 어렴御簾에서 천황이 즐기는 전통 아악雅樂에 맞춘 무악을 서민이 관람했는데, 이에 대해서는 시모하시 유키오사下橋敬長의 『막부 말기의 궁정幕末の宮廷』[43]에 잘 나와 있다. 그러나 여기서는 1924년 '임시 제실 편수국臨時帝室編修局'에 관여했던 시종 후지나미 고토타다藤波言忠가 교토어소를 실지 조사하고 나이든 신하에게 물어서 정리한 『교토어소 조사서京都御所取調書』[44]를 소개하고자 한다. 후지나미는 메이지천황과 거의 동년배였으며, 천황의 개인적인 신뢰가 두터웠던 인물이다.[45]

무어람舞御覽[56]

매년 정월 19일, 남쪽 마당 중앙에 무대를 마련하여 악공이 무악을 연주한다. 주

---

56 정월 17일 혹은 19일에 청량전 동정, 혹은 자신전 남정에 무대를 설치하고 무악을 행하는 것을 천황이 관람한 행사.

상이 자신전 위의 어좌에 나오시어 발 뒤에서 어람하신다. 이때는 자신전 안 어장대御帳台를 치운 후 다다미를 깔고 병풍을 세운다. 신하들은 남쪽 계단 위의 서쪽 툇마루에 나란히 앉아 관람한다.

이 날은 일반 서민도 관람이 허락되어, 실로 천자와 백성이 함께 즐기는 자애로운 미풍이 전해지게 되었다. 일반 서민은 건춘문建春門의 북혈문北穴門으로 들어온다. 혈문 밖에 상인이 있어서 마견의麻肩衣[57]와 짚신을 빌려준다. 남자는 돈을 내고 이를 빌려 견의肩衣를 걸치고(하카마袴[58]까지는 입지 않고) 짚신을 신고 금정禁庭에 들어간다. 관람 장소는 쇼메이몬承明門 바깥쪽인데, 대나무 울타리를 치고 돗자리를 깔았다. 관람을 마치면 서쪽 혈문으로 나가 견의와 짚신을 반납한다.

금리어소 동쪽 혈문으로 들어온 서민은 빌린 삼베 견의를 입고, 쇼메이몬 바깥이기는 해도 천황과 마주보고 춤을 즐긴다. "천자가 백성과 함께 즐긴다"라는 해석은 다이쇼大正기에만 해당하는 것이 아니라, 근세 후기 감각에도 잘 부합하는 것이었다.

절분 날에는 금리어소에 사람들이 쇄도하여 내시소에 12푼의 새전賽錢[59]을 내고 콩을 받는다.[46] 기우치 히로타네木内啓胤는 1839년(덴포 10)의 「다비마쿠라たびまくら」[47]에서 천황과 서민이 함께 관람하는 3월 3일의 투계 때의 혼잡함을 기록한 바 있다. 모토지마 지신本島知辰은 "등롱, 구조덴九條殿 석대의 벚꽃, 고노에덴近衛殿의 홍매紅梅, 그리고 여러 가문의 하녀들 구경과 같이, 매년 서민의 배견은 남쪽 당문으로 들어가서 히노고몬으로 나온다"고 하며, 금리어소의 등롱과 함께 공가저택 부근의 산책 장소로서 구조 가문 정원의 벚꽃, 고노에

327

---

57 삼베로 된 소매가 없는 상의. 무사의 예복으로 활용된다.
58 통이 넓은 바지.
59 신령이나 부처 앞에 바치는 돈.

가문 정원의 홍매 등의 명소를 기록하고 있다.[48)

　의외로 대단했던 것은 임시 행사였던 1733년(교호 18) 12월의 어팔강御八講 즉, 법화경을 팔좌八座로 나누어 강설하는 법회 행사였다. 법화팔강은 나라 시대에 진호국가나 추선불사追善仏事[60]를 목적으로 시작되었는데, 10~11세기가 되면 귀족이나 서민에게도 급속히 확산되어 현세 사람들을 위한 '성불의 길'로서 수용된다.[49) 같은 달 12일에는 금리어소 청량전 근처의 '배견장'에서 미이데라三井寺 엔만인円滿院이 출개장出開帳[61]을 하여 사람들이 몰렸다. 법화팔강은 1686년(조쿄貞享 3)의 '후광명원삼십삼년어추선後光明院三十三年御追善' 이래 48년만으로, 그 전보다는 소박했다고 게쓰도月堂는 말한다.

　　이번 어팔강의 본존 보관석가宝冠釋迦와 좌우 문수보현은 칠하지 않은 떡갈나무에 금을 상감한 3척 정도의 크기이다. 이전에는 본존을 모시고 대불사大佛師님이 장속裝束을 갖춰 입고 가마를 탄 행렬이 매우 아름다웠다. 이번에는 그렇게까지 화려하지 않았다. 오늘 금리를 가본 바, 본존만 약간 채색되어 있었을 뿐, 나머지는 색이 칠해져 있지 않았기 때문이다. 미이데라三井寺 엔만인円滿院이 개장御開帳을 시작하자, 금리 사방 축지담 문의 왕래를 금하였다. 가라스마루 거리의 나카다치우리고몬으로만 사람들이 드나들 수 있었는데, 그 문에서 통행증을 보여줘야 했고 안으로 들어가서도 청량전 북쪽 검문대에서 통행증을 다시 보여줘야 했다. 그 다음에 대나무로 구분된 남녀 배견장이 있다. 자신전과 청량전 사이에는 들여다보이지 않게 장막을 높게 쳤는데, 흰 천으로 만든 장막에 검은 국화가 그려져 있었다.

　　　　　　　　　　　　　　　　　　　　　　　　　—『게쓰도月堂견문집』

60　죽은 사람의 넋의 괴로움을 덜고 명복을 빌기 위한 불사.
61　절의 본존이나 비불 등을 다른 곳으로 옮겨 공개하여 참배하게 하는 일.

13일부터 17일까지는 히가시야마東山 천황의 25주기로 금리어소에서 센뉴지泉涌寺와 한주인般舟院의 '팔강법사'가 있었으며, 근처 마을에서는 지신반自身番[62]을 운영하였다.[50]

이제 가장 화려한 즉위식의 경우를 살펴보자. 서민 참배의 모습은 1629년(간에이 6) 메이쇼明正 천황의 유명한 〈즉위행행도병풍御卽位行幸図屏風〉이 잘 보여준다. 선명사宣命使[63]가 축사를 올리고 있음에도 불구하고, 떠들썩한 사람들, 가슴을 드러내고 갓난아이에게 젖을 먹이는 아낙네, 술잔을 기울이는 남자들과 같은 번잡하고 활기찬 주변 풍경이 그려져 있다. 더욱이 관중들이 자신전 바로 옆이나 선명사 바로 뒤에까지 넘쳐났다.

즉위식 참관은 17세기만의 일이 아니다. 1817년(분카文化 14) 9월 21일, 닌코仁孝 천황 즉위식 때에는 마치부레에 다음과 같은 글귀가 전해진다.[51]

하나. 이번 20일부터 23일까지, 9문 안 우마차의 왕래를 막을 것.

하나. 당일에 대나무 울타리 안 참관은 남자 백 명, 여자 이백 명으로 하며, 표찰을 들고 남문 거리南門通의 동혈문東穴門으로 들어가서 같은 문으로 나올 것.

아픈 사람은 대나무 울타리 안 참관이 어렵다.

마찬가지로 상喪 중인 자도 삼갈 것.

(…중략…)

하나. 22일과 23일, 남녀 승려는 묘시부터 신시까지 참관할 것. 표찰은 필요 없으나, 건춘문으로 들어간 후 회랑 밖에서 참관하고, 축지담 서쪽의 혈문으로 나갈 것.

—『마치부레 제9권町触 第九卷』

---

62 마을에서 마련한 경비소 마을 내부 경비가 주 역할이었고 마을 사람들이 운영하였다.
63 천황의 칙령인 선명을 읽어내리는 사람.

즉위식 당일인 21일, 자신전 남쪽 쇼메이몬 밖에서 표찰을 구입한 남녀 3백 명이 즉위식을 참관한다. 즉위식 다음 이틀은 지금으로 말하자면 자신전을 '일반 공개'한 셈이다. 더 이상 표찰은 필요 없었고, 오전 6시경부터 오후 4시경까지 교토어소 동남쪽 건춘문으로 들어간 서민과 승려는 쇼메이몬 밖에서, 의식이 끝난 자신전의 옥좌나 마당 위 휘장, 사신四神 깃발旛 등을 구경하였을 것이다. 즉위식 전일인 20일부터 23일까지 9문 안에 우마차 왕래를 금지한 점이 흥미롭다. 거꾸로 말하자면 평소에는 우마차가 다이리 공간을 드나들었다는 사실을 알 수 있다.

실제로 고모모조노後桃園 천황 즉위식에서 자신전을 참관한 농민은 일기에 다음과 같은 감상을 기록한 바 있다.

> 1771년(메와明和 8) 4월 28일, 천자님[고모모조노천황]의 즉위식에 갔다. 우리는 26일 교토 본산에 가서 체야建夜[64] 참배를 하고, 28일 아침에도 인사를 드린 후 기타야마고보北山御坊[65]에 가서 다시 절을 드렸다. 그리고 29일에 즉위식이 열렸던 금리어소에 행사장 풍경을 '뵈러' 갔다. 히노고몬으로 들어가 보니 자신전의 장식물은 중국 현종玄宗 황제나 일본에서 으뜸가는 성덕태자聖德太子가 즉위하시는 것 같은 분위기여서 모든 이들이 거룩하게 생각하였다.[52]

교토에 온 김에 본산(니시혼간지西本願寺)에서 열리는 신란親鸞[66]을 향한 월례 체야 참배를 하고, 마쓰가사키松ヶ崎에 있는 기타야마별원北山別院에서도 참배를 드리고, 즉위식 다음 날인 29일에 금리어소에

---

64 불교용어로 장례나 기일의 전날밤, 법회의 전날밤.
65 기타야마에 있는 혼간지(절)의 분원, 기타야마별원北山別院이라고도 부른다.
66 일본 정토진종의 종조인 승려.

있는 자신전의 옥좌와 마당 위 행사 설치물들을 '뵈러' 간다. 즉위식 분위기가 중국풍이었던 것으로 짐작할 수 있고, 또 즉위식을 성덕태자 신앙과 중첩시켜 바라보는 당시 서민의 시각을 엿볼 수 있다.

하지만 메이지 원년 8월 메이지천황 즉위식에서는 상황이 달라진다. 즉위식 다음 날, 8월 28일, 옥좌 대용인 장대御帳台나 '마당 위 설치물'을 "이제껏 서민들이 참관할 수 있도록 허락하였으나, 이번에는 허락하지 않는다"라고 한다. 상경한 번藩의 무사와 병사에게만 참관이 허락되었다.[53]

급기야 근세 다이리 공간에는 사람뿐 아니라 코끼리까지 입궐한다. 1729년(교호 14) 4월 코끼리가 나가사키에서 에도로 가는 도중에 교토에 들른다. 코끼리는 같은 달 27일과 28일, 어소 동쪽 데라마치에 면한 쇼조케인淸淨華院 건물에서 금리어소의 정원과 센토고쇼 정원으로 이동했다. 그것을 천황과 상황이 구경했다. "풀을 먹고, 과자류를 먹고, 만두를 먹고, 마지막으로 물을 마시는데, 별도로 재주芸라 할 만한 것은 없었다."[54]

331

4) 막부 말기 9문의 경비

금리공간의 경비 업무는 히코네彦根·고리야마郡山라는 두 번藩의 공동 임무였으나, 막부 말기 안세이 연간까지는 원칙이 그러했을 뿐 실제로는 그대로 행해지지 않았다.[55] 히코네번은 겐나元和 시기부터 고슈江州·조슈城州의 응장鷹場[67]을 명목으로 교토의 경비를 맡고 있다고 자부했으나, 실제로는 1854년(안세이 원년) 4월 9일에 비로소 교토 슈고京都守護로 임명되었다. 그 해 11월 마침내 총 인원 2천여 명 규모로 교토 '경비警衛'가 행해지기 시작했다.[56]

9문 안을 사람들이 일상적으로 왕래했다는 사실을 알 수 있는 사료를 찾기는 어렵다. 막부 말에 정세가 불안해져 9문 경비가 필요해졌을 때에야 비로소 근세 중후기의 9문 안 실태가 잘 드러난다. 다음의 사료는 그러한 사실을 분명하게 보여준다.

1860년(만엔万延 원년) 3월 '사쿠라다몬 밖의 변櫻田門外の變'[68]이 일어난 후, 같은 달 27일에 「금리 부속 무사 오쿠보 오스미노카미의 9문 경계에 관한 고시」[57]가 있었다.

> 오쿠보 오스미노카미
> 이번 9문 경비를 맡은 사람들에게 고하노니, 축지담 내 출입 방식을 바꾸고자 한다. 낮에는 고쇼御所, 섭정가, 미야, 당상방 분들과 그 하인들은 이름을 알면 지나가게 하고, 말단 관리들은 안면이 있거나 이름을 아는 자는 그대로 지나가게 하나 모르는 자는 물어볼 것.

---

67 매사냥을 하기 위한 영역.
68 1860년 사쿠라다몬 근처에서 미토번水戸藩 낭인에 의한 다이로大老였던 이이 나오스케井伊直弼 암살 사건.

하나. 다른 곳에서 용무가 있어 온 사람들은 행선지와 이름을 물은 후 통과시킬 것.

하나. 저녁 6시 이후에는 문을 닫고, 출입하려는 자에 대해서는 일일이 이름과 행선지를 물은 후 통과시킬 것.

하나. 시골에서 축지담 내로 참배하러 온 경우에는 마을 이름, 인원수 및 숙소 등을 물어보고, 안내자가 입구의 초소에서 위의 내용을 종이에 정리하여 건네받아, 나올 때 출구의 초소에서 그것을 증명서로 내보이면 통과시킬 것.

하나. 다른 지역 사람이 위와 같이 참배하러 온 경우, 안내자 없이 혼자 온 것이라면 교토에 거주하는 사람이나 안내자가 동행하도록 알릴 것.

하나. 다른 지역의 무사가 위와 같이 참배하러 온 경우, 교토에 거주하는 자나 안내자 등 동행인이 있을 때는 무사의 이름과 동행인의 이름 등을 물은 후 통과시키고, 위의 내용을 입구 초소부터 출구 초소까지 앞서와 같이 종이에 정리하여 이를 증명서 삼아 통과시킨다. 만일 동행하는 교토인이나 안내자가 없는 다른 지역의 무사라면, 보증하는 동행인이 있어야 함을 알릴 것.

(…중략…)

하나. 축지담 안을 통과하는 경우, 교토에 거주하는 농민, 조닌町人 남녀 등 수상하지 않은 자는 그대로 통과시켜도 된다.

로주老中[69] 지배하에 있는 금리 담당 상급 무사였던 오쿠보 오스미노카미 다다요시忠良가 낸 고시문이다. 낮에는, 공가 지역에 사는 사람은 서로 안면이 있으면 9문을 무사통과했다. 근처에서 온, 9문 안에 용무가 있는 사람은 문지기가 행선지와 이름을 묻고 통과시켰다. 관광객으로 생각되는 관동 지방 등에서 온 '시골뜨기'는 마을 이름·인원 수·숙소 등에 대한 질문을 받고, 입구 초소에서 받은 '종

---

69 에도 막부에서 쇼군의 직속으로 정무를 총괄하고 다이로들을 감독하던 직책.

이'를 '안내자'가 들고 출구까지 동행한다. 안내자 없이 온 서민이나 무사는, 9문에서 저지당한다. 그리고 마지막 조항에서 근세를 관통하는 다이리 공간의 일상적인 모습을 읽을 수 있다. 바로 이 곳, 교토에 살고 있는 "농민, 조닌 남녀 등 수상하지 않은 자"는 축지담 내를 무사통과할 수 있었던 것이다.

나아가 1863년(분큐3) 5월 아네코지 긴토모姉小路公知[70] 암살 이후, 여러 번藩에 의한 공동 경비가 제도화된다. 세이와인몬은 도슈土州번, 사카이마치몬은 조슈長州번, 하마구리몬은 미토水戸번, 데라마치몬은 히고肥後번, 이누이몬은 사쓰마薩州번, 시모타치우리몬은 센다이仙台번, 이마데가와몬은 비젠備前번, 나카다치우리몬은 인슈因州번, 이시야쿠시몬은 아슈阿州번 등과 같이, 다수의 번에 9문 경비가 할당되고 야간 통행을 제한했다.[58] 예를 들어, 미토번의 경우 이전에는 구로다니黒谷에 주둔했기 때문에 "금궐과 멀리 떨어져 있어 위급한 상황에 대처하기 어려운" 상황이었는데, 하마구리몬과 당문의 경비를 허락받아, "이제야 비로소 9문 안에 우리 병영을 둘 수 있다"고 기뻐했다.[59]

이런 식으로 막부 말기 교토에서는 금리어소의 정치적 위치 부상과 정세 불안 탓에 9문 경비가 엄격해지고 다이리 공간이 점차 닫혀 갔다.

근세를 마무리하면서, 천황상에 대하여 생각해보자.

아스카이 마사미치飛鳥井雅道[71]는 "금리·천자는 18세기부터 19세기 전반에 걸쳐 적어도 교토에서는 서민의 민속적 심정 안에서 힘을 키웠다"고 하였고, 기타가와 이치로北川一郎도 1787년(덴메이 7)의 '센도마이리千度参り' 이후 천황을 '살아있는 신生神'으로 보는 언행이 나타났음을 지적한 바 있다.[60]

70 에도 시대 말기의 귀족.
71 일본의 역사학자.

1787년의 '센도마이리'에 대하여 「오키나구사^{翁草}」[61)]에는, "오곡 풍년과 이 땅의 평안"을 기원하고, "만민의 홍복을 바라는 마음에서 비롯되었다"고 적혀 있다. 하지만 천황이 그저 현세 이익을 가져다 주는 '살아있는 신'으로 존재했던 것은 아니다. "세상의 평온을 어소에 기원하는 것은, 이나리^{稲荷}[72] 신사에 복을 기원하는 것보다 당연한 이치"라고 했듯이, 어소에 참배하는 것과, 후시미이나리^{伏見稲荷}[73] 신사나 혼간지^{本願寺}에 참배하는 것은 다르다. "세상의 평온", "이 땅의 평안"과 같은 공공성과 연관된 기원의 대상이 천황이었던 것이다. 유사한 내용을 1862년(분큐 2) 11월 요슌도^{養春堂}가 쓴 「신마치 거리 다케야 아가루초^{新町通竹屋丁上ル丁}」라는 글에서도 볼 수 있다. "[신상제^{新嘗祭}에서 천황이] 특히 외국인을 퇴치하는 일까지 각별히 어심을 쓰신 기도를 드렸다. (…중략…) 미력하나마 한 번이라도 신의 가호를 위하여 금중^{禁中}님께 참배하여 감사를 드리고 싶다."[62)] 외국인 퇴치까지 걱정하는 고메이^{孝明} 천황(금중님)에게 감사하기 위하여 참배해야 한다고 말한다.

그렇다면 왕정복고 후인 1869년(메이지 2) 오우^{奥羽} 지역의 「사람들에게 고한다^{人民告諭}」도 다른 어조로 읽힌다.

> 천자님은 아마테라스오미카미^{天照皇大神}님의 자손으로서, 이 세상의 시작부터
> 일본의 주인이셨고, 신 중 가장 높으시고 곳곳에 계시다. 모든 것은 천자님의 허락
> 으로 이루어졌으며, 진정으로 신보다 존엄하며, 한 뼘의 땅 한 명의 백성도 모두
> 천자님의 것이다. 일본국의 부모일지니.[63)]

---

72 일본 신의 하나, 오곡의 신.
73 이나리 신사의 총본사로 교토에 있다.

메이지 천황을 아마테라스오미카미의 자손이자 모든 신을 관장하는 존재로 보고, 나아가 왕토왕민王土王民을 설파하는 그 주장을 어떻게 생각할 것인가. 그것은 근세 후기 기나이畿內 지역의 서민과 조정이 일상적으로 품어온 친근한 '금중님'에 대한 '살아있는 신'관, 그리고 공공성을 가진 존재로 보는 견해를 오우 지역까지 널리 퍼뜨리려는 의도였다고 할 수 있다. 물론 그와 같은 천황관은 근대를 통과하며 변화한다.

실제로 1787년 '센도마이리' 열기가 수그러든 9월에 간행된, 아키자토 리토秋里籬島의 베스트셀러 『습유도명소도회拾遺都名所図會』의 권두를 장식한 공경문을 그린 삽화 〈공경참배모습公卿參內体〉에 적힌 글에는, 14세기 가겐嘉元 연간 『속 와카 천곡집續千載和歌集』에 수록된 이치조 나카사네一條內實의 시가 인용된다.[64]

백성이 평온하고 나라가 풍요로운 세상에서, 누가 천황의 천세를 기리지 않겠는가.

2. 교토 교엔의 근대

1) 메이지유신과 교토 교엔의 형성

1867년(게이오 3) 12월 왕정복고의 포고령으로 진무창업神武創業의 이념을 내건 메이지유신 정부는 1868년 3월에 신불분리神佛分離를 단행한다. 특히 교토의 기온샤祇園社나 '마계魔界와 같다'고 묘사되었던 이와시미즈하치만구石淸水八幡宮 신사 등에서 격한 폐불廢佛이 일어난다. 뒤늦게 1871년(메이지 4) 봄부터 가을에는 궁중에서도 신불분리가 이루어져, 문적호門跡号[74]의 폐지, 궁중 구로도黑戶[75]의 이전, 밀교 의례인 후칠일어수법後七日御修法·대원사법大元師法 등이 폐지된다.

교토 지역사회에 큰 영향을 미친 것은, 1869년(메이지 2) 3월 도쿄 '천도'였다. 그럼으로써 조정과 교토를 중심으로 하는 지역사회의 연결이 단절된다. 정월에 금리어소에 드나들던 센즈만자이千壽萬歲나 사루마와시猿回し 등의 기나이 지역 예능인도 도쿄의 황거에서는 더 이상 볼 수 없게 되었다. 정식 태정관포고太政官布告도 없이, '천도'는 기정사실이 되었다. 같은 해 9월 24일에는 황후 이치조 하루코一條美子가 도쿄로 옮겨가는 것에 반대하여 이시야쿠시몬石藥師門에 교토 사람들 천여 명이 모여 항의를 했다. 1870년(메이지 3) 12월 12일에는 '태정관'의 유수留守 기능이 없어진다.[65] 이는 교토 시민에게, 실질적으로 환행할 의사가 없는 메이지 정부의 '천도' 선언으로 받아들여졌다. 1871년(메이지 4) 3월에는 양이주의攘夷主義를 주장하던 히라타平田파 국학자들과 같은 맥락에서 환행을 요구하던 도야마 미쓰스케外山光輔·오타기 미치테루愛宕通旭 등이 처단되는 사건이 발생한다.

다이리 공간의 근세와 근대의 차이를 상징적으로 보여주는 것이 1868년(메이지 원년) 12월의 행정관 포고이다.

교토의 모든 남녀 및 모든 여행객은 9문 안을 함부로 통행할 수 없다. 용무가 있을 경우에는 9문 밖 초소에 신고한 뒤 통행 가능하다. 단, 어문御門 앞을 지날 때는

---

74 황족이나 공가가 주지를 담당하는 특정 사원.
75 궁궐에서 불간仏間으로 사용되었던 방.

멈춰 서 구경할 수 없다.[66]

이는 근세 사람들에게 다이리 공간이 열려 있던 것과는 완전히 반대되는 제한이다. 또 "모든 번의 무사 및 병졸 등"에게도 "지금부터 9문 안을 함부로 통행하거나, 입궐 행렬 등을 구경하러 드나드는 것"을 엄금했다.[67]

1870년(메이지 3) 8월 20일에 금리어소 외 9문 안 '저택지역'은 교토부 관할이 된다.[68] 이듬해 1871년 11월에는 "황거를 제외한 축지담 내 지역을 비롯하여 종래 마치구미구町組區가 아니었던 지역을 (…중략…) 지금부터 마치구미 안에 편입한다"고 하며, 공가 지역을 인접한 마치구미로 편입시켰다. 예를 들어, 다이리 공간 북부의 고노에近衛가는 조쿄上京 13번지에, 남부의 구조九條가는 조쿄 21번지에 속하게 되었다. '화족華族 사족士族 졸쪽卒[76] 사인社人[77] 편적編籍'에 속해 있던 축지담 내 주민은 "일반 평민과 다르지 않게" 되어, 마치도시요리町年寄[78]가 없으므로 "그대로, 주도시요리 및 소에도시요리中添年寄 관할"이 되었다.[69] 실제로 1874년에 발행된 〈교토 그림지도京都絵図〉(무라카미 간베村上勘兵衛 간행)에서는 금리어소禁裏御所 · 센토고쇼仙洞御所 · 오미야고쇼大宮御所 · 교토재판소를 제외한 공가 동네가 인접한 마치구미로 편입되어 5가지 색으로 나누어 채색되어 있다.

인접한 마치구미에 공가 지역이 편입되었다는 사실도, 호에이 대화재 이전의 방식 혹은 다이리 공간을 교토 사람들이 자유로이 왕래하던 근세의 방식에서 본다면, 교토 사람들에게는 그다지 어색한 일

76 메이지유신 후 한때 구 무사계급 일부에 부여된 신분의 호칭으로 화족, 사족에 대하여 졸족이라 불렸다.
77 신사에서 말단 사무에 종사하는 직책.
78 에도시대에 마치의 행정을 관할하는 마치야쿠닌町役人의 장.

이 아니었을 것이다.

유수留守 태정관에서 교토부로 9문 내부가 이관되는 1871년(메이지 4)에는 9문 경비와 통행 감찰이 폐지된다.[70] 이 해에 교토박람회가 시작되는데 1873년(메이지 6)에는 교토어소 안의 어전 일부와 센토고쇼 정원을 박람회장으로 사용했다. 1873년 3월 13일부터 6월 10일 사이 입장객은 706,057명에 이르렀다. 센토고쇼 정원은 1873년부터 1875년 사이에 동물전시장으로 사용되었다. 1873년 4월 20일에 교토부가 궁내경宮內卿에게 보낸 글 가운데 "센토고쇼 정원은 박람회 때 내외국인의 관람이 허락되어 (…중략…) 소위 모두가 즐기는 공원이 되었다"는 인식은 같은 해 1월의 공원포고령에 따른 것이다.[71]

이 무렵 『교토신문』(교토부립종합자료관 소장)에 의하면, 사카이마치고몬 근처의 구조 가문의 저택은 주점과 찻집이 되었으며, 이웃 다카쓰카사鷹司家 가문 저택에는 '유업油業 다카쓰카사가'라는 간판이 걸렸다.[72] 건춘문 앞의 옛 시라카와 저택에서는 무악이 열리고 '입장권'을 팔았다.[73] 「변혁의 말變革の槪」에서는, "천황이 계시던 궁궐은 대박람회장이 되었고, 센토고쇼의 정원은 진귀한 동물들을 모아 놓아 서민들이 보고 즐기는 장소가 되었다. 친왕척가의 옛 저택은 스모와 연회의 공연장이 되었다"고 한다.[74]

1873년(메이지 6)부터 1879년까지 금리어소 남쪽 아리스가와노미야有栖川宮의 옛 저택에 있었던 교토재판소 부근에도, '사람들이 잡다하게 모여드는' 길거리 찻집이나 음식좌판이 생길 정도였다. 이후 교토재판소는 교토부의 '궁궐 보존 취지'에 따라 이전된다.[75] 1883년 하시모토 조게쓰橋本澄月 편 〈개정 재각교토구조분세도改正再刻京都區組分細図〉(〈그림 6〉, 후게쓰 쇼자에몬風月庄左衛門 간행)에는 이누이고몬 남쪽에 박물관, 사카이마치고몬 안에 기상대, 데라마치고몬 안에 미술학교

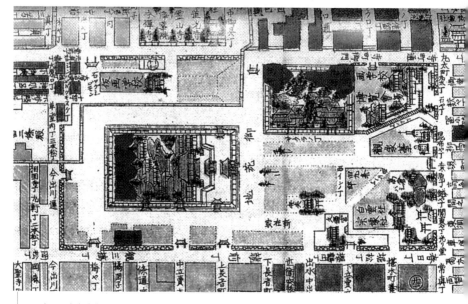

〈그림 6〉 개정재각교토구조분세도改正再刻京都区組分細図. 하시모토 조게쓰橋本澄月 편, 후게쓰 쇼자에몬風月庄左衛門 간행, 1883(메이지 16)을 아시카가 켄료足利健亮 편, 『교토역사 아틀라스京都歴史アトラス』, 中央公論社에서 인용.

가 보인다. 또한 1883년 교토 교엔이 완성되고 궁내성 지청이 설치된 이후, 교토 교엔에서 1885년 제14회 교토박람회부터 1896년 서화전람회까지 개최되었다.[76]

1877년 2월 메이지 천황의 지시서沙汰書에 "보신戊辰년의 동행東行[79] 이후 고작 8~9년 사이에 이미 폐허 같은 상황이 되었을 뿐 아니라 9문 안도 황무荒蕪해졌다. 이번에 이것을 친히 어람하시어 깊이 슬퍼하고 유감스러워하셨다"라고 쓰여 있듯이, 메이지 천황이 교토어소 보존 의사를 밝힌 것이 '교토 교엔' 정비의 큰 계기가 되었다.[77] 이에 따라 다이리 공간 보존사업이 개시되었고, 11년에 걸쳐 보존비로 매

---

79 도쿄 천도를 의미함.

년 4천 엔의 내탕금을 지출하는 방침을 세웠다.

1880년대 후반 궁내성 내장료內匠寮에서 작성한『교토어소이궁연혁京都御所離宮沿革』[78][79]에 실린 교토 교엔 정비의 개요를 살펴보자.

교엔은 예전 소위 9문 안으로, 유신 이래 이를 확장하여 동쪽의 데라마치 거리부터 서쪽의 가라스마루 거리에 이르며, 북쪽의 이마데가와 거리부터 남쪽의 마루타마치 거리에 이른다. (…중략…) 메이지에 이르러 천황을 비롯하여 황족, 귀족 모두 도쿄로 옮기고, 혹은 다른 곳으로 옮겨갔다. 이후 이 터의 옥택屋宅을 부수고 땅을 골라서 지면을 평탄하게 만들었다. 사방에 돌담을 쌓고 온통 잔디를 깔고 꽃과 나무를 심었으며 넓은 길을 만들어 차도를 열고 맑은 물을 끌어 연못을 채웠다. 이 모두를 칭하여 교엔이라 했다.

여기서 주목할 부분은 근세의 '교엔'은 9문 안이었는데, 근대에 그것이 '확장'되었다고 인식했다는 사실이다. 그리하여 "사방에 돌담을 쌓고", 이 글 초입에 게시한 그림 1의 교토 교엔 외곽의 석루石壘가 출현하게 된 것이다.

모리 다다부미森忠文의 연구가 밝힌 중요한 사실은, '교토 교엔'이라는 이름부터 그것의 정비작업(다이리 공간 보존)까지 모두가 1878~1880년 마키무라 마사나오槇村正直 지사 때 교토부에 의해 이루어졌다는 점이다. 다이리 공간 보존사업은 궁내성이 교토부에 위탁한 것이었다. 1877~1880년 교토 교엔 안의 화족 및 사족 그리고 평민의 토지 매입이 완료되었다. 1878~1880년에 마루타마치·가라스마루·이마데가와·데라마치의 각 거리에 석담토루石垣土壘를 축조하고, 9문을 토루 쪽으로 옮겼다. 그 외에 소나무·벚나무·단풍나무 등을 심고, 금리어소 남문에서 정남쪽으로 폭 약 11미터, 길이 약

360미터의 도로가 설치되었다. 금리어소 건례문建礼門에서 사카이마치고몬에 이르는 이러한 남북 도로가 정비됨으로써 교토 교엔이 완성된 것으로 여겨진다. 그리고 1883년에 궁내성 지청이 설치되면서 교토부에 의한 다이리 공간 보존사업은 마침내 끝을 맺었다.[80]

'교토 교엔'이라는 명칭에 대해서는, 1878년 10월 마키무라 마사나오 교토부 지사가 도쿠다이지 사네쓰네德大寺實則 궁내경宮內卿에게 보낸 「황거부속지皇居付屬地 명칭에 대한 질의」에서 살펴볼 수 있다.[81] '교엔御苑'이냐 '긴엔禁苑'이냐 하는 명칭 선택에 대하여 '긴엔'은 "출입을 금하는 뜻이므로 부적절하다"고 기각되었는데, 그 이유는 근세 이래 왕래 가능했던 공간으로 기억했기 때문일 것이다. 그리하여 같은 해 12월 12일, "황거부속지를 지금부터 교엔"이라 칭하도록 고시되었다.[82]

1879년 1월 14일부터 '내외국인 어소참배內外國人御所拜觀'가 제도화된다. 매월 1일과 15일이 참배일이었으며, 히노고몬에서 참배 인감을 건네고 내시소, 청량전, 자신전 앞을 지나, 온다이도코로고몬御台所御門으로 나가는 코스가 마련되었다. 이 내외국인 참배안의 기초가 된 1878년 10월 19일 마키무라 교토부 지사의 제언에는 "옛날에는 절분 때 자신전 및 내시소 등을 잡인들이 참배하는 것이 허락"되었다고 하는 주목할 만한 한 구절이 있다. 근세 교토어소의 존재 방식이 참배안의 근거였던 것이다.[83]

지금까지 논했듯이, 마키무라 교토부 지사 때의 다이리 공간 보존사업은 기본적으로 1877년의 메이지 천황 지시서 이래 "다이리를 보존하고 그 주위를 공원으로 만드는 일"이 목적이었다. 실제로 1878년 6월 25일에 마키무라가 대궁어소大宮御所에서 행한 연설에서 그 의도가 명백하게 드러난다.[84]

길게 늘어선 버드나무와 벚나무, 복숭아와 배나무 숲, 온갖 꽃의 정원으로 대기를 상쾌하게 함으로써 사람들의 눈을 즐겁게 하고, 박물관 및 박람회장으로 사용함으로써 옛것을 통해 지금을 다시 보아 사람들의 지식을 열고, 물산을 일으켜 널리 이롭게 하며, 뛰어난 신하의 동상과 공원 석비를 세운다.

이에 반해, 1883년 1월의 이와쿠라 토모미岩倉具視의 「교토황궁보존에 관한 의견서京都皇宮保存ニ關シ意見書」가 나온 이후에는, 마키무라의 교엔 정비 성과를 바탕으로 '옛 관습旧慣'의 보존이라는, 국제사회를 겨냥한 새로운 문화전략이 전개된다.

2) 국제사회와 고도古都 교토의 형성

1880년대의 역사적인 '전통'의 보존, 당시의 표현으로는 '옛 관습旧慣' 보존은, 국제사회 안에서 일본이 '일등국'이 되기 위한 문화 전략이었다. 19세기 유럽에 '유럽'이라는 하나의 문화가 있었던 것이 아니었다. 영국 하노버 가문, 러시아 로마노프 가문, 오스트리아 합스부르크 가문 등의 왕가들은 국제 사회에서 고유한 '전통' 문화를 내세웠다.

이미 1878년 1월 교토부가 궁내성에 제출한 「황거보존금皇居保存金 4개년분 일시 불하에 대한 질의四ヶ年分一時御下渡之儀ニ付伺」에는 "이미 황폐한 상황이 되어, 때때로 외국인 등이 참배하러 오면 얼굴을 붉히지 않을 수 없다"는 문구가 있다. 실제로 이즈음 외국인의 어소 참배는 "수상하지 않은 자"에 한해 허용되었다.[85]

1881년 11월 영국 황손 빅터와 이매뉴얼이 교토에 방문했을 때, 교토부 지사 기타가키 구니미치北垣國道는 명소사진첩『촬영감撮影鑑』을 사밀국舍密局에게 제작토록 하여 그들에게 헌정하였다.[86] 교토와 나라의 풍광이 외국인 귀빈에게 헌납된 것이다. 그 영국인 황손들은 교토 교엔・도지東寺・히가시혼간지東本願寺・기요미즈데라清水寺・쇼소인正倉院 등을 유람한다.[87]

이 시기에 정비된 쇼소인의 황실 보물도 교토 교엔과 함께 외국인 귀빈에게는 빼놓을 수 없는 관람 대상이었다. 1883년 7월 2일, 쇼소인의 여름철 환기 작업 때만이라도 "세계에 비할 데 없는 진귀한 보물"을 외국 귀빈에게 관람시켜야 한다는 궁내경 도쿠다이지 등의 건의에는 "근년에 이르러 본국에 내유하는 외국의 왕후와 귀족들이 반드시 참관을 원한다"[88]는 말이 있다. 즉, 밖으로부터의 시선을 의식하고 있었던 것이다.

입헌제를 추구하던 이 시기에 황실 재산도 정비하기 시작했다. 1887~1888년경 이토 히로부미伊藤博文의 「어료지 선정에 관한 의견御料地選定ニ關スル議」[89] 초안에는 "옛 성왕의 은혜로운 땅 혹은 몽진蒙塵의 장소이므로 왕가의 역사와 함께 보존할 필요가 있다"고 하고 있다. 유럽 왕실 재산에는 유서 깊은 왕실의 사적・명승이 포함되어 있다는 사실을 언급하면서, 일본에서도 조정과 관계있는 사적과 장소를 황실 재산으로 삼음으로써 외국인의 감탄과 국민의 충군애국을 환기할 수 있다고 했다.

이러한 국제사회를 향한 문화 전략 안에 1883년 1월 이와쿠라 토모미의 「교토황궁 보존에 관한 의견서」가 놓여 있다.

헤이안 시대 수도인 교토의 아름다움과 선한 풍속은 해외 각국 사람도 칭찬하고 감탄하는데, 마침내 우리 천황 폐하가 매년 피서를 위해 여기에 오기를 희망하기에 이르렀다. 따라서 바라건대 이 궁궐을 보존하고 사람들의 쇠락한 생업을 일으키기 위해서는 각종 예식을 회복시키고 다른 지역 사람들이 종종 찾아오게 하는 방법을 마련해야 한다.[90]

교토어소에서 즉위식·대상제大嘗祭·입후立后의 3대 의식을 거행하는 것 이외에도, 간무桓武 천황의 신령을 모시는 장소(헤이안진구平安神宮 창건안)를 만들고, 백마절회白馬節會,[80] 오하라에大祓,[81] 신년·기원紀元·천장天長의 3대절 등의 예식을 시행한다는 구상이었다. 나아가 러시아의 두 수도 제도(정치적 수도 페테르부르크와 고도古都 모스크바)의 영향으로 도쿄와 함께 고도로서 교토가 자리 잡게 되었다.

여기서 "다른 지역 사람들이 종종 찾아오게 한다는 것"은 바로 근세 다이리 공간의 관광 방식 그대로이다. 그리고 흥미로운 것은 헤이안진구 창건과 관련된 부분으로, 헤이안으로 천도한 794년(엔랴쿠延曆 13) 10월 22일을 기념하는 제일祭日을 마련하고, "교토부 인민이 바라는대로 노가쿠能樂, 스모, 불꽃놀이, 경마 등"을 허가한다는 계획이다. 교토 교엔 안에 창건된 헤이안진구 앞에서 스모, 불꽃놀이, 경마 등을 하고자 한 것이다. 죽음을 앞둔 이와쿠라 토모미의 머리 속에는 근세의 활기찬 다이리 공간이 떠올랐을 지도 모르겠다. 실제로 교토 교엔에 헤이안진구가 창건되지는 않았으나, 같은 시기인 1880년대의 야마토 지역의 진무릉神武陵 앞에서 진무제神武祭가 치러지는 4월 3일에 불꽃놀이와 경마가 시행되었다.[91] 여기에서 1880년대에 근세와 이어지는 감각을 확인할 수 있다.

---

80 1월 7일 조정에서 행하던 행사. 백마를 마당에 끌어내어 천황이 검열한 뒤 군신에게 연회를 베푸는 의식.
81 6월과 12월의 마지막 날에 친왕 이하 수도에 거주하는 많은 관리들이 모여 백성의 죄나 부정을 쫓는 제사.

이후 1890년에 교토 교엔은 마침내 황실의 세습재산이 되었다. 그에 앞선 1880년대에 교토 교엔을 포함한 황실재산이 '비공개' 문화재가 되었다. 니조二條 이궁은 유신 후 교토부와 육군성 관할이었으나 1884년에 궁내성 관할로 바뀐다. 가쓰라桂 이궁은 1881년 가쓰라 미야케宮家 가문의 단절을 계기로 궁내성 관할이 되어, 1883년 가쓰라 이궁이라는 명칭을 얻게 된다. 슈가쿠인修學院 이궁은 1883년에 궁내성 교토지청 관할이 된다.[92] 천황릉은 1878년에 그리고 쇼소인은 1884년에 궁내성 관할이 되었다. '비공개' 문화재는, 1890년대 이후 정비된 제국박물관이나 국보·사적·명승 등 국민에게 '공개'된 문화재와 함께, 두 갈래의 문화재로 근대 일본이 구성한 것이다.

마지막으로 교토 교엔의 교토 이미지 형성에 관해 고찰해보고자 한다.

1890년 오카쿠라 덴신岡倉天心의 도쿄미술학교 '일본미술사' 강의를 통해, 시대구분에 따라 각 시대를 대표하는 구세관음상, 뵤도인 호오도平等院鳳凰堂 등의 '표준작' 미술품 체계가 형성된다. '일본미술사'의 성립과 함께 나라奈良·교토·가마쿠라鎌倉 막부라는 공간적인 장이 시간축과 교차하게 된다.

즉 국가의 시초로 고대(아스카飛鳥·하쿠호白鳳·덴표天平)를 상징하는 나라奈良와 비교하여, 교토의 이미지는 헤이안 시대 후기의 '우미優美'한 국풍國風 문화로 특화된다. 국풍 문화로서의 교토 이미지는 대륙의 영향을 받지 않은 '순수한 일본 문화'인 궁정문화이다. 예를 들어, 1893년 시카고 박람회에서 국가를 대표한 일본관은 우지宇治의 뵤도인을 모방한 호오덴鳳凰殿이었다. 하지만 교토에는 오닌應仁의 난이나 하마구리고몬의 변 등으로 인한 대화재 탓에 국풍 문화재는 남

아 있지 않았다. 대신에 교토 교엔이나 오토 오카자키鴨東岡崎의 헤이
안진구 등이 마치 헤이안 시대 이래로 이어져 온 듯한 환상을 내뿜
으며 등장한다. 그리고 헤이안 문화를 보여주는 장으로서 1897년에
교토제국박물관이 준공된다.

　근세 이래 1880년대까지 교토 교엔이 가지고 있던 박람회 등의
이벤트 기능이나 활기는, 1895년의 제4회 내국권업박람회 및 헤이
안천도 1100년 기념제 시행과 헤이안진구 창건 이후 오토鴨東 지역
으로 옮겨 간다. 교토 교엔은 점차 서민들에게 닫힌, 청정한 국가 공
간이 되어 갔다.

　그 결과 등극령登極令(1909년)에 기반한 1915년의 다이쇼大正 대례,
1928년의 쇼와昭和 대례가 교토 교엔에서 거행될 수 있었던 것이다.[93]

저자 주

19세기 일본 종교구조의 변화

1) 尾藤正英, 『에도 시대란 무엇인가―일본사의 근세와 근대江戸時代とはなにか―日本史上の近世と近代』, 岩波書店, 1992. 비토 마사히데의 시도는 에도 시대를 이해하는 커다란 틀을 제시하고자 한 야심찬 것이었다. 따라서 '종교'라는 논점만을 따로 떼어내어 한 평가는 이 책에 대한 제대로 된 평가가 아니다.

2) 이 글에서는 '근세에서 근대로의 이행'을 묻고 있지만, 종교에서 '중세에서 근세로의 이행' 역시 매우 중요한 논제이다. 근대 종교를 논한 최근 논문에서 야스마루 요시오가 이 문제까지 파고 든 것은 '코스몰로지의 근세'에서 이 논제를 피할 수 없다고 인식했기 때문일 것이다(安丸良夫, 「민중종교와 근대라는 경험民衆宗教と近代という経験」, 『덴리대학 오야사토연구소天理大学おやさと研究所 연보年報』 제3호, 1996; 柳炳德・安丸良夫・鄭鎮弘・島薗進 편, 『종교로 동아시아의 근대를 묻는다宗教から東アジアの近代を問う』, ぺりかん社, 2002). 야스마루는 주로 다이라 마사유키平雅行의 『일본 중세 사회와 불교日本中世の社会と仏教』(塙書房, 1992)에 의거하면서 중세의 지배적 코스몰로지였던 '현밀불교'로부터 '근세 코스몰로지'로 옮겨가는 것에 대하여 묻고 있다.

3) 가령 『이와나미강좌 일본통사岩波講座 日本通史』를 보면 나구라 테쓰조奈倉哲三의 「근세인과 종교近世人と宗教」(제12권, 1994)에는 유교에 관한 언급이 없으며, 구로즈미 마코토黒住真의 「유학과 일본 근세사회儒学と近世 日本社会」(제13권, 1994)에는 일본의 유학은 중국이나 한국의 유학과 다르며 종교성을 확립할 수 없었다고 나와 있다. 일본의 학계에서는 일본 유학을 넓은 의미의 종교구조 안에 두고 파악하는 시각을 보기 힘든데, 서구 연구자들은 이와 다르다.

4) 이 글에서 '이데올로기'는 정치 기능으로 본 관념이나 담론을 가리키는 말로 사용하고, '코스몰로지'는 우주나 세계 또는 인간에 관한 포괄적인 비전을 담은 관념이나 담론을 가리키는 말로 사용한다. 피터 버거Peter Ludwig Berger는 사회적 실천에 맞춘 규범 체계를 '노모스'라고 명명하고, 그것을 근거로 하는 전체성을 가진 성스러운 것을 지향하는 상징체계를 '코스모스'라고 명명했다. '코스모스'는 '카오스'의 위협의 극복을 전망하는 것이다(薗田稔・金井新二 역, 『성스러운 하늘―신성세계의 사회학聖なる天蓋―神聖世界の社会学』, 新曜社, 1979; 원

저는 1967). 여기서 '이데올로기'와 '코스몰로지'는 '노모스'와 '코스모스'에 대응한다. '코스몰로지＝이데올로기'로 결합해 사용하는 것은 이 둘이 실제로 나누기 어렵게 얽혀있으며 둘을 나누는 것은 오히려 관찰자 측의 시각차로 인한 경우가 많다고 보기 때문이다. 그리고 이 글에서는 사회 현실에 입각해 역사를 파악하고자 할 때 자칫 가볍게 보기 쉬운 '코스몰로지'를 중시하고 싶기 때문이다. 나아가 '코스몰로지＝이데올로기' 복합체를 '종교구조'로 보는 것은 피터 버거 식으로 보자면 코스몰로지를 가진 담론이나 실천을 넓은 의미에서 '종교'라고 불러도 합당하다고 생각하기 때문이다. 그런 '종교'는 단순한 형태로 존재하는 것이 아니라 다양한 요소가 다양한 정도의 관계성을 가지면서 병존하거나 습합해서 '구조'를 이룬다. 또 이 견해가 일반적인 의미의 '사상사'와 다른 점은 세련된 담론과 함께 혹은 그 이상으로 일상적인 관념・정서・실천에 주의를 기울이고자 한 것이다.

5) ロバート・Ｎ・ベラー, 『도쿠가와 시대의 종교德川時代の宗教』, 池田昭 역, 岩波文庫, 1996 (Robert N. Bellah, *Tokugawa Religion I*, llinois : The Free Press, 1957); ヘルマン・オームス, 黒住真他 역, 『도쿠가와 이데올로기德川イデオロギー』, ぺりかん社, 1990(Herman Ooms, *Tokugawa Ideology : Early Constructs, 1570-1680*, Princeton University Press, 1985).

6) 安丸良夫, 『신들의 메이지유신－신불분리와 폐불훼석神々の明治維新－神仏分離と廃仏毀釈』, 岩波新書, 1979; 安丸良夫, 『근대 천황상의 형성近代天皇像の形成』, 岩波書店, 1992; 安丸良夫, 「민중종교와 근대라는 경험民衆宗教と近代という経験」, 『덴리대학 오야사토연구소 연보天理大学おやさと研究所 年報』 제3호, 1996; 安丸良夫, 「예외상황의 코스몰로지－국가와 종교例外状況のコスモロジ－国家と宗教」, 『잇키・감옥・코스몰로지一揆・監獄・コスモロジ』, 朝日新聞社, 1999.

7) 安丸良夫, 「예외상황의 코스몰로지－국가와 종교例外状況のコスモロジ－国家と宗教」, 『잇키・감옥・코스몰로지一揆・監獄・コスモロジ』, 朝日新聞社, 1999, 216면.

8) 이 점에 관해서는 내가 쓴 「국가신도와 근대 일본의 종교구조国家神道と近代日本の宗教構造」(『종교연구宗教研究』 329호, 2001)에서 논의한 바 있다. '국가신도' 개념에 관한 연구사를 바탕으로 한 검토는 닛타 히토시新田均의 『근대 정교 관계의 기초 연구近代政教関係の基礎的研究』(大明堂, 1997)나 「'국가신도'론의 계보国家神道'論の系譜」 상・하(『황학관논총皇学館論叢』 제32권 제1・2호, 1999)에 나와있다. 내 입장은 아시즈 즈히코葦津珍彦, 『국가신도란 무엇이었는가国家神道とは何だったのか』(神社新報社, 1987)가 주장하듯이 신사신도＝국가신도라는 제도사적 좁은 용법이 아닌, 무라카미 시게요시村上重良의 『국가신도国家神道』(岩波新書, 1970)가 안고 있는 많은 난점을 극복하고 가토 겐지加藤玄智의 *A Study of Shinto : The Religion of the Japanese Nation*, 1926(明治聖徳記念学会)로부터 무라카미 시게요시로 이어지는 넓은 용법을 취하고자 한다. 이 경우 '국가신도'란 근대의 국가나 천황과 결부된 신도 전통의 새로운 전개 형태를 가리킨다. 제도적으로는 메이지 초기에 '제사'나 '치교'라고 불렀던 것을 구체화한 것이다. 이제까지 말했듯이 이 구상은 메이지유신기의 신도정책을 입안한 쓰와노津和野파에 의해 제시되었고, 우여곡절 끝에 교육칙어의 제정・보급을 거쳐 중요한 장치를 확립시키기에 이른다.

9) '국가신도 체제'는 무라카미 시게요시村上重良, 『국가신도国家神道』(岩波新書, 1970)에서, 종교들을 국가신도 아래 포섭하여 제한을 가함과 동시에 협력을 끌어내어, 안정된 코스몰로지＝이데올로기 질서를 유지하고자 하는 정치체제를 가리키는 말로 사용되고 있다. 나는 무라

카미 시게요시처럼 국가신도 체제가 항상 일원적이고 강고했던 것이 아니라, 경우에 따라 종교들의 상대적인 '신앙의 자유'를 인정하고 위로부터 부담을 씌우는 국가신도와 밑에서 사람들의 생활을 지탱하는 종교들의 이중구조를 이루었던 것으로 파악했다. 국가신도의 침투정도나 억압성은 시대(가령 전시)나 상황(가령 식민지 상황)에 맞춰 검증해야 할 것이다.

10) 사카모토 코레마루阪本是丸, 『국가신도 형성 과정의 연구國家神道形成過程の研究』(岩波書店, 1994)는 메이지 시대의 종교제도사 · 행정사를 주제로 한 뛰어난 논고이다. 그러나 "사상적 이데올로기적 측면에 관해서는 주된 검증대상이 아니라고 예단"(8면)하였듯이 고찰 대상이 협소하다. 내가 '국가신도'라는 개념을 둘러싼 '혼란 · 혼미'라고 하는 것을 야마구치 테루오미山口輝臣는 "국가신도를 둘러싼 '공동화空洞化'"라고 말하고 있다(「머리말」, 『메이지 국가와 종교明治国家と宗教』, 東京大学出版会, 1999). 그러나 야마구치는 그에 관한 개념틀을 제시하지는 않았다.

11) 닛타 히토시新田均가 쓴 『근대 정교 관계의 기초 연구近代政教関係の基礎研究』(大明堂, 1997)에 상세하게 나와 있다. 윌리엄 우다드William Parsons Woodard, 『천황과 신도−GHQ의 종교정책天皇と神道−GHQの宗教政策』(阿部眉哉 역, サイマル出版会, 1988)도 유용하다. 이는 '종교' 개념을 둘러싼 혼란과도 관계가 있는데, '종교'와 '국가신도'의 관계에 관해서 나는 「일본에서 '종교' 개념의 형성−이노우에 테스지로의 기독교 비판을 둘러싸고日本における'宗教'概念の形成−井上哲次郎のキリスト教批判をめって」, 山折哲雄 · 長田俊樹 편, 『일문연총서 17 일본인은 기독교를 어떻게 수용했는가日文研叢書 一七 日本人はキリスト教をどのように受容したか』(国際日本文化研究센터, 1998)와 「'종교'와 'Religion'·宗教'と'Religion'」(『유구悠久』 87호, 鶴岡八幡宮, 2001)에서 언급한 바 있다.

12) 安丸良夫, 『근대 천황상의 형성近代天皇像の形成』, 岩波書店, 1992, 194면.

13) 田丸德善 · 村岡空 · 宮田登 편, 『일본인의 종교 IV 근대 일본종교사 자료日本人の宗教 IV 近代日本宗教史資料』, 佼成出版社, 1973; 阪本健一, 『메이지 시대 신도사 연구明治神道史の研究』, 国書刊行会, 1983; 村上重良, 『정문훈독 근대조칙집正文訓読 近代詔勅集』, 新人物往来社, 1983; 安丸良夫 · 宮志正人 주석, 『일본근대사상대계 제5권 종교와 국가日本近代思想大系 第5巻 宗教と国家』, 岩波書店, 1988에 따름.

14) 安丸良夫, 『신들의 메이지유신−신불분리와 폐불훼석神々の明治維新−神仏分離と廃仏毀釈』, 岩波新書, 1979, 208~209면; 井上順孝 · 阪本是丸 편저, 『일본형 정교 관계의 탄생日本型政教関係の誕生』, 第一書房, 1987.

15) 海後宗臣, 『일본교육선철총서 제19권 모토다 나가자네日本教育先哲叢書 第19巻 元田永孚』, 文教書院, 1942; 海後宗臣, 『가이고 토키오미 저작집 제10권 교육칙어 성립사 연구海後宗臣著作集 第10巻 教育勅語成立史研究』, 東京書籍, 1981, 초판 1965; 山住正己, 『교육칙어教育勅語』, 朝日新聞社, 1980; 이하 인용문은 海後宗臣, 『일본교육선철총서 제19권 모토다 나가자네日本教育先哲叢書 第19巻 元田永孚』, 文教書院, 1942, 142~143 · 145 · 149~150면; 山室信一, 「천황의 성별화와 국'교'론−이노우에 코와시와 모토다 나가자네의 시각 비교天皇の聖別化と国'教'論−井上毅と元田永孚との対比的視点から」(山室信一, 『근대 일본의 지와 정치−이노우에 코와시부터 대중연예까지近代日本の知と政治−井上毅から大衆演芸まで』, 木鐸社, 1985).

16) 島薗進, 「국가신도와 근대 일본의 종교구조国家神道と近代日本の宗教構造」, 『종교연구宗教研究』

329호, 2001. 국가신도의 침투라는 점에서 학교가 담당한 역할은 그야말로 크다. 이 점은 메이지유신 이후 학교 행사의 종교적 성격에 대해 '천황제 축제'라고 부르며 상세하게 연구한, 山本信良・今野敏彦의『근대 교육의 천황제 이데올로기ー메이지기 학교행사의 고찰近代教育の天皇制イデオロギーー明治期学校行事の考察』(神泉社, 1973); 山本信良・今野敏彦의『다이쇼・쇼와기 교육의 천황제 이데올로기 I 학교행사의 종교적 성격大正・昭和教育の天皇制イデオロギーI 学校行事の宗教的性格』(神泉社, 1976)에 잘 나와 있다.

17) 「이역 국학안내ー고노 세이조로에게 바친다異訳国学ひとり案内ー河野省三足下にさゝぐ」(『국학원잡지国学院雑誌』제26권 제10・12호, 1920. 이후『오리구치 시노부 전집 제20권 신도종교편折口信夫大全集 第20巻 神道宗教篇』, 中央公論社, 1967에 수록)

18) 服部之総, 「아오야마 한조ー메이지절대주의의 하부구조青山半蔵ー明治絶対主義の下部構造」(『문학평론文学評論』제5호, 1954. 이후『핫토리 시소 저작집 VI 메이지기의 사상服部之総著作集 VI 明治の思想』, 理論社, 1955에 수록)

19) 阪本是丸,『메이지유신과 국학자明治維新と国学者』, 大明堂, 1993; 阪本是丸,『국가신도 형성과정에 관한 연구国家神道形成過程の研究』, 岩波書店, 1994; 武田秀章, 「근대 천황 제사 형성과정에 관한 고찰ー메이지 초기 쓰와노파의 활동을 중심으로近代天皇祭祀形成過程の一考察ー明治初年における津和野派の活動を中心に」, 井上順孝・阪本是丸 편저,『일본형 정교관계의 탄생日本型政教関係の誕生』, 第一書房, 1987; 武田秀章,『메이지유신기 천황제사에 관한 연구維新期天皇祭祀の研究』, 大明堂, 1996; 玉懸博之,『막부 말기 '종교'와 '역사'ー오쿠니 타카마사에게 있어 종교론과 역사론의 관련幕末における'宗教'と'歴史'ー大国隆正における宗教論と歴史論との関連をめぐって」,『도호쿠대학 문학부 연구 연보東北大学文学部研究年報』제31호, 1981; 桂島宣弘,『막부 말기 민중사상에 관한 연구ー막부 말기 국학과 민중종교幕末民衆思想の研究ー幕末国学と民衆宗教』, 文理閣, 1992. 또 시기는 거슬러 올라가지만, 우에다 켄지上田賢治의「오쿠니 타카마사의 사상체계와 그 기본성격大国隆正の思想体系とその基本的性格」상・하『신도종교神道宗教』제7・9호, 1954・1955); 하가 노보루芳賀登의『막부 말기 국학의 전개幕末国学の展開』(塙書房, 1963); 사카모토 켄이치阪本健一의『메이지 시대 신도사의 연구明治神道史の研究』(国書刊行会, 1983) 제4부「메이지기 신도사상에서 쓰와노번 주종의 역할明治神道思想における津和野藩主従の役割」(첫 출판은 1943. 1964, 1967) 등에서도 오쿠니학이나 쓰와노파의 독자적인 역할에 대한 고찰이 이루어졌다. 이하의 서술은 특히 다케다 히데아키武田秀章의 업적에 힘입은 바가 크다.

20) 武田秀章, 「근대 천황 제사 형성과정에 관한 고찰ー메이지 초기 쓰와노파의 활동을 중심으로近代天皇祭祀形成過程の一考察ー明治初年における津和野派の活動を中心に」, 井上順孝・阪本是丸 편저,『일본형 정교 관계의 탄생日本型政教関係の誕生』, 第一書房, 1987, 132~133면.

21) 武田秀章, 「근대 천황 제사 형성과정에 관한 고찰ー메이지 초기 쓰와노파의 활동을 중심으로近代天皇祭祀形成過程の一考察ー明治初年における津和野派の活動を中心に」, 井上順孝・阪本是丸 편저,『일본형 정교 관계의 탄생日本型政教関係の誕生』, 第一書房, 1987, 107~108면.

22) 桂島宣弘,『막부 말기 민중사상에 관한 연구ー막부 말기 국학과 민중종교幕末民衆思想の研究ー幕末国学と民衆宗教』, 文理閣, 1992, 71면.

23) 桂島宣弘,『막부 말기 민중사상에 관한 연구ー막부 말기 국학과 민중종교幕末民衆思想の研究ー幕末国学と民衆宗教』, 文理閣, 1992, 69면. 다케다 히데아키도 신기관神祇館보다 궁정 제사를 더

중시하는 쓰와노파의 태도가 아이자와 세이시사이의 사고에 가깝다는 것을 지적하였다 (『메이지유신기 천황제사에 관한 연구維新期天皇祭祀の研究』, 大明堂, 1996, 234~235면).

24) 山室信一, 「천황의 성별화와 국'교'론−이노우에 코와시와 모토다 나가자네의 시각 비교天皇の聖別化と国'教'論−井上毅と元田永孚との対比的視点から」(山室信一, 『근대 일본의 지와 정치−이노우에 코와시부터 대중연예까지近代日本の知と政治−井上毅から大衆演芸まで』, 木鐸社, 1985)는 모토다 나가자네의 국체론(덕교德教가 천황의 천직이라는 위사천직설為師天職説)에 관해 다음과 같이 기술했다. "신교神教와 삼대三代의 학문이 어떤 점에서 어떤 관련이 있는지 논증없이 당연한 것으로 여겨지면서 천황 한 사람을 스승으로 받들고 국민 전체가 하나의 '교' 아래 통합되어갔다는 비역사적 설명이 국체의 역사로 이야기되었다. 이런 입장은 당연히 '다스리고 가르치는 일이 하나로 귀결되니, 백성들이 희망을 둘 곳이 있다. 천하 하늘신 당신 모두 천황의 성의가 미치는 바이다治教同帰, 而民有所属望焉, 天下神祇, 皆天皇誠意之所及'(会沢正志斎, 『신론新論』, 長計)라고 했던 후기 미토학의 영향을 빼고 생각할 수 없다."(126면) 또 이 논문의 주12도 참조

25) 아이자와 세이시사이의 사상을 '제 · 정 · 교 일치'라는 관점에서 이해하고자 했던 저술로 쓰카모토 카쓰코시塚本勝義의 『아이자와 세이시의 사상会沢正志の思想』(昭和図書, 1943)이 있다. 전쟁 시기 천황지상주의 아래에서 나온 저술이므로 과장된 측면이 있긴 하지만 내가 이 글에서 제기하고 있는 문제의 시각에서는 참고할 면이 많다.

26) 今井宇三郎 · 瀬谷義彦 · 尾藤正英 교주, 『일본사상대계 제53권 미토학日本思想大系 第53巻 水戸学』, 岩波書店, 1973, 56면.

27) 塚本勝義, 『아이자와 세이시의 사상会沢正志の思想』, 昭和図書, 1943, 307, 146면.

28) 今井宇三郎 · 瀬谷義彦 · 尾藤正英 교주, 『일본사상대계 제53권 미토학日本思想大系 第53巻 水戸学』, 岩波書店, 1973, 152면

29) ヴィクター · コッシュマン, 『미토이데올로기−도쿠가와 시대 후기의 담론 · 개혁 · 반란水戸イデオロギー−德川後期の言説 · 改革 · 叛乱』, ぺりかん社, 1998, 원저는 1987.

30) 丸山真男, 「충성과 반역忠誠と反逆」, 『근대 일본사상사 강좌 제6권 자연과 환경近代日本思想史講座 第6巻 自然と環境』, 筑摩書房, 1960. 이후 丸山真男, 『충성과 반역−전환기 일본의 정신사적 위상忠誠と反逆−転形期日本の精神史的位相』, 筑摩書房, 1992 수록.

31) 尾藤正英, 「미토학의 특질水戸学の特質」, 『일본사상대계 제53권 미토학日本思想大系 第53巻 水戸学』, 岩波書店, 1973 수록

32) 安丸良夫, 「민중종교와 근대라는 경험民衆宗教と近代という経験」, 『덴리대학 오야사토연구소 연보天理大学おやさと研究所年報』 제3호, 1996, 75면. '마음의 철학'에 관해서는 야스마루 요시오安丸良夫의 『일본의 근대화와 민중사상日本の近代化と民衆思想』(青木書店, 1974 이후 平凡社ライブラリー로 재출판)를 참조하기 바람.

33) 安丸良夫, 「민중종교와 근대라는 경험民衆宗教と近代という経験」, 『덴리대학 오야사토연구소 연보天理大学おやさと研究所 年報』 제3호, 1996, 76면. '무귀명안심無帰命安心'이란 마음이 곧 부처이므로 굳이 '귀명'하지 않아도 '안심'을 얻을 수 있다는 것이었기 때문에 이단으로 간주되어 혼간지 교단으로부터 탄압받았다. 大桑斎, 『단카제도의 사상寺檀の思想』, 教育社, 1979 참조

34) 安丸良夫, 『근대 천황상의 형성近代天皇像の形成』, 岩波書店, 1992, 60~61면.

352

35) 安丸良夫, 『일본의 근대화와 민중사상日本の近代化と民衆思想』, 青木書店, 1974, 이후 平凡社ライブラリー로 재출판됨

36) 安丸良夫, 『데구치 나오出口なお』, 朝日新聞社, 1977 참조

37) '국가신도와 민중종교'를 대비시키는 사고방식은 민중종교 연구의 기반을 쌓은 무라카미 시게요시村上重良, 민중사상 연구라는 입장에서 민중종교 연구에 중요한 업적을 쌓은 가노 마사나오鹿野政直, 야스마루 요시오 등에 의해 강조되었다. 村上重良, 『근대 민중종교사 연구近代民衆宗教史の研究』, 法藏館, 1958, 제2판 1963; 村上重良, 『국가신도와 민중종교国家伸図と民衆宗教』, 吉川弘文館, 1982; 鹿野政直, 『자본주의 형성기의 질서의식資本主義形成期の秩序意識』, 筑摩書房, 1969; 安丸良夫・ひろたまさき, 「'세상바꾸기' 논리의 계보ー마루야마교를 중심으로世直し'の論理の系譜ー丸山教を中心に」, 『일본사연구日本史研究』 제85・86호, 1966(후에 安丸良夫, 『일본의 근대화와 민중사상日本の近代化と民衆思想』(青木書店, 1974 이후 平凡社ライブラリー로 재출판)에 수록됨).

38) '3교 일치'를 주창한 운동가나 저술가가 그다지 많지 않다. 3교의 어떤 용어를 사용해도 비슷한 사상구조가 된다면 '3교 일치'라는 용어가 적절한지 여부는 검토할 필요가 있다.

39) 島薗進, 「살아있는 신 사상론生神思想論」, 宗教社会学研究会編, 『현대종교에 대한 시각現代宗教への視角』, 雄出出版, 1978; 島薗進, 「초기 신흥종교의 보편주의ー습합종교의 흐름 속에서初期新宗教における普遍性主義ー習合宗教の流れの中ので」, 南山宗教文化研究所編, 『신도와 기독교ー종교에 있어 보편과 특수神道とキリスト教ー宗教における普遍と特殊』, 春秋社, 1984; 島薗進, 「일본 신흥종교의 습합日本の新宗教のシンクレティズム」, 『문화인류학文化人類学』 제3호(제2권 제1호), アカデミア出版会, 1986; 島薗進, 「습합종교習合宗教」, 圭室文雄 외편, 『민간신앙 조사정리 핸드북民間信仰調査整理ハンドブック』, 雄出閣出版, 1987; 島薗進, 『현대구제종교론現代救済宗教論』, 青弓社, 1992.

40) 온타케코에 관한 고찰은 내가 쓴 「교파신도教派神道」(『유구悠久』 제58호, 1994)를 바탕으로 하였다. 온타케코의 역사에 관해서는 生駒勘七, 『온타케의 역사御嶽の歴史』, 宗教法人木曾御嶽本教総本庁, 1966; 生駒勘七, 『온타케신앙과 등산의 역사御嶽の信仰と登山の歴史』, 第一法規, 1988에 따랐다.

41) '오자'의 형식은 후칸 당시와 바뀌지 않았다. 그것은 이미 후칸의 신앙이 불존의 권위로부터 독립된 민속의 신기신앙에 치우쳐져 있었다는 것을 보여준다. 中山郁, 「혼묘인 후칸과 조슈 호타카야마 개산ー『호타카야마 개벽기』를 바탕으로本明院普寬と上州武尊開山ー『武尊山開闢記』をもとに」, 『군마사료연구ぐんま史料研究』 제13호, 1999 참조.

42) 宮田登, 『살아있는 신 신앙生き神信仰』, 塙書房, 1970.

43) 生駒勘七, 『온타케 신앙과 등산의 역사御嶽の信仰と登山の歴史』, 第一法規, 1988, 258면.

44) 島薗進, 「민속종교의 구조적 변동과 신종교ー아카자와 분지와 이시즈치코民俗宗教の構造的変動と新宗教ー赤沢文治と石鎚講」, 『쓰쿠바대학철학・사상학계논집筑波大学哲学・思想学系論集』 제6호, 1981.

45) 島薗進, 「민속종교의 구조적 변동과 신종교ー아카자와 분지와 이시즈치코民俗宗教の構造的変動と新宗教ー赤沢文治と石鎚講」, 『쓰쿠바대학철학・사상학계논집筑波大学哲学・思想学系論集』 제6호, 1981, 98~99면. 이와 같은 민속종교(습합종교)의 변용을 그린 논저는 다음과 같다. 新城

常三,『신사・절 참배의 사회경제사적 연구社寺参詣の社会経済史的研究』, 塙書房, 1964; 圭室諦城,「교파신도의 탄생教派神道の誕生」, 圭室諦城 감수,『일본불교사III 근세・근대 편日本仏教史 III 近世・近代篇』, 法藏館, 1967; 宮田登,『살아있는 신 신앙生き神信仰』, 塙書房, 1970; 宮田登, 『근세의 유행신近世の流行神』, 評論社, 1975.

46) 메이지 이후 니치렌 계열 민중종교 운동의 내셔널리즘에 대해서는 내가 쓴『현대구제종교론現代救済宗教論』(青弓社, 1992)의 제5장 참조 바람.

47) 有元正雄,『정토진종의 종교사회사真宗の宗教社会史』, 吉川弘文館, 1995 참조.

48) 이후의 고찰은 내가 쓴「신종교의 종교의식과 성전ー『오후데사키』의 문체에 관해新宗教の宗教意識と聖典ー『おふでさぎ』のに文体ついて」, 池田英俊 외편,『일본인 종교의 발자취日本人の宗教の歩み』, 大学教育社, 1981; 역시 내가 쓴「덴리교에 있어서 구제사 신화天理教における救済史神話」, 筑波大学哲学思想学会,『철학사상논총哲学思想論叢』제1호, 1982; 그리고「덴리교의 천년왕국주의天理教の千年王国主義」,『월간아가마月刊アーガマ』제72호, 1986에 따른 것이다. 이후 인용하는『미카구라우타みかぐらうた』나『오후데사키おふでさぎ』는『일본사상대계 제67권 민중종교의 사상日本思想大系 第67巻 民衆宗教の思想』(岩波書店, 1971)에 수록되어 있다. 다만 한자의 토(루비)는 내가 붙였다. '신기로운 역사'는 신도들의 자발적인 공동작업에 의한 신전 건설을 가리킨다(島薗進,「의심과 신앙 사이ー나카야마 미키의 구제신앙의 기원疑いと信仰の間ー中山みきの救けの信仰の起源」,『쓰쿠바대학철학・사상학계논집筑波大学哲学・思想学系論集』쇼와52년도, 1978. 이후 池田士郎 외,『나카야마 미키의 생애와 사상ー구원과 해방의 발자취中山みき・その生涯と思想ー救いと解放の歩み』, 明石書店, 1998에 수록)

49) 村上重良,『근대 민중종교사 연구近代民衆宗教史の研究』, 法藏館, 1958(제2판 1963), 161면.

50) '코스몰로지'를 '포괄적인 비전을 담은 관념이나 담론'이라고 생각하면, 지역사회의 '민간신앙'은 코스몰로지에 이르는 내용을 담기에 역부족이다. 그러나 농밀한 의례가 행해지는 경우에는 잠재적으로 '신화적' '코스몰로지'적 내용을 담고 있었다고 말할 수 있을 것이다. 일본의 민속학이 제일 먼저 탐구하고자 했던 것은 그와 같은 체계적인 것의 '맹아'였을 것이다.

51) 예를 들면 金子正,「『미카구라우타』연구ー해석에 이르는 약간의 문제『みかぐらうた』の研究ー解釈に至る若干の問題」,『천리교교논총天理教校論叢』제5호, 1964.

52) 宮田登,『미륵신앙의 연구ミロク信仰の研究』, 未来社, 1970, 개정판 1975.

53) 탤먼Talmon은 천년왕국 종교운동을 "전체적・궁극적・현세적・집단적 구제를 기다리는 절박한 종교운동"이라고 정의했다. Y. Talmon, "Millenarism", *International Encyclopedia of Social Science* Vol.9, Macmillan and Free Press, 1968.

54) 덴리교의 유일신인 '덴리오노미코토天理王命'는 그 기능들을 나타내는 '10주신柱神'으로 표상되기도 하는데 그 이름은 구니토코타치노미코토, 오모타리노미코토, 구니사즈치노미코토, 쓰키요미노미코토, 구모요미노미코토, 가시코네노미코토, 다이쇼쿠텐노미코토, 오후토노베노미코토, 이자나기노미코토, 이자나미노미코토이다.

55) 芳賀登,『막부 말기 국학의 전개幕末国学の展開』, 塙書房, 1963, 175면.

56) 豊田武,『도요타 타케시 저작집 제5권 종교제도사豊田武著作集 第5巻 宗教制度史』, 吉川弘文館, 1982, 372면. 원저인『일본 종교제도사연구日本宗教制度史の研究』는 1938년에 간행되었다.

57) 이 측면은 야스마루 요시오安丸良夫가 쓴『신들의 메이지유신ー신불분리와 폐불훼석神々の

明治維新－神仏分離と廃仏毀釈』(岩波新書, 1979)에 다양하게 묘사되어있다. 그 특징은 위로부터의 종교 탄압, 민중 생활세계의 억압이다. 이 글에서는 습합종교의 아래로부터의 신도화 측면을 강조하고 있는데 불교에 초점을 맞추면 위로부터의 '억압' 측면이 두드러지게 나타난다.

58) 黒田俊雄, 「중세종교사에서 신도의 위치中世宗教史における神道の位置」, 『일본 중세 사회와 종교日本中世の社会と宗教』, 岩波書店, 1990.

19세기의 법질서

1) 水林彪, 「근세의 법과 국가제도 연구서설－기슈를 소재로(1)～(6)近世の法と国制研究序説－紀州を素材として(1)-(6)」, 『국가학회잡지国家学会雑誌』 90권 1・2호; 90권 5・6호; 91권 5・6호; 92권 11・12호; 94권 9・10호; 95권 1・2호, 1977~1982.

2) 『도쿠가와금령고徳川禁令考』 후편 1, 創文社, 35면.

3) 『근세법제사료총서 2 어당가령조・율령요략近世法制史料叢書 2 御当家令条・律令要略』(復刊訂正版), 創文社, 1959, 308면. 「율령요략律令要略」에 대해서는 같은 책에서 이시이 요스케의 서론을 참조하길 바란다. 또한 「율령요략律令要略」의 일부와 거의 같은 조문을 게재한 「지개심득서地改心得書」라 명한 문서에서 채택한 「논소취급준칙論所取扱準則」(연월일 미상)은 『도쿠가와금령고徳川禁令考』 후편에 수록된 「공사방어정서公事方御定書」의 하편 13조 부속사료에서 언급했다.

4) 中田薫, 「법제사만필法制史漫筆」, 『법제사론집法制史論集』 3권 하, 岩波書店, 1943, 1096면.

5) 『일본사상대계 제21권 중세정치사회사상日本思想大系 第21巻 中世政治社会思想』 상, 岩波書店, 1972.

6) 水林彪, 「근세적 질서와 규범의식近世的秩序と規範意識」, 『강좌일본사상講座日本思想』 3, 東京大学出版会, 1983, 120면.

7) '천' 관념을 둘러싼 여러 문제에 대해서 히라이시 나오아키平石直昭의 『한 단어 사전 천一語の辞典 天』(三省堂, 1996)을 참조바람.

8) 『일본사상대계 제42권 세키몬신가쿠日本思想大系 第42巻 石門心学』, 岩波書店, 1971, 210면 이하.

9) 『일본교육문고 심학편日本教育文庫 心学編』, 同文舘, 1911, 506면.

10) 『일본교육문고 심학편日本教育文庫 心学編』, 同文舘, 1911, 497면.

11) 『모토오리 노리나가 전집本居宣長全集』 제1권, 筑摩書房, 1968, 53면.

12) 『모토오리 노리나가 전집本居宣長全集』 제9권, 筑摩書房, 1968, 57면.

13) 『모토오리 노리나가 전집本居宣長全集』 제1권, 筑摩書房, 1968, 5면.

14) 『모토오리 노리나가 전집本居宣長全集』 제9권, 筑摩書房, 1968, 49면.

15) 『메이지문화전집 제2권 자유민권편明治文化全集 第2巻 自由民権編』, 日本評論社, 1927.

16) 이 외 저명한 '천부인권'론으로는 야노 후미오矢野文雄의 「인권신설박론人権新説駁論」(1882), 바바 타쓰이馬場辰猪의 「천부인권론天賦人権論」(1883), 우에키 에다시게植木枝盛의 「천부인권변天賦人権弁」(1883) 등이 있다(모두 『메이지문화전집 제2권 자유민권편明治文化全集 第2巻 自由民権編』에 수록). '천'과 '도리'의 관점에서는 야노 후미오의 논의가 특히 주목된다.

355

17) 下出隼吉,「『진정대의』해제真政大意」解題」(『메이지문화전집 제2권 자유민권편明治文化全集第2卷 自由民權編』) 및 『일본근현대인명사전日本近現代人名辞典』, 古川弘文館, 2001 참조.

18) 『메이지문화전집 제2권 자유민권편明治文化全集 第2卷 自由民權編』, 日本評論社, 1927, 114면.

19) 보아소나드가 일본인을 위해 쓴 저작 및 강의록은 형법, 치죄법, 민법 등 각종 법안 초안을 포함한 방대한 것이었다. 이 글에서는 자연법론(성법론)과 직접 관련이 있는 다음의 문헌을 참조했다. ①"Ecole de droit de Jédo. Leçond'ouverture d'un cours de droit naturel", in *Revue de législation ancienne et moderne,* 1874, pp.508~525. ②井上操筆記,『성법강의性法講義』(司法省, 1877, 첫 부분에 ①의 번역이 실려 있다). ③井上操筆記,『형법찰요刑法撮要』(司法省, 1877). ④井上操筆記,『교정증보 성법강의校訂增補 性法講義』(中正堂, 1881, 明治14年, 첫 부분에 ① 의 번역이 실려있다). ⑤加太邦憲筆記,『법률대의강의法律大意講義』(司法省, 1880, 明治13 年). ⑥一瀬勇三郎・市川亮功訳,『법률대의 제2회강의法律大意第二回講義』(司法省, 1883). ⑦ 磯部四郎訳,『성법강의 완결性法講義 完』(明治法律学校請法会出版, 1888). ⑧"Réponse à la question : L' Homme est-il naturellement bon ou mauvais?", in *Revue Française du japon,* 3ème Livraison, Mars 1982. 또한 ⑨『메이지문화전집 법률편明治文化全集 法律編』(日本平論社, 1929) 에 들어있는『성법강의초性法講義抄』가 있으나, 이는 ④의 초록이다. 또한①, ②, ④~⑦이 소분칸宗文舘에서, ③은 신잔샤信山社에서 복각되었다. 따라서 ④의 인용은 원래 소분칸宗文舘복각본으로 인용해야 하지만 복각판이라 인쇄상태가 좋지 않아 이 글에서는 ⑨의 자료로 분석했다. 보아소나드 성법론에 대해서는 다나카 코타로田中耕太郎의「보아소나드의 성률철학ボアッソナードの性律哲学」(『속 세계법 이론続世界法の理論』하, 有斐閣, 1972, 첫 출판은 1939) 등을 참조했다.

20) 다나카 코타로田中耕太郎에 의하면 보아소나드의 자연법론은 아리스토텔레스・성 토마스적인 자연법론이다. 주(19) 다나카 코타로田中耕太郎,「보아소나드의 성률철학ボアッソナードの性律哲学」, 568면 참조.

21) 井上操筆記,『형법찰요刑法撮要』, 司法省, 1877, 5면(信山社복각, 1991).

22) 호즈미 노부시게穂積陳重가 공부한 가이세이開成학교는 1877년에 도쿄대학이 되었다.

23) 호즈미 노부시게에 관해서는 다음의 논문을 참조하였다. 松尾敬一,「호즈미 노부시게穂積陳重」, 潮見俊陸・利谷信義編,『일본의 법학자日本の法学者』, 日本平論社, 1974; 長尾竜一,「호즈미 노부시게의 법진화론穂積陳重の法進化論」,『일본사상사연구日本思想史研究』, 創文社, 1981; 小柳春一郎,「호즈미 노부시게와 구민법穂積陳重と旧民法」,『법제사연구法制史研究』31, 1981; 穂積重行,『메이지 한 법학자의 출발-호즈미 노부시게를 둘러싸고明治一法学者の出発-穂積陳重をめぐって』, 岩波書店, 1988; 白羽祐三,『민법기초자 호즈미 노부시게론民法起草者 穂積陳重論』, 中央大学出版社, 1995.

24) 穂積重行,『메이지 한 법학자의 출발-호즈미 노부시게를 둘러싸고明治一法学者の出発-穂積陳重をめぐって』, 岩波書店, 1988, 205・219면.

25) 다윈의 진화론에 대한 해설로, 당시 다음과 같은 논문이 있다. 加藤弘之,「인권신설人権新説」, 『메이지문화전집 제2권 자유민권편明治文化全集 第2巻 自由民權編』, 1883.

26) ①「법율육주의法律六主義」(1882), ②「법률도덕의 관계구별法律道徳の関係区別」(1882), ③「법률대오족의 설法律大五族之説」(1884), ④「만법귀일론万法帰一論」(1885), ⑤「법률진화주의法律

進化主義」(1886), ⑥「스펜서씨의 법리학에 대한 공적スペンサー氏の法理学に対する功績」(1887), ⑦
「법률학의 혁명法律学の革命」(1889). ①에서 ⑥까지는『호즈미 노부시게유문집穂積陳重遺文
集』의 제1권, ⑦은 제2권(두 권 모두 이와나미岩波서점, 1932)에 수록되어 있다.

27) 加藤弘之,「광고広告」,『일본근대사상대계 제2권 천황과 화족日本近代思想大系 第2巻 天皇と華族』,
岩波書店, 1988, 148면.

28) "우승열패는 천리이다優勝劣敗是天理矣"라는 글이 크게 적혀 있고 그 아래 "천부인권天賦人権"
이라는 말이 이전 시대를 상징하는 성벽과 함께 "신기루"(371면)처럼 묘사되고 있는 점이
이 글의 주장을 단적으로 말해주고 있다(355면).

29) 교육칙어의 성립사에 관해서는 가이고 토키오미海後宗臣의『교육칙어 성립사 연구教育勅語成
立史の研究』(東京大学出版会, 1965) 및 이나다 마사쓰구稲田正次의『교육칙어 성립 과정 연구教
育勅語成立過程の研究』(講談社, 1971)에서 자세히 알 수 있으며, 이 글에서 교육칙어 성립과 관련
된 기술은 위의 두 서적을 참고했다. 또한 교육칙어와 관련된 중요한 사료는 야마즈미 마사
미山住正己 편,『일본근대사상대계 제6권 교육의 체계日本近代思想大系 第6巻 教育の体系』(岩波書
店, 1990)에 수록되어 있다.

30) 稲田正次,『교육칙어 성립과정 연구教育勅語成立過程の研究』, 講談社, 1971, 159면.

31) 山住正己 편,『일본근대사상대계 제6권 교육의 체계日本近代思想大系 第6巻 教育の体系』, 岩波書
店, 1990, 366・369면.

32) 山住正己 편,『일본근대사상대계 제6권 교육의 체계日本近代思想大系 第6巻 教育の体系』, 岩波書
店, 1990, 372면.

33) 稲田正次,『교육칙어 성립과정 연구教育勅語成立過程の研究』, 講談社, 1971, 171면.

34) 海後宗臣,『교육칙어성립사 연구教育勅語成立史の研究』, 東京大学出版会, 1965, 164면. 그리고
나카무라 마사나오中村正直에 대해서는 이시다 타케시石田雄의「J・S・밀「자유론」과 나카
무라 마사나오 및 옌푸J・S・ミル「自由論」と中村敬宇および厳復」(『일본근대사상사에서 법과 정
치日本近代思想史における法と政治』, 岩波書店, 1976) 등을 참조.

35) 山住正己 편,『일본근대사상대계 제6권 교육의 체계日本近代思想大系 第6巻 教育の体系』, 岩波書
店, 1990, 373면.

36) 稲田正次,『일본헌법성립사日本憲法成立史』 하권, 有斐閣, 1962, 849면.

37) 海後宗臣,『교육칙어 성립사 연구教育勅語成立史の研究』, 東京大学出版会, 1965, 216면; 稲田正
次,『교육칙어 성립과정 연구教育勅語成立過程の研究』, 講談社, 1971, 188면.

38) 山住正己 편,『일본근대사상대계 제6권 교육의 체계日本近代思想大系 第6巻 教育の体系』, 岩波書
店, 1990, 78면.

39) 민권파를 중심으로 한 민간 측 초안에서 '아마테라스오미카미의 황통', '진무천황의 정통',
'만세 일계의 황통' 등의 표현으로 천황 존재의 정당성을 나타낸 초안으로 다음의 것들이
있다. 공존동중초안共存同衆案, 오우메이샤 초안嚶鳴社案, 지쿠젠공애회 초안筑前共愛会案, 오다
다메쓰나 초안小田為綱案, 사와베 세이슈 초안沢辺正修案, 후쿠치 겐이치로 초안福地源一郎案, 치
바 다쿠사부로 초안千葉卓三郎案, 분슌사 초안文詢社案, 효고쿠니헌법강습회 초안兵庫国憲法講習
会案, 기쿠치 도라타로 외 초안菊地虎太郎ほか案, 도카이교쇼 신보 기자 초안東海暁鐘新報記者案,
오노 아즈키 초안小野梓案. 정부 또는 정부요인이 만든 초안으로 다음의 것들이 있다. 원로원

357

안 삼종元老院案三種, 모토다 나가자네 초안元田永孚案, 이노우네 고와시 초안井上毅案, 야마다 아키요시 초안山田顕義案이 있다. '아마테라스오미카미의 황통'이라는 표현을 찾을 수 없는 초안으로는 다케시타 야헤이 초안竹下弥平案, 사쿠라이 시즈카 초안桜井静案, 야마기와 시치지 초안山際七司案, 나가타 가즈지 초안永田一二案, 나이토 로이치 초안內藤魯一案, 우에키 에모리 초안植木枝盛案, 릿시샤 초안立志社案, 무라마쓰 아이조 초안村松愛藏案, 소아이 사원 초안相愛社員案, 오야기쓰지카오 초안小柳津親雄案(이상, 민권파를 중심으로 한 민간측의 초안), 아오키 슈조 초안靑木周藏案, 니시 아마네 초안西周案(이상 정부관계자의 초안) 등 대부분 소수파의 초안이다. 여러 헌법 초안에 대해서는 다음 두 권의 사료집을 참조했다. 家永三郎·松永昌三·江村栄一編, 『메이지 초기의 헌법구상明治前期医の憲法構想』 増訂版第二版(福村出版, 1987); 江村栄一編, 『일본사상대계 제9권 헌법구상日本近代思想大系 第9巻 憲法構想』(岩波書店, 1989).

40) 권해에 대해서는 다음의 논문을 참조했다. 林真貴子, 「권해제도 소멸 경위와 그 논리勧解制度消滅の経緯とその論理」, 『판대법학阪大法学』 48권 1호, 1996; 林真貴子, 「분쟁해결제도 형성에서 권해의 역할紛争解決制度形成過程における勧解前置の役割」, 『판대법학阪大法学』 46권 6호, 1997; 林真貴子, 「권해에서 독촉 과정으로 변화ー가장 많이 이용된 분쟁해결제도의 고찰勧解から督促手続への変化ー最も利用された紛争解決制度の考察」, 『법제사연구法制史研究』, 1999, 48면.

41) 민사소송법전 편찬과정에서 작성된 「위원수정민사소송규칙委員修正民事訴訟規則」(『일본근대입법자료총서 제24권日本近代立法資料叢書 第24巻』, 商事法務研究会)을 참조

42) 日本法理研究会, 『메이지 초기의 재판을 이야기하다明治初期の裁判を語る』, 日本法理叢書別冊四, 1942, 29면.

43) 이 점에 관해서는 이 글에서 기술한 보아소나드의 성법론(vi)을 참조

44) 海後宗臣, 『교육칙어 성립사 연구教育勅語成立史の研究』, 東京大学出版会, 1965, 151면.

45) 『메이지문화전집 제2권 자유민권편明治文化全集 第2巻 自由民権編』, 日本評論社, 1927, 385면.

46) 가토 히로유키加藤弘之는 천부인권론자였던 시점부터 '아마테라스오미카미의 도'의 신봉자였다(『메이지문화전집 제2권 자유민권편明治文化全集 第2巻 自由民権編』, 日本評論社, 1927, 92면, 참조). 여기에는 이 글에서 기술한 자유민권운동이 일으킨 여러 헌법초안이 '아마테라스오미카미와 천황' 의 '천' 사상을 이미 배태하였다는 사실과 공통된 문제가 존재한다. 이 문제는 일본에서 서구 자연법사상의 수용방식 안에 이미 이 사상이 부정되어 가는 계기가 존재했다는 것을 말한다. 이 문제에 관해서는 이시다 타케시石田雄, 『일본근대사상사의 법과 정치日本近代思想史における法と政治』(岩波書店, 1976) 가운데 특히 3장 및 4장을 참조 바란다. 나는 이시다 타케시의 문제의식을 공유하지만 이 문제를 밝혀낸다면 검토할 과제는 단순하게 자유민권 시기의 사람들의 서구자연법 사상의 수용방식의 문제를 넘어서, 막번제도 시대의 국제 및 규정된 법관념 문제까지 거슬러 올라가며, 나아가 7세기 말 율령천황제국가의 성립 문제까지 소급해야할 것이다. 이 점에 관해서는 미즈바야시 타케시水林彪, 「원형(고층)론과 고대정치사상론原形(古層)論と古代政治思想論」, 大隅和雄·平石直昭編, 『마루야마 마사오 사상사학의 지평丸山真男思想史学の地平』, 페리칸社, 2002을 참조 바란다.

47) 『일본사상대계 제21권 중세정치사회사상日本思想大系 第21巻 中世政治社会思想 上』, 岩波書店, 1972, 36면.

48) 『마루야마 마사오강의록丸山真男講義録』 제5권, 東京大学出版会, 1999, 101면.

윤리화의 과정

1) 비토 마사히데尾藤正英, 『일본문화의 역사日本文化の歴史』, 岩波新書, 2000.

2) 비토 마사히데尾藤正英, 『일본문화의 역사日本文化の歴史』, 岩波新書, 2000, 126면; 尾藤正英, 「일본 국민 종교의 성립日本における国民的宗教の成立」, 『에도 시대란 무엇인가ー일본사의 근세와 근대江戸時代とはなにかー日本史上の近世と近代』, 岩波書店, 1992를 참조. 또한 비토 마사히데의 발상에 유교를 가미하여 서술한 것은 구로즈미 마코토黒住真의 「유학과 근세 일본사회儒学と近世日本社会」, 『이와나미강좌 일본통사 제13권 근세 3岩波講座 日本通史 第13巻 近世3』(岩波書店, 1994)과 「근세 일본사상사에서 불교의 위치近世日本思想史における仏教の位置」, 『일본의 불교日本の仏教』1(法蔵館, 1994)가 있다.

3) 이러한 상황의 일단을 미주2에 나온 구로즈미 마코토도 「유학과 근세 일본사회儒学と近世日本社会」에서 언급하고 있다. 또한 네트워크나 출판 상황에 대해서는 고야스 노부쿠니子安宣邦가 편집한 『에도의 사상 제5호 독서의 사회사江戸の思想 第5号 読書の社会史』(ペリカン社, 1996) 참조.

4) 「촌철록寸鉄録」, 『일본사상대계 제28권 후지와라 세이카・하야시 라잔日本思想大系 第28巻 藤原惺窩・林羅山』, 岩波書店, 21・25면.

5) 「촌철록寸鉄録」, 『일본사상대계 제28권 후지와라 세이카・하야시 라잔日本思想大系 第28巻 藤原惺窩・林羅山』, 岩波書店, 29면.

6) 「대학요략大学要略」, 『일본사상대계 제28권 후지와라 세이카・하야시 라잔日本思想大系 第28巻 藤原惺窩・林羅山』, 岩波書店, 54・55・61・63~65면.

7) 「대학요략大学要略」, 『일본사상대계 제28권 후지와라 세이카・하야시 라잔日本思想大系 第28巻 藤原惺窩・林羅山』, 岩波書店, 69면.

8) 「삼덕초三徳抄」, 『일본사상대계 제28권 후지와라 세이카・하야시 라잔日本思想大系 第28巻 藤原惺窩・林羅山』, 岩波書店, 152~154・159・161・173~181면.

9) 「삼덕초三徳抄」, 『일본사상대계 제28권 후지와라 세이카・하야시 라잔日本思想大系 第28巻 藤原惺窩・林羅山』, 岩波書店, 181면.

10) 구로다 토시오黒田俊雄, 『일본 중세의 국가와 종교日本中世の国家と宗教』(岩波書店, 1975)와 『절・신사 세력ー또 하나의 중세사회寺社勢力もう一つの中世社会』(岩波新書, 1980)의 '현밀顕密' 체제론을 참조할 것.

11) 이에 대해서는 다마카케 히로유키玉懸博之의 『일본 중세사상사 연구日本中世思想史研究』(ペリかん社, 1998) 참조. 신황정통기神皇正統記에 대해서는 124・182면, 바이쇼론梅松論에 대해서는 142~181면, '하늘'에 대해서는 142면 등 참조. 또 부분성에 대해서는 같은 책 117・143면 참조.

12) 천도사상의 변용에 대해서는 이시게 타다시石毛忠, 「전국・아쓰지모모야마 시대의 윤리사상戦国・安土桃山時代の倫理思想ー天道思想の展開」, 『일본 윤리사상의 전개日本における倫理思想の展開』, 吉川弘文館, 1967; 石毛忠, 「에도 시대 초기 '천'의 사상江戸時代初期における天の思想」, 『일본 사상사연구日本思想史研究』2, 1968 참조.

13) 「삼덕초三徳抄」, 『일본사상대계 제28권 후지와라 세이카・하야시 라잔日本思想大系 第28巻 藤原

惺窩 · 林羅山』, 岩波書店, 153면.

14) 「기요미즈 모노가타리清水物語」, 『신일본문학고전대계 74권 가나조시집新日本古典文学大系 74 仮名草子集』, 岩波書店, 143면.

15) 「기요미즈 모노가타리清水物語」, 『신일본문학고전대계 74권 가나조시집新日本古典文学大系 74 仮名草子集』, 岩波書店, 168면.

16) 「기요미즈 모노가타리清水物語」, 『신일본문학고전대계 74권 가나조시집新日本古典文学大系 74 仮名草子集』, 岩波書店, 189면.

17) 「기요미즈 모노가타리清水物語」, 『신일본문학고전대계 74권 가나조시집新日本古典文学大系 74 仮名草子集』, 岩波書店, 148면.

18) 「기요미즈 모노가타리清水物語」, 『신일본문학고전대계 74권 가나조시집新日本古典文学大系 74 仮名草子集』, 岩波書店, 167~169면.

19) 「기요미즈 모노가타리清水物語」, 『신일본문학고전대계 74권 가나조시집新日本古典文学大系 74 仮名草子集』, 岩波書店, 145면.

20) 「기요미즈 모노가타리清水物語」, 『신일본문학고전대계 74권 가나조시집新日本古典文学大系 74 仮名草子集』, 岩波書店, 148면.

21) 「기요미즈 모노가타리清水物語」, 『신일본문학고전대계 74권 가나조시집新日本古典文学大系 74 仮名草子集』, 岩波書店, 149면.

22) 도道가 누구에게나 요구되는 보편적인 동시에 개별적인 것이기도 하다는 논지는 나카에 후지키中江藤樹, 이토 진사이伊藤仁斎, 이시다 바이간石田梅岩 등이 한 논의의 주요 주제이다.

23) 「기요미즈 모노가타리清水物語」, 『신일본문학고전대계 74권 가나조시집新日本古典文学大系 74 仮名草子集』, 岩波書店, 189면.

24) 「기요미즈 모노가타리清水物語」, 『신일본문학고전대계 74권 가나조시집新日本古典文学大系 74 仮名草子集』, 岩波書店, 189면.

25) 「기요미즈 모노가타리清水物語」, 『신일본문학고전대계 74권 가나조시집新日本古典文学大系 74 仮名草子集』, 岩波書店, 190면.

26) 「기요미즈 모노가타리清水物語」, 『신일본문학고전대계 74권 가나조시집新日本古典文学大系 74 仮名草子集』, 岩波書店, 189면.

27) 「기요미즈 모노가타리清水物語」, 『신일본문학고전대계 74권 가나조시집新日本古典文学大系 74 仮名草子集』, 岩波書店, 157면.

28) 「기요미즈 모노가타리清水物語」, 『신일본문학고전대계 74권 가나조시집新日本古典文学大系 74 仮名草子集』, 岩波書店, 199면.

29) 「기요미즈 모노가타리清水物語」, 『신일본문학고전대계 74권 가나조시집新日本古典文学大系 74 仮名草子集』, 岩波書店, 146면.

30) 「기요미즈 모노가타리清水物語」, 『신일본문학고전대계 74권 가나조시집新日本古典文学大系 74 仮名草子集』, 岩波書店, 191면.

31) 가나조시인 이 책은 16세기 말엽부터 백 년 정도 유포되었는데 인쇄본도 나왔다. 『근세 조닌 사상近世町人思想』(中村幸彦校注, 『일본사상대계 제59권 근세조닌사상日本思想大系 59 近世町人 思想』, 岩波書店, 1975)의 나카무라 해설, 409면.

360

32) 『일본사상대계 제59권 근세조닌사상日本思想大系 59 近世町人思想』, 岩波書店, 8면.

33) 『일본사상대계 제59권 근세조닌사상日本思想大系 59 近世町人思想』, 岩波書店, 227면.

34) 「서序」, 『일본사상대계 제59권 근세조닌사상日本思想大系 59 近世町人思想』, 岩波書店.

35) 『일본사상대계 제59권 근세조닌사상日本思想大系 59 近世町人思想』, 岩波書店, 232면.

36) 『일본사상대계 제59권 근세조닌사상日本思想大系 59 近世町人思想』, 岩波書店, 232면.

37) 전국시대 무가의 가훈에는 산용算用이 종종 등장하는데 그중 인상적인 것은 「다코토키타카가훈多胡辰敬家訓」(小沢富夫編, 『무가의 가훈・유훈 집성武家家訓・遺訓集成』, ぺりかん社, 1998 수록)이다. 읽기, 쓰기, 산수의 교육은 당연히 지적인 사고와 기록 능력을 향상시켰으며 인쇄기술이 그것을 가속화했다. 문자처리와 인간의 지각기관 발달과의 관련에 대해서는 구로즈미 마코토, 「정보사로부터 본 인간의 변용情報史からみた人間の変容」(島薗進・越智貢編, 『정보사회의 문화4, 심정의 변화情報社会の文化 4 心情の変化』, 東京大学出版会, 1998) 참조

38) 『본좌록本佐録』은 17세기 전반에 쓴 것으로 여겨짐. 『일본사상대계 제28권 후지와라 세이카・하야시 라잔日本思想大系 第28巻 藤原惺窩・林羅山』, 岩波書店, 277면. 나라의 주인国土 이하도 같은 책 285면. 『본좌록』에 관해서는 黒住真, 「유학과 근세 일본사회儒学と近世日本社会」, 『이와나미강좌 일본통사 제13권 근세3岩波講座 日本通史 第13巻 近世3』, 岩波書店, 1994 참조.

39) 『일본사상대계 제28권 후지와라 세이카・하야시 라잔日本思想大系 第28巻 藤原惺窩・林羅山』, 岩波書店, 269면 이하.

40) 『일본사상대계 제28권 후지와라 세이카・하야시 라잔日本思想大系 第28巻 藤原惺窩・林羅山』, 岩波書店, 277면.

41) 『일본사상대계 제28권 후지와라 세이카・하야시 라잔日本思想大系 第28巻 藤原惺窩・林羅山』, 岩波書店, 291면.

42) 『일본사상대계 제28권 후지와라 세이카・하야시 라잔日本思想大系 第28巻 藤原惺窩・林羅山』, 岩波書店, 296면.

43) 『일본사상대계 제28권 후지와라 세이카・하야시 라잔日本思想大系 第28巻 藤原惺窩・林羅山』, 岩波書店, 296~298면.

44) 『일본사상대계 제28권 후지와라 세이카・하야시 라잔日本思想大系 第28巻 藤原惺窩・林羅山』, 岩波書店, 岩波書店, 298면.

45) 『도쇼구 유훈東照宮御遺訓』 및 그 원형에 관한 책에 대해서는 히라노 요시노리平野寿則가 쓴 「『도쇼구 유훈』과『이노우에카즈에노카미 각서』에 관해東照宮御遺訓』と『井上主計頭覚書』について」, ぺりかん社, 1996. 헤르만・오-ㅁ스, 大桑斉編, 『심포지움 도쿠가와이데올로기シンポジウム德川イデオロギー』, ぺりかん社, 1996 참조

46) 黒住真, 「유학과 근세 일본사회儒学と近世日本社会」, 『이와나미강좌 일본통사 제13권 근세3岩波講座 日本通史 第13巻 近世3』, 岩波書店, 1994, 286면.

47) 「본좌록本佐録」, 『일본사상대계 제28권 후지와라 세이카・하야시 라잔日本思想大系 第28巻 藤原惺窩・林羅山』, 岩波書店, 293~294면.

48) 「본좌록本佐録」, 『일본사상대계 제28권 후지와라 세이카・하야시 라잔日本思想大系 第28巻 藤原惺窩・林羅山』, 岩波書店, 281・294면.

49) 「기요미즈 모노가타리清水物語」, 『신일본문학고전대계 74권 가나조시집新日本古典文学大系 74

361

仮名草子集』, 岩波書店, 305면.

50) 「기요미즈 모노가타리淸水物語」, 『신일본문학고전대계 74권 가나조시집新日本古典文學大系 74 仮名草子集』, 岩波書店, 307면.

51) 「기요미즈 모노가타리淸水物語」, 『신일본문학고전대계 74권 가나조시집新日本古典文學大系 74 仮名草子集』, 岩波書店, 308면.

52) 『일본사상대계 제28권 후지와라 세이카・하야시 라잔日本思想大系 第28卷 藤原惺窩・林羅山』, 岩 波書店, 281면.

53) 『일본사상대계 제28권 후지와라 세이카・하야시 라잔日本思想大系 第28卷 藤原惺窩・林羅山』, 岩 波書店, 245면.

54) 『일본사상대계 제28권 후지와라 세이카・하야시 라잔日本思想大系 第28卷 藤原惺窩・林羅山』, 岩 波書店, 245~246면.

55) 「심학오륜서心學五倫書」, 『일본사상대계 제28권 후지와라 세이카・하야시 라잔日本思想大系 第28卷 藤原惺窩・林羅山』, 岩波書店, 259면.

56) 『일본사상대계 제28권 후지와라 세이카・하야시 라잔日本思想大系 第28卷 藤原惺窩・林羅山』, 岩 波書店, 259~260・292면.

57) 「예수회 일본연보イエズス会日本年報」, 1585.8.27.

58) 1651년 유포본.

59) 『신도사상집神道思想集』, 筑摩書房, 1970년, 190・195면.

60) 『신도사상집神道思想集』, 筑摩書房, 1970년, 216면.

61) 「대신궁신도혹문大神宮神道或問」.

62) 「1640년 서문」, 『일본사상대계 제28권 후지와라 세이카・하야시 라잔日本思想大系 第28卷 藤原 惺窩・林羅山』, 岩波書店,

63) 『일본사상대계 제28권 후지와라 세이카・하야시 라잔日本思想大系 第28卷 藤原惺窩・林羅山』, 岩 波書店, 305면.

64) 『일본사상대계 제28권 후지와라 세이카・하야시 라잔日本思想大系 第28卷 藤原惺窩・林羅山』, 岩 波書店, 313면.

65) 『일본사상대계 제28권 후지와라 세이카・하야시 라잔日本思想大系 第28卷 藤原惺窩・林羅山』, 岩 波書店, 316면.

66) 『일본사상대계 제28권 후지와라 세이카・하야시 라잔日本思想大系 第28卷 藤原惺窩・林羅山』, 岩 波書店, 329면.

67) 『일본사상대계 제28권 후지와라 세이카・하야시 라잔日本思想大系 第28卷 藤原惺窩・林羅山』, 岩 波書店, 312・314면.

68) 『일본사상대계 제28권 후지와라 세이카・하야시 라잔日本思想大系 第28卷 藤原惺窩・林羅山』, 岩 波書店, 304면.

69) 『일본사상대계 제28권 후지와라 세이카・하야시 라잔日本思想大系 第28卷 藤原惺窩・林羅山』, 岩 波書店, 313면.

70) 『일본사상대계 제28권 후지와라 세이카・하야시 라잔日本思想大系 第28卷 藤原惺窩・林羅山』, 岩 波書店, 325면.

362

71) 『일본사상대계 제28권 후지와라 세이카・하야시 라잔日本思想大系 第28巻 藤原惺窩・林羅山』, 岩波書店, 328면.

72) 1630~1710년대 간행되어 유포되었음. 『가나조시 집성仮名草子集成』 제22권, 東京堂出版, 1998.

73) 『가나조시 집성仮名草子集成』 제22권, 東京堂出版, 1998, 49면.

74) 『가나조시 집성仮名草子集成』 제22권, 東京堂出版, 1998, 50면.

75) 大我, 「서장」, 『삼이훈三藝訓』, 1758.

76) 「삼이훈三藝訓」, 『일본사상대계 제57권 근세 불교의 사상日本思想大系 57 近世仏教の思想』, 岩波書店, 21면.

77) 「삼이훈三藝訓」, 『일본사상대계 제57권 근세 불교의 사상日本思想大系 57 近世仏教の思想』, 岩波書店, 22~23면.

78) 「기온 모노가타리祇園物語」, 『신일본문학고전대계 74권 가나조시집新日本古典文学大系 74 仮名草子集』, 岩波書店, 70면.

79) 「기온 모노가타리祇園物語」, 『신일본문학고전대계 74권 가나조시집新日本古典文学大系 74 仮名草子集』, 岩波書店, 19면.

80) 「기온 모노가타리祇園物語」, 『신일본문학고전대계 74권 가나조시집新日本古典文学大系 74 仮名草子集』, 岩波書店, 70면.

81) 「기온 모노가타리祇園物語」, 『신일본문학고전대계 74권 가나조시집新日本古典文学大系 74 仮名草子集』, 岩波書店, 51・57면.

82) 「기온 모노가타리祇園物語」, 『신일본문학고전대계 74권 가나조시집新日本古典文学大系 74 仮名草子集』, 岩波書店, 69면.

83) 「기온 모노가타리祇園物語」, 『신일본문학고전대계 74권 가나조시집新日本古典文学大系 74 仮名草子集』, 岩波書店, 69면.

84) 「기온 모노가타리祇園物語」, 『신일본문학고전대계 74권 가나조시집新日本古典文学大系 74 仮名草子集』, 岩波書店, 69면.

85) 「만민덕용万民徳用」, 『스즈키 쇼산 도인전집鈴木正三道人全集』, 山喜房仏書林, 1962, 64면.

86) 「기독교비판破切支丹」, 『스즈키 쇼산 도인전집鈴木正三道人全集』, 山喜房仏書林, 1962, 132면.

87) 「아시와케오부네排蘆小舟」, 『모토오리 노리나가 전집本居宣長全集』 제2권, 筑摩書房, 1968, 25면. 1757년 무렵 저술.

88) 「아시와케오부네排蘆小舟」, 『모토오리 노리나가 전집本居宣長全集』 제2권, 筑摩書房, 1968, 8면.

89) 「아시와케오부네排蘆小舟」, 『모토오리 노리나가 전집本居宣長全集』 제2권, 筑摩書房, 1968, 26면.

90) 『모토오리 노리나가 전집本居宣長全集』 제2권, 筑摩書房, 1968, 166면.

91) 『모토오리 노리나가 전집本居宣長全集』 제2권, 筑摩書房, 1968, 45・174면.

92) 「아시와케오부네排蘆小舟」, 『모토오리 노리나가 전집本居宣長全集』 제2권, 筑摩書房, 1968, 4면.

93) 「아시와케오부네排蘆小舟」, 『모토오리 노리나가 전집本居宣長全集』 제2권, 筑摩書房, 1968, 5면.

94) 「아시와케오부네排蘆小舟」, 『모토오리 노리나가 전집本居宣長全集』 제2권, 筑摩書房, 1968, 3면.

95) 『모토오리 노리나가 전집本居宣長全集』 제2권, 筑摩書房, 1968, 151면.

96) 『모토오리 노리나가 전집本居宣長全集』 제2권, 筑摩書房, 1968, 37면.

97) 『모토오리 노리나가 전집本居宣長全集』제2권, 筑摩書房, 1968, 159면.

98) 『모토오리 노리나가 전집本居宣長全集』제2권, 筑摩書房, 1968, 165면.

99) 『모토오리 노리나가 전집本居宣長全集』제2권, 筑摩書房, 1968, 174・166면.

100) 「칡꽃くず花」, 野口武彦 편,『노리나가 선집宣長選集』, 筑摩叢書, 1986, 188면.

101) 「나오비노타마直毘靈」, 野口武彦 편,『노리나가 선집宣長選集』, 筑摩叢書, 1986, 62~63면.

102) "마음만 진실하다면 굳이 빌지 않더라도 신의 가호가 있을 것이다." 이 노래에 대한 모토오리 노리나가의 비판에 대해서는, 마에다 쓰토무前田勉가 쓴「노리나가에게 '마음만' 논리의 부정—스이카신도와 노리나가의 관계宣長における「心だに」の論理の否定—垂加神道と宣長の關係」(『일본사상사학日本思想史学』제30호, 1998.9)에 자세히 나와 있어 이 글을 집필할 때 많은 도움을 얻었다. 다만, 노리나가가 그 주장을 스이카신도垂加神道와 대비해서 하고 싶었는지에 대해서는 의문이 남는다.

103) 本居宣長,『다마카쓰마玉勝間』9권, 岩波文庫.

104) 『일본사상대계 제50권 히라타 아쓰타네・반노부토모・오쿠니 다카마사日本思想大系 第50巻 平田篤胤・伴信友・大国隆正』, 岩波書店, 134면.

105) 『일본사상대계 제50권 히라타 아쓰타네・반노부토모・오쿠니 다카마사日本思想大系 第50巻 平田篤胤・伴信友・大国隆正』, 岩波書店, 137면.

106) 『일본사상대계 제50권 히라타 아쓰타네・반노부토모・오쿠니 다카마사日本思想大系 第50巻 平田篤胤・伴信友・大国隆正』, 岩波書店, 138면.

107) 『논어論語』,「선진편先進篇」.

108) 『일본사상대계 제50권 히라타 아쓰타네・반노부토모・오쿠니 다카마사日本思想大系 第50巻 平田篤胤・伴信友・大国隆正』, 岩波書店, 168면.

109) 『논어論語』,「팔일편八佾篇」.

110) 『일본사상대계 제50권 히라타 아쓰타네・반노부토모・오쿠니 다카마사日本思想大系 第50巻 平田篤胤・伴信友・大国隆正』, 岩波書店, 165면.

111) 『일본사상대계 제50권 히라타 아쓰타네・반노부토모・오쿠니 다카마사日本思想大系 第50巻 平田篤胤・伴信友・大国隆正』, 岩波書店, 148면.

112) 『일본사상대계 제50권 히라타 아쓰타네・반노부토모・오쿠니 다카마사日本思想大系 第50巻 平田篤胤・伴信友・大国隆正』, 岩波書店, 139면.

113) 『일본사상대계 제50권 히라타 아쓰타네・반노부토모・오쿠니 다카마사日本思想大系 第50巻 平田篤胤・伴信友・大国隆正』, 岩波書店, 134・139면.

114) 『일본사상대계 제50권 히라타 아쓰타네・반노부토모・오쿠니 다카마사日本思想大系 第50巻 平田篤胤・伴信友・大国隆正』, 岩波書店, 134면.

115) 『일본사상대계 제50권 히라타 아쓰타네・반노부토모・오쿠니 다카마사日本思想大系 第50巻 平田篤胤・伴信友・大国隆正』, 岩波書店, 139면.

116) 『일본사상대계 제50권 히라타 아쓰타네・반노부토모・오쿠니 다카마사日本思想大系 第50巻 平田篤胤・伴信友・大国隆正』, 岩波書店, 156・140・145면.

117) 『일본사상대계 제50권 히라타 아쓰타네・반노부토모・오쿠니 다카마사日本思想大系 第50巻 平田篤胤・伴信友・大国隆正』, 岩波書店, 142면.

118) 『일본사상대계 제50권 히라타 아쓰타네・반 노부토모・오쿠니 다카마사日本思想大系 第50卷 平田篤胤・伴信友・大国隆正』, 岩波書店, 136면.

119) 『일본사상대계 제50권 히라타 아쓰타네・반 노부토모・오쿠니 다카마사日本思想大系 第50卷 平田篤胤・伴信友・大国隆正』, 岩波書店, 142면.

120) 『일본사상대계 제50권 히라타 아쓰타네・반 노부토모・오쿠니 다카마사日本思想大系 第50卷 平田篤胤・伴信友・大国隆正』, 岩波書店, 157면.

121) 『일본사상대계 제50권 히라타 아쓰타네・반 노부토모・오쿠니 다카마사日本思想大系 第50卷 平田篤胤・伴信友・大国隆正』, 岩波書店, 154면.

122) 『일본사상대계 제50권 히라타 아쓰타네・반 노부토모・오쿠니 다카마사日本思想大系 第50卷 平田篤胤・伴信友・大国隆正』, 岩波書店, 160면.

123) 『일본사상대계 제50권 히라타 아쓰타네・반 노부토모・오쿠니 다카마사日本思想大系 第50卷 平田篤胤・伴信友・大国隆正』, 岩波書店, 141면.

124) 『일본사상대계 제50권 히라타 아쓰타네・반 노부토모・오쿠니 다카마사日本思想大系 第50卷 平田篤胤・伴信友・大国隆正』, 岩波書店, 123면.

125) 『일본사상대계 제50권 히라타 아쓰타네・반 노부토모・오쿠니 다카마사日本思想大系 第50卷 平田篤胤・伴信友・大国隆正』, 岩波書店, 128면.

126) 히라타 아쓰타네가 추구하던 생사관념은 메이지 이후의 종교체제에서 충분히 확립되지 못했다. 아쓰타네의 동기에 관해서는 黒住真・金泰昊, 「국학의 생사공간과 혼의 향방国学の 死生空間と魂の行くえ」, 関根清三 편, 『생사관념과 생명윤리死生観と生命倫理』, 東京大学出版会, 1999 참조.

127) 여기에서는 초기 크리스찬, 일련종 불수불시파不受不施派 이래의 흐름, 여래교如来教의 잇손 뇨라이키노一尊如来きの(1756~1826), 오모토교大本教의 데구치 나오出口なお(1873~1918)등 을 상정하고 있다.

근세 후기 촌락사회의 조직과 가족・아이・젊은이

1) 오하라 유가쿠 연구의 원전으로 삼을 만한 것은 田尻稲次郎 편, 『도덕경제조화의 큰 은인/농촌경제상 미문의 업적 유가쿠 전서道徳経済調和之大恩人/農村経営上末聞之偉績 幽学全書』(大正書院, 1917)와 지바현千葉県교육회 편, 『오하라 유가쿠 전집大原幽学全集』(1943)의 전서・전집이 있다. 유가쿠 전서는 다이쇼 초기의 지방개량운동, 유가쿠 전집은 전시체제의 애국심 고양이라는 시대의 요청으로 인해 자의적으로 편찬되었다는 것을 부인할 수 없다. 이 때문에 자료의 선택과 발췌, 번각에서 나타나는 오식은 그렇다 치더라도 의문스러운 부분이 많다. 전후 나카이 노부히코中井信彦의 『오하라 유가쿠大原幽学』(吉川弘文館, 1963)의 뛰어난 인물사 연구와 기무라 모토이木村礎 편 『오하라 유가쿠와 그 주변大原幽学とその周邊』(八木書店, 1981)의 기반이 되었던 촌락사회를 포함한 대규모이자 다방면의 종합연구가 나타났지만, 전서・전집이 가진 문제를 완전히 극복했다고는 말하기 어렵다. 이 글에서는 가능한 한 일차자료를 섭렵하고, 원자료에 초점을 맞추어 조사・분석하고자 했다.

2) 나카이 노부히코中井信彦의 『오하라 유가쿠大原幽学』(吉川弘文館, 1963)에 자세하게 나타나

있다.
3) 「덴포 7년 시월 연중 계약서天保七申十月連中誓約書」.

4) 「다변가의 글口まめ草」, 『오하라 유가쿠 전집大原幽学全集』, 千葉県教育会, 1943.

5) 「엔도가의 교도소 청원서 초안遠藤教導所願書下書」, 다카마쓰高松가의 문서에도 거의 같은 내용인 「시모후사노쿠니 나가베 마을 교도소 청원서 초고下総国長部村教導所取建願書草稿」가 있다.

6) 엔도가 문서遠藤家文書「관청에 서면으로 말씀 올립니다御尋ニ付以書付奉申上候」.

7) 다카마쓰가 문서高松家文書, 高松彦三郎, 「도가와 나카쓰카사쇼우 님에게 올립니다御目付戸川中務少輔殿江差出候草稿」. 이에 덧붙여서 예전부터 벌목꾼으로 생업을 이어갔던 가에몬嘉右衛門의 개심改心 재건책의 활동을 뽑아 설명했다.

8) 위의 글.

9) 벌목꾼을 생업으로 삼느라 집을 나갔던 데에 대해서는 자세하게 분석할 수 없지만, 조소常総 지역, 도네가와利根川, 가스미가우라霞ヶ浦 일대에서 융성했던 간장 양조업과 관련있다고 생각해볼 수 있다. 양조와 운반용의 나무통樽, 연료용 장작과 숯, 도네가와 주운舟運의 건조建造 등으로 인해 목재 시장이 활성화되었기 때문이다.

10) 엔도가 문서遠藤家文書「관청에 서면으로 말씀 올립니다御尋ニ付以書付奉申上候」.

11) 나가베 마을의 센조구미아이에 대해서는 나카이 노부히코中井信彦, 『오하라 유가쿠大原幽学』(吉川弘文館, 1963); 센조구미아이 전반에 대해서는 와타나베 다카이渡辺隆喜, 「센조구미아이와 세가쿠금융先祖組合と性学金融」(기무라 모토이木村礎 편, 『오하라 유가쿠와 그 주변大原幽学とその周邊』, 八本書店, 1981)에 상세히 나와 있다.

12) 「의정 이후의 시말서議定仕候以来の始末書」, 『오하라 유가쿠 전집大原幽学全集』, 千葉県教育会, 1943, 274~275면.

13) 「덴포 12년의 여러 일기天保十二年種種日記」.

14) 「다변가의 글口まめ草」, 『오하라 유가쿠 전집大原幽学全集』, 千葉県教育会, 1943.

15) 小笠原長和・屈江俊次・池田広樹・川名登, 「도소와 오하라유가쿠東総農村と大原幽学」, 『지바대학문화과학기요千葉大学文化科学紀要』5, 1963.

16) 엔도가 문서遠藤家文書. 佐藤常雄他編, 『일본농서전집 63권 농촌진흥日本農書全集 63巻 農村振興』, 農山漁村文化協会, 1995에 松沢和彦가 수록해놓았다.

17) 대회에 참가했던 엔도 료스케(11세)가 기록한 「덴포 12년 축 윤정월 1일 아이들대회일기天保・十二年丑 閏正月廿一日子供大会日記」와 오하라 유가쿠 자신이 기록한 「죽마친목竹馬睦」이 있다.

18) 엔도가 문서, 「가에이 5년 11월 1일 나가누마구미 아이들대회 부조금 정산嘉永五子年十一月朔日長沼組子供扶持差引帳」.

19) 「덴포 14년 계묘생 인명록天保十四年癸卯蔵人名録」.

20) 가이신로난입사건부터 에도소송, 자결에 대해서는 高橋敏, 「오하라 유가쿠와 가이신로난입사건-'우시와타 마을사건'의 진상大原幽学と改心楼乱入事件-'牛渡村一件'の真相」, 田中彰 編, 『막부 말 유신의 사회와 사상幕末維新の社会と思想』(吉川弘文館, 1999), 高橋敏, 「오하라 유가쿠와 에도소송大原幽学と江戸訴訟」, 『역사학연구歴史学研究』717호, 1998.11; 이후에는 歴史学研究

会 編,『분쟁과 소송의 문화사紛争と訴訟の文化史』, 青木書店, 2000에서 상세히 논했다.

도시문화 안의 성聖과 성性

1) 이하 지카마쓰近松 글의 인용은 『일본고전문학대계 제49권 지카마쓰 조루리집 상日本古典文学大系 第49巻 近松浄瑠璃集 上』, 岩波書店, 1958년을 따른다.
2) 吉田伸之,『근세 거대도시의 사회구조近世巨大都市の社会構造』, 東京大学出版会, 1992.
3) 仁木宏,『공간・공・공동체空間・公・共同体』, 青木書店, 1997.
4) 玉井哲雄,「도시의 계획과 건설都市の計画と建設」,『이와나미강좌 일본통사 제11권 근세 1岩波講座 日本通史 第11巻 近世1』, 岩波書店, 1993.
5) 小路田泰直,「심포지움을 시작하면서シンポジウムをはじめるにあたって」,『역사와 방법 2 도시와 언설歴史と方法2 都市と言説』, 青木書店, 1998.
6) 花田達朗,「도시・공공권・미디어의 트리플렉스都市・公共圏・メディアのトリプレクス」,『역사와 방법 2 도시와 언설歴史と方法2 都市と言説』, 青木書店, 1998.
7) 若林幹夫,『도시의 비교사회학都市の比較社会学』, 岩波書店, 2000.
8) 倉地克直,「근세도시문화론近世都市文化論」,『강좌 일본역사講座日本歴史』5, 東京大学出版会, 1985.
9) 宮沢誠一,「조닌 문화의 형성町人文化の形成」,『이와나미강좌 일본통사 제12권 근세2岩波講座 日本通史 第12巻 近世2』, 岩波書店, 1994.
10) 宮沢誠一,「겐로쿠 문화의 정신구조元禄文化の精神構造」,『강좌 일본근세사4 겐로쿠—교호기의 정치와 사회講座 日本近世史4 元禄—享保期の政治と社会』, 有斐閣, 1980.
11) 大桑斉,「불교적 세계로서의 근대仏教的世界としての近世」,『계간 일본사상사季刊 日本思想史』48호, ぺりかん社, 1996.
12) 黒住真,「유학과 근세 일본사회儒学と近世日本社会」,『이와나미강좌 일본통사 제13권 근세 3岩波講座 日本通史 第13巻 近世3』, 岩波書店, 1994.
13) 黒住真,「근세 일본 사상사에서 불교의 위치近世日本思想史における仏教の位置」,『일본의 불교日本の仏教』1, 法蔵館, 1994.
14) 安丸良夫,『근대 천황상의 형성近代天皇像の形成』, 岩波書店, 1992.
15) 山室恭子,『고몬사마와 이누쿠보黄門さまと犬公方』, 文春新書, 1999.
16) 高埜利彦,『집영사판 일본의 역사 13 겐로쿠・교호의 시대集英社版 日本の歴史13 元禄・享保の時代』, 集英社, 1992.
17) 塚本学,『생명을 둘러싼 정치生類をめぐる政治』, 平凡社, 1983.
18) 三緑山志, 巻7檀林, 성 내 법문.
19) 高田衛,『신편 에도의 퇴마사新編江戸の悪霊祓い師』, ちくま文芸文庫, 1994.
20) 高田衛,『신편 에도의 퇴마사新編江戸の悪霊祓い師』, ちくま文芸文庫, 1994.
21) 大桑斉,「『송평순종개운록松平崇宗開運録』각서覚書」,『근세의 불교치국론에 대한 사료적 연구近世における仏教治国論の史料的研究』, 헤이세이 10-11년도 과학연구비 보조금 연구성과보고서(연구대표자大桑斉), 2000.

367

22) 『신일본 고전문학대계 제75권 도기보코新日本古典文学大系 第75巻 伽婢子』, 岩波書店, 2001.

23) 『일본사상대계 제28권 후지와라 세이카 하야시 라잔日本思想大系 第28巻 藤原惺窩 林羅山』, 岩波書店, 1975 수록.

24) 『일본사상대계 제28권 후지와라 세이카 하야시 라잔日本思想大系 第28巻 藤原惺窩 林羅山』, 岩波書店, 1975 수록.

25) 「소경지팡이盲按杖」, 『스즈키 쇼산 도인 전집鈴木正三道人全集』 수록.

26) 「기독교비판破吉利支丹」, 『스즈키 쇼산 도인 전집鈴木正三道人全集』 수록.

27) 「직인 일일고용職人日用」, 『스즈키 쇼산 도인 전집鈴木正三道人全集』 수록.

28) 大桑斉, 「근세 민중불교의 형성近世民衆仏教の形成」, 『일본의 근세日本の近世』 1, 中央公論社, 1991.

29) 広末保, 『증보 지카마쓰 서설増補 近松序説』, 未来社, 1957.

30) 大桑斉, 「사랑을 깨달음에 이르게하는 가교로 삼아─'번뇌 즉 깨달음'의 사상사/지카마쓰 편恋を菩提の橋となし─'煩悩即菩提'の思想史・近松編」, 『근세사상사의 현재近世思想史の現在』, 思文閣出版, 1995.

31) 渡辺浩, 『동아시아의 왕권과 사상東アジアの王権と思想』, 東京大学出版会, 1997.

32) 横田冬彦, 「성곽과 권위城郭と権威」, 『이와나미강좌 일본통사 제11권 근세 1 岩波講座 日本通史 第11巻 近世1』, 岩波書店, 1993.

33) 倉地克直, 「도쇼구제례와 민중東照宮祭礼と民衆」, 『일본사상사연구회 회보日本思想史研究会会報』 제7호, 1988; 久留島浩, 「제례의 공간祭礼の空間」, 『일본도시사입문I 공간日本都市史入門 I 空間』, 東京大学出版会, 1989; 中野光浩, 「근세 오사카의 덴마카와사키도쇼구의 역사적 위치近世大阪における天満川崎東照宮の歴史の位置」, 『역사평론歴史評論』 569호, 1997.

34) 西山郷史, 「천신・인신・번조의 신앙天神・人神・藩祖の信仰」, 『도시의 민속・가나자와都市の民俗・金沢』, 国書刊行会, 1984.

35) 朝尾直弘, 『대계 일본의 역사大系 日本の歴史』 8, 小学館, 1988; 玉井哲雄, 「도시의 계획과 건설都市の計画と建設」, 『이와나미강좌 일본통사 제11권 근세 1岩波講座 日本通史 第11巻 近世1』, 岩波書店, 1993; 伊藤毅, 「근세 도시와 사원近世都市と寺院」, 『일본의 근세日本の近世』 9, 中央公論社, 1992.

36) 上場顕雄, 『근세 진종교단과 도시 사원近世真宗教団と都市寺院』, 法蔵館, 1999.

37) 五木寛之, 『일본인의 마음日本人のこころ』, 講談社, 2001.

38) 木村武夫, 『렌뇨고승론蓮如上人論』, PHP研究所, 1983.

39) 中野光浩, 「근세 오사카의 덴마카와사키도쇼구의 역사적 위치近世大阪における天満川崎東照宮の歴史的位置」, 『역사평론歴史評論』 569호, 1997.

40) 『신일본고전문학대계 제91권 지카마쓰 조루리집 상新日本古典文学大系 第91巻 近松浄瑠璃集 上』, 1993 수록.

41) 『일본고전문학전집 제43권 지카마쓰 몬자에몬집 1日本古典文学全集 第43巻 近松門左衛門集 1』, 小学館, 1972.

42) 伊藤毅, 「근세 도시와 사원近世都市と寺院」, 『일본의 근세日本の近世』 9, 中央公論社, 1992.

43) 玉井哲雄, 「도시의 계획과 건설都市の計画と建設」, 『이와나미강좌 일본통사 제11권 근세 1岩波講座 日本通史 第11巻 近世1』, 岩波書店, 1993.

44) 若林幹夫,『도시의 비교사회학都市の比較社会学』, 岩波書店, 2000.

45) 服部幸雄,『위대한 고야大いなる小屋』, ちくま学芸文庫, 1994.

46) 若林幹夫,『도시의 비교사회학都市の比較社会学』, 岩波書店, 2000.

47) 倉地克直,『성과 신체의 근세사性と身体の近世史』, 東京大学出版会, 1998.

48) 『히로스에 타모쓰 저작집 제6권 악한 장소의 발상広末保著作集 第6卷 悪場所の発想』, 影書房, 1997.

'여성'을 구성하는 요소들의 삐걱거림

1) 中村正直, 「어진 어머니 양성하기善良なる母ヲ造ル説」, 『메로쿠잡지明六雑誌』 33, 1875.

2) 深谷昌志,『양처현모주의 교육良妻賢母主義の教育』, 黎明書房, 1966, 156면. 인용은 증보판 (1981)에 의함.

3) 深谷昌志,『양처현모주의 교육良妻賢母主義の教育』, 黎明書房, 1966, 11면.

4) 小山静子,『양처현모라는 규범良妻賢母という規範』, 勁草書房, 1991 등

5) 小山静子,『양처현모라는 규범良妻賢母という規範』, 勁草書房, 1991, 5면.

6) 牟田和恵,『전략으로서의 가족戦略としうの家族』, 新曜社, 1996, 51～77면.

7) 山本敏子, 「일본 '근대가족'의 탄생－메이지기 저널리즘 속 '일가단란'상의 형성을 중심으로日本における〈近代家族〉の誕生－明治期ジャーナリズムにおける '一家団欒' 像の形成を手掛りに」, 『일본의 교육사학日本の教育史学』 34, 1991, 85면.

8) 沢山美果子, 「근대 어머니상 형성에 대한 일고찰－1880～1900년대 육아론의 전개近代の母親像の形成ついての一考察－1890～1900年代における育児論の展開」, 『역사평론歴史評論』 443호, 1987; 木下比呂美, 「메이지 후기에 나타난 육아천직론의 형성과정明治後期における育児天職論の形成過程」, 『고난여자단기대학 간행물江南女子短期大学紀要』 11호, 1982년; 「메이지기 나타난 육아천직론과 여성교육明治期における育児天職論と女子教育」, 『교육학연구教育学研究』 49권 3호, 1982 등.

9) 沢山美果子, 「근대적 어머니상 형성에 대한 일고찰－1890～1900년대에 나타난 육아론의 전개近代的母親像の形成ついての一考察－1890～1900年代における育児論の展開」, 『역사평론歴史評論』 443호, 1987, 63면.

10) 小山静子,『양처현모라는 규범良妻賢母という規範』, 勁草書房, 1991, 19면; 또한 牟田和恵 역시 『여대학보물상자女大学宝箱』(1716)에서 "시아버지, 시어머니, 남편, 시가에 대한 의무, 일상생활과 가정에 대한 주의, 즉 '처', '며느리'의 의무가 있었으며, 자녀양육에 대한 주의나 어머니로서의 의무는 전혀 없다고 해도 좋을 만큼 언급하지 않고 있다"(牟田和恵, 『전략으로서의 가족戦略としうの家族』, 新曜社, 1996, 125면)고 한다.

11) 小山静子,『양처현모라는 규범良妻賢母という規範』, 勁草書房, 1991, 45면.

12) 小山静子,『양처현모라는 규범良妻賢母という規範』, 勁草書房, 1991, 46면.

13) 牟田和恵,『전략으로서의 가족戦略としうの家族』, 新曜社, 1996, 66면

14) 犬塚都子, 「메이지 중기 '홈'론－메이지 18～19년의 『여학잡지』를 중심으로明治中期の'ホーム'論－明治18～26年の『女学雑誌』を手がかりとして」, 『오차노미즈여자대학 인문과학 간행물お茶の水女子大学人文科学紀要』 42호, 1989, 56면.

15) 岩掘容子, 「메이지 중기 서구화주의사상에서 본 이상적 주부상의 형성－『여학잡지』의 생

369

활사상에 대하여明治中期欧化主義思想にみる主婦理想像の形成ー『女学雑誌』の生活思想について」,『젠더의 일본사ジェンダーの日本史』下, 東京大学出版会, 1995, 474면.

16) 岩掘容子,「메이지 중기 서구화주의사상에서 본 이상적 주부상의 형성ー『여학잡지』의 생활사상에 대하여明治中期欧化主義思想にみる主婦理想像の形成ー『女学雑誌』の生活思想について」,『젠더의 일본사ジェンダーの日本史』下, 東京大学出版会, 1995, 461면.

17) 木田和子,『여학생의 계보女学生の系譜』, 青土社, 1990, 12면.

18) 木田和子,『여학생의 계보女学生の系譜』, 青土社, 1990, 12면.

19) 木田和子,『여학생의 계보女学生の系譜』, 青土社, 1990, 24면.

20) 岩田秀行,「'에비차시키부'고ー센류적 시점으로 본 메이지 30년대 여학생론'海老茶式部'攷: あるいは川柳的視点による明治三十年代女学生論」,『언어와 문예言語と文芸』86호, 1978.

21) 牟田和恵,『전략으로서의 가족戦略としうの家族』, 新曜社, 1996, 72면.

22) 小山静子,「양처현모라는 규범良妻賢母としう規範」, 勁草書房, 1991, 46면.

23) 小山静子,「양처현모라는 규범良妻賢母としう規範」, 勁草書房, 1991, 39~40면.

24) 犬塚都子,「메이지 중기 '홈'론ー메이지 18~19년의 『여학잡지』를 중심으로明治中期の'ホーム'論:明治18~26年の『女学雑誌』を手がかりとして」,『오차노미즈여자대학 인문과학 간행물お茶の水女子大学人文科学紀要』42호, 1989, 57면.

25) 「부인의 지위婦人の地位」,『여학잡지女学雑誌』2호, 1885.8.10; 3호, 1885.8.25; 5호, 1885.9.10.

26) 「부인의 지위婦人の地位」,『여학잡지女学雑誌』5호, 1885.9.1.

27) 「여성의 책임婦女の責任」,『여학잡지女学雑誌』8호, 1885.11.10.

28) 「여권보호가 필요하다女権の保護を要む」,『여학잡지女学雑誌』16호, 1886.2.25;「혼인을 가르치다婚姻のをしへ」, 22호, 1886.5.5; 23호, 1886.5.15; 25호, 1886.6.5 등.

29) 「아내는 남편을 알고 남편을 도와야 함妻は夫を知り夫を裨くべし」,『여학잡지女学雑誌』18호, 1886.3.15.

30) 田口卯吉君,『사상세계想像世界』24호, 1886.5.25.

31) 「어머니의 마음가짐, 애육이라는 것母親の心得, 愛育と云ふ事」,『여학잡지女学雑誌』14호, 1886.2.5; 15호, 1886.2.15.

32) 「어머니의 마음가짐, 애육이라는 것母親の心得, 愛育と云ふ事」,『여학잡지女学雑誌』14호, 1886.2.5.

33) 「가정교육의 항목家庭教育の要目」,『여학잡지女学雑誌』43호, 1886.12.15.

34) 「아내가 된 여학생女生徒の妻」,『여학잡지女学雑誌』49호, 1888.1.29.

35) 「어머니의 책임母親の責任」,『여학잡지女学雑誌』52호, 1887.2.19.

36) 「유모의 장단점乳母の良否」,『여학잡지女学雑誌』54호, 1887.3.5.

37) 「보모론子守り女の論」,『여학잡지女学雑誌』57호, 1887.3.26.

38) 「임산부와 태아의 관계妊婦と胎子との関係」,『여학잡지女学雑誌』55호, 1887.3.12.

39) 「여자와 이학女子と理学(제2)」,『여학잡지女学雑誌』56호, 1887.3.19.

40) 「일본의 가족日本の家族(제1~제7)」,『여학잡지女学雑誌』96호, 1888.2.11; 97호, 1888.2.18; 98호, 1888.2.25; 99호, 1888.3.3; 100호, 1888.3.10; 101호, 1888.3.17; 102호, 1888.3.24.

41) 「일본의 가족日本の家族」,『여학잡지女学雑誌』97호, 1888.2.18.

42) 「일본의 가족日本の家族」,『여학잡지女学雑誌』100호, 1888.3.10.

43) 宇川盛三郎, 「여자의 교육女子の教育」, 『여학잡지女学雑誌』 94호, 1888.1.28; 96호, 1888.2.11.

44) 宇川盛三郎, 「여자의 교육女子の教育」, 『여학잡지女学雑誌』 96호, 1888.2.11.

45) 「여학생에 대한 불만女学生徒への苦情」, 『여학잡지女学雑誌』 81호, 1887.10.22.

46) 「메이지 21년을 마치며明治二十一年終る」, 『여학잡지女学雑誌』 142호, 1888.12.29.

47) 「여성교육에 관해 중립을 표방하는 수많은 그릇된 의견들何をか中正の旨義と云ふ, 女子教育に関する幾多の謬見」, 『여학잡지女学雑誌』 157호, 1889.4.13.

48) 鈴木券太郎, 「건방짐에 대해生意気の説」, 『여학잡지女学雑誌』 92호, 1888.1.14.

49) 鈴木券太郎, 「건방짐에 대해生意気の説」, 『여학잡지女学雑誌』 93호, 1888.1.21.

50) 中島俊子, 「건방짐론生意気論」, 『여학잡지女学雑誌』 241호, 1900.11.29.

51) 『여학잡지女学雑誌』 211호, 1900.5.3.

52) 『여학잡지女学雑誌』 212호, 1900.5.10; 213호, 1900.5.17.

53) 村上信彦, 『메이지여성사 중권 전편明治女性史中巻前篇』, 理論社, 1974, 198면.

54) 『도시의 꽃都の花』 9호, 1889.2.

55) 屋木瑞穂, 「『여학잡지』를 통해 본 메이지 22년의 문학 논쟁─여성교육계의 도덕적 해이를 둘러싼 동시대 담론과 그 교착『女学雑誌』を視座とした明治二二年の文学論淨─女子教育界のモラル腐敗をめぐる同時代言説との交錯」, 『근대문학시론近代文学試論』 35호, 1997, 11면에 의하면 『가이신신문改進新聞』 1819～1863호, 1889(메이지 22) 4～5월에 걸쳐 38회 게재.

56) 그 밖에 小関三平, 「메이지 '건방진 아가씨'들(중)─'여학생'과 소설明治の「生意気娘」たち(中)─「女学生」と小説」, 『여성학평론女性学評論』 10호, 1996, 127～130면 등 참조.

57) 「여자고등학교를 논하다高等女学校を評す」, 『여학잡지女学雑誌』 166호, 1989.6.15.

58) 「하등의 가치 없는 괴보何等の怪報ぞ」, 『여학잡지女学雑誌』 163호, 1889.5.25.

59) 「여학생을 둔 학부형에게 드리는 글女学生の父兄に与ふる書」, 『여학잡지女学雑誌』 167호, 1889.6.22.

60) 「여학생의 풍문女学生の風聞」, 『여학잡지女学雑誌』 202호, 1900.3.1.

61) 「여학생의 풍문과 니혼・요미우리 두 신문女学生の風聞と日本, 読売の二新聞」, 『여학잡지女学雑誌』 203호, 1900.3.8.

62) 「여학생의 풍문女学生の風聞」, 『여학잡지女学雑誌』 206호, 1900.3.29.

63) 中山清美, 「깨진 반지와 『여학잡지』こあれ指環」と『女学雑誌』」, 『긴조코쿠분金城国文』 77호, 2001, 36면.

64) 「오늘날 여학생의 의지는 어떠한가当今女学生の志は如何」, 『여학잡지女学雑誌』 75호, 1887.9.10.

65) 「이상적인 가인理想之佳人」, 『여학잡지女学雑誌』 104호, 1888.4.7; 105호, 1888.4.14; 106호, 1888.4.21; 107호, 1888.4.28; 108호, 1888.5.15.

66) 「이상적인 가인理想之佳人」, 『여학잡지女学雑誌』 107호, 1888.4.28.

67) 시골집 얼간이田舎家まんやり, 「여학생에 대해女学生について」, 『요미우리신문読売新聞』, 1890.2.23.

68) 「희생헌신犠牲献身」, 『여학잡지女学雑誌』 171호, 1889.7.20.

69) 「여자도 바깥일에 신경 써야 한다女性亦外事に注意すべし」, 『여학잡지女学雑誌』 184호, 1889.10.26.

70) 「아내 내조의 변細君内助の弁」, 『여학잡지女学雑誌』 224호, 1890.8.2; 225호, 1890.8.9; 226호, 1890.8.16.

71) 「아내 내조의 변細君内助の弁」, 『여학잡지女学雑誌』 224호, 1890.8.2.

371

72) 「여자도 바깥일에 신경 써야 한다女性亦外事に注意すべし」, 『여학잡지女学雑誌』 184호, 1889.10.26.

73) 「아내 내조의 변細君内助の弁」, 『여학잡지女学雑誌』 225호, 1889.8.9.

74) 「여학교 교장 및 여학생 학부모에게 고함各女学校の校長. 並に, 各女学生の父兄に告げ参らす」, 『여학잡지女学雑誌』 259호, 1891.4.4.

75) 小糸, 「가정의 정신家政の精神」, 『여학잡지女学雑誌』 254호, 1890.12.27.

76) 「메이지 여학생의 망령을 위로함明治女学生の亡霊を慰さむ」, 『여학잡지女学雑誌』 175호, 1889.8.17.

77) 「오늘날 여성교육자의 생각当今女子教育者の胸臆」, 『여학잡지女学雑誌』 132호, 1888.10.20.

78) 『여학잡지女学雑誌』 178호, 1889.9.7.

79) 紫琴清水豊子, 「요즘 여학생의 각오는 어떠한가当今女学生の覚悟如何」, 『여학잡지女学雑誌』 239호, 1890.11.15.

80) 半風子, 『여학잡지女学雑誌』 247호, 1891.1.10.

81) 多涙生, 「오늘날 여성의 비관적 상황現今女性の悲況」, 『여학잡지女学雑誌』 265호, 1891.5.16.

82) 『여학잡지女学雑誌』 246호, 1891.1.1.

83) 『여학잡지女学雑誌』 303호, 1892.2.6; 305호, 1892.2.20.

84) 不動劍禅, 「깨진 반지를 읽다こわれ指環読む」, 『여학잡지女学雑誌』 248호, 1891.1.17.

85) 不知庵, 「깨진 반지를 읽고こわれ指環読んで」, 『여학잡지女学雑誌』 249호, 1891.1.24.

86) ひさご, 「번뇌의 사슬苦患の鎖」, 『여학잡지女学雑誌』 287호, 1891.10.3.

화이華夷사상의 해체와 자타自他인식의 변화

1) 溝口雄三他 편, 『중국사상문화사전中国思想文化事典』, 東京大学出版会, 2001. '화이華夷' 항목(丸山松幸執筆)을 참조

2) 酒寄雄志, 「화이사상의 여러 양상華夷思想の諸相」, 荒野奏典他 편, 『아시아 속 일본사 V 자의식과 상호이해アジアの中の日本史 V 自意識と相互理解』, 東京大学出版会, 1993.

3) 이와 관련해서는 졸저 『사상사의 19세기思想史の十九世紀』(ぺりかん社, 1999)에 상세히 논하고 있으므로 참조하기 바란다.

4) 『오규 소라이 전집荻生徂徠全集』 제17권, みすず書房, 1976, 606면. 집필 연대는 平石直昭, 『오규 소라이 연보고荻生徂徠年譜考』, 平凡社, 1984, 103면. 이 글에서 옛 한자는 현재의 상용 한자로 바꾸었고, 원문에 있는 루비 또한 생략하였다.

5) 『후지와라 세이카집藤原惺窩集』 권 상, 思文閣出版, 1978, 126면, 원문 한문.

6) 『일본사상대계 제46권 오시오 주사이 사토 잇사이日本思想大系 第46巻 大塩中斎 佐藤一斎』, 岩波書店, 1980, 31면.

7) "중국 오랑캐의 이름, 모두 당에서 부여한 이름이다. 그 이름으로 우리나라를 명명한다면 당을 따라하는 것에 불과하다. 단지 우리나라를 안이라 하고 이국을 바깥이라고 하여 안과 바깥, 즉 손님과 주인의 다른 명칭이이다. 우리나라를 이국이라고 말한다면 모두 그 이치와 같다"(『중국변中国弁』 1701, 『아사미 케이사이 집浅見絅斎集』, 国書刊行会, 1989, 368~372면.

8) 『일본사상대계 제31권 야마자키 안사이 학파日本思想大系 第31巻 山崎闇斎学派』, 岩波書店, 1980, 424면.

9) 谷泰山(1663~1718), 佐々木高成(생몰연도 불명), 跡部良顕(1659~1729), 伴部安崇(1667~1740), 若林強斎(1679~1732) 등.

10) 졸고, 「노리나가의 '외부'宣長の「外部」」, 『사상思想』 932호, 2001.

11) 『가다노 전집荷田全集』 제6권, 吉川弘文館, 1931, 87・99・127면.

12) 『후지와라 세이카 집藤原惺窩集』 권 상, 思文閣出版, 1978, 125면, 원문 한문.

13) 『모토오리 노리나가 전집本居宣長全集』 제9권, 筑摩書房, 1968, 33면. 모토오리 노리나가에 관해서는 고야스 노부쿠니子安宣邦, 『'노리나가 문제'란 무엇인가宣長問題」とは何か』, 筑摩書房, 2000; 고야스 노부쿠니子安宣邦, 『모토오리 노리나가本居宣長』, 岩波書店, 2001 등을 참조

14) 『사산된 일본어・일본인死産される日本語・日本人』, 新曜社, 1996, 187면.

15) 『모토오리 노리나가 전집本居宣長全集』 제8권, 筑摩書房, 1972, 67면.

16) Ernest Gellner, 加藤節監 訳, 『민족과 내셔널리즘民族とナショナリズム』, 岩波書店, 2000, 207면.

17) 『미토번 사료 별기水戸藩史料 別記』 상, 吉川弘文館, 1915, 110면.

18) 『미토번 사료 별기水戸藩史料 別記』 상, 吉川弘文館, 1915, 180면.

19) 『미토번 사료 별기水戸藩史料 別記』 상, 吉川弘文館, 1915, 110면.

20) 『미토학 대계 5 미토의공・열공집水戸学大系 五 水戸義公・烈公集』, 水戸学大系刊行会, 1941; 『미토번 사료 별기水戸藩史料 別記』 상, 吉川弘文館, 1915, 293~294면.

21) 『미토학 대계 5 미토의공・열공집水戸学大系 五 水戸義公・烈公集』, 水戸学大系刊行会, 1941, 269면.

22) 『미토학 대계 2 아이자와 세이시사이 집水戸学大系 二 合沢正志斎集』, 水戸学大系刊行会, 1941, 81~87・152~154면. 『신론 적휘편新論 迪彙篇』, 岩波書店, 1931에서 원문인 한문을 조명하고, 일본어로 어순을 바꾸어 새로 작성했다. 또한 일찍부터 에조치에 대한 아이자와의 관심은 『지시마 이문千島異聞』(1806, 분카3)에 잘 드러나 있다. 이와 관련해서는 구리하라 시게유키栗原茂幸의 「『지시마 이문千島異聞』고考」(『일본역사日本歴史』 469호, 1987)와 「번각 지시마 이문翻刻千島異聞」(『아토미학원여자대학기요跡見学園女子大学紀要』 26호, 1993)을 참조.

23) 『일본사상투쟁사 사료日本思想闘争史史料』 제7권, 名著刊行会, 1993, 101면.

24) 『일본 유림총서 제4권 논변부日本儒林叢書 第4冊 論弁部』, 東洋図書刊行会, 1929, 7항(항은 저작별).

25) 『미토학 대계 2 아이자와 세이시사이 집水戸学大系 二 合沢正志斎集』, 水戸学大系刊行会, 1941, 166~170면.

26) 이 부분은 앞서 지적한 바와 같이 후기 미토학에서 『대일본사大日本史』의 편찬 방침이나 소라 이학의 정교론 영향, 또는 국체론으로서의 국학 등의 영향을 배제한 것이 아니다. 이러한 영향으로 생겨난 사고가 특히 시국적 사상이었던 후기 미토학에 북방의 에조치 문제라는 경험과 시국과 연동하면서 구체성을 띠게 되었다는 것을 말하고자 한다. 후기 미토학에 대해서는 다음을 참조했다. 尾藤正英, 「미토학의 특질水戸学の特質」, 『일본사상대계 제53권 미토학日本思想大系 第53巻 水戸学』, 岩波書店, 1973; 橋川文二, 「미토학의 원류와 성립水戸学の源流と成立」, 『일본의명저 29 후지타 토코日本の名著 二九 藤田東湖』, 中央公論社, 1974; 清水教好, 「막번제 후기 정치사상의 특질幕藩制後期政治思想の一特質」, 『일본사상사연구회회보日本思想史研究会会報』 7호, 1988; 辻本雅史, 『근세 교육사상사 연구近世教育思想史の研究』, 思文閣出版, 1990. 또한 에조치 문제로 후기 미토학을 파악해야 한다는 주장으로 기쿠치 이사오菊地勇夫의 『막번제

373

제와 에조치幕藩体制と蝦夷地』(雄山閣出版, 1984)가 있다(100~101면).

27) 에조치론이나 이 시기의 에조치를 둘러싼 지식인의 동향에 대해서는 다음과 같은 글을 참조
했다. 高倉新一郎, 「덴메이 이전 에조치개척 의견 상・하天明以前の蝦夷地開拓意見 上・下」, 『사
회경제사학社会経済史学』3-1・2, 1933; 『신찬 홋카이도사 제2권 통사 1新撰北海道史 第2巻 通史一』,
清文堂出版, 1990(초판은 1937년); 『신찬 홋카이도사 제5권 사료 1新撰北海道史 第5巻 史料一』,
清文堂出版, 1991(초판은 1936년); 黒田謙一, 『일본식민사상사日本植民思想史』, 弘文堂, 1942;
高倉新一郎, 『신판 아이누정책사新版アイヌ政策史』, 三一書房, 1972; 海保嶺夫, 『일본 북방사
의 논리日本北方史の論理』, 雄山閣出版, 1974; 郡山良光, 『막부 말기 일러관계사 연구幕末日露関係
史研究』, 国書刊行会, 1980; 菊地勇夫, 『막번체제와 에조치幕藩体制と蝦夷地』, 雄山閣, 1984; 菊地
勇夫, 『북방사 속의 근세 일본北方史のなかの近世日本』, 校倉書房, 1991; 海保嶺夫, 『에조의 역사
エゾの歴史』, 講談社, 1996, 岩崎奈緒子, 『일본 근세 아이누사회日本近世のアイヌ社会』, 校倉書房,
1998; 菊地勇夫, 『에토로후섬エトロフ島』, 吉川弘文館, 1999; Tessa Morris-Suzuki, 大川正彦訳,
『근경에서 응시하다近境から眺める』, みみず書房, 2000 등. 특히 구로다 켄이치黒田謙一의 『일
본식민사상사日本植民思想史』는 도쿠가와 시대부터 메이지 시대까지 지식인의 에조치론을
경세론과의 연관 속에서 사상사를 총망라하여 검토한 것으로 시국적 주장은 차치하고도
시사하는 바가 크다.

28) 紙屋敦之, 『대군외교와 동아시아大君外交と東アジア』, 吉川弘文館, 1997, 91~93면.

29) 『아라이 하쿠세키 전집新井白石全集』 제3권, 国書刊行会, 1906, 681면. 아라이 하쿠세키新井白石
의 에조치론은 1687년에서 1688년의 미토번水戸藩이 마쓰마에松前 「이지가리伊之加利」(石狩)
등으로 파견된 가이후마루快風丸(福山秘府, 『신찬 홋카이도사 제5권 사료 1新撰北海道史 第5巻
史料1』 수록)의 정보를 이용했다는 지적이 있다(高倉新一郎, 「덴에이 이전 에조치개척의견
상・하天明以前の蝦夷地開拓意見 上・下」, 『사회경제사학社会経済史学』 3-1・2, 1933). 미토번이 일
찍이 에조치와의 교역에 관심을 가진 것은(『미토시사 중권 3水戸市史 中巻 三』, 水戸市役所,
1976, 111면; 『미토시사水戸市史』 중권 1, 水戸市役所, 1968, 639~653면) 후기 미토학의 주장을
에조치론으로 검토하고자 하는 이 글의 관점에서 중요한 부분이다. 도쿠가와 나리아키가
러시아 진출을 주목하고 그 위기감으로 에조치를 주목한 것은 주로 혼다 도시아키本多利明
(1743~1820)와 다치하라 스이켄立原翠軒(1744~1823), 고미야마 후켄小宮山楓軒(1764~1840)
과의 교류에서 영향을 받았다고 보인다(「혼다 도시아키 서간本多利明書簡」, 『혼다 도시아키
집本多利明集』, 誠文堂新光社, 1935). 그러나 구리하라 시게유키栗原茂幸의 『「지시마 이문千島異
聞」고考』(『일본역사日本歴史』 469호, 1987)가 지적하듯이 다치하라 스이켄과 후지타 유코쿠藤
田幽谷(1774~1826)는 1803년(교와 3)에 완전히 대립하게 되고 다치하라 스이켄・고미야마
후켄과 도쿠가와 나리아키・후지타 토코藤田東湖(1806~1855)・아이자와 야스시는 더 이상
교류하지 않게 되었다. 후기 미토학이 에조치에 많은 관심을 둔 것은 에조치 관련 서적이
쇼코칸彰考館에 많이 소장되어 있었기 때문으로 보인다. 『에조지蝦夷志』보다 앞서 마쓰미야
칸잔松宮観山(1686~1780)의 『에조담필기蝦夷談筆記』(1710, 호에이 7)라는 글이 있다. 여기서
는 "에조치와 마쓰마에의 땅의 경계는 올바른 경계이다", "마쓰마에의 모습, 인물도 다르지
않다", "에조인 또한 그 모습 다르지 않다"라고 기술하고 있다. 나아가 후반에는 「샤무샤인잇
키シャムシャキン一揆」(実文蝦夷蜂起)에서 통역관인 간에몬勘右衛門의 공적담이 간략하게 정

리되어 있다(『일본서민생활사료집성日本庶民生活史料集成』제4권, 三一書房, 1969, 389~390면). 간략한 기술이지만, 에조사상이 오랑캐를 바라보는 시선이 잘 나타나 있다.

30) 菊地勇夫, 『아이누민족과 일본인アイヌ民族と日本人』, 朝日新聞社, 1994, 67~86면. Tessa Morris-Suzuki, 大川正彦訳, 『국경에서 바라보다近境から眺める』, みみず書房, 2000, 41~42면.

31) 木村直也, 「근세 중후기의 국가와 대외관계近世中・後期の国家と対外関係」, 曽根勇二・木村直也編, 『새로운 근세사 2 국가와 대외관계新しい近世史 二 国家と対外関係』, 新人物往来社, 1996.

32) 『신찬 홋카이도사 제2권 통사1新撰北海道史 第2巻 通史1』, 清文堂出版, 1990, 193~195면. 나미카와 텐민並河天民에 대해서는 하라 넨사이原念斎의 『선철총담先哲叢談』(平凡社, 1994. 초판은 1816년) 참조. 그 외 덴메이(1781~1789) 이전 에조치론에 대해서는 나루시마 킨코成島錦江(1689~1760)의 『동방농준해東方農隼解』(1745)가 에조치 교역을 긍정적으로 보면서도 화이 사상 관점에서 개발불가능론을 주장한 것을 주목할 필요가 있다. "에조의 땅, 추위가 심하고 연중 싹이 나기 힘들다. 지리를 모르는 자가 그 토지의 광활함을 봐라, 이를 개간하여 나라를 넓힌다는 것은 사정을 모르는 자이다. 오랑캐에 얻고자 하면 무언가는 버려야 얻을 수 있다. (…중략…) 지금 에조의 땅을 개척하지 말아야 한다. 개간을 하면 보리와 밤과 같은 종류는 여름과 가을 사이 얻을 수 있을 뿐이다. (…중략…) 지금도 거상들은 그 지역에 상점을 열어 이익을 취하고자 한다. 그것이 나라의 이익이 된다면 방해하지 않고 통화를 시행하고, 그 주변으로 이익을 넓혀서 사람을 구제해야 한다"(『속 일본경제총서続日本経済叢書』제2권, 大鐙閣, 1923, 299~300면) 그 외 후카미 이사이深見顧斎(1690~1769)가 에조치개발론을 주장하였고, 1721년(교호 6)에 투서함日安箱에 투서했다(高倉新一郎, 「덴메이 이전 에조치개척의견 하天明以前の蝦夷地開拓意見 下」, 小宮山楓軒, 「후켄우기楓軒偶記」, 『일본수필대성 제2기 제19권日本随筆大成 第二期 第19巻』, 吉川弘文館, 1995, 50면).

33) 『북문총서北門叢書』제1권, 国書刊行会, 1972, 62・82면.

34) Tessa Morris-Suzuki, 大川正彦訳, 『근경에서 응시하다近境から眺める』, みみず書房, 2000, 28・62면.

35) 『북문총서北門叢書』제2권, 国書刊行会, 1972. 또한 구도 헤이스케工藤平助의 에조치론은 요시오 코규吉雄耕牛(1724~1800), 마에노 료타쿠前野良沢(1723~1803), 가쓰라가와 호슈桂川甫周(1751~1809), 오쓰키 겐타쿠大槻玄沢(1757~1827) 등, 난학자의 정보를 바탕으로 구성되었다. 이들 난학자의 에조치관에 대해서는 이번에는 상세히 검토하지 않았고 차후의 과제로 남기고자 한다.

36) 「권지 273巻之二七三」, 『통선일람通航一覧』제7권, 国書刊行会, 1913, 84면; 郡山良光, 『막부 말기 러일관계사 연구幕末日露関係史研究』, 国書刊行会, 1980, 59~74면.

37) 『신편 하야시 시헤이 전집新編林子平全集』제2권, 第一書房, 1979, 35~37면. 하야시 시헤이는 아라이 하쿠세키의 『에조지蝦夷志』, 사카쿠라 겐지로坂倉源次郎의 『홋카이도 수필北海随筆』, 『에조수필(에조마쓰마에시마)蝦夷随筆(蝦夷松前島)』 등을 더하여, 네덜란드 인의 이토와 마쓰마에의 육병위 정보를 바탕으로 글을 쓴다고 했다(43면). 그 외 1783년부터 마쓰마에의 에사키江差로 건너간 헤즈쓰 도사쿼平秩東作(1726~1789)가 1784년(덴메이 4) 마쓰마에의 풍속이나 산물을 상세하게 기록한 『동유기東遊記』를 썼다(『북문총서北門叢書』제2권, 国書刊行会, 1972; 『일본서민생활사료집성日本庶民生活史料集成』제4권, 三一書房, 1969). 덴메이 시기 에조

치에 관한 기록은 1786년(덴메이 6)에 야마구치 다카시나山口高品(생년불명~1838), 사토 유키노부佐藤行信(생몰 불명)의 『에조섭견蝦夷拾遺』(『북문총서北門叢書』 제1권), 1788년(덴메이 8)에는 후루카와 코쇼켄古川古松軒(1726~1807)이 『동유잡기東遊雑記』를 집필했다(『근세사회경제제총서近世社会経済叢書』 제12권, 改造社, 1927). 이러한 저작들은 덴메이 시기(1781~1789)에 에조치를 둘러싼 관심의 정도가 증가했다는 것을 알 수 있다. '소박한 풍속', '농민은 아주 적고' 라는 '관찰'이 동시에 '교화 즉 동화'의 전제를 형성했던 것은 틀림없다. 이러한 글이나 덴메이 에조치에 관해서는 『북문총서北門叢書』 제1권의 오토모 키사쿠大友喜作의 '해설', 『신찬 홋카이도사新撰北海道史』 제2권, 시마다 료키치島谷良吉의 『모가미 도쿠나이最上徳内』(吉川弘文館, 1977)를 참조.

38) 菊地勇夫, 『막번체제와 에조치幕藩体制と蝦夷地』, 雄山閣出版, 1984, 116~131면; 藤田覚, 「19세기 전반기 일본十九世紀前半の日本」, 『이와나미강좌 일본통사 제15권 근세 5岩波講座 日本通史 第15巻 近世5』, 岩波書店, 1995.

39) 『북문총서北門叢書』 제1권, 国書刊行会, 1972, 382~385면. 모가미 도쿠나이에 관해서는 다음의 글을 참조. 島谷良吉, 『모가미 도쿠나이最上徳内』, 吉川弘文館, 1977; 岩崎奈緒子, 『일본근세의 아이누사회日本近世のアイヌ社会』, 校倉書房, 1998.

40) 『일본 서민 생활사료 집성日本庶民生活史料集成』 제4권, 三一書房, 1969, 457면.

41) 岩崎奈緒子, 『일본근세 아이누사회日本近世のアイヌ社会』, 校倉書房, 1998, 219면. 혼다 타다카즈本多忠籌에 대해서는 다음 글을 참조. 黒田源六, 『혼다 타다카즈 후전本多忠籌侯伝』, 本多忠籌侯遺徳顕彰会, 1942. 이 글에 따르면 혼다는 『에조소식蝦夷草紙』를 필사하는 등 모가미 도쿠나이의 영향을 받았으며 이미즈번泉藩의 해양 방제 강화에 힘을 썼다(250면).

42) 『미토학 대계 2 아이자와 세이시사이집水戸学大系 二 合沢正志斎集』, 水戸学大系刊行会, 1941, 79, 155면.

43) 『에조치국 풍속인정세태蝦夷国風俗人情之沙汰』 序文, 『일본 서민 생활사료 집성日本庶民生活史料集成』 제4권, 三一書房, 1969, 442면.

44) 島谷良吉, 『모가미 도쿠나이最上徳内』, 吉川弘文館, 1977.

45) 미주 29 참조

46) 『북방미공개고문서집성 제3권北方未公開古文書集成 第3巻』, 叢文社, 1978, 125~126면; 『서역이야기 중西域物語 中』, 『일본사상대계 제44권 혼다 도시아키 가이호 세이료日本思想大系 第44巻 本多利明 海保青陵』, 岩波書店, 1970, 132~133・137면.

47) 『일본사상대계 제44권 혼다 도시아키 가이호 세이료日本思想大系 第44巻 本多利明 海保青陵』, 岩波書店, 1970, 163면.

48) 『일본사상대계 제44권 혼다 도시아키 가이호 세이료日本思想大系 第44巻 本多利明 海保青陵』, 岩波書店, 1970, 149면.

49) 혼다 도시아키의 전기는 아직까지 분명하지 않은 점이 많다. 그와 관련해서는 다음의 글을 참조. 『혼다 도시아키집本多利明集』에서 우노 야스사다宇野保定(1771~1843)의 「혼다 도시아키선생행후기本多利明先生行付記」; 혼조 에이지로本庄栄次郎의 '해제'; 고미야마 후켄小宮山楓軒의 『후켄기담楓軒紀談』(国立国会図書館蔵写本)(연월일 미상); 모리 센조森銑三의 「혼다 도시아키本多利明」, 『모리 센조 저작집森銑三著作集』 5권, 中央公論社, 1971, 5~18면(초출 1939년);

마루야마 마사오丸山真男의 『일본정치사상사연구日本政治思想史研究』, 東京大学出版会, 1952; 마쓰우라 레이松浦玲의 「에도 후기 경제사상江戸後期の経済思想」, 『이와나미강좌 일본역사 제13권 근세5岩波講座 日本歴史 第十三巻 近世五』, 岩波書店, 1964; 『일본사상대계 제44권 혼다 도시아키, 가이호 세이료日本思想大系 第44巻 本多利明 海保青陵』에서 쓰카타니 아키히로塚谷晃弘의 「혼다 도시아키本多利明」 등을 참조. 쓰카타니 아키히로는 혼다 도시아키가 실제로 에조치를 방문하고 에조치론을 썼다고 강조하였고, 모가미 도쿠나이 등에게 보낸 서간이 그 증거라고 주장했다.

50) 『우게노 히토고토 수행록宇下人言 修行録』, 岩波書店, 1942, 144~145면.

51) 『일본 해방사료총서日本海防史料叢書』 제5권, クレス出版, 1989, 115면.

52) 『라쿠오 공 유서 상권楽翁公遺書 上巻』, 八尾書店, 1893; 『수신록修身録』은 5면; 『정명고正名考』는 1·12면.

53) 清水教好, 「마스다이라 사다노부의 신국사상松平定信の神国思想」, 馬原鉄男·岩井忠態篇, 『천황제국가의 통합과 지배天皇制国家の統合と支配』, 文理閣, 1992; 清水教好, 「대외위기와 마스다이라 사다노부対外危機と松平定信の神国思想」, 『리쓰메이칸대학 인문과학연구소기요立命館大学人文科学研究所紀要』 59호, 1993; 藤田覚, 『마쓰다이라 사다노부松平定信』, 中央公論社, 1993; 藤田覚, 『근세정치사와 천황近世政治史と天皇』, 吉川弘文館, 1999 참조.

54) 시미즈 쿄코清水教好의 「대외 위기와 마쓰다이라 사다노부의 신국사상対外危機と松平定信の神国思想」에서는 마쓰다이라 사다노부가 1792년의 에조치 비개발론에서 개척가능론으로 전회했다고 보았다. 여기서 '화이주의'에서 '내국주의'로의 전회를 지적하고 나아가 분카~분세이 연간에 대외위기감을 심화시켰다고 파악했다. 사다노부뿐만 아니라 당시 자타인식을 보아도 주목할 만하다.

55) 『일본 경제총서권日本経済叢書』 제16, 日本経済叢書刊行会, 1915, 371~373면.

56) 『일본 경제대전日本経済大典』 제23권, 明治文献, 1969년 복각, 679~681면. 「경영하고부터 7년」이라는 글에서 히가시에조치 편입정책 7년 후의 1806년(분카 3)의 글로 추정됨.

57) 藤田覚, 「에조치 제1차 편입 경제과정蝦夷地第一次上知の経済過程」, 田中健夫, 『일본전근대 국가와 대외관계日本前近代の国家と対外関係』, 吉川弘文館, 1987. 영국선박 프로비던스호의 히가시에조치 내항 시기 마쓰마에번에 있었던 오하라 돈큐大原呑響(1761~1810)는 『지북우담地北寓談』(1796), 『지북위언地北危言』(1797)을 쓰고, 사태가 긴박해짐을 고하는 에조치정세 보고, 해양 방재의 필요성, 교도의 필요성 등을 주장했다(『북문총서北門叢書』 제3권, 国書刊行会, 1972). 이는 최초 다치하라 후켄이 제창하고 고미야마 후켄이 필사하고 다음으로 혼다 타다카즈나 마쓰다이라 노부아키라松平信明(1763~1817)도 제창하여 막부는 에조치 가상편입정책으로 전환하는 데 영향을 주었다(『북문총서北門叢書』 제3권의 오토모 키사쿠大友喜作의 '해설'; 모리 센조森鉄三, 「오하라 사킨고大原左金吾」, 『모리 센조 저작집森鉄三著作集』 7권, 中央公論社, 1971, 460~517면). 오하라 돈큐는 사기꾼 같은 풍모로 알려져 있지만 모가미 도쿠나이와 함께 미토번의 중요 인물로 에조치 위기감을 증대시킨 것은 틀림없다.

58) 藤田覚, 「에조치 제1차 편입 경제과정蝦夷地第一次上知の経済過程」, 田中健夫, 『일본 전근대 국가와 대외관계日本前近代の国家と対外関係』, 吉川弘文館, 1987.

59) 菊地勇夫, 『막번체제와 에조치幕藩体制と蝦夷地』, 雄山閣出版, 1984, 130~131면; 塚谷晃弘,

「혼다 도시아키本多利明」 등을 참조

60) 『신찬 홋카이도사 제5권 사료 1新撰北海道史 第五卷 史料一』, 清文堂出版, 1991, 548면.

61) "일본의 풍속을 바꾸는 것에 관해, 그 쪽이 원하는 바가 다르고, 이쪽에서 진행시켜버린다면 얼마 지나지 않아 피해를 볼 것이다. 지난달 머리를 자르게 하는 것에 관해 여하튼 이번 년도에는 진행하는 것이 좋을 것이다"라고 하는 1800년(간세이 12)의 '명령申渡'이 있었다(休明光記付錄『신찬 홋카이도사 제5권 사료 1新撰北海道史 第五卷 史料一』, 清文堂出版, 1991, 751면).

62) 『북문총서北門叢書』 제3권, 国書刊行会, 1972, 473면.

63) 『신찬 홋카이도사 제5권 사료 1新撰北海道史 第五卷 史料一』, 清文堂出版, 1991, 585·599면.

64) 藤田覚, 「에조치제 1차 편입과 경제과정蝦夷地第一次上知の経済過程」.

65) 藤田覚, 「분카3년과 4년 일본과 러시아 분쟁과 마스다이라 사다노부文化三·四年日露紛争と松平定信」, 『도쿄대학 사료편찬소 연구기요東京大学史料編纂所研究紀要』 제6호, 1996; 藤田覚, 「대외 위기와 막부対外危機と幕府」, 『규슈사학九州史学』 116호, 1996; 藤田覚, 「분카4년의 '개국' 론文化四年の「開国」論」, 『지바사학千葉史学』 제36호, 2000; 藤田覚, 「근세후기 정보와 정치近世後期の情報と政治」, 『도쿄대학 사료편찬소 연구실기요東京大学日本史学研究室紀要』 제4호, 2000 참조. 또한 이 사건에 관해서는 다음의 글에 실려 있다. 『북방사 사료집성北方史史料集成』 제5권, 北海道出版企画センター, 1994; 伊藤見達(생몰 불명), 『북지일기北地日記』, 1807; 中川五郎治(1768〜1848), 『고로지신상황증五郎治申上荒増』(1812); 『분카5년 센다이번 에조치 경고기록 집성文化五年仙台藩蝦夷地警固記録集成』, 文献出版, 1989에서는 이 사건을 계기로 막부의 명령으로 하코네, 구나시리·에토로후로 출병한 센다이번의 기록이 실려 있다.

66) 『일본사상대계 제64권 양학 상日本思想大系 第六四卷 洋学 上』, 岩波書店, 1976, 294·296면.

67) 藤田覚, 「근세후기 정보와 정치近世後期の情報と政治」, 『도쿄대학 일본사학 연구실기요東京大学日本史学研究室紀要』 제4호, 2000.

68) 『일본 해방사료총서日本海防史料叢書』 제2권, クレス出版, 1989, 275〜277면(원문 수록). 이 사료에 대해서는 다음 논문을 참고했다. 藤田覚, 「분카 3년과 4년 일본과 러시아 분쟁과 마스다이라 사다노부文化三·四年日露紛争と松平定信」, 『도쿄대학 사료편찬소 연구기요東京大学史料編纂所研究紀要』 제6호, 1996.

69) 『일본사상대계 제64권 양학 상日本思想大系 第六四卷 洋学 上』, 岩波書店, 1976, 229〜230면.

70) 『일본 유림총서 제4권 논변부日本儒林叢書 第四冊 論弁部』, 東洋図書刊行会, 1929, 12면(원문 수록). 야스이 솟켄安井息軒도 에조치론에 대해서는 러시아 위기감에 따라 개입론의 입장에 있었다. 그러나 경제적 득실에 중점을 두었고, 또한 그 교화론도 '동화'보다는 유학적인 덕화론에 가까웠다(黒田謙一, 『일본 식민사상사日本植民思想史』). 야스이 솟켄이나 『변망弁妄』에서는 마치다 사부로町田三郎의 『에도의 한학자들江戸の漢学者たち』(研文出版, 1998)을 참조

71) 이 글에서는 분카 초년까지의 에조치론을 검토한 것에 불과하다. 간세이 말년부터 에조치론은 증가하였다(『일본 서민생활사료 집성日本庶民生活史料集成』 제4권에 수록된 「홋카이도 문헌연표北海道文献年表」, 「아이누 문헌목록アイヌ文献目録」, みやま書房, 1978). 소견으로는 간단하게 일괄한 것만으로도 이들은 분카 이전의 에조치론으로는 돌아갈 수 없는 '기억상실로서의 동화'와 '민족적 이화'의 시선이 각인되었다(Tessa Morris-Suzuki, 大川正彦 訳, 『근경에서 응시하다近境から眺める』, みみず書房, 2000). 따라서 현재 간세이〜분카 연간에서 러시아를

378

둘러싼 에조치론에서 형성된 자타인식이 분세이 이후 영국을 중심으로 한 자타인식이나, 남방론을 계승하고 있다고 볼 수 있다. 물론 분세이 이후의 자타인식을 검토하기 위해서는 에조치론에 더하여 후기 미토학의 형성과 그 보급, 영국의 접근과 아편전쟁, (제2차)에조치 편입 등, 상세하게 살펴볼 필요가 있다. 이와 관련해서는 차후의 과제로 삼겠다.

72) 『지시마의 큰 물결千島の白浪』은 『신수 히라타 아쓰타네전집 보유新修平田篤胤全集 補遺』 5권, 名著出版, 1980(이후 『아쓰타네 전篤胤全』으로 칭함) 및 『북방사 사료집성北方史料集成』 제5권(北海道出版企画センター, 1994)에 수록되어 있다. 아키즈키 도시아키秋月俊幸는 후자의 '해설'에서 "히라타 국학의 비약 전의 한가한 틈의 일이었을지도 모른다. 내용을 보아도 이는 아쓰타네의 글 속에서는 이질적인 것"이라 후지타 사토루藤田覚는 「근세 후기의 정보와 정치近世後期の情報と政治」(『도쿄대학 일본사학 연구실기요東京大学日本史学研究室紀要』 제4호, 2000)에서 "그의 사상형성과 이 사건과의 관계를 해명하는 것은 중요하다"고 했다. 후지타는 같은 논문에서 정보의 전달이라는 새로운 관점으로 『지시마의 큰 물결千島の白浪』을 채택했다. 『지시마의 큰 물결』을 이용하는 방법을 처음으로 개척했다는 의미에서 중요한 논문이다. 단 후지타가 과제로 언급한 사상형성과의 관계는 지금 이 글과 마찬가지로 아쓰타네의 사상의 전체 검토가 있어야 할 것이다. 또한 히라타 아쓰타네의 일기·서간에서 검토해보았지만 나는 이 사건과 히라타 아쓰타네학과의 관련이 직접적으로 언급되어 있지 않다고 생각한다.

73) 『아쓰타네 전 보유篤胤全 補遺』 5권, 名著出版, 1980, 163면.

74) 『아쓰타네 전 보유篤胤全 補遺』 5권, 名著出版, 1980, 146면.

75) 『아쓰타네 전 보유篤胤全 補遺』 5권, 名著出版, 1980, 118면.

76) 『아쓰타네 전 보유篤胤全 補遺』 5권, 名著出版, 1980, 1~2면. 그 외 서문에서는 히라타 아쓰타네가 곤도 주조近藤重蔵(1771~1829), 모가미 도쿠나이最上徳内 등에게 정보를 얻었으며, 하나와 호키이치塙保己一(1770~1807)의 『형승초蛍蠅抄』(1811년 분카 8), 하야시 시헤이林子平의 『해국병담海国兵談』(1786년 덴메이 6), 야마무라 마사나가山村昌永(1770~1807)의 『증정채람이언増訂采覧異言』(1802년 교와 2) 등을 참조한 것으로 알려져 있다.

77) 『아쓰타네 전篤胤全』 6권, 名著出版, 593~629면.

78) 『아쓰타네 전篤胤全』 8권, 名著出版, 68면.

79) 『아쓰타네 전篤胤全』 7권, 名著出版, 244면.

80) 『아쓰타네 전篤胤全』 8권, 名著出版, 14~15면.

81) 『아쓰타네 전篤胤全』 15권, 名著出版, 104면.

82) 『아쓰타네 전篤胤全』 8권, 名著出版, 42면.

83) 『아쓰타네 전篤胤全』 7권, 名著出版, 244면.

84) 『모토오리 하루니와 전집/모토오리 오히라 전집本居春庭全集/本居大平全集』, 吉川弘文館, 1902, 262면.

85) 『무큐카이 간나라이 문고저판본無窮会神習文庫蔵版本』, 표지.

86) 藤原暹, 『쓰루미네 시게노부의 기초적 연구 자료편鶴峯戊申の基礎的研究 資料編』, 桜楓社, 1973, 265면.

87) 『무큐카이 간나라이 문고저사본無窮会神習文庫蔵写本』.

88) 『모토오리 노리나가전집本居宣長全集』 제10권, 筑摩書房, 1968, 197~298면. 『삼대고三大

考』에 대해서는 고야스 노부쿠니子安宣邦의 『모토오리 노리나가本居宣長』(岩波書店, 2001)를
참조.

89) 『신찬 홋카이도사 제2권 통사 1新撰北海道史 第二巻 通史一』, 淸文堂出版, 1990(초판은 1937년);
高倉新一郎, 『신판 아이누 정책사新版アイヌ政策史』, 三一書房, 1972.

90) 菊地勇夫, 『에토로후 섬エトロフ島』, 吉川弘文館, 1999, 186~192면.

91) 이 외 히라타 아쓰타네 학파이며, 존대한 국가확장론의 경세론자로서 많이 언급된 사토 노부
히로佐藤信淵(1769?~1850)의 『토성변土性弁』(1824, 분세이 6), 조부인 노부카게信景의 저술이
라고 노부히로는 기술하고 있지만 물론 노부히로 자신의 저작물(1807, 분카 2)이다. 『혼동비
책混同秘策』(1823, 분세이 6) 등은 아편전쟁 시기에서 『존화좌적론存華挫狄論』(1849, 가에이 2)
과 함께 분세이―가에이 시기의 북방・남방론을 둘러싼 자타인식의 전환을 고찰하는 데는
중요한 저작물이다. 자세하게 설명할 수는 없지만 지지地誌나 난학蘭学 계열의 지리서, 농정
학, 히라타 아쓰타네학 등을 '표절'하여 집대성한 노부히로만큼 19세기 초기의 한 사조를
대변하는 사람은 없을 것이다. 화이사상이 해체 이후 사상공간에서야 '자유로운' '표절가'가
등장할 수 있었다. 사토 노부히로에 대해서는 고야스 노부쿠니子安宣邦, 『방법으로서의 에도
方法としての江戸』, ぺりかん社, 2000 등을 참조.

92) 『일본경제대전日本経済大典』 제29권, 明治文献, 1970, 205~206・212~213・221~222・22
4・239・243면.

근세의 다이리內裏 공간・근대의 교토 교엔京都御苑

1) 『나카이 가문 문서 연구中井家文書の研究』 제3권, 中央公論美術出版.

2) 교토문화박물관, 『에도 시대의 교토京の江戸時代』, 1998.

3) 미무로토 소장판三室戸蔵版.

4) 근세 초기의 공가마치 도로의 개관에 대해서는 나이토 아키라內藤昌 외, 「귀족 동네의 도로에
대하여公家町の道路について」, 『일본건축학회 동해지부 연구보고日本建築学会東海支部研究報告』
제10호, 1972을 참조.

5) 『교토 마치부레 집성京都町触集成』 제11권, 1843(덴포天保 14).11 등. 이하 『마치부레町触』라고
표기한다.

6) 「기려만록羇旅漫録」, 『사료 교토견문기史料京都見聞記』 제2권, 1802(교와享和 2). 이하 『견문기見
聞記』라 표기함.

7) 국립공문서관 소장, 古56 42函752호号. 히로하시 미쓰시게広橋光成가 무가전주武家伝奏가 된
안세이安政 4년에, 무가전주동방성총장武家伝奏東坊城聡長으로부터 차용하여 베낀 것이다. 또
한 본 사료는 이이 다케오井伊岳夫 씨의 교시에 의한다.

8) 北川一郎, 「근세 후기의 민중과 조정近世後期の民衆と朝廷」, 『새로운 역사학을 위하여新しい歴史
学のために』 241호, 2001.

9) 가나가와현립역사박물관, 『에도 시대의 도카이도江戸時代の東海道』, 2001.

10) 藤岡通夫, 『교토어소京都御所』, 彰国社, 1956.

11) 「재경일기在京日記」, 1756년(호레키宝暦 6)정월 13일조, 『모토오리 노리나가 전집本居宣長全集』

제16권.

12) 高木博志,『근대천황제의 문화사적 연구近代天皇制の文化史的研究』제1장, 校倉書房, 1997년; 下橋敬長,『막말의 궁정幕末の宮廷』, 東洋文庫; 오카 요시코岡佳子,『국보인청의 수수께끼国宝仁清の謎』, 角川書店, 2001.

13) 『항례공사록恒例公事録』E함函1호, 궁내청 서릉부 소장.

14) 鎌田道隆,『근세 교토의 도시와 민중近世京都の都市と民衆』제5장, 思文閣出版, 2000.

15) 9문의 하마 팻말은 1871년(메이지 4) 12월 7일 교토부에서 사관史官에게 보낸 「9문지하마찰소치방사九門之下馬札所置方伺」에 의하면, 교토어소의 건례문建礼門 등의 문 앞으로 옮겨진다(「토목에 관한 연혁취조장土木ニ関スル沿革取調帳」,『교토부청문서京都府庁文書』명明2-31-2, 교토부립종합자료관 소장).

16) 「백이 안 되는 일기百たらずの日記」,『견문기見聞記』제3권.

17) 「교토어역소향대개각서京都御役所向大概覚書」.

18) 근세의 마루타마치, 이마데가와 거리, 가라스마루 거리, 데라마치 거리에 통일된 축지담은 없었지만, 오늘날의 교토 교엔의 영역을 특별하게 보는 인식이 있었던 사실을 부정할 수는 없다. 호에이宝永 5년의 대화재 이후 가라스마루 거리의, 마루타마치 모서리부터 신자이케(하마구리)고몬까지를 공의가 하사한 다케야라이竹矢来로 둘러싸도록 지시하거나(『교토어역소향대개각서京都御役所向大概覚書』), 교호享保 9년 4월 28일조의 「게쓰도견문집月堂見聞集」,『속 일본수필대성続日本随筆大成』, 吉川弘文館)에는 마루타마치에 면한 공가 동네의 공지에 대해서는 둑을 쌓고 소나무를 심도록 지시를 받았다, 라는 사례로부터 짐작할 수 있다.

19) 본고에서 참조한 지도는 단서를 달지 않는 한 교토대학 종합박물관 소장의 「오쓰카 교토 그림 컬렉션大塚京都図コレクション」의 것이다. 교토대학 부속도서관 편,『근세의 교토도와 세계도近世の京都図と世界図』(2001)의 도록도 참조할 것.

20) 「에도막부의 조정지배江戸幕府の朝廷支配」,『일본사연구日本史研究』319호, 1989.

21) 藤岡通夫,『교토어소京都御所』, 彰国社, 1956.

22) 교토문화박물관,『에도 시대의 교토京の江戸時代』, 1998.

23) 『견문기見聞記』제3권, 1838년(덴포 9) 3월 25일조.

24) 「갑자야화甲子夜話」, 「경인낙양지진록庚寅洛陽地震録」,『견문기見聞記』제5권.

25) 1868년(게이오 4) 3월 23일에 처음 조정에 참내한 아네스트 사토アーネスト・サトウ는 금리어소에 대하여, "9문으로 알려져 있는 곽내를 지나, 황거(교토어소·다카기)의 곁을 지났다. 황거는 기부基部 두께 4피트(약 1미터 20센티)나 있는 훌륭한 회칠된 담으로 둘러싸이고, 담 지붕은 작은 나무판木葉板으로 매우 청초하게 덮여 있었으며, 불사에서 볼 수 있듯이 몇몇의 문이 달려 있었다."(『한 외교관이 본 메이지유신一外交官の見た明治維新』, 岩波文庫)라 말하고 있다. 축지담 지붕이 '나무판'이라는 것은 그림지도류를 보는 한 기와지붕의 오류일 것이다. 예전 덴메이의 대화재 이후 남아 있던 축지담을 철거하는 것이 힘들었다 한다. 당시 축지담 제조법은 초토初土를 끓인 후 소금 간수를 풀어서 만들었기 때문에 초목이나 벌레가 꼬이지 않았다고 한다(「북창쇄담 후편北窓瑣談後編」,『일본수필 전집日本随筆全集』제4권).
최근 교토어소의 남동부에서 간세이 연간 조영 시 확장부에 해당하는 남북 축지담의 석조石組 유구가 발굴되었다. 축지담의 기초석으로 추정되는 석조는 폭 약 3미터이며 2열로 남북으

381

로 뻗어 있다(「교토어소의 축지 흔적京都御所の築地跡」, 『흙 속의 교토つちの中の京都』2, (재)교토
시매장문화재연구소, 2001년).

26) 『마치부레町触』제9권.

27) 清水克行, 「전국기의 금리공간과 도시민중戦国期における禁裏空間と都市民衆」, 『일본사연구日本
史研究』426호, 1998년.

28) 『대일본유신사료고본大日本維新史料稿本』만주 원년 3월 29일조, 도쿄대학 사료편찬소 소장.
이하 『고본稿本』이라 약기한다.

29) '센도마이리'에 대해서는 후지타 사토루藤田覚, 『근세정치사와 천황近世政治史と天皇』제2장,
吉川弘文館, 1999년; 기타가와 이치로北川一郎, 「근세후기의 민중과 조정近世後期の民衆と朝廷」,
『새로운 역사학을 위하여新しい歴史学のために』241호를 참조.

30) 『마치부레町触』제9권.

31) 『마치부레町触』제7권.

32) 분큐삼년기상文久三年記上, 교토대학 경제학부 소장.

33) 『마치부레町触』제13권.

34) 『일본서민생활 사료집성日本庶民生活史料集成』8.

35) 藤実久美子, 『무감출판과 근세사회武鑑出版と近世社会』, 東洋書林, 1999.

36) 『견문기見聞記』제3권.

37) 平野屋茂兵衛 외, 「개정 다이리 어회도改正内裏御絵図」, 1798년(호에이 5) 등.

38) 『마치부레町触』제11권.

39) 「귀족 저택 지도로 보는 '모노미'公家邸指図にみる「物見」」, 『일본건축학회 계획계 논문집』제
508호, 1998.

40) 1830년(분세이 13) 7월의 대지진 시, 「센토고쇼어축지물견창仙洞御所御築地物見窓」이 파손되
어 막을 쳤다고 함(갑자야화甲子夜話).

41) 근세의 금리어소에 대한 서민 참례를 지적한 선행연구로서, 미야지 나오카즈宮地直一, 「내
시소 신경고内侍所神鏡考」, 『신도사학神道史学』제1호, 1949; 야스마루 요시오安丸良夫, 『근대
천황상의 연구近代天皇像の研究』, 岩波書店, 1992; 오카다 세이지岡田精司, 「시가지 안의 교토
어소에서 '신성불가침'의 궁성으로町なかの京都御所から「神聖不可侵」の宮城へ」, 『별책 보도 제
도도쿄別冊宝島帝都東京』, 1995; 아스카이 마사미치飛鳥井雅道, 「근대천황상의 전개近代天皇像の
展開」, 『이와나미강좌 일본통사 17권 근대 2岩波講座 日本通史 17巻 近代 2』, 岩波書店, 1994년;
오노 쇼小野将, 「국학자国学者」, 요코타 후유히코横田冬彦 편, 『예술·문화의 세계芸術·文化の
世界』, 2000 등이 있다.

42) 여기서 보는 것은 서민이 공식적으로 금리어소에 들어갈 수 있었던 근세의 모습이지만, 비공
식적인 참관도 있었다. 이 점은 오노小野의 전게 논문이 명석하게 2가지로 분류하고 있다.
하마마쓰浜松의 지방 문인이었던 다카바야시 미치아키라高林方朗는 1827년(분세이 10) 11월
14일에 마치카타町方의 금리 관리였던 나카지마 구자에몬中島九左衛門의 안내로 인포멀하게
신상제新嘗祭를 참관하였다. 또 모토오리 노리나가本居宣長는 1756년(호레키 6) 정월 13일에
도지東寺의 승려가 성현의 장지를 장식하여 행하는 후칠일어수법을 자신전에서 보고 "두려
울 정도로 위대하다"고 감상을 말하고 있다(『재경일기在京日記』). 존왕론자인 노무라 모토니

382

野村望東尼도 1862년(분큐 2) 정월 5일, '좋은 연줄'을 통해 천수만세 구경을 하였다(『상경일기上京日記』).

43) 下橋敬長, 『막말의 궁정幕末の宮廷』, 東洋文庫. 해당 부분은 1921년의 담화.

44) 명함明函 193호, 궁내청 서릉부 소장.

45) 飛鳥井雅道, 『메이지대제明治大帝』, 筑摩書房, 1989, 222면.

46) 飛鳥井雅道, 「근대 천황상의 전개近代天皇像の展開」, 『이와나미강좌 일본통사 17권 근대 2岩波講座 日本通史 17巻 近代 2』, 岩波書店, 1994.

47) 『견문기見聞記』 제3권.

48) 「월당견문집月堂見聞集」, 1720년(교호 5) 7월 15일, 『속 일본수필대성續日本随筆大成』, 吉川弘文館.

49) 高木豊, 『헤이안 시대 법화불교사 연구平安時代法華仏教史研究』 제4장, 平楽寺書店, 1973.

50) 『마치부레町触』 제2권, 교호 18년 12월 12일.

51) 『교토마치부레 집성京都町触集成』(岩波書店)의 1692년(겐로쿠元禄 5) 이후를 보면, 이르게는 1710년(호에이 7) 11월 11일의 나카미카도中御門 천황 즉위식에서 '승려 및 출가자' 외의 '배견'이 전해진다(제1권). 1735년(교호 20) 11월 3일의 사쿠라마치桜町 천황 "어즉위 배견 시, 이번에 절수찰을 가지고 남자는 온다이도코로몬, 여자는 히노고몬으로부터 들어가라"고 있다(제2권).

52) 「소가촌 호리우치 조겐 각서曾我村堀内長玄覚書」, 『야마토국 서민기록大和国庶民記録』.

53) 「하시모토 사네아키라 수기橋本実麗手記」, 『고본稿本』, 메이지 원년 8월 27일조.

54) 「월당견문집月堂見聞集」, 『속 일본수필대성續日本随筆大成』, 吉川弘文館.

55) 『유신사維新史』 제1권, 吉川弘文館, 269면.

56) 吉田常吉, 『이이 나오스케井伊直弼』, 吉川弘文館, 1963.

57) 『고본稿本』 만엔 원년 3월 29일조

58) 「나카야마 다다야스 일기中山忠能日記」, 『고본稿本』 1863년(분큐文久 3) 5월 21일조

59) 「교토수호 시말京都守護始末」, 『고본稿本』 1863년(분큐文久 3) 5월 20일조 또한 교를 이야기하는 회京を語る会・다나카 야스히코田中泰彦 편 『막말의 교토를 알 수 있는 그림지도・무감幕末の京都がわかる絵図・武鑑』(1989년)에 수록된 「다이리수호 어고 대명방지도内裏守護御固大名方之図」 및 「분큐 3년 9월 개교토어수위 어지장소文久三年九月改京都御守衛持場所」 등의 인쇄물은 1863년(분큐文久 3) 8월 18일 정변 후의 제번에 의한 9문 경비의 실태를 보여준다.

60) 飛鳥井雅道, 「근대천황상의 전개近代天皇像の展開」, 『이와나미강좌 일본통사 17권 근대 2岩波講座 日本通史 17巻 近代 2』, 岩波書店, 1994; 北川一郎, 「근세 후기의 민중과 조정近世後期の民衆と朝廷」, 『새로운 역사학을 위하여新しい歴史学のために』 241호, 2001.

61) 『일본수필대성日本随筆大成』 19.

62) 『마치부레町触』 제12권.

63) 『일본근대사상대계 제2권 천황과 화족日本近代思想大系 第二巻 天皇と華族』.

64) 『국가대계国歌大系』, 『공경보임公卿補任』.

65) 高木博志, 「도쿄 '천도'와 유수관東京「尊都」と留守官」, 『일본사연구日本史研究』 296호, 1987.

66) 『마치부레町触』 제13권.

67) 『고본稿本』 1868년 12월 12일조.

68) 「토목에 관한 연혁 취조장土木ニ関スル沿革取調帳」,『교토부청 문서京都府庁文書』명明2-31-1, 교토 부립 종합자료관 소장.

69) 『마치부레町触』제13권.

70) 森忠文,「메이지 초기의 교토 교엔의 조성에 대하여明治初期における京都御苑の造成について」,『조원잡지造園雑誌』41-3, 1978. 이하 본 논문에서 배운 바가 많다.

71) 『교토어소 보존관계 서류京都御所保存関係書類』1 명함明函194호, 궁내청 서릉부 소장.

72) 『교토신문京都新聞』(교토부립종합자료관 소장) 25호, 1872년(메이지 5);『교토신문京都新聞』(교토부립종합자료관 소장) 66호, 1873년(메이지 6) 4월.

73) 『교토신문京都新聞』(교토부립종합자료관 소장) 68호, 1873년(메이지 6) 4월.

74) 『교토신문京都新聞』(교토부립종합자료관 소장) 70호, 1873년(메이지 6) 4월.

75) 「대내보존 일건大内保存一件」,『교토부청 문서京都府庁文書』명明10-30.

76) 小林丈広,『메이지유신과 교토明治維新と京都』, 臨川書店, 1998.

77) 『교토어소 보존관계 서류京都御所保存関係書類』1.

78) 명함明函 199호, 궁내청 서릉부 소장.

79) 이 사료는 연혁의 하한의 기술로부터 1890년 11월 28일의 교토 황궁의 세전어료 편입 이전에 성립된 것으로 여겨진다.

80) 森忠文,「메이지초기의 교토 교엔의 조성에 대하여明治初期における京都御苑の造成について」,『조원잡지造園雑誌』41-3, 1978.

81) 「대내보존 일건大内保存一件」.

82) 『교토부사京都府史』172, 교토부립 종합자료관 소장.

83) 『교토어소 보존관계 서류京都御所保存関係書類』2.

84) 『교토어소 보존관계 서류京都御所保存関係書類』2.

85) 『교토어소 보존관계 서류京都御所保存関係書類』2.

86) 『촬영감撮影鑑』(교토부립 종합자료관 소장은 "메이지 14년 4월 조제, 교토사밀국장판자京都舎密局蔵板自"라 표기되어, 교토·나라 명소 구적의 촬영연대를 특정할 수 있는 귀중한 것이다. '명소촬영장이조대名所撮影帳弐組代' 60엔이, 영국 황손의 접대 담당으로부터 사밀국에 지불되었다(「메이지14년, 영국황손접대 일건明治十四年、英国皇孫接待一件」,『교토부청 문서京都府庁文書』명明14-48).

87) 高久嶺之介,「천황이 없어진 도시의 근대天皇がいなくなった都市の近代」,『새로운 역사학을 위하여新しい歴史学のために』234호, 1999.

88) 관자館賓 1080, 도쿄국립박물관 자료부 소장.

89) 『비서류찬·제실제도 자료秘書類纂·帝室制度資料』상권.

90) 『이와쿠라공실기岩倉公実記』하, 992면.

91) 高木博志,「근대에서의 신화적 고대의 창조近代における神話的古代の創造」,『인문학보人文学報』68호, 2000.

92) 『제실임야국 50년사帝室林野局五十年史』, 1939.

93) 메이지유신 이후 국제사회에 대하여 고도 교토의 문화가 만들어지는 과정은 이하의 졸고를 참조하기 바란다. 주(12) 高木博志,『근대천황제의 문화사적 연구近代天皇制の文化史的研究』제1

장, 校倉書房, 1997; 「세계문화유산과 일본의 문화재보호사世界文化遺産と日本の文化財保護史」 (園田英弘 편, 『유동화하는 일본의 '문화'流動化する日本の「文化」』, 日本経済評論社, 2001); 「근대 헤이안 문화의 성립近代における平安文化の成立」(ひろたまさき 편, 『역사서술의 임계歴史叙述の臨界』, 東京大学出版会, 근간).

385